21世纪高等院校经济学系列教材

国家重点学科
国家级一流本科专业建设点教材

U0648778

# Microeconomics

# 微观
# 经济学

## 纪念版

范家骧 刘文忻 主编

东北财经大学出版社 大连
Dongbei University of Finance & Economics Press

**图书在版编目（CIP）数据**

微观经济学：纪念版 / 范家骧，刘文忻主编. —大连：东北财经大学出版社，2021.6

（21世纪高等院校经济学系列教材）

ISBN 978-7-5654-4199-8

Ⅰ. 微…　Ⅱ. ①范…②刘…　Ⅲ. 微观经济学-高等学校-教材　Ⅳ. F016

中国版本图书馆CIP数据核字（2021）第088755号

东北财经大学出版社出版

（大连市黑石礁尖山街217号　邮政编码　116025）

网　　　址：http://www.dufep.cn

读者信箱：dufep@dufe.edu.cn

大连天骄彩色印刷有限公司印刷　东北财经大学出版社发行

幅面尺寸：185mm×260mm　　　字数：474千字　　　印张：21.25

2021年6月第1版　　　　　　　2021年6月第1次印刷

责任编辑：蔡　丽　　　　　　　责任校对：蓝　海

封面设计：冀贵收　　　　　　　版式设计：原　皓

定价：56.00元

# 总　序

编写一套适合全国高等院校财经类专业教学需要、反映当前理论研究成果的经济学类课程教材，是一项意义深远、任务艰巨的工程。

为适应高等院校经济学类专业教学需要，我们与长期从事经济学课程教学的同仁组成"21世纪高等院校经济学系列教材"编审委员会，经过反复讨论和研究以及多次修改与完善，陆续完成了系列教材的编写，并交付出版社出版。这套教材的编者分别来自北京大学、清华大学、中国人民大学、北京交通大学、复旦大学、南开大学、华中科技大学、上海财经大学等高校。

在编写过程中，我们强调了五点要求：

第一，要按照教育部规定的经济学类核心课程教学基本要求编写教材；

第二，要注意吸收经济学领域已公认的最新研究成果；

第三，要将经济理论与我国社会主义市场经济建设的实践紧密结合，努力解释和解决现实问题；

第四，理论讲解要深入浅出，避免晦涩冗长和平淡无味；

第五，篇章结构要科学合理，内容形式生动活泼。

这套经济学教材，考虑了不同层次读者的情况，读者可根据需要学习其中的内容。其既适合全国高等院校财经类专业教学使用，也适合各类管理人员及其他读者学习或研究使用。

我们希望这套教材能够给使用者带来方便，并成为广大读者的良师益友。书中难免有不妥及疏漏之处，欢迎读者批评指正和提出宝贵意见。

胡代光

北京大学

高鸿业

中国人民大学

# 前　言

　　本书主要为高等院校财经类专业大学本科生编写。对任何一门课程来说，能有一本合适的高质量的教材，无疑是其教与学成功的一个非常重要的条件。正是基于这样的体会和要求，在本书的编写过程中，我们根据本科生微观经济学教学的特点与要求，在写作风格和内容安排上力求使学生易于准确和深入地掌握微观经济学理论和相应的分析方法。我们经过斟酌和取舍，最终采纳目前这样一个严谨和完整的体系，将本科生教学中所应涉及的微观经济学理论的论题富有逻辑地整合在一起。我们希望，我们为本书所设计的目标和所付出的努力能使选用本书教学的读者获得尽可能多的便利和尽可能高的效率。

　　作为微观经济学的本科生教材，对那些基本的概念、命题和原理等，我们不仅给出了严格的规定和阐述，而且尽可能提供一些生动的实例或恰当的例题从多方面进行说明。微观经济学涉及的论题是比较多的，在对这些论题阐述内容详略的把握上，我们根据本科层次的教学需要做出了适当的调整和处理，并仍然保持了全书理论逻辑体系主干线索的清晰明了。在对微观经济学经典部分的内容进行系统介绍的同时，我们还以深入浅出的论述方法，对微观经济学理论的发展的论题进行了较充分的介绍，比如在博弈论、信息经济学、外部性和公共产品等方面都增添了恰当的内容。我们在每一章的最后都安排了相关的复习思考题，以帮助学生更好地掌握每一章所学习的知识。在此，需要说明的是，在本书目录中打*号的章节属于一些比较深的论题和内容，读者可以选择性地学习，这并不影响后续内容阅读与学习。

　　微观经济学是通过对个体经济单位的经济行为的研究，来说明现代西方市场经济和机制的运行及配置资源的作用。我国在习近平新时代中国特色社会主义思想的指导下，经济改革和经济建设取得了举世瞩目的成就。显然，学习和研究微观经济理论有其重要的意义，这也正是我们需要全面了解和认真学习这门课程的原因。但是，我们也应该看到，微观经济学主要是以西方市场经济为前提来展开其逻辑过程的，这与我国这样一个处于转轨时期的发展中国家的实际情况和所面临的具体经济问题有一定的差距，因此，在学习的过程中应该根据中国的国情以实事求是的科学态度进行参考与借鉴。

　　本书共分15章，参加本书编写的人员有：何亚东（第1至4章）、兰莹（第5至7章）、袁东明（第8至11章）、胡涛（第12至15章）。范家骧先生和我主持全书的编写工作，具体负责全书写作大纲和基本内容的设定，并对全部内容进行修改和审定。北京大学经济学院胡代光教授对本书的第一版写作给予了很多指导，并不辞辛劳地审阅了全部书稿，我们在此表示衷心的感谢。本书的纪念版将部分"案例窗"小栏目设置成了二维码的形式，引入了互联网阅读的元素；更新了部分数据和资料。

　　本书在编写过程中参考了诸多国内外教材，谨在此对有关作者表示真诚的谢意。对本书的不足之处，我们真诚地欢迎读者能提出宝贵的意见。

刘文忻

2021 年 4 月

# 目　录

# 第1章 导　论

## 学习目标

通过本章的学习，你应该能够：

- 了解配置资源的三种体制：完全的计划经济、完全的市场经济和混合经济。知道微观经济学和宏观经济学的区别和联系。
- 掌握经济资源的稀缺性和经济学的研究对象，实证经济学和规范经济学，静态分析、比较静态分析和动态分析等概念。
- 懂得什么是经济理论、什么是经济模型。
- 运用本章的一些基本的概念和理论分析、解决现实生活中的实际问题。

　　本章作为微观经济学的导论，将介绍经济学和微观经济学的一些预备知识。1.1 部分介绍经济学研究的基本问题；1.2 部分是关于经济学的方法论；1.3 部分对微观经济学的理论体系做简单的概括；1.4 部分将介绍微观经济学演变和发展的历史，以便读者能在经济思想演进的背景下，更深入地理解和把握所要学习的微观经济学原理。

## 1.1　经济学与微观经济学

### 1.1.1　经济学的研究对象

　　什么是经济学？经济学与其他科学有什么区别？这是初学经济学的人最先关心的问题。事实上，给经济学下一个能为所有人都接受的定义是困难的。考虑到经济学是内容丰富和发展迅速的科学，要想以几行简短的文字去描述它，具有挑战性。不过，一个较为普遍的定义是：经济学是研究一个经济社会如何进行选择，以利用稀缺的经济资源来生产各种商品，并将它们在社会成员之间进行分配，以满足人们需要的科学。

　　该定义强调了资源的稀缺性以及有效利用资源的重要性。资源的稀缺性不仅是指资源在绝对数量上的稀缺，而且是相对人们的欲望而言的。实际上，资源的稀缺性的假定隐含着两方面的含义：一方面，资源的数量是有限的；另一方面，这种资源对人具有有用性，即可以满足人们的欲望。这两个条件缺一不可。

　　例如，一般情况下，空气的供给是无限的，所以即使它对我们来说是必不可少的，我们也不认为它具有稀缺性。再如，在黄金开采中，有一些金矿石是含砷的，传统的冶炼方法无法从中提炼出黄金，因此，在人们找到从中提炼出黄金的新工艺之前，这种含砷金矿是没有利用价值的。虽然这种矿石的绝对供给量是有限的，但我们也不认为其具有稀缺性。当然，资源对人的有用性会随着技术的进步、人们需求的变化而改变。对含砷金矿来说，由于人们发明了细菌氧化处理工艺，从而能够对含砷金矿进行利用，它就具有了有用性，也就具有了稀缺性。

正因为资源的稀缺性和人的欲望无限性之间的矛盾，人们才需要把有限的资源有效地在社会中配置。经济学承认稀缺性的存在，并研究一个社会如何进行组织，以便有效地利用有限的资源来满足人们的需要。一个社会的资源配置体制是指资源是怎样在各产品之间、各生产单位之间和各社会人员之间进行配置的。计划和市场是资源配置的两种不同方式。相应地，在理论上存在3种不同的资源配置体制：完全的计划经济、完全的市场经济、混合经济。

严格地讲，完全的计划经济和市场经济在真实的经济世界里都是不存在的，混合经济是各国资源配置体制的共同特征。但是，同样是混合经济，计划调节和市场调节在资源配置中的相对地位在各个国家的体现也有所不同。同样是发达国家，美国经济体制中市场化的成分就大于日本和德国。中国正在建设中国特色社会主义经济，市场作为资源配置的基础手段的地位已经在法律上明确并在经济转型的过程中越来越充分地显现。

## 1.1.2　微观经济学和宏观经济学

微观经济学（microeconomics）和宏观经济学（macroeconomics）是西方经济学的两大分支。微观经济学是以单个经济单位（单个消费者、单个厂商等）为考察对象，研究其为什么和怎样做出经济决策；宏观经济学是以整个国民经济活动作为研究对象，研究经济总量（国民收入、经济增长、利率水平、失业率以及通货膨胀率等）的决定，以及相关的经济总量之间的相互关系。

其实，在西方经济学的早期发展阶段，微观分析与宏观分析并没有明确的划分，而是经常混合在一起。19世纪70年代，微观经济学在边际革命中取得了独立的地位，后经马歇尔的综合，形成了一个完整的体系。直到1936年凯恩斯（John M. Keynes）的名著《就业、利息和货币通论》问世以后，宏观经济学才真正出现。凯恩斯研究了国民收入的变动及其与就业、经济周期、通货膨胀等之间的关系，得出资本主义经济不可能通过自动调节来实现充分就业均衡，并且在通常情况下国民收入都小于充分就业时的国民收入的结论，以解释自1929年世界性经济危机以来大量存在的资源闲置与失业的经济现象。

微观经济学和宏观经济学只是观察同一经济运行机制的两种不同角度和方法。微观经济学和宏观经济学应该是互为前提、相互补充的。但是，事实上，在大多数情况下，微观经济学和宏观经济学是相互独立的。对这种状态，经济学界有很多的批评。

一些批评者认为，宏观经济学研究的对象是经济总量之间的关系，而总量不过是个量的总和，如整个社会的消费量不过是社会中每个人的消费量的总和；总的失业率从某种角度来说是构成经济的数以千计的厂商的雇工决策的结果；通货膨胀率是数以千计的有关价格的决策造成的结果等。因此，既然微观经济学研究的对象是个人经济行为的后果，那么宏观经济学就应该建立在微观经济学的基础之上。因此，如何将微观经济学和宏观经济学结合起来，建立起一个微观分析和宏观分析相结合的经济学体系成为西方经济学者的重要研究课题。西方经济学近些年来发展的一个趋势就是普遍加强了对宏观经济学的微观基础研究。

## 1.2 经济学的研究方法

### 1.2.1 经济理论和经济模型

经济学家需要用经济理论来解释经济现象。经济理论就是在对现实的经济事物的主要特征和内在联系进行概括和抽象的基础上，对现实的经济事物进行的系统的描述。由于现实经济是复杂的，所以，在研究每一经济事物时，往往需要抽象掉那些非基本的因素，单就经济事物的基本因素及其相互之间的联系进行研究，从而使得经济理论能够说明经济事物的主要特征和相关的基本因素之间的因果关系。

经济模型和经济理论的含义是基本相同的。[①]一个经济理论的建立和运用，可以看成一个经济模型的建立和使用。所谓经济模型是指用来描述所研究的经济事物的有关经济变量之间相互关系的理论结构。就像一个建筑物的模型是真实建筑的一种简化和抽象一样，经济模型也是现实经济的一种简化的描述。然而，经济模型和物理学模型并不相同，经济模型必须要处理人的行为，而人的行为是复杂的，并且可能是难以预测的。模型只是现实的一种简化形式，它不能代替现实世界。衡量经济模型优劣的一个标准是：如果一个经济模型能够很好地解释经济现实，则模型就是成功的。如果模型过于复杂，则模型的使用也是一件困难的事情。诺贝尔经济学奖获得者、货币学派的代表人物弗里德曼认为，各种相互竞争的经济理论的优劣，是以它们产生的预言的准确性来衡量的。如果一个经济理论或者经济模型很简洁，它的预言也能被验证，那么说明这个理论能用较少的投入来解释大量的经济现象，这恰恰是理论"经济性"的表现。

经济模型可以用文字语言或数学的形式来表示。建立经济理论的（数学）模型的一般过程大致包括 4 个步骤：

（1）对经济现实进行归纳，形成抽象的概念；

（2）概括和总结概念间的相互联系和基本规律；

（3）进一步把概念符号化；

（4）建立模型，对模型求解并对结果进行解释。

### 1.2.2 均衡分析和边际分析

均衡是在西方经济学中被广泛运用的一个重要概念。均衡本是物理学中的名词，当一物体同时受到方向相反的两个外力的作用，而这两种力量恰好相等时，该物体由于受力相等而处于静止的状态，这种状态就是均衡。经济学中的均衡是指经济中有关的变量在一定条件的相互作用下所达到的一种相对静止的状态。西方经济学家认为，经济学研

---

① 实际上，经济学家经常混合地使用经济理论和经济模型这两个概念，虽然有时候经济理论表达一种一般化的解释，而经济模型更多地使用数学分析工具。

究的一项重要任务就是寻找在一定条件下经济事物的变化最终趋于静止点的均衡状态。

在微观经济分析中，市场均衡可以分为局部均衡和一般均衡。局部均衡是就单个市场或部分市场的供求与价格之间的关系和均衡状态进行分析的。比如，马歇尔的均衡价格论就是所谓的局部均衡分析方法。它假定某一商品或生产要素的价格只取决于该商品或生产要素本身的供求状况，也就是说，它关注于一个市场上的均衡及影响均衡的各种因素。一般均衡是就一个经济社会中的所有市场的供求与价格之间的关系和均衡状态进行分析的。一般均衡假定各种商品的供求和价格都是相互影响的，一个市场的均衡只有在其他所有市场都达到均衡的情况下才能实现。一般均衡方法是法国经济学家里昂·瓦尔拉斯（Léon Walras）首创的。杰拉德·德布鲁（Gerard Debreu）用不动点定理证明一般均衡的存在性，从而获得了1983年的诺贝尔经济学奖。

另外，边际分析方法也是西方经济学最基本的分析方法之一。对一个函数来说，边际量表示一单位的自变量的变化量所引起的因变量的变化量。边际量可以定义为：

$$边际量 = \frac{因变量的变化量}{自变量的变化量}$$

"边际"原本是一个高等数学（牛顿的微分学）上的概念，边际量就是总量函数的一阶导数。经济学的边际主义者[①]把边际原理应用于说明经济变量的关系，这与当时数学中微积分理论的发展成熟密切相关。自19世纪后期以来，边际分析的方法扩展运用到经济学的很多领域。

### 1.2.3 静态分析、比较静态分析和动态分析

从分析方法上讲，经济模型可以被区分为静态模型和动态模型。与静态模型相联系的有静态分析和比较静态分析，与动态模型相联系的是动态分析。

根据既定的外生变量值来求得内生变量值的分析方法，被称为静态分析（static analysis）方法。比如说，在均衡价格决定的模型里，我们根据供给函数和需求函数中给定的外生变量的数值来求得相应的均衡价格和均衡产量，这就是一种静态分析。

在一个经济模型中，当外生变量的数值发生变化时，相应的内生变量的数值也会发生变化。这种研究外生变量变化对内生变量的影响方式，以及对不同数值的外生变量下的内生变量的不同数值进行比较的分析方法，被称为比较静态分析（comparative static analysis）方法。实际上，比较静态分析方法和经济学一样古老。1752年，英国的经济学家大卫·休谟（David Hume）在分析黄金储备的增长对总体价格水平的影响时就使用了比较静态的分析方法。凯恩斯的宏观经济学主要采用的也是比较静态分析方法。

在静态模型中，变量所属的时间被抽象掉了，也就是说，所有的外生变量和内生变量都属于同一个时期。而在动态模型中，则需要区分变量在时间上的先后差别，研究不同时点上的变量之间的相互关系。根据这种动态模型做出的分析，被称作动态分析（dynamic analysis）。

---

① 19世纪70年代，奥地利经济学家门格尔、英国经济学家杰文斯、瑞士洛桑学派的法国经济学家瓦尔拉斯，3个居住在不同地方的人，几乎同时提出了边际效用价值论，开始了"边际革命"。

### 1.2.4 规范分析和实证分析

规范分析（normative analysis）和实证分析（positive analysis）是西方经济学分析经济问题的两种分析方法。相应地，西方经济学理论分为规范经济学和实证经济学。规范经济学是以一定的价值判断为基础，提出某些准则，作为判断经济事物的好坏以及制定经济政策的依据。简单地说，规范经济学所牵涉到的是"好"或者"坏"的问题，而区分好坏又必须是从一定的社会价值判断标准出发的，它力求说明的是"应该是什么"的问题。而实证经济学则企图超脱或者排斥一切的价值判断，只考虑建立经济事物之间的关系，并在这些规律的作用下，分析和预测人们经济行为的结果。简单地说，实证经济学所要回答的是"是什么"的问题。

数学是经济学分析的一个重要工具，它不仅在实证经济学，而且在规范经济学中也得到了运用。经济学开始其广泛运用数学的进程是19世纪中期以后的事情。古诺是较早运用数学方法来论述经济现象及其相互关系的数理经济学家。到19世纪70年代边际概念出现后，人们开始做极值分析。而马歇尔是个在数学方面训练有素的经济学家，这也是他能集古典经济学之大成，并将其系统化的原因。到了20世纪三四十年代，瓦尔拉斯-帕累托学派建立的数理经济学将经济学与数学的结合程度大大推进了。而现在，经济学家们已开始将数学家们的研究成果运用于经济分析，数学在经济学分析中发挥着重要的作用。

数学在经济学中的运用有其必然性，这种运用不仅大大丰富了经济学的分析工具，而且推动了经济学的应用和发展。数学推理使经济学的许多概念精确化，使许多重要的经济理论显得更为简洁，也更有效率。例如，运用微积分对消费者行为理论进行分析并由此推导出的消费者需求曲线，大大加深了人们对需求曲线的经济含义的认识。同时，由于除了对假设或定义等赋予数学符号一定的含义外，数学符号本身不具有任何意义，这样就可以避免词语本身带有的含义侵入推理过程，使推理更为严密，也使得经济学家在争论中有一个标准化的语境，这将有利于经济学的竞争和继承。同时数学工具的运用让经济学得以从定性分析走向定量分析，使经济学家对经济现实的解释能力和对经济未来的预测能力都得到极大的提高，从而更有利于使经济学成为真正的"致用之学"。

利用数学工具，在正确的理论和充分数据的前提下，对某些经济现象进行分析是完全可取的。但是，数学分析方法也有其局限性。西方许多经济学家说得好："经济研究中，数学是很好的仆人，却是不好的主人。"

## 1.3 微观经济学的理论体系

从现代西方经济学的鼻祖亚当·斯密发表《国富论》开始，现代西方经济学经历了200多年的发展历史，已经逐渐形成了比较完备的理论体系。按照通常的分类，现代西方经济学包括微观经济学和宏观经济学两大分支。与宏观经济学相比，微观经济学的理论体系可以说更加完善。概括来说，微观经济学的研究是在三个逐步深入的层次上进行的：

第一个层次是研究单个消费者和单个生产者的最优决策问题；

第二个层次是研究单个市场的价格决定问题；

第三个层次是研究一个经济社会中所有单个市场的价格的同时决定问题。

本书的内容就是按照以上的理论体系展开的。

我们利用图1-1，对本书所涉及的内容做一梳理，以便读者能够大致了解微观经济学理论体系的框架。在经济活动中，每个经济人既是生产者又是消费者，这是经济学研究的一个基本点。从图1-1中可以看出，居民户在生产要素市场上通过出售劳动和其他投入品而获得收入，进而在产品市场上购买厂商的产品或服务；厂商在要素市场上购买生产要素，并按照劳动和其他生产要素的成本来确定产品市场上的价格。产品市场上的均衡价格可以平衡消费者的需求和厂商的供给；要素市场上的均衡价格可以平衡居民户的供给和厂商的需求。总之，居民户和厂商的经济活动通过产品市场和生产要素市场的供求关系的相互作用而联系起来。

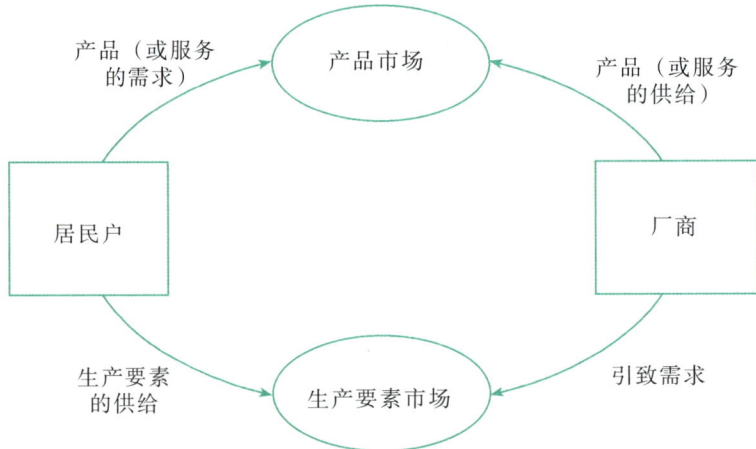

图1-1    产品市场和生产要素市场的经济循环流动图

按照上面介绍的微观经济学的理论体系，从第2章开始，本书的内容是这样安排的：

第2章简要介绍价格理论的两个基本因素：需求和供给。价格分析是微观经济学分析的核心，微观经济学也被称作价格理论。任何商品的价格都是由需求和供给两方面的因素共同决定的。供给和需求分析是经济学分析的基础。正因为如此，对需求曲线和供给曲线的初步论述，通常是微观经济学分析的出发点。

第3章效用论介绍消费者行为理论。第2章介绍了需求曲线和供给曲线的基本特征，第3章将主要分析需求曲线背后的消费者行为，并从对消费者行为的分析中推导出需求曲线。

第4章介绍不确定条件下消费者选择理论，它是对第3章消费者行为理论的补充。第3章对消费者行为的研究都是在确定的情况下进行的，但是在真实的经济世界里存在各种不确定因素。因此，在不确定的情况下，消费者在风险情况下的态度及行为决策，将是第4章所要介绍的主要内容。我们将首先讨论风险条件下的效用度量问题；在此基础上，探讨人们对风险的态度；最后，分析如何对付风险的问题。

第 5 章生产理论、第 6 章成本理论和第 7 章完全竞争市场理论将具体分析供给曲线背后的生产者行为，并将从对生产者行为的分析中推导出供给曲线；同时，探讨完全竞争市场的均衡及效率问题。

第 8 章讨论不完全竞争市场理论。不完全竞争市场分为 3 种类型：垄断市场、寡头市场和垄断竞争市场。本章将分别说明这 3 种不完全竞争市场的价格和产量的决定。最后，将对包括完全竞争市场在内的不同市场的经济效率进行比较，基本结论是：完全竞争市场的经济效率最高，垄断竞争市场的经济效率较高，寡头市场的经济效率较低，而垄断市场的经济效率最低。

第 9 章介绍博弈论。博弈论也被称为对策论。本章主要内容包括完全信息的静态和动态博弈、非完全信息的静态和动态博弈。博弈论实际上是一种方法论。

第 10 章和第 11 章分别介绍生产要素价格决定的理论。以上各章所涉及的领域都是产品市场。在产品市场里，消费者对产品的需求和厂商对产品的供给共同作用，由此决定了每一种产品市场的均衡价格和均衡产量。类似的，消费者对生产要素的供给和厂商对生产要素的引致需求通过生产要素市场来联系，由此又决定了每一种生产要素市场的均衡价格和均衡产量。厂商购买生产要素所支付的总价格等于工资、利息、地租和利润的总和，这 4 个部分分别构成劳动、资本、土地和企业家才能的提供者的报酬收入。

第 12 章介绍一般均衡理论。到目前为止，以上各章的讨论都属于局部均衡论的范畴，也就是说它主要分析的是单个产品市场或要素市场的均衡问题。但是在真实的经济世界里，各个市场是相互依赖、相互影响的。因此，一般均衡理论就是要把这些相互联系的单个市场看成一个整体来考察。一般均衡理论的基本结论是：完全竞争条件下各个市场同时均衡的状态是存在的。

第 13 章讨论福利经济学。以上各章的讨论都属于实证经济学的范畴，也就是说主要讨论"是什么"的问题，但是西方经济学也不回避"应该是什么"这样的规范经济学的问题，本章就属于规范经济学的范畴。福利经济学主要研究市场经济体系的资源配置和福利的关系，并进而论述一般均衡状态是符合"帕累托最优状态"的。

第 14 章、第 15 章讨论市场失灵的情况，介绍信息经济学、外部性和公共产品的有关理论。经济学家追求的完全竞争的市场经济是一种理想状态。实际上，经济现实在某些方面与完全竞争经济的最优状态是有所偏离的，现实经济中存在市场失灵的情况。市场失灵的原因主要有 4 个：垄断、外部性、公共产品和信息的不完全性（对形成市场失灵的一个原因——垄断，实际上已经在第 8 章不完全竞争市场理论中涉及）。西方经济学认为，需要执行一定的微观经济政策来加以矫正，以克服市场失灵，使得现实的经济以最优状态或接近最优状态的效率来运行。

总之，全部微观经济学理论研究的一个核心内容就是，它证明了"看不见的手"[①]

---

[①]　1776 年，现代西方经济学的鼻祖亚当·斯密在《国富论》中写道："每人都在力图应用他的资本，来使其生产品能得到最大的价值。一般地说，他并不企图增进公共福利，也不知道他所增进的公共福利为多少。他所追求的仅仅是他个人的安乐，仅仅是他个人的利益。在这样做时，有一只看不见的手引导他去促进一种目标，而这种目标绝不是他所追求的东西。由于追逐他自己的利益，他经常促进了社会利益，其效果要比他真正想促进社会利益时所得到的效果为大。"这段著名的话被认为是斯密对他的"看不见的手"的原理的陈述。

的重要作用。当然，由于市场失灵的存在，所以现实经济中也需要"看得见的手"①来调节。总之，"看不见的手"和"看得见的手"是相互依赖、相互促进的。

## 1.4　微观经济学的演变与发展

本章的1.3部分对微观经济学的理论体系做了一个概括，1.4部分将简要介绍微观经济学演变和发展的历史，以便读者更深入地理解和把握有关的微观经济理论产生的背景和意义。

微观经济学中的一般均衡理论证明，完全竞争条件下各个市场同时均衡的状态是可以存在的。而福利经济学进而论述一般均衡状态符合"帕累托最优状态"。概括地讲，微观经济学所要论证的核心思想就是亚当·斯密的"看不见的手"的原理。20世纪西方微观经济学的整个发展过程就是对该原理进行论证和充实的过程。②这主要体现在：

**1. 对该原理的论证**

亚当·斯密虽然对"看不见的手"原理做出了说明，但是未能对它加以论证。在19世纪末和20世纪初，对它首先做出全面论证的是英国剑桥大学的马歇尔。

**2. 对该原理的补充**

西方学者在致力于论证市场经济中"看不见的手"作用的同时，也不能回避"市场失灵"的问题。市场失灵的情况包括垄断、外部性、公共产品和信息的不完全性。在市场失灵的情况下，供求关系不能正常发挥作用，因此，国家需要执行有针对性的微观经济政策，来矫正市场失灵带来的不良影响。

具体来讲，现代微观理论的发展包括很多方面。从内容方面看，在传统理论框架内的每一个领域（消费者理论、生产者理论、市场理论、一般均衡理论和福利经济学等）都进行了发展和补充；从分析方法看，数学分析工具的运用不断拓展和加深。微观经济学的这些新发展，不仅拓宽了微观经济学研究的范围，也为有效解决经济运行中所出现的实际经济问题提供了系统又丰富的理论。为了较好地把握20世纪以来现代微观经济学的进展，大体上可以从如下几个方面来考察。③

### 1.4.1　消费者行为研究的进展

**1. 显示偏好理论**

在传统的需求理论中，通常是研究在给定的价格和收入约束条件下，从已知商品集合中选择一个使效用最大化的商品组合。这种分析只有在消费者的效用函数或偏好序列已知，并且具有若干良好性质时，才有意义。但在实际生活中，效用函数或偏好不能被直接观察，能直接观察的只是消费者的选择行为。如果能找到选择行为与偏好之间的某种关系，也就是说，如果消费者的"选择"能显示"偏好"，那么，需求理论和偏好理论就可以建立在可观察的消费者行为基础上，这就是显示偏好（revealed preference）理

---

① 著名管理学家钱德勒于1977年出版了他的代表作《看得见的手——美国经济中的管理革命》。它描述了美国经济史中的一个重要事实，即企业内的管理在经济中起着越来越重要的作用。
② 高鸿业. 20世纪西方微观和宏观经济学的发展 [J]. 中国人民大学学报，2000（1）：4-11.
③ 张培刚，张建华，方齐云. 简论现代微观经济学的新进展 [J]. 当代财经，1998（1）：18-24.

论的基本思想。总之，显示偏好理论解决了偏好的观察和测试问题。20世纪40年代后期，保罗·萨缪尔森（Paul A. Samuelson）率先提出了这一理论。

**2.时间偏好与跨时期选择**

传统的消费者理论所考察的主要是消费者的静态选择问题，而在现实中，消费者面对的是跨时期的选择问题。比如，人们通常对当前消费的评价胜过对未来消费的评价，这就是时间偏好问题。在这种情况下，消费者面临着在消费和储蓄（将来的消费）之间的选择，也就是跨时期选择问题。拉姆齐（Frank P. Ramsey）在1928年发表的论文《储蓄的数学理论》中，第一次从动态最优化角度探讨了"时际福利"最大化问题。沿着这一路径，莫里斯·阿莱（Maurice F. C. Allais）于1947年、萨缪尔森于1958年、彼得·戴蒙德（Peter Diamond）于1965年相继提出了与拉姆齐的无限期界模型不同的世代交叠模型。事实上，无限期界模型与世代交叠模型已经成为现代宏观经济学微观基础的重要研究内容。

## 1.4.2 厂商理论的发展

传统微观经济学主要是从技术角度看待企业，假定企业只是一种物质世界的纯粹"技术"关系。它用生产函数来描述企业行为，也就是说，它描述的是在给定资源和技术水平条件下的投入和产出的关系。这种企业理论的问题是：第一，它完全忽略了企业内部的激励问题（incentive problem）。企业被看作一个完全有效的"黑匣子"，在它内部，任何东西都十分顺利地运行着，每个人都在做着指定给他的工作。第二，这个理论没有涉及企业内部的组织结构的研究。第三，这个理论并没有令人满意地确定企业的边界。

现代企业理论研究了上述问题。现代企业理论通常被称为企业契约理论，即将企业看作个人之间产权交易的一种合作组织。现代企业理论分为两个主要分支：交易成本理论和委托－代理理论。前者强调企业与市场之间的关系，后者则侧重于分析企业内部组织结构以及成员之间的代理关系。现代企业理论的这两个分支的共同点是，都强调企业的契约性、契约的不完备性以及由此导致的所有权的重要性。

**1.交易成本理论**

罗纳德·科斯（Ronald H. Coase）[①]于1937年发表了他的经典论文《企业的性质》，从而成为第一个按照市场价格机制下交易成本（transaction cost）的方法研究企业（以权力为特征）存在合理性的人。科斯认为，企业和市场是社会分工与合作的两种制度安排，而交易成本是经济制度运行的成本。真实经济世界里企业和市场的关系是：企业的存在是为了节约市场交易成本，即用成本较低的企业内部交易替代成本较高的市场交易。

科斯认为企业不仅是一个生产单位，更是节约交易成本的工具，人们成立企业是为了节约市场定价的交易成本。在这里市场也不再仅仅是企业购买要素和出售产品的场所，而是与企业相竞争的一种经济活动的协调方式。企业协调是将企业作为一个统一的

---

① 科斯于1910年出生在英国伦敦郊区，18岁考入伦敦大学，先修化学专业，后转修经济学，1932年获商学学士学位。他是1991年度的诺贝尔经济学奖得主，新制度经济学的奠基人。科斯从事的大多是经济学与法律学交叉的边缘学科研究，主要著作有《企业的性质》《联邦通信委员会》《双寡头垄断问题再思考》《社会成本问题》《公用事业定价理论及其运用》《经济学中的灯塔》等。科斯对于经济学的主要贡献是他的交易成本与所有权理论。

单位，它的内部不存在交易，由所有者组织与协调进行生产，然后与其他个人和企业在市场上发生交易。市场协调就是由个人直接通过市场来调节各种活动进行生产的。

可以用一个例子来说明这一点。例如，当你需要装修房屋时，你既可委托一家装修公司来为你全权办理此事，也可以自己购买装修材料，自己到劳动力市场上雇用装修工人，并监督他们完成房屋装修工作。前一种方式就是企业协调方式，后一种方式是市场协调方式。科斯的理论表明，人们最后选择哪一种协调方式取决于各种协调方式的成本。这里的成本就不仅包括生产成本，还包括交易成本在内。在我们所举的装修房屋的例子中，一般说来，如果人们的空闲时间多，讨价还价以及与人交涉的能力强，对建材、装修市场又比较熟悉，就可能采用市场协调方式；否则，就会采用企业协调方式。企业协调方式与市场协调方式都有着各自的成本，当在企业内部组织一笔交易所耗费的企业内部协调成本与在市场上组织这笔交易的成本相等时，企业就达到了它的最优边界。

1975 年，奥利弗·威廉姆森（Oliver Williamson）沿着科斯的交易成本研究方法，把科斯的理论向前推进一步。科斯强调价格发现和谈判的交易成本，而威廉姆森强调的是资产的专用性①所带来的交易成本上升问题。专用性资产容易被套牢，因此需要一种组织防范机制，这种组织就是进行垂直一体化（vertical integration）生产的企业。

张五常于 1983 年提出了一个关于企业性质的解释，从而发展了科斯的企业理论。张五常认为，企业并非为取代"市场"而设立的，而仅仅是"一种合约取代另一种合约"。市场的交易对象是产品，而企业的交易对象是生产要素。在张五常看来，企业与市场只是契约安排的两种不同形式而已。无论是产品市场上的契约还是要素市场上的契约，它们只是契约替代价格机制程度上的不同。

乔治·斯蒂格勒（George J. Stigler）于 1983 年批评了所谓"所有权与经营权相分离"的命题。斯蒂格勒认为，并不存在什么"所有权和经营权的分离"，实际上是存在两种所有权，即股东的财务资本所有权和经理的人力资本所有权，企业合约就是这两种所有权的结合。斯蒂格勒认为，企业的股东拥有对自己财务资本的完全产权，他们通过股票的买卖行使其产权；经理拥有对自己管理知识的完全产权，他们在高级人力资源市场上买卖自己的知识和能力。公司并不是什么"所有权与经营权的分离"，而是财务资本和经理知识能力资本这两种资本及其所有权之间的复杂合约。

### 2.委托-代理理论

委托-代理理论试图解释如下问题：一个参与人（指委托人）想使另一个参与人（指代理人）按照前者利益选择行动，但委托人不能直接观测到代理人选择了什么行动，能观测到的只是另一些变量，这些变量由代理人的行动和其他的外部随机因素共同决定，因而充其量只是代理人行动的不完全信息。解决委托-代理问题的要点就在于，委托人如何通过一套激励机制促使代理人采取适当的行动，最大限度地增进委托人的利益。股东和经理的关系通常被认为属于典型的存在道德风险的委托-代理关系。

伯利和米恩斯在 1932 年出版的《现代公司与私有财产》一书中认为，由于股权过

---

① "专用性"资产特指专门为支持某一特定的团队生产而进行的持久性投资，并且一旦形成，再改作他用，其价值将大跌。

度分散，美国大公司中的多数已经被经理控制了。公司规模越大，这种经理控制的情况越严重。由此，伯利和米恩斯认为这是经营权对所有权的背离。[①]

阿门·阿尔钦（Armen A. Alchian）和哈罗德·德姆塞茨（Harold Demsetz）1972年的研究发现，企业实质上是一种"团队生产"方式。团队生产指的是，一种产品是由若干集体内成员协同生产出来的，而且任何一个成员的行为都将影响其他成员的生产率。为了减少团队生产中的偷懒问题（shirking problem），就必须让部分成员专门从事监督其他成员的工作。而监督者必须能够占有剩余权益，否则他也缺乏监督的积极性。

迈克尔·詹森（Michael C. Jensen）和威廉·麦克林（William Meckling）认为，在管理人员不是企业完全的所有者的情况下，就存在代理成本。一方面，当管理者对工作尽了努力，他可能承担全部成本而仅获取一小部分利润；另一方面，当他消费额外收益时，他得到全部好处，但只承担一小部分成本。结果，他的工作积极性不高，却热衷于追求额外消费。于是，企业的价值也就小于管理者是企业完全所有者时的价值。这两者之间的差异被称为"代理成本"。詹森和麦克林认为，"代理成本"是企业所有权结构的决定因素，均衡的企业所有权结构是由股权代理成本和债权代理成本之间的平衡关系来决定的。

### 1.4.3　不完全竞争市场理论

从19世纪末20世纪初开始，发达国家中垄断大企业的市场力量日益膨胀和1929年世界经济危机的爆发，动摇了新古典学派以完全竞争和充分就业为基础的理论体系。1933年，美国经济学家张伯伦（E. H. Chamberlin）的《垄断竞争理论》和英国经济学家琼·罗宾逊（Joan Robinson）的《不完全竞争经济学》的出版，从理论上指出了新古典经济学忽视垄断力量的存在和对垄断缺乏分析的缺点。萨缪尔森把这两本著作的出版称为"垄断竞争的革命"。从那时以来，西方学者开始对市场的类型或结构进行研究，其理论主要分为三种：垄断竞争理论、寡头理论和垄断理论。

### 1.4.4　博弈论及其在经济分析中的应用

博弈论也被称作对策论，它是研究决策主体的行为发生相互作用时的决策以及这种决策的均衡问题。在传统微观经济学中，一般只考虑面临约束条件下的单个人的利益最大化问题，即"单人决策问题"。而现实中不是这样，人们的许多决策之间是相互依赖的，你的最优决策依赖别人的决策，别人的最优决策依赖你的决策。例如考研究生，导师仅招两人，却有5人报考，你能否被录取，不仅依赖你考得怎样，还依赖别人考得怎样，这被称为"互动"。研究互动环境下的理性选择理论就是博弈论。

最早将博弈论思想用于经济分析的是法国经济学家安东尼·奥古斯丁·古诺（Antoine Augustin Cournot）。1944年，冯·诺伊曼（John von Neumann）和奥斯卡·摩根斯坦（Oskar Morgenstern）合作出版了《博弈论与经济行为》，从而奠定了现代博弈论的理

---

① 有一种相反的观点（金融市场短视理论）认为，由于金融市场是缺乏忍耐性和短视的，经理人员实际上过于关注股东的利益了。这种观点认为，股东并不了解什么是他们的长期利益。股东更愿意短期的收益多一些，当公司强调要在研究和开发以及市场拓展方面持续投资而向股东延期支付时，股东则会倾向卖出或是降价出售公司的股票。

论基础。20世纪50年代，约翰·纳什（John F. Nash）提出了著名的纳什均衡概念，奠定了非合作博弈的基础。到了60年代，莱茵哈德·泽尔腾（Reinhard Selten）将纳什均衡的概念引入了动态分析；约翰·海萨尼（John C. Harsanyi）则把不完全信息引入博弈研究。到了80年代，戴维·克雷普斯（David M. Kreps）、罗伯特·威尔逊（Robert Wilson）等发展了动态不完全信息博弈的模型。博弈论已经逐渐成为主流经济学的一部分，甚至可以说，它已成为现代微观经济学的基础。纳什、泽尔腾和海萨尼在1994年获得了诺贝尔经济学奖。现在，博弈论已经成为社会科学研究的一种基本方法。

### 1.4.5  一般均衡和福利经济学

新古典理论的综合者马歇尔对典型的消费者和厂商的均衡状态进行论证，因此，他的论证方法被称为"局部均衡"。然而，局部均衡仅仅是从典型的事例来对"看不见的手"的原理做出论证，就社会中的一切消费者和厂商都能达到均衡状态而言，局部均衡的论证方式还不够完善，因为典型的消费者或厂商处于均衡状态的事例并不能保证所有的消费者和厂商均能如此。有鉴于此，经济学家还企图使用每一个消费者、每一个厂商都处于均衡状态的情况来对该原理加以证实。这种论证方法被称为一般均衡理论。1874年，法国经济学者瓦尔拉斯首创了一般均衡理论，然而在其后的半个世纪中并没有普遍得到学者们的注意。1939年，约翰·希克斯（John R. Hicks）的《价值与资本》一书的出版给一般均衡理论注入了生命力，使之走上新的发展道路。之后，萨缪尔森在1947年以较严格的数学形式讨论了一般均衡的稳定条件。20世纪50年代，肯尼斯·阿罗（Kennth Arrow）和德布鲁用比过去较为宽松的假设条件证明了一般均衡的存在性、唯一性和稳定性，以及这种竞争均衡与帕累托最优的一致性问题。这就是说，完全竞争的供求关系能使以利己为动力的社会得到最大的福利，从而达到帕累托最优状态。在这里，以完全竞争模型为代表的亚当·斯密的"看不见的手"的原理得到了一般均衡方式的证明，也扩展到对福利经济学基本定理的证明。

### 1.4.6  市场失灵

论证市场价格机制的资源配置功能，构造和完善一般均衡的理论体系，可以说是传统微观经济学的核心内容，也构成了当代微观经济理论发展的一条重要线索。但是市场机制并不是万能的，它不可能有效调节人们经济生活的所有领域，这便出现了"市场失灵"问题。从纯经济分析角度看，导致市场失灵的原因主要包括外部性、公共产品、垄断以及信息问题等。

**1.外部性**

诺贝尔经济学奖获得者道格拉斯·C.诺斯认为，当某个人的行动所引起的个人成本不等于社会成本、个人收益不等于社会收益时，就存在外部性。外部性问题首先由马歇尔的学生庇古提出。庇古认为，亚当·斯密和马歇尔所论述的自由竞争的资本主义能给社会带来最大福利的说法，只有在社会效益和成本与私人效益和成本相一致时才能实现。如果"外部经济效应"的出现破坏了上述社会和私人之间的相等关系，那么社会便不能取得最大的福利。

外部性包括外部经济和外部不经济。例如，养殖蜜蜂不但使私人养殖者得到蜂蜜的效益，而且可以使邻近的果园由于蜜蜂授粉而增产。在这种外部经济的情况下，养殖者的蜂蜜效益（私人效益）小于其社会效益（蜂蜜效益加上邻近果园的增产）。又例如，由于污染的存在，炼钢厂的私人成本小于社会成本，这被称为外部不经济。庇古的政策建议是：当外部经济出现时，国家便应给予当事人（蜜蜂养殖者）以津贴，直到社会和私人效益相等时为止。相反，在外部不经济的情况下，国家应对当事人（炼钢厂）收税，直到社会和私人成本相等时为止。1960年，科斯在其经典论文《社会成本问题》中指出，外部性的产生与产权界定不清有关，建立排他性产权制度也就是将外部性内在化的过程。

### 2. 公共产品

第二次世界大战以后，一些西方学者提出了公共产品的说法，其中包括布坎南、萨缪尔森、唐斯、加尔布雷斯、沃尔森等人。这些学者认为，人的生活不仅需要消费私人产品，而且需要消费公共产品。在市场经济中，私人产品的生产与销售要通过以价格为信号的供求关系来加以解决。然而，由于公共产品不具有排他性的特点，所以人人都想做一个"免费搭车者"，即希望别人支付他所享受的公共产品的费用。这样，以价格和供求关系来调节生产和销售的市场便不能发挥作用，而必须由政府通过政策来保障公共产品的供给。在当今世界各国，纯粹的公共产品几乎都由政府提供。但是，由政府提供公共产品并不表明政府提供的效率更高。事实上，在市场经济国家，有一些公共产品是这样提供的：政府收费（税），然后把这些公共产品的生产承包给私营企业，或者从私营企业那里购买，再将公共产品提供给个人使用。这种迂回的提供方式可能比政府直接提供更有效。

### 3. 信息的不完全性

西方经济学的基本假设条件之一便是完全信息，即参与经济活动的人完全了解与自己经济活动有关的情况，如知道各种商品的价格、质量、厂商的销售政策和业绩等。在第二次世界大战以前，西方经济学的研究被限制在完全信息的假设条件的范围以内。然而，20世纪50年代以来，西方学者承认，这一假设缺乏现实性。由于信息的不完全性，有的人知道的信息较多，有的人则较少。这种被称为信息不对称的情况可以造成一系列不良的后果，如道德风险（moral hazard）和逆向选择（adverse selection）问题。总之，信息不对称使市场不能发挥应有的作用。因此，国家应尽量执行使市场运行透明化的政策来消除信息的不完全性所带来的影响。

## 本章小结

经济学是研究一个经济社会如何进行选择，以利用稀缺的经济资源来生产各种商品，并将它们在社会成员之间进行分配，以满足人们需要的科学。该定义强调了资源的稀缺性以及有效利用资源的重要性。计划和市场是资源配置的两种不同方式。相应地，在理论上存在3种不同的资源配置体制：完全的计划经济、完全的市场经济、混合经济。西方经济学的两大分支是微观经济学和宏观经济学。

经济学研究方法有很多，主要包括经济理论和经济模型，均衡分析和边际分析，静态分析、比较静态分析和动态分析，规范分析和实证分析等。

微观经济学已经拥有比较完备的理论体系。概括来说，微观经济学的研究体系主要分为三个层次：第一层次是研究单个消费者和单个生产者的最优决策问题；第二层次是研究单个市场的价格决定问题；第三层次是研究一个经济社会中所有单个市场的价格的同时决定问题。

微观经济学所要论证的核心思想就是亚当·斯密的"看不见的手"的原理。可以说，20世纪西方微观经济学的整个发展过程就是对该原理进行论证和充实的过程。近几十年以来，现代微观经济学研究取得了长足的进展，主要集中在博弈论、不确定性分析、信息经济学、交易成本理论等方面。

## 本章基本概念

经济学　　稀缺性　　微观经济学　　宏观经济学　　经济理论　　经济模型　　均衡分析　　边际分析　　静态分析　　比较静态分析　　动态分析　　规范分析　　实证分析

## 复习思考题

### 一、简答题

1.如何理解经济资源的稀缺性？

2.微观经济学和宏观经济学的关系是什么？如何理解宏观经济学的微观基础问题？

3.什么是经济模型？经济学分析为什么要使用模型分析？

### 二、论述题

谈谈你对数学工具在经济学中广泛应用的看法。

# 第2章　需求与供给概述

## 学习目标

通过本章的学习，你应该能够：

- 了解需求和供给分析的3个组成部分：需求、供给和市场均衡。
- 掌握需求的价格弹性、交叉弹性、收入弹性和供给的价格弹性等概念。
- 懂得运用本章的基本概念理解相关的经济问题。
- 运用需求和供给分析现实的市场现象和问题。

经济学家常常把需求和供给分析比作一把剪刀，需求和供给分别是剪刀的两个刀刃。只有一个刀刃的剪刀是无法发挥作用的，只有两个刀刃相互联系才能发挥作用。对需求曲线和供给曲线的初步论述，通常被作为微观经济学分析的出发点。

## 2.1　需求与需求的变化

一种商品的需求是指消费者在一定时期内在各种可能的价格下愿意而且能够购买的该商品的数量。根据定义，如果消费者对某种商品只有购买的欲望而没有购买的能力，就不能称作需求。需求必须是既有购买欲望又有购买能力的有效需求。

### 2.1.1　需求的影响因素和需求函数

一种商品的需求数量是由许多种因素决定的，其中主要的因素有：

**1.商品的价格**

一般说来，一种商品的价格越高，该商品的需求量就会越小；相反，价格越低，需求量就会越大。

**2.消费者的偏好**

一般说来，消费者对一种商品的偏好的变化会改变他们对这种商品购买的数量。当消费者对某种商品的偏好程度增强时，该商品的需求量就会增加；相反，偏好程度减弱，需求量就会减少。

**3.消费者的信息**

消费者对某一商品信息的变化会影响消费者的需求。例如，当消费者认识到吸烟的危害时，香烟的需求量就会下降。同样地，当消费者意识到胆固醇对健康的影响时，他们就会减少对牛肉的需求量，而增加对鸡肉的需求量。

**4.消费者的收入水平**

如果人们的收入变化，则人们购买的商品通常也会改变。收入的增加会使人们对大多数商品的需求增加。例如，收入增加会增加人们对食品、住房和汽车方面的需求；收入减少会减少人们对以上商品的需求。这种随着消费者收入水平的提高（下降）而增加（减少）对其需求量的商品被叫作正常商品。然而，还有些商品，它们的需求量与消费者的收入水平成反方向变动，这种商品被称为低档商品。如就某些人来说，单速自行车是低档商品。其原因是，在人们收入水平提高的情况下，他们能支付得起更有吸引力的商品，如变速自行车。

**5.相关商品的价格**

当一种商品本身的价格保持不变，而和它相关的其他商品的价格发生变化时，这种商品本身的需求量也会发生变化。相关商品价格变化的影响依这种商品是替代品还是互补品而不同。替代品是指在消费中在相当程度上可以替代的商品，如苹果和香蕉、咖啡和茶互为替代品。两种商品互为替代品，则一种商品的价格上升会引起另一种商品需求的增加。互补品是指经常在一起消费的商品，如汽车和汽油、糖和咖啡是互补品。两种商品是互补品，则一种商品的价格上升会引起另一种商品需求的减少。

**6.消费者对商品的价格预期**

如果消费者预期某种商品的价格在下一期会上升，就会增加对该商品的现期需求量；如果消费者预期某种商品的价格在下一期会下降，就会减少对该商品的现期需求量。

综上所述，一种商品的需求量可以看作所有影响该商品需求量的因素的函数，所以，需求函数可表达为：

$$Q^d=f(P, T, I, Y, P^s, P^c, P^e)$$

式中：$Q^d$表示需求量；$P$表示价格；$T$表示偏好；$I$表示消费者的信息；$Y$表示收入；$P^s$表示替代品的价格；$P^c$表示互补品的价格；$P^e$表示预期价格。

为了简化分析，我们假定其他条件保持不变，仅分析一种商品的价格变化对该商品需求量的影响，即把一种商品的需求量仅仅看成该商品价格的函数，于是，需求函数就可以用下式表示：

$$Q^d=f(P) \tag{2-1}$$

式中：$Q^d$表示商品的需求量；$P$表示商品的价格。

### 2.1.2 需求表、需求曲线和需求法则

需求函数$Q^d=f(P)$表示一种商品的需求量和价格之间存在一一对应的关系。这种函数关系可以分别用商品的需求表和需求曲线来表示。商品的需求表是表示某种商品的各种价格和与各种价格相对应的该商品的需求数量之间的关系的数字序列表。表2-1是某商品的需求表。

表 2-1　　　　　　　　　　　　　　某商品的需求表

| 价格（元） | 需求量（单位数） |
|---|---|
| 1 | 1 400 |
| 2 | 1 200 |
| 3 | 1 000 |
| 4 | 800 |
| 5 | 600 |
| 6 | 400 |
| 7 | 200 |

　　商品的需求曲线是根据需求表中商品的不同的价格-需求数量的组合在平面坐标图上绘制的一条曲线。图 2-1 是根据表 2-1 绘制的，横轴表示商品的数量，纵轴表示商品的价格。

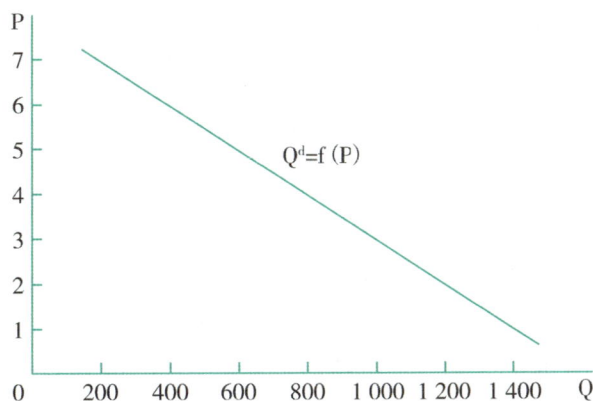

图 2-1　某商品的需求曲线

　　图 2-1 中的需求曲线是一条直线。实际上，需求曲线可以是直线型的，也可以是曲线型的。在微观经济分析中，我们通常使用线性需求函数，其通常形式为：

$$Q^d = \alpha - \beta P \tag{2-2}$$

式中：常数 $\alpha$、$\beta > 0$。该函数所对应的需求曲线为一条直线。

　　建立在需求函数基础上的需求表和需求曲线，都反映了商品的价格变动和需求量变动两者之间的关系。从表 2-1 可见，商品的需求量随着商品价格的上升而减少。相应地，图 2-1 中的需求曲线具有一个明显的特征：向右下方倾斜，即斜率为负值。这表示商品的价格和需求量之间成反方向变动的关系。也就是说，在其他条件不变的情况下，某一商品的价格越低，该商品的需求量就越大；某一商品的价格越高，该商品的需求量就越小。这就是所谓的需求法则。

## 2.1.3　需求量的变动和需求的变动

　　在经济学文献中，需求量的变动和需求的变动是两个相互联系而又相互区别的概念。需求量的变动和需求的变动都是需求数量的变动，它们的区别在于引起这两种变动的因素是不相同的，而且这两种变动在几何图形中的表示也是不相同的。

需求量的变动是指在其他条件不变时，由某商品的价格变动所引起的该商品的需求数量的变动。在几何图形中，需求量的变动表现为商品的价格-需求数量组合点沿着同一条既定的需求曲线的运动。例如，在图2-1中，某商品价格的上升将引起消费者对它的需求量的减少，而且这种变动是沿着同一条需求曲线进行的。

需求的变动是指在某商品价格不变的条件下，由其他因素变动所引起的该商品的需求量的变动。这里的"其他因素变动"是指消费者收入水平变动、相关商品的价格变动、消费者的偏好变动和消费者对商品的价格预期变动等。在几何图形中，需求的变动表现为需求曲线的位置发生移动。下面以图2-2为例进行说明。

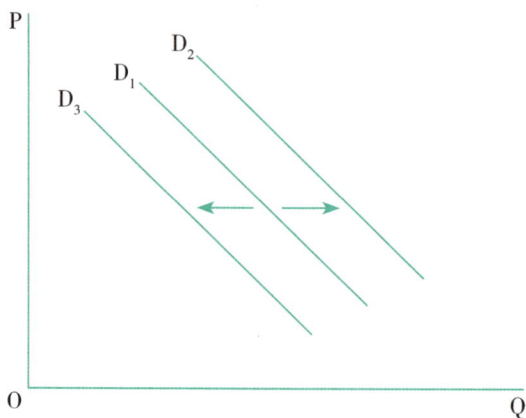

图2-2　需求的变动（需求曲线的移动）

在图2-2中，原有的需求曲线为$D_1$。在商品价格不变的前提下，如果其他因素的变化（如消费者收入水平提高）使得需求增加，则需求曲线向右平移，如由图2-2中的$D_1$位置向右平移到$D_2$位置。如果其他因素的变化（如消费者对该商品的偏好变小）使得需求减少，则需求曲线向左平移，如由图2-2中的$D_1$位置向左平移到$D_3$位置。总之，需求的变动所引起的需求曲线的位置的移动，表示整体需求情况的变化。

## 2.2　供给与供给的变化

需求反映的是消费者行为，供给表示的是厂商行为。一种商品的供给是指生产者在一定时期内在各种可能的价格下愿意而且能够提供出售的该种商品的数量。根据定义，如果生产者对某种商品只有提供出售的愿望，而没有提供出售的能力，则不能形成有效供给，也不能算作供给。

### 2.2.1　影响供给的因素和供给函数

一种商品的供给数量取决于多种因素，其中主要的因素有：

**1.商品自身的价格**

一般说来，商品的价格越高，生产者提供的产量就越大；相反，商品的价格越低，生产者提供的产量就越小。

**2.生产要素的价格**

如果生产要素（原材料、劳动或者资本）的价格上升会增加成本，则在一定的价格水平下商品的供给量会减少。相反，如果生产要素的价格下降会降低成本而增加利润，则商品的供给量会增加。

**3.生产的技术水平**

技术水平影响企业在给定投入下的产量。在一般情况下，生产的技术水平提高可以降低生产成本、增加生产者的利润，从而生产者会提供更多的产量。

**4.政府税收、补贴和管制**

政府对某些产品的供给量具有影响力。例如，政府为了提供教育、政治和国防方面的服务，就需要对企业征税；征税将增加企业的成本，从而减少供给量。当然，政府也会对某些企业实行补贴，目的是鼓励这些企业的发展。除此之外，政府也对企业实施管制。在一些情况下，这些管制会改变企业的生产成本，从而影响供给量。例如，如果政府要求企业改进生产安全设施，则企业的生产成本会上升，供给量可能会下降。

一种商品的供给量是所有影响这种商品供给量的因素的函数。如果假定其他因素均不发生变化，仅考虑一种商品的价格变化对其供给量的影响，即把一种商品的供给量只看成这种商品价格的函数，则供给函数就可以表示为：

$$Q^s=f(P) \tag{2-3}$$

式中：P表示商品的价格；$Q^s$表示商品的供给量。

## 2.2.2　供给表、供给曲线和供给法则

供给函数$Q^s=f(P)$表示一种商品的供给量和商品价格之间存在一一对应的关系，它可以用供给表和供给曲线来表示。商品的供给表是表示某种商品的各种价格和与各种价格相对应的该商品的供给数量之间的关系的数字序列表。表2-2就是某商品的供给表。

表2-2　　　　　　　　　　　　　　某商品的供给表

| 价格（元） | 供给量（单位数） |
|:---:|:---:|
| 2 | 0 |
| 3 | 400 |
| 4 | 800 |
| 5 | 1 200 |
| 6 | 1 600 |
| 7 | 2 000 |

商品的供给曲线是根据供给表中的商品的价格–供给数量组合在平面坐标图上所绘制的一条曲线。图2-3是根据表2-2绘制的，横轴表示商品数量，纵轴表示商品价格。供给曲线表示在不同的价格水平下生产者愿意而且能够提供出售的商品数量。

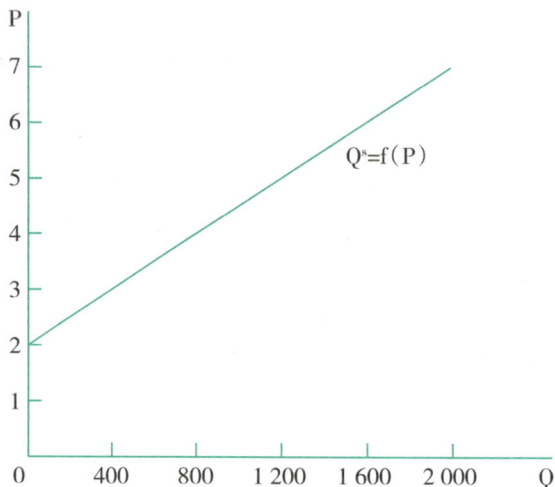

图2-3  某商品的供给曲线

图2-3中的供给曲线是一条直线。实际上，供给曲线可以是直线型的，也可以是曲线型的。在微观经济分析中，我们通常使用线性供给函数，其通常形式为：

$$Q^s=-\delta+\lambda P \tag{2-4}$$

式中：常数$\delta$、$\lambda>0$。与该函数相对应的供给曲线为一条直线。

建立在供给函数基础上的供给表和供给曲线，都反映了商品的价格变动和供给量变动两者之间的关系。从表2-2中可以看出，商品的供给量随着商品价格的上升而增加。相应地，图2-3中的供给曲线具有一个明显的特征：它是向右上方倾斜的，即它的斜率为正值。这表示商品的价格和供给量之间成同方向变动。也就是说，在其他条件不变的情况下，某一商品的价格越低，该商品的供给量就越少；某一商品的价格越高，该商品的供给量就越多。这就是所谓的供给法则。

### 2.2.3  供给量的变动和供给的变动

类似于以上关于需求量的变动和需求的变动的区分，我们也将区分供给量的变动和供给的变动这两个概念。供给量的变动和供给的变动是两个相互联系又相互区别的概念。供给量的变动和供给的变动都是供给数量的变动，它们的区别在于引起这两种变动的因素是不相同的，而且这两种变动在几何图形中的表示也是不相同的。

供给量的变动是指在其他条件不变时，由某商品的价格变动所引起的该商品的供给数量的变动。在几何图形中，供给量的变动表现为商品的价格–供给数量组合点沿着同一条既定的供给曲线的运动。例如，在图2-3中，某商品价格的上升将引起供给数量的增加，而且这种变动是沿着同一条供给曲线进行的。

供给的变动是指在某商品价格不变的条件下，由其他因素变动所引起的该商品的供给数量的变动。这里的"其他因素"是指生产要素的价格、生产的技术水平、生产者对未来的预期，以及政府税收、补贴和管制等。在几何图形中，供给的变动表现为供给曲线的位置发生移动。下面以图 2-4 为例进行说明。

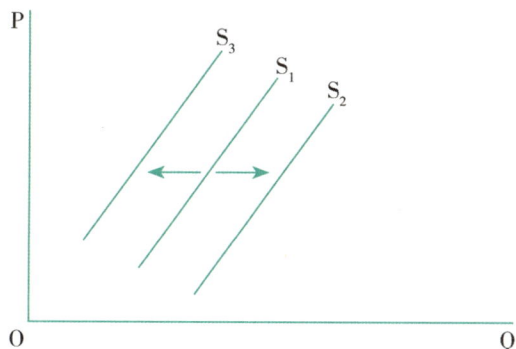

图 2-4 供给的变动（供给曲线的移动）

在图 2-4 中，原有的供给曲线为 $S_1$。在商品价格不变的前提下，如果其他因素的变化（如生产的技术水平提高）使得供给增加，则供给曲线向右平移，如由图 2-4 中的 $S_1$ 位置向右平移到 $S_2$ 位置。如果其他因素的变化（如政府的税收增加）使得供给减少，则供给曲线向左平移，如由图 2-4 中的 $S_1$ 位置向左平移到 $S_3$ 位置。总之，供给的变动所引起的供给曲线的位置的移动，表示整体供给情况的变化。

## 2.3 供求曲线的共同作用与市场均衡

到目前为止，我们分别分析了消费者的需求方面（市场的买方）和生产者的供给方面（市场的卖方）。现在，我们把需求和供给两方面相结合，看看市场中商品的价格是如何决定的。

### 2.3.1 均衡价格的决定

均衡分析方法是经济学分析的一种重要的研究方法。商品的均衡价格是在商品的市场需求和市场供给这两种相反方向力量的相互作用下形成的。在微观经济学中，我们把市场需求量和市场供给量相等时候的价格称为均衡价格，在均衡价格水平下相等的供求数量被称为均衡产量。

我们用图 2-5 说明一种商品的均衡价格的决定。在图 2-5 中，需求曲线 D 和供给曲线 S 相交于 E 点，E 点为均衡点。在均衡点 E，均衡价格 P=4，均衡产量 $\dot{Q}$=800。由于需求曲线上的各点表示了在不同价格下消费者愿意购买的数量，而供给曲线上的各点表示了在各个价格下生产者愿意提供的数量，所以，在需求曲线和供给曲线的交点上，也就是均衡点上，买卖双方都感到满意，并愿意将这种均衡状态持续下去。

商品的均衡价格是商品市场上需求和供给这两种相反方向的力量共同作用的结果，它是在市场的供求力量的自发调节下形成的。均衡点 E 确立了市场的均衡价格和均衡产

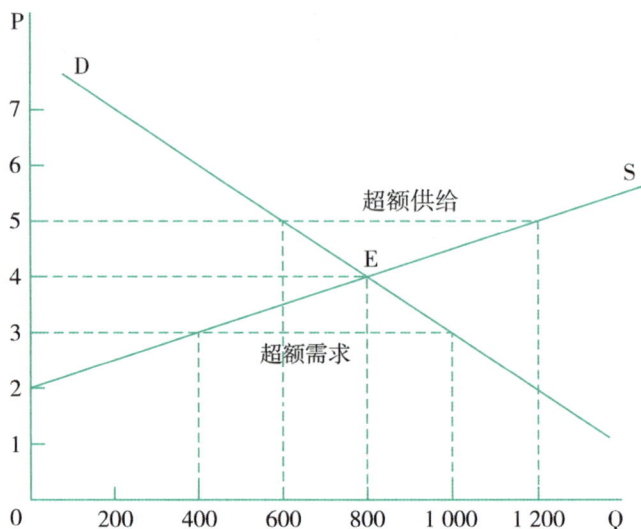

图 2-5　均衡价格的决定

量，只要供给曲线和需求曲线不发生移动，到达均衡状态以后，均衡价格和均衡产量就没有进一步变动的趋势。当市场价格偏离均衡价格时，市场上就会出现需求量和供给量不相等的非均衡的状态。一般说来，在市场机制的作用下，这种供求不相等的非均衡状态会逐步消失，偏离的市场价格会自动地回复到均衡价格的水平。这就是市场中供求自动平衡的内在机制。当市场价格高于均衡价格时，市场上将出现供给量大于需求量的商品过剩的状况，即超额供给的状况。它一方面使需求者压低价格来得到他要购买的商品量，另一方面使供给者减少商品的供给数量。这样，该商品的价格必然下降，一直下降到均衡价格水平为止。相反地，当市场价格低于均衡价格时，市场上将出现需求量大于供给量的商品短缺的状况，即超额需求的状况。超额需求一方面迫使需求者提高价格来得到他所要购买的商品量，另一方面使供给者增加商品的供给量。这样，该商品的价格必然上升，一直上升到均衡价格水平为止。

### 2.3.2　供求变动对均衡价格的影响

从几何图形上看，一种商品的均衡价格是由该商品市场的需求曲线和供给曲线的交点所决定的。之前我们是在假定其他因素不变的情况下研究市场的均衡状态，也就是说，我们采用的是静态分析方法。实际上，需求曲线或供给曲线的位置的移动都会使均衡价格水平发生变动。下面将分别分析需求的变动和供给的变动对均衡价格和均衡产量的影响，我们将采用比较静态的分析方法。

我们首先分析需求变动对市场均衡的影响。在假定供给不变的情况下，需求增加会使需求曲线向右平移，从而使得均衡价格和均衡产量都增加；需求减少会使需求曲线向左平移，从而使得均衡价格和均衡产量都减少。如图 2-6 所示，既定的供给曲线 S 和最初的需求曲线 $D_1$ 相交于 $E_1$ 点。在均衡点 $E_1$，均衡价格为 $P_1$，均衡产量为 $Q_1$。需求增加使需求曲线向右平移至 $D_2$ 曲线的位置，$D_2$ 曲线与 S 曲线相交于 $E_2$ 点。在均衡点 $E_2$，均衡价格上升为 $P_2$，均衡产量增加为 $Q_2$。相反，需求减少使需求曲线 $D_1$ 向左平移至 $D_3$ 曲线的位置，$D_3$ 曲线与 S 曲线相交于 $E_3$ 点。在均衡点 $E_3$，均衡价格下降为 $P_3$，均衡产量减少为 $Q_3$。

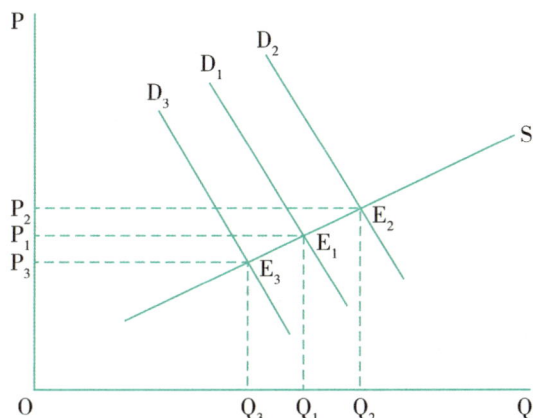

图 2-6 需求的变动对均衡的影响

我们再分析供给变动对市场均衡的影响。在假定需求不变的情况下，供给增加会使供给曲线向右平移，从而使得均衡价格下降，均衡产量增加；供给减少使供给曲线向左平移，从而使得均衡价格上升，均衡产量减少。在图 2-7 中，既定的需求曲线 D 和最初的供给曲线 $S_1$ 相交于 $E_1$ 点。在均衡点 $E_1$ 的均衡价格和均衡产量分别为 $P_1$ 和 $Q_1$。供给增加使供给曲线向右平移至 $S_2$ 曲线的位置，并与 D 曲线相交于 $E_2$ 点。在均衡点 $E_2$，均衡价格下降为 $P_2$，均衡产量增加为 $Q_2$。相反，供给减少使供给曲线向左平移至 $S_3$ 曲线的位置，且与 D 曲线相交于 $E_3$ 点。在均衡点 $E_3$，均衡价格上升为 $P_3$，均衡产量减少为 $Q_3$。

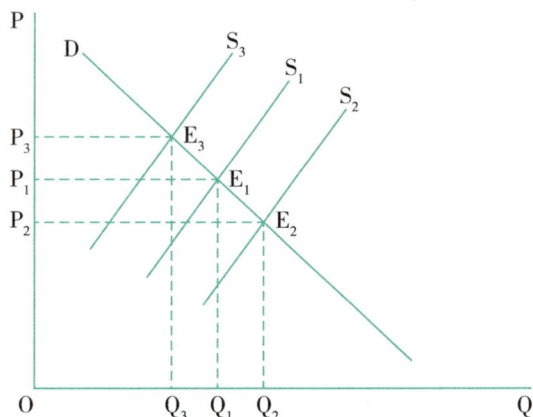

图 2-7 供给的变动对均衡的影响

综上所述，我们可以得到如下结论：在其他条件不变的情况下，需求变动分别引起均衡价格和均衡产量的同方向变动；供给变动分别引起均衡价格的反方向变动和均衡产量的同方向变动。表 2-3 是需求和供给变动对均衡价格和均衡产量的影响的总结。

表2-3    需求和供给变动对均衡价格和均衡产量的影响

| 供求变化 | 对均衡价格的影响 | 对均衡产量的影响 |
|---|---|---|
| 需求增加 | 上升 | 上升 |
| 需求减少 | 下降 | 下降 |
| 供给增加 | 下降 | 上升 |
| 供给减少 | 上升 | 下降 |

以上分别考察了需求和供给变动对均衡价格和均衡产量的影响，此时的分析是较为简单的，事实上，需求和供给都变动的情况则比较复杂。当需求和供给都增加（或减少）时，均衡产量增加（或减少），但均衡价格可能上升、下降或不变，它取决于需求和供给变动的幅度。当供给增加（或减少）和需求减少（或增加）时，均衡价格下降（或上升），但均衡产量可能上升、下降或不变。

### 2.3.3　供求曲线的应用：价格干预

在大多数国家里，市场几乎很少能免受政府的干预。政府常常运用各种不同的方法来调节市场。下面，我们将运用需求曲线和供给曲线来分析政府干预的一种常见形式——价格干预。

1.支持价格

支持价格是政府为了扶持某一行业的生产，对该行业产品规定的高于市场均衡价格的最低价格，亦称最低限价。如政府为了扶持农业，常常对农产品实行支持价格。支持价格是试图通过提高价格来达到政府调节市场的目的。支持价格政策所产生的结果可以用图2-8来说明。

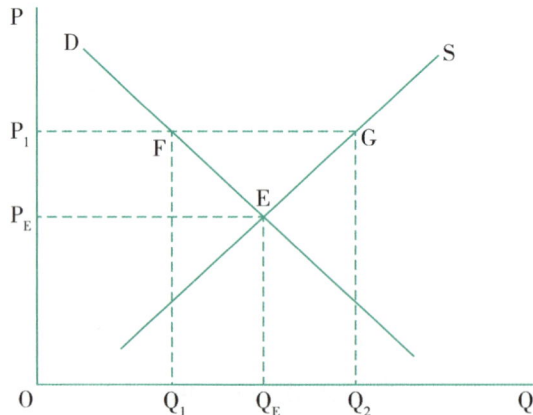

图2-8　支持价格

从图2-8中可以看出，该产品的均衡价格是$P_E$，均衡产量为$Q_E$。实行支持价格$P_1$后，市场价格上升。此时，与这一价格相对应的需求量是$Q_1$，供给量是$Q_2$。由于供给量大于需求量，该商品市场将出现过剩，过剩量为（$Q_2-Q_1$）。为了维持支持价格，这些过剩商品不能在市场上卖掉，此时政府可以采取的措施有：

第一，政府收购过剩商品，或政府高价收购、低价销售。政府收购商品必将增加政府的开支。

第二，政府对该商品的生产实行产量限制，规定将生产的数量控制在 $Q_1$，但是在实施时需要有较强的指令性。

案例窗 2-1

**2. 限制价格**

限制价格是指政府为了限制某些商品的价格而对它们规定的低于市场均衡价格的最高价格。这样做的目的是稳定经济，如稳定生活必需品的价格和供给。限制价格政策所产生的结果可以用图 2-9 来表示。

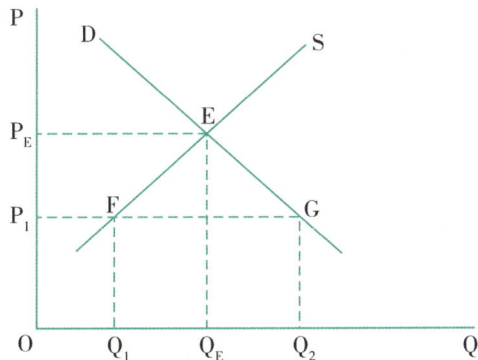
图 2-9　限制价格

从图 2-9 中可以看出，该商品市场的均衡价格为 $P_E$，均衡产量是 $Q_E$。实行限制价格 $P_1$ 后，市场价格下跌。此时，与这一价格相对应的需求量为 $Q_2$，供给量为 $Q_1$。由于需求量大于供给量，该商品市场将出现短缺，短缺量为（$Q_2-Q_1$）。

具体地，实行最高限价可能产生如下的一系列后果：

（1）发生商品短缺现象。既然最高限价低于当时的均衡价格，消费者的需求量必然超过生产者愿意供给的数量，因而发生短缺现象。

（2）被迫实行定量供应。商品短缺必然造成消费者抢购。为了解决这个问题，政府不得不按照人头发票，实行定量供应。

（3）出现黑市。某种商品实行定量供应后，每个消费者按期买到相等的份额，但每人实际的需求量是多寡不等的，于是有的人想卖出一些，有的人想买进一些，这样便出现了黑市。根据供求规律，黑市价格不仅高于最高限价，还将高于当时的均衡价格。

实行最高限价，价格机制会受到妨碍，不能发挥其应有的调节生产和消费的作用，致使短缺问题长期不能解决，而且往往愈演愈烈。所以，作为一种应急措施，最高限价对控制物价会有一定效果，但如果长期使用，则弊大于利，因而有必要选择适当时机予以解冻。

案例窗2-2

### 租金控制的长期和短期效应分析

租金控制是最高限价的一个例子（见图2-10）。在图2-10（a）中，$R^*$是市场的均衡租金水平，在这个水平上，房子的需求等于供给。但是，当地政府认为，在$R^*$的租金水平上，很多低收入者租不起房子，于是制定了一个最高的租金水平$R_1$，在$R_1$水平上，出现房子的超额需求。

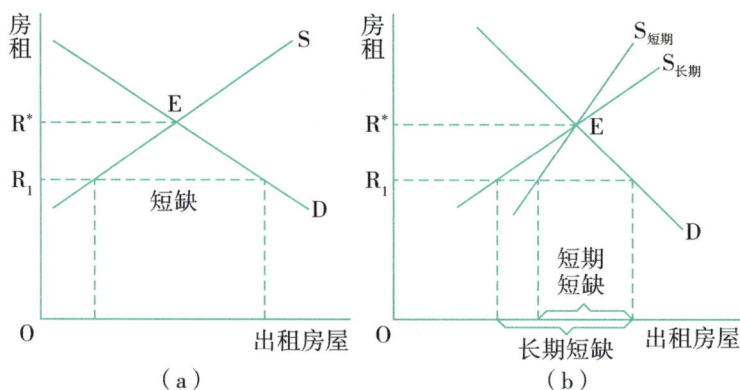

图2-10　最高限价：租金控制

在短期中，房子的数量不会有太多的变化，也就是说，房子的供给在短期中是缺乏弹性的。在图2-10（a）中，租金被控制在$R_1$水平上，$R_1$低于市场的均衡价格水平$R^*$，将出现住房的超额需求。但是，在长期中，房子的供给数量可能由于多种原因而下降，如房屋可能被出售而不是被出租。最高限价将导致长期短缺大于短期短缺，供给量远远低于需求量。图2-10（b）说明了这种后果。总之，租金控制在短期内使得所有的租房者过得更好，因为他们支付的房租较少，无论他们是穷人还是富人。然而，在长期内，用于出租的房屋数量将会减少，以致很多想要租房的人难以在市场上租到房子。因为租房者一般比买得起房子的人要穷，所以，长期中可出租房屋的减少对穷人的影响更大。

总之，最高限价主要用于基础工业品和生活必需品的价格，最低保护价格则主要用于农产品价格。最高限价可能减少供给，最低限价又可能减少需求。前者可能导致黑市、产品品质的下降及排队抢购等现象的发生，后者则又可能以政府补贴的增加为代价。

## 2.4　弹性概念及应用：需求弹性与供给弹性

### 2.4.1　弹性概念：弧弹性和点弹性

弹性概念在经济学中得到广泛的应用。当两个经济变量之间存在函数关系时，弹性

（elasticity）被用来表示作为因变量的经济变量的相对变化对作为自变量的经济变量的相对变化的反应程度。弹性的一般计算公式为：

$$弹性系数=\frac{因变量的相对变化}{自变量的相对变化}$$

若两个经济变量之间的函数关系为 Y=f(X)，以 ΔX、ΔY 分别表示变量 X、Y 的变动量，以 e 表示弹性系数，则弹性系数的计算公式为：

$$e=\frac{\frac{\Delta Y}{Y}}{\frac{\Delta X}{X}}=\frac{\Delta Y}{\Delta X}\cdot\frac{X}{Y} \tag{2-5}$$

若经济变量的变化量趋于无穷小，则弹性系数就等于因变量的无穷小的变动率与自变量的无穷小的变动率之比。也就是说，当式（2-5）中的 ΔX→0，且 ΔY→0 时，则弹性系数的计算公式为：

$$e=\lim_{\Delta X\to 0}\frac{\frac{\Delta Y}{Y}}{\frac{\Delta X}{X}}=\frac{\frac{dY}{Y}}{\frac{dX}{X}}=\frac{dY}{dX}\cdot\frac{X}{Y} \tag{2-6}$$

通常将式（2-5）称为弧弹性（arc elasticity），将式（2-6）称为点弹性（point elasticity）。弹性概念是就自变量和因变量的相对变动而言的，因此，弹性数值与自变量和因变量的度量单位无关。本部分将以需求弹性为重点，考察与供求理论有关的几个弹性概念。

### 2.4.2　需求的价格弹性

在西方经济学中，需求弹性包括需求的价格弹性、需求的交叉弹性和需求的收入弹性等。其中，需求的价格弹性又通常被简称为需求弹性。本部分研究的需求弹性指的就是需求的价格弹性。需求弹性用来表示在一定时期内一种商品的需求量的相对变动对该商品的价格的相对变动的反应程度。它是商品需求量的变动率与价格的变动率之比，即

$$需求弹性系数=\frac{需求量变动率}{价格变动率}$$

需求弹性分为需求弧弹性和需求点弹性，下面分别加以说明。

**1.需求弧弹性**

（1）需求弧弹性的概念。

需求弧弹性用来表示某商品需求曲线上两点之间的需求量的相对变动对价格的相对变动的反应程度。它表示的是需求曲线上两点之间的弹性。我们假定需求函数为 Q=f(P)，ΔQ 和 ΔP 分别表示需求量和价格的变动量，以 $e_d$ 表示需求弹性系数，则需求弧弹性系数的计算公式为：

$$e_d=-\frac{\frac{\Delta Q}{Q}}{\frac{\Delta P}{P}}=-\frac{\Delta Q}{\Delta P}\cdot\frac{P}{Q} \tag{2-7}$$

由于商品的需求量和价格是成反方向变动的，所以，为了便于比较，我们在式（2-7）中加了一个负号，从而使需求弹性系数 $e_d$ 取正值。

对需求弧弹性来说，要注意的一个问题是，对需求曲线上任意两点的起点、终点的不同选择而计算出来的弧弹性的结果是不同的。在图 2-11 中，需求曲线上 a、b 两点的价格分别为 5 和 4，相应的需求量分别为 200 和 400。根据式（2-7），由 a 点到 b 点和由 b 点到 a 点的弧弹性计算结果是不同的。

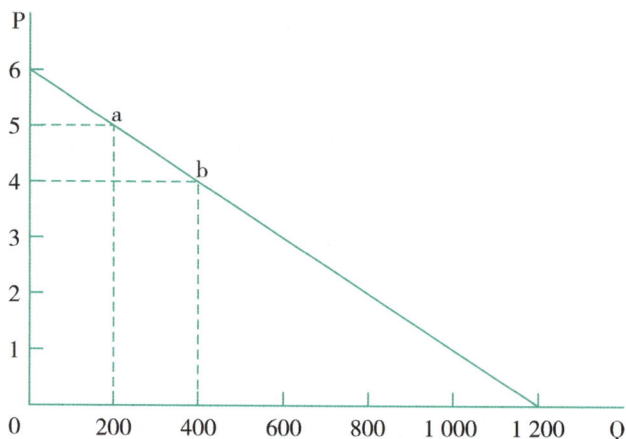

图 2-11　需求弧弹性

由 a 点到 b 点：

$$e_d = -\frac{400-200}{4-5} \times \frac{5}{200} = 5$$

由 b 点到 a 点：

$$e_d = -\frac{200-400}{5-4} \times \frac{4}{400} = 2$$

显然，由 a 点到 b 点和由 b 点到 a 点的需求弧弹性系数是不相同的。其原因在于：尽管在上面两个算式中，$\Delta Q$ 和 $\Delta P$ 的绝对值相等，但由于 P 和 Q 所取的基数值不相同，所以，它们的计算结果也不相同。这样一来，在需求曲线的同一条弧上，涨价和降价产生的需求弧弹性系数是不相等的。

此外，我们也可以取两点价格的平均值 $\left(\frac{P_1+P_2}{2}\right)$ 和两点需求量的平均值 $\left(\frac{Q_1+Q_2}{2}\right)$ 来分别代替式（2-7）中的 P 和 Q 值，于是，需求弧弹性系数的计算公式（2-7）又可以写为：

$$e_d = -\frac{\Delta Q}{\Delta P} \cdot \frac{\dfrac{P_1+P_2}{2}}{\dfrac{Q_1+Q_2}{2}} \tag{2-8}$$

式（2-8）也被称为需求弧弹性系数的中点公式。

根据式（2-8），上例中的 a、b 两点间的需求弧弹性系数为：

$$e_d = \frac{200}{1} \times \frac{\frac{5+4}{2}}{\frac{200+400}{2}} = 3$$

（2）需求弧弹性的类型。

在西方经济学中，需求弧弹性可以分为 5 种类型：

①$e_d > 1$，被称为富有弹性，表示需求量的变动率大于价格的变动率。如图 2-12（a）所示，$e_d = 2.1$。

②$e_d < 1$，被称为缺乏弹性，表示需求量的变动率小于价格的变动率。如图 2-12（b）所示，$e_d = 0.6$。

③$e_d = 1$，被称为单一弹性，表示需求量的变动率等于价格的变动率。如图 2-12（c）所示，$e_d = 1$（按中点公式计算）。

④$e_d = \infty$，被称为完全弹性。如图 2-12（d）所示，此时的需求曲线为一条水平线，表示在既定的价格水平（P=6）下，需求量是无限的。从需求弹性的角度看，对水平的需求曲线来说，只要价格有一个微小的变化，就会使无穷大的需求量一下子减少为零。

⑤$e_d = 0$，被称为完全无弹性。如图 2-12（e）所示，此时的需求曲线是一条垂直线，表示在任何价格水平下，需求量都是固定不变的（Q=60）。从需求弹性的角度看，对垂直的需求曲线来说，无论价格如何变化，需求量都不发生变化，需求量的变化量总是为零。

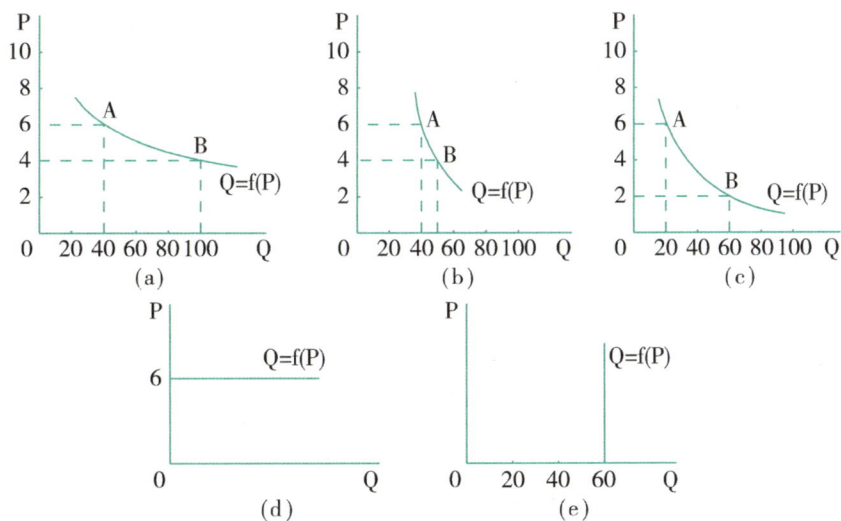

图 2-12　需求弧弹性的 5 种类型

**2.需求点弹性**

（1）需求点弹性的概念。

当需求曲线上的两点之间的变化量趋于零时，需求弹性要用点弹性来表示。需求点弹性衡量的是在需求曲线某一点上的需求量的无穷小的变动率对价格的无穷小的变动率的反应程度。我们假定需求函数为 Q=f(P)，以 dQ 和 dP 分别表示需求量和价格的无穷小的变动量，以 $e_d$ 表示需求弹性系数，则需求点弹性的公式为：

$$e_d = -\frac{\dfrac{dQ}{Q}}{\dfrac{dP}{P}} = -\frac{dQ}{dP} \cdot \frac{P}{Q} \qquad (2\text{-}9)$$

我们假设线性需求曲线的函数形式为 $Q^d=2\,400-400P$，利用式（2-9）来分别计算价格 P=5 和 P=4 时的需求点弹性。

当 P=5 时，由需求函数可得：

$Q^d=2\,400-400\times5=400$

$e_d=-(-400) \cdot \dfrac{P}{Q}=400\times\dfrac{5}{400}=5$

当 P=4 时，由需求函数可得：

$Q^d=2\,400-400\times4=800$

$e_d=-(-400) \cdot \dfrac{P}{Q}=400\times\dfrac{4}{800}=2$

（2）需求点弹性的几何含义。

需求点弹性系数也可以用几何方法求得。在图 2-13 中有一条线性的需求曲线，它交坐标纵轴和横轴分别于 A、B 两点，R 点为该需求曲线上的任意一点。根据式（2-9），R 点的需求点弹性可以表示为：

$$e_d=\frac{dQ}{dP} \cdot \frac{P}{Q}=\frac{TB}{RT} \cdot \frac{RT}{OT}=\frac{TB}{OT}=\frac{RB}{AR}=\frac{SO}{AS} \qquad (2\text{-}10)$$

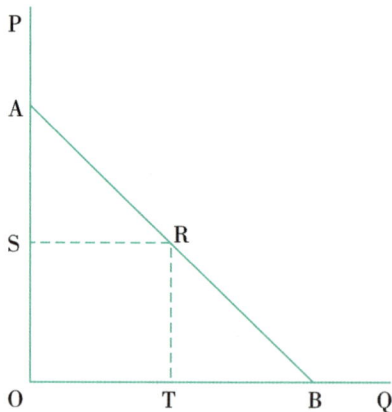

图 2-13　线性需求曲线的点弹性

根据式（2-10）可知，从几何意义上看，线性需求曲线上任何一点的点弹性都可以表示为需求曲线上被该点分成两段的线段的长度的比值。由此可知：

①线性需求曲线的中点的点弹性等于 1，为单一弹性；

②中点以下部分任何一点的点弹性小于 1，为缺乏弹性；

③中点以上部分任何一点的点弹性大于 1，为富有弹性。

线性需求曲线与横轴和纵轴交点的点弹性分别是零和无穷大，即它们分别为完全无弹性和完全弹性。随着线性需求曲线上点的位置由最低向上不断升高，需求点弹性的值由完全无弹性逐步变大为完全弹性。下面通过图 2-14 来说明线性需求曲线点弹性的这 5 种类型。

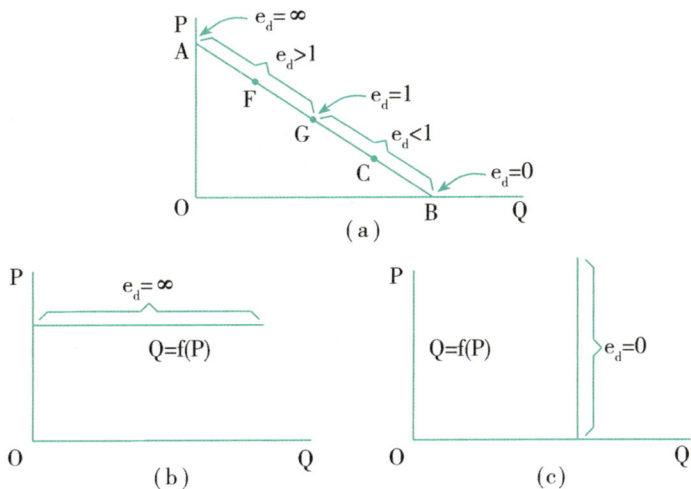

图 2-14　线性需求曲线点弹性的 5 种类型

在图 2-14（a）中，在线性需求曲线的中点 G 上，有 $e_d=1$，因为 GB=AG。在曲线中点以下部分的任何一点如 C 点上，有 $e_d<1$，因为 CB<AC。在曲线中点以上部分的任何一点如 F 点上，有 $e_d>1$，因为 FB>AF。在线性需求曲线与纵轴和横轴交点 A 和 B 点上，分别有 $e_d=\infty$ 和 $e_d=0$。在 B 点沿着既定的线性需求曲线经过 C、G、F 点到达 A 点的过程中，需求点弹性的值由零逐步上升为无穷大。显然，线性需求曲线上每一点的点弹性都是不相等的。这一结论对除了即将要说明的两种特殊形状的线性需求曲线以外的所有线性需求曲线都是适用的。

在图 2-14（b）和图 2-14（c）中各有两条特殊形状的线性需求曲线。图 2-14（b）中水平的需求曲线上的每一点的点弹性均为无穷大，即 $e_d=\infty$。图 2-14（c）中的垂直的需求曲线上的每一点的点弹性均为零，即 $e_d=0$。

至于非线性需求曲线上任何一点的需求点弹性的几何意义，也可以用类似的办法得到。在图 2-15 中，有一条非线性的需求曲线 D。为了说明该曲线上任一点 R 的点弹性的几何意义，我们过点 R 做需求曲线的切线，分别交纵、横轴于 A、B 两点。于是，根据式（2-9），我们同样可以将 R 点的需求弹性的几何意义表示为前面的式（2-10）。

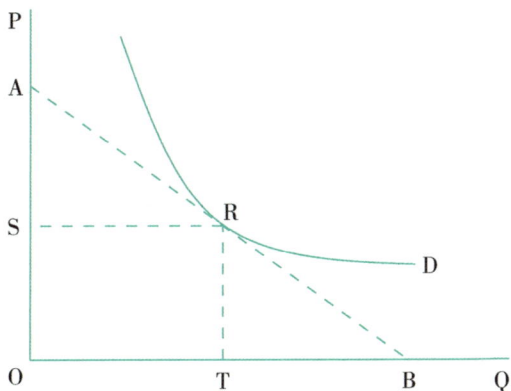

图 2-15　非线性需求曲线的点弹性

### 3.影响需求弹性的因素

影响需求弹性的因素是很多的，其中主要有以下几个：

第一，商品的可替代性程度。一般说来，若一种商品的可替代品越多，替代性越强，则该商品的需求弹性往往就越大；反之，则该商品的需求弹性往往就越小。

第二，商品的必需程度。如果某种商品是必需品，那么需求弹性比较小，如食盐、鸡蛋、大米等。相反，非生活必需品的价格弹性就比较大，如美容、旅行等。

第三，商品的消费支出在总支出中所占的比重。一种商品的消费支出在预算总支出中所占的比重较大，那么价格变化后，消费者会对其需求加以慎重考虑，因而需求弹性较大。反之，一种商品在消费者总开支中只占很小的份额，那么消费者对该商品的价格变化的敏感程度就较小，因而需求弹性较小。

第四，时间的长短。一般说来，所考察的调节时间越长，则需求弹性就可能越大。因为时间越长，消费者就越容易找到替代品或者调整自己的消费习惯。

总之，一种商品需求弹性的大小是以上各种影响因素综合作用的结果。在分析一种商品的需求弹性的大小时，要根据具体情况进行全面的综合分析。

### 4.商品的需求弹性和厂商的销售收入

需求弹性是影响厂商的销售收入的一个非常重要的因素。具体来说，厂商的销售收入等于商品的价格乘以商品的销售量。如果我们假定，厂商的商品销售量等于市场上对其商品的需求量，那么，厂商的销售收入就可以表示为商品的价格乘以商品的需求量，即

厂商销售收入$=PQ$

式中：$P$ 表示商品的价格；$Q$ 表示商品的需求量。而商品的需求弹性表示商品需求量的变化率对商品价格的变化率的反应程度。这就意味着，该商品的需求弹性的大小将影响提供这种商品的厂商的销售收入 $PQ$ 的变动。

假定厂商原收入为 $P_1Q_1$，现在价格提高到 $P_2$，需求量减少到了 $Q_2$，那么厂商销售收入的变动量为：

$$P_2Q_2-P_1Q_1=(P_1+\Delta P)(Q_1+\Delta Q)-P_1Q_1$$
$$=P_1 \cdot \Delta Q+\Delta P \cdot Q_1+\Delta P \Delta Q \text{（因为}\Delta P \Delta Q\text{很小，在这里可以忽略不计）}$$
$$=[(\Delta Q/\Delta P)(P_1/Q_1)+1]\Delta P \cdot Q_1$$
$$=(-e_d+1)\Delta P \cdot Q_1$$

很显然，上式的取值和 $e_d$ 的大小有关。当 $e_d<1$ 时，上式大于零；当 $e_d=1$ 时，上式等于零；当 $e_d>1$ 时，上式小于零。将 $e_d=\infty$ 和 $e_d=0$ 这两种特殊情况考虑在内，商品的需求弹性和厂商的销售收入之间的关系可以用表2-4来说明。

表2-4　　　　　　　　　　需求弹性和销售收入之间的关系

| 价格 | 销售收入 | | | | |
|---|---|---|---|---|---|
| | $e_d>1$ | $e_d=1$ | $e_d<1$ | $e_d=0$ | $e_d=\infty$ |
| 降价 | 增加 | 不变 | 减少 | 同比例于价格的下降而减少 | 既定价格下，收益可以无限增加，因此厂商不会降价 |
| 涨价 | 减少 | 不变 | 增加 | 同比例于价格的上升而增加 | 收益会减少到零 |

案例窗 2-3

### 缺乏弹性的需求曲线和丰收悖论

我们可以用弹性理论来分析经济学中的一个问题：丰收悖论。丰收悖论描述的是这样一种经济现象：在丰收的年份，农民的收入反而减少了。按照我们以上所学的需求弹性和收入之间的关系来解释，造成丰收悖论的根本原因在于：小麦、玉米等农产品往往是缺乏需求弹性的。在丰收的年份，由于这些农产品均衡产量增加的幅度小于均衡价格下降的幅度，所以，农民的总收入减少。同样地，在歉收年份，由于缺乏弹性的需求曲线的作用，农产品均衡产量减少的幅度将小于由其所引起的均衡价格的上升幅度，最后致使农民的总收入量增加。如图 2-16 所示，$OP_1AQ_1$ 的面积表示在歉收时农民的收入，$OP_2BQ_2$ 的面积表示在丰收时农民的收入，且前者面积大于后者面积。

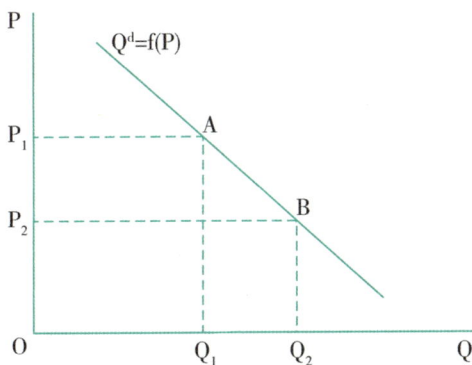

图 2-16　缺乏弹性的需求曲线和丰收悖论

由于丰收悖论的存在，在现实的经济政策中，某些国家出台了一些保护农民收入的措施，其主要手段就是减少农产品的种植面积，来减少农产品的供给数量，从而最终达到保护农民收入的目的。

## 2.4.3　需求的收入弹性

需求的收入弹性是建立在消费者的收入量和商品的需求量之间关系上的一个弹性概念，也是一个在经济学中被广泛运用的弹性概念。需求的收入弹性被用来表示消费者对某种商品的需求数量的相对变动对消费者收入量的相对变动的反应程度。它的一般公式为：

$$需求的收入弹性 = \frac{某商品的需求量的变化率}{消费者收入量的变化率}$$

令消费者的需求函数为：

$$Q^d = f(m)$$

式中：m 表示消费者的收入；$Q^d$ 表示商品的需求量，则需求的收入弹性（$e_m$）可以用公式表示为：

$$e_m = \frac{\frac{\Delta Q}{Q}}{\frac{\Delta m}{m}} = \frac{\Delta Q}{\Delta m} \cdot \frac{m}{Q} \tag{2-11}$$

或者  $$e_m = \lim_{\Delta m \to 0} \frac{\Delta Q}{\Delta m} \cdot \frac{m}{Q} = \frac{dQ}{dm} \cdot \frac{m}{Q} \tag{2-12}$$

式（2-11）表示需求的收入弧弹性，式（2-12）表示需求的收入点弹性。

根据不同商品需求的收入弹性的符号，可以把商品分为两类：

一是正常商品。正常商品的需求量随着收入水平的增加而增加，因此正常商品需求的收入弹性大于零。根据需求的收入弹性的大小，正常商品又划分为奢侈品（需求的收入弹性大于1）和必需品（需求的收入弹性小于1）。

二是劣等商品。劣等商品的需求量随着收入水平的增加而减少，因此劣等商品需求的收入弹性小于零。

在需求的收入弹性的基础上，如果具体地研究消费者的收入量的变动和用于购买食品的支出量的变动之间的关系，就可以得到食品支出的收入弹性。

1857年，德国经济学家和统计学家恩格尔在研究了当时西欧某些居民家庭的收入和食品消费支出的关系后，提出了这样一个结论：一个家庭收入越少，总支出中用来购买食品的费用所占的比例越大。

这一观点被称为恩格尔定律（Engel's Law）。其原因是，"民以食为天"，吃是人获得生存的首要条件。只有这一层次需要被满足后，消费才会向其他方面扩展。因此，食品支出的比重即恩格尔系数，从一个侧面反映了生活水平的高低。一般地讲，恩格尔系数越低，生活越富裕，它反映了贫困与富裕的程度。显然，恩格尔定律也可以用食品支出的收入弹性这一概念来表达，即生活越富裕，食品支出的收入弹性就越小；相反，生活越贫困，食品支出的收入弹性就越大。

### 2.4.4　需求的交叉弹性

需求的价格弹性又称需求的自身价格弹性，它表示商品的需求量对自身价格变化的敏感程度。实际上，相关商品的价格也是影响商品需求量的一个重要因素。假定其他的因素都不发生变化，仅仅研究一种商品的需求量变化和它的相关商品的价格变化之间的关系，则需要引进需求的交叉弹性的概念。

需求的交叉弹性表示在一定时期内一种商品的需求量的相对变动对它的相关商品的价格的相对变动的反应程度。它是某商品的需求量的变动率和它的相关商品的价格的变动率的比值。我们假定商品 X 的需求量 $Q_X$ 是它的相关商品 Y 的价格 $P_Y$ 的函数，即 $Q_X = f(P_Y)$，我们用 $e_{XY}$ 来表示当 Y 商品的价格发生变化时 X 商品的需求的交叉弹性系数，则：

$$e_{XY} = \frac{\frac{\Delta Q_X}{Q_X}}{\frac{\Delta P_Y}{P_Y}} = \frac{\Delta Q_X}{\Delta P_Y} \cdot \frac{P_Y}{Q_X} \tag{2-13}$$

当 X 商品的需求量的变化量 $\Delta Q_X$ 和相关商品价格的变化量 $\Delta P_Y$ 均为无穷小时，商品 X 的需求的交叉点弹性公式为：

$$e_{XY}=\lim_{\Delta P_Y \to 0}\frac{\dfrac{\Delta Q_X}{Q_X}}{\dfrac{\Delta P_Y}{P_Y}}=\frac{\dfrac{dQ_X}{Q_X}}{\dfrac{dP_Y}{P_Y}}=\frac{dQ_X}{dP_Y}\cdot\frac{P_Y}{Q_X} \tag{2-14}$$

需求的交叉弹性可能取正值，也可能取负值，其符号取决于所考察的两种商品的相互关系：

（1）如果两种商品之间可以互相代替，以满足消费者的某一种欲望，则称这两种商品互为替代品。替代品的需求的交叉弹性系数为正值。

（2）如果两种商品必须同时使用才能满足消费者的某一种欲望，则称这两种商品互为互补品。互补品的需求的交叉弹性系数为负值。

（3）若两种商品之间不存在相关关系，则意味着其中任何一种商品的需求量都不会对另一种商品的价格变动做出反应，无关品之间的需求的交叉弹性系数为零。

总之，不同商品之间的相互关系不同，那么需求的交叉弹性的取值不同：

（1）对替代品，$e_{XY}>0$；

（2）对互补品，$e_{XY}<0$；

（3）对无关品，$e_{XY}=0$。

## 2.4.5 供给的价格弹性

供给的价格弹性是与需求的价格弹性完全对称的概念。供给的价格弹性表示在一定时期内一种商品的供给量的相对变动对该商品的价格的相对变动的反应程度。它是商品的供给量变动率与价格变动率之比。供给的价格弹性可简称为供给弹性。

与需求弹性一样，供给弹性也分为供给弧弹性和供给点弹性。

**1. 供给弧弹性**

供给弧弹性表示某商品供给曲线上两点之间的弹性。假定供给函数为 $Q^s=f(P)$，以 $e_s$ 表示供给弹性系数，则供给弧弹性的公式为：

$$e_s=\frac{\dfrac{\Delta Q}{Q}}{\dfrac{\Delta P}{P}}=\frac{\Delta Q}{\Delta P}\cdot\frac{P}{Q} \tag{2-15}$$

与需求弧弹性相同，供给弧弹性根据 $e_s$ 值也分为 5 种类型（如图 2-17 所示）：

（1）$e_s>1$，为供给富有弹性；

（2）$e_s<1$，为供给缺乏弹性；

（3）$e_s=1$，为供给单一弹性；

（4）$e_s=\infty$，为供给完全弹性；

（5）$e_s=0$，为供给完全无弹性。

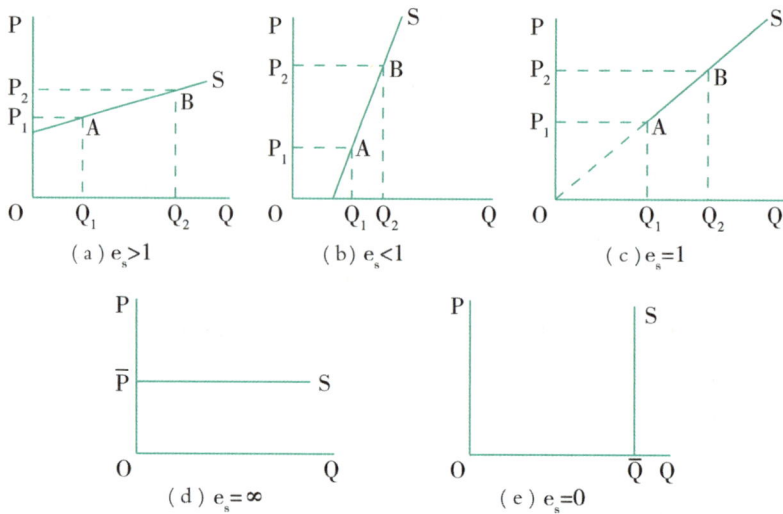

图 2-17　供给弧弹性的 5 种类型

## 2. 供给点弹性

供给点弹性表示某商品供给曲线上某一点的弹性。供给点弹性的公式为：

$$e_s = \lim_{\Delta P \to 0} \frac{\Delta Q}{\Delta P} \cdot \frac{P}{Q} = \frac{dQ}{dP} \cdot \frac{P}{Q} \qquad (2\text{-}16)$$

供给点弹性及其几何意义可以用图 2-18 来推导和说明。

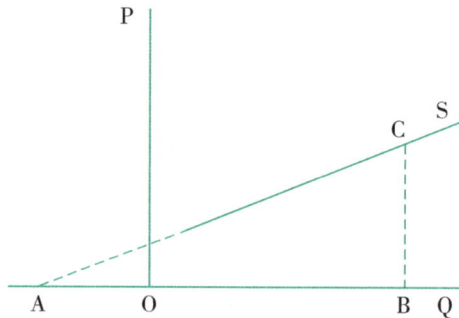

图 2-18　供给点弹性（一）

如何判断图 2-18 中线性供给曲线上任一点 C 的弹性大小呢？根据供给点弹性的定义公式（2-16），我们在 a 点上可以有：

$$e_s = \frac{dQ}{dP} \cdot \frac{P}{Q} = \frac{AB}{CB} \cdot \frac{CB}{OB} = \frac{AB}{OB}$$

显然，由于 AB>OB，故有 C 点上的 $e_s > 1$，即富有弹性。

由此，我们可以得到更一般的结论：线性供给曲线上任一点的弹性大小与该线性供给曲线的延长线与横轴的交点（图 2-18 中的 A 点）的位置有关。如果该交点落在原点的左边，则该线性供给曲线上的任一点的弹性均大于 1，即富有弹性，如图 2-18 所示。如果该交点落在原点的右边，则该线性供给曲线上的任一点的弹性均小于 1，即缺乏弹性，如图 2-19（a）所示（因为此时 AB<OB）。如果该交点恰好与原点重合，则该线性供给曲线上的任何一点的弹性均等于 1，即单一弹性，如图 2-19（b）所示（因为此时

AB=OB）。

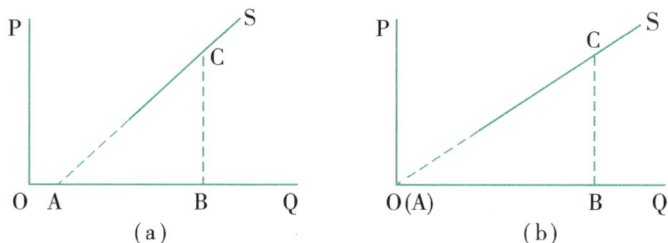

图2-19　供给点弹性（二）

类似地，关于非线性供给曲线上任何一点的弹性，可以利用图 2-20 来推导和说明。为了求得图 2-20 中非线性供给曲线上 C 点的弹性，根据定义公式（2-16），我们过 C 点做 S 曲线的切线，交横轴于 A 点，我们于是有 C 点的供给点弹性的几何意义为：

$$e_s = \frac{dQ}{dP} \cdot \frac{P}{Q} = \frac{AB}{CB} \cdot \frac{CB}{OB} = \frac{AB}{OB}$$

因此，我们可以根据过非线性供给曲线上任意一点的切线与横轴的交点在原点的左边，或右边，或重合，来判断相应的供给点弹性大于 1，或小于 1，或等于 1。

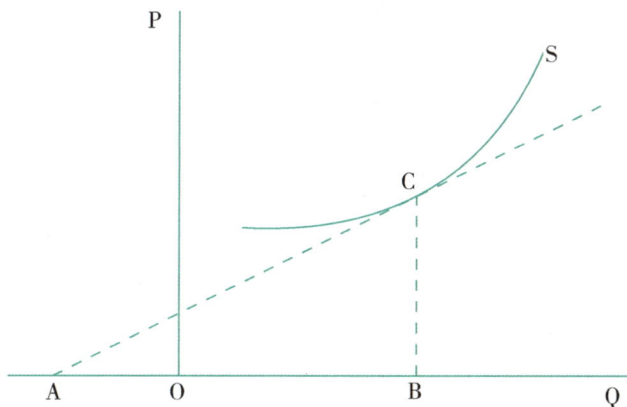

图2-20　供给点弹性（三）

根据供给法则，供给曲线的斜率一般为正，即商品的供给量和商品的价格是成同方向变动的。在式（2-15）和式（2-16）中，$\frac{\Delta Q}{\Delta P}$ 和 $\frac{dQ}{dP}$ 均大于零，所以供给的价格弹性应为正值。

供给弹性的大小主要取决于以下几个因素：

（1）厂商进入和退出一个行业的难易程度。如果厂商进入或者退出某一行业的壁垒比较小，则该商品的供给弹性可以较大。如果厂商进入或者退出某一行业的壁垒比较大，则该商品的供给弹性可以较小。

（2）时间的长短。当商品的价格发生变化时，厂商对产量的调整需要一定的时间。在很短的时间内，厂商若要根据商品的涨价或者降价及时地调整产量，都存在程度不同的困难，因此，供给弹性是比较小的。但是，在长期内，厂商能够调整其投入，扩大与缩小生产规模，因此，供给量可以对价格变动做出较充分的反应，供给弹性也就比较大了。上述说明请参见图 2-21。

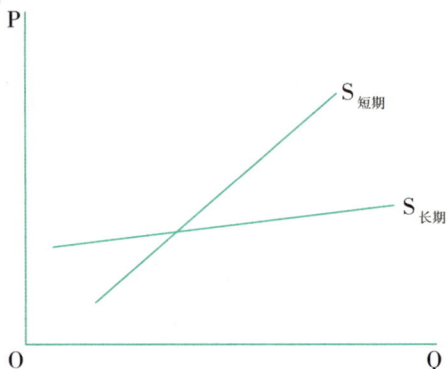

图 2-21　短期和长期的供给曲线

（3）产品的生产周期。在一定的时期内，对生产周期较短的产品，厂商可以根据市场价格的变化较及时地调整产量，供给弹性就相应比较大；相反，生产周期较长的产品的供给弹性就往往较小。

# 本章小结

本章主要讨论了市场中的价格的形成。需求和供给模型用来描述市场均衡价格是如何由需求和供给共同决定的。供求模型的要点是：需求曲线和供给曲线的交点决定了均衡价格。在需求曲线和供给曲线背后，我们必须找到影响需求曲线和供给曲线的各种因素。

一种商品的需求数量是由许多种因素决定的，其中主要的因素有商品的价格、消费者的偏好、消费者的信息、消费者的收入水平、相关商品的价格、消费者对商品的价格预期等。建立在需求函数基础上的需求表和需求曲线，反映了商品的价格和需求量两者之间的对应关系。需求曲线具有一个明显的特征：向右下方倾斜。

一种商品的供给数量取决于多种因素，其中主要的因素有商品自身的价格、生产要素的价格、生产的技术水平，以及政府税收、补贴和管制等。建立在供给函数基础上的供给表和供给曲线，都反映了商品的价格和供给量两者之间的对应关系。供给曲线具有一个明显的特征：向右上方倾斜。

均衡分析方法是经济学分析的一种重要的研究方法。商品的均衡价格是在商品的市场需求和市场供给这两种相反方向力量的相互作用下形成的。在其他条件不变的情况下，需求变动分别引起均衡价格和均衡产量的同方向的变动；供给变动分别引起均衡价格的反方向的变动和均衡产量的同方向的变动。需求和供给都变动的情况则比较复杂，其对均衡的影响要视具体情况而定。

弹性被用来表示作为因变量的经济变量的相对变化对作为自变量的经济变量的相对变化的反应程度。我们考察了与供求理论有关的几个弹性概念，其中包括需求的价格弹性、需求的收入弹性、需求的交叉弹性和供给的价格弹性。

# 本章基本概念

需求　　需求表　　需求曲线　　需求法则　　需求量的变动　　需求的变动　　供给

供给表　　供给曲线　　供给法则　　供给量的变动　　供给的变动　　均衡价格

均衡产量　超额供给　超额需求　弹性　弧弹性　点弹性　需求的价格弹性

需求弧弹性　富有弹性　缺乏弹性　单一弹性　完全弹性　完全无弹性

需求点弹性　需求的收入弹性　正常商品　劣等商品　奢侈品　必需品

恩格尔定律　需求的交叉弹性　替代品　互补品　供给的价格弹性

供给弧弹性　　供给点弹性

# 复习思考题

## 一、简答题

1.说明均衡价格的决定与变动。

2.用图分别说明需求的价格弹性中的需求弧弹性和点弹性的5种类型。

3.用图分别说明供给的价格弹性的5种类型。

4.说明商品的需求的价格弹性与厂商的销售收入之间的关系。

## 二、计算题

1.假设某大学篮球票的价格是由市场力量决定的，其需求与供给表见表2-5。
要求：

表2-5 需求与供给表

| 价格（元） | 需求量（张） | 供给量（张） |
| --- | --- | --- |
| 4 | 10 000 | 8 000 |
| 8 | 8 000 | 8 000 |
| 12 | 6 000 | 8 000 |
| 16 | 4 000 | 8 000 |
| 20 | 2 000 | 8 000 |

（1）画出需求曲线和供给曲线。该供给曲线有什么特点？为什么？

（2）篮球票的均衡价格和数量分别是多少？

（3）下一年度这所大学计划共增加5 000名学生。增加的学生的需求表见表2-6。
把老生的需求表与新生的需求表加在一起计算整个大学的新需求表。新的均衡价格和数
量分别是多少？

表2-6 增加的学生的需求表

| 价格（元） | 需求量（张） |
| --- | --- |
| 4 | 4 000 |
| 8 | 3 000 |
| 12 | 2 000 |
| 16 | 1 000 |
| 20 | 0 |

2.市场研究提供了以下有关汽车市场的信息：

$Q^d=1\ 600-300P$

$Q^s=-1\ 400+700P$

要求：计算汽车市场的均衡价格和均衡产量。

3.假设交响音乐会的需求和供给函数如下：

$Q^d=20\ 000-90P$

$Q^s=-10\ 000+110P$

要求：

（1）该门票市场的均衡价格和数量是多少？

（2）古典音乐爱好者劝说政府实施每张门票100元的价格上限，现在市场上卖出了多少张门票？这种政策使古典音乐会的听众增加还是减少了？

4.在炎热的夏季，埃尼是矿泉水厂商，波特则是水的购买者。波特对每瓶水的评价和埃尼生产每瓶水的成本见表2-7。要求：

（1）从表2-7中得出波特的需求表和埃尼的供给表，并画出需求曲线和供给曲线。

（2）均衡价格和均衡产量分别是多少？

表2-7 每瓶水的评价及成本

| 项　目 | 评价（元） | 成本（元） |
|---|---|---|
| 第1瓶 | 7 | 1 |
| 第2瓶 | 5 | 3 |
| 第3瓶 | 3 | 5 |
| 第4瓶 | 1 | 7 |

# 第3章 消费者行为理论

## 学习目标

通过本章的学习，你应该能够：

- 了解基数效用论和序数效用论的主要区别。
- 掌握如何从序数效用论出发，运用无差异曲线的分析方法研究消费者的行为，并推导出需求曲线。
- 懂得正常商品和劣等商品的收入效应和替代效应。
- 运用本章的消费者行为理论，分析实际生活中消费者的行为特点。

第2章介绍了需求曲线和供给曲线的基本特征，但并没有说明形成这些特征的原因是什么。本章将分析需求曲线背后的消费者行为，并从对消费者行为的分析中推导出需求曲线。本章分析的思路是：首先，研究消费者的个人效用问题。消费者是理性的，他们的目的是实现个人效用的最大化。其次，考察消费者的预算约束。每一个消费者都是在一定的预算约束下实现自己的效用最大化的。最后，在前面的基础上，考察消费者选择的问题。在研究消费者选择的比较静态分析的过程中，我们将得出消费者个人的需求曲线。本章的内容体系可归纳为图3-1的形式。

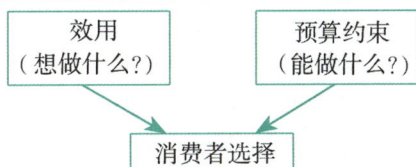

图 3-1　本章的内容体系

## 3.1　效用理论概述

### 3.1.1　基数效用论与序数效用论

人的需要和欲望是哲学家思考的重要问题。英国功利主义哲学家边沁认为，追求幸福是人的天性，每个有理性的人都为自身谋求最大幸福是人性的某种规定性。边沁的这一功利主义思想为西方经济学的效用理论奠定了重要的哲学基础。经济学意义上的效用是指商品满足人的欲望的能力，或者说，效用是指消费者在消费商品时所感受到的满足程度。一种商品对消费者是否具有效用，取决于消费者是否有消费这种商品的欲望，以及这种商品是否具有满足消费者的欲望的能力。

既然效用是用来表示消费者在消费商品时所感受到的满足程度，就产生了对这种"满足程度"即效用的度量问题。在这一问题上，西方经济学家先后提出了基数效用和序数效用的概念，并在此基础上形成了分析消费者行为的两种方法：基数效用论者的边际效用分析方法、序数效用论者的无差异曲线分析方法。

**1. 基数效用论**

在西方经济学效用理论的发展史上，基数效用论是与边际革命联系在一起的。19世纪后半叶，牛顿和莱布尼茨所创立的微积分学作为方法论进入经济学领域，边际革命出现了。边际革命的代表人物之一杰文斯把经济学看成"痛苦和快乐的微积分学"，边际分析成了经济学分析的重要工具。在戈森、杰文斯、罗杰斯以及瓦尔拉斯这些边际革命的先驱者们看来，效用评价的尺度是基数的。作为边际效用分析方法基础的基数效用论，是以效用的可精确计量和可加总求和为前提的。基数效用论认为，效用是可以精确计量和加总的，它的大小可以用1、2、3……来表示。

**2. 序数效用论**

作为主观范畴的效用实际上是不可能精确计量的。为了避开这个难题，帕累托（Pareto）[①]等提出了序数效用论。序数效用论认为，效用的大小是无法具体衡量的，效用之间的比较只能通过顺序或等级来表示，它可以用第一、第二、第三……来表示。帕累托从消费者偏好某一种商品的直接经验出发，分析了消费者对不同商品的态度，提出消费偏好的概念，以消费者偏好来表达消费者感觉。在无差异曲线的基础上，希克斯把序数效用论又向前推动了一大步，提出了偏好尺度的概念。其实质不是计算效用数值，而是根据偏好次序比较效用的大小。此外，希克斯把无差异曲线和预算约束线相结合，不仅分析了消费者均衡，还详细地讨论了需求、收入、价格之间的关系。

序数效用论者认为，就分析消费者行为来说，以序数来度量效用的假定比以基数来度量效用的假定所受到的限制要少，它可以避免一些被认为是值得怀疑的心理假设。在希克斯之后，序数效用论已经成为效用理论的标准模式。以后发展起来的需求理论，总体上说是在序数效用的基础上建立起来的。在现代微观经济学里，通常使用的是序数效用的概念。本章的重点是介绍序数效用论者如何运用无差异曲线分析方法来研究消费者行为。至于基数效用论者的边际效用分析方法，仅在本部分做简单的介绍。

### 3.1.2　总效用、边际效用与边际效用递减规律

基数效用论者将效用区分为总效用和边际效用。总效用（TU）是指消费者在一定时间内从一定数量的商品的消费中所得到的效用量的总和。边际效用（MU）是指消费

---

① 　意大利经济学家，1848年出生于法国巴黎，是瑞士洛桑学派的奠基人之一。他就读于都灵工艺学院，1869年获该校工程学博士学位。他从1877年开始研究政治经济学，1893年继任瓦尔拉斯在洛桑大学的政治经济学教授职位。帕累托的主要著作包括《政治经济学讲义》《社会主义体系》《政治经济学教程》《社会学通论》等。他对经济学的贡献包括序数效用论、一般均衡理论、帕累托最优概念、帕累托收入分配定律等方面。

者在一定时间内增加一单位商品的消费所得到的效用量的增量。假定消费者对一种商品的消费数量为 Q，则总效用函数为：

$$TU=f(Q) \tag{3-1}$$

相应的边际效用函数为：

$$MU=\frac{\Delta TU(Q)}{\Delta Q} \tag{3-2}$$

当商品的增加量趋于无穷小，即 $\Delta Q \to 0$ 时，有：

$$MU=\lim_{\Delta Q \to 0}\frac{\Delta TU(Q)}{\Delta Q}=\frac{dTU(Q)}{dQ} \tag{3-3}$$

基数效用论者提出了边际效用递减的假定。

边际效用递减规律的内容是：在一定时间内，在其他商品的消费数量保持不变的条件下，随着消费者对某种商品消费量的增加，消费者从该商品连续增加的每一消费单位中所得到的效用增量（边际效用）是递减的。

例如，在一个人很饥饿的时候，吃第一个馒头给他带来的效用是很大的。以后，随着这个人所吃馒头数量的连续增加，虽然总效用是不断增加的，但每一个馒头给他所带来的效用增量（边际效用）是递减的。当他完全吃饱的时候，馒头的总效用达到最大值，而边际效用降为零。如果他还继续吃馒头，就会感到不适，这意味着馒头的边际效用进一步降为负值，总效用也开始下降。

利用数学语言，边际效用递减规律可以表达为：

$$\frac{dMU}{dQ}<0 \tag{3-4}$$

商品的总效用和边际效用之间的关系可用表 3-1 来说明。根据表 3-1 所绘制的总效用和边际效用曲线如图 3-2 所示。

表 3-1　　　　　　　　　　　　某商品的效用表

| 商品数量 | 总效用 | 边际效用 |
| --- | --- | --- |
| 0 | 0 | — |
| 1 | 10 | 10 |
| 2 | 18 | 8 |
| 3 | 24 | 6 |
| 4 | 28 | 4 |
| 5 | 30 | 2 |
| 6 | 30 | 0 |
| 7 | 28 | -2 |

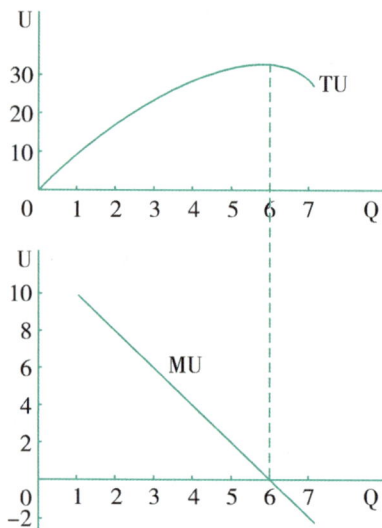

图 3-2   某商品的效用曲线

图 3-2 中的横轴表示商品的数量，纵轴表示效用量，TU 曲线和 MU 曲线分别为总效用曲线和边际效用曲线。由于边际效用被定义为消费品的一单位变化量所带来的总效用的变化量，所以，MU 曲线上的每一个值都记在相应的两个消费数量的中点上。

在图 3-2 中，MU 曲线是向右下方倾斜的，它取决于边际效用递减规律。相应地，TU 曲线是以递减的速率先上升后下降的。当边际效用为正值时，总效用曲线呈上升趋势；当边际效用递减为零时，总效用曲线达到最高点；当边际效用继续递减为负值时，总效用曲线呈下降趋势。从数学意义上讲，如果效用曲线是连续的，则由式（3-3）可知每一消费量上的边际效用值就是总效用曲线上相应的点的斜率。

### 3.1.3   消费者均衡与需求曲线的推导

消费者均衡是研究单个消费者在既定收入和价格条件下实现效用最大化的均衡条件，也可以说它研究单个消费者如何把有限的货币收入分配在各种商品的购买中，以获得最大的效用。这里的均衡是指消费者实现最大效用时，既不想再增加也不想再减少任何商品购买数量的相对静止的状态。

在分析消费者均衡之前，我们先来讨论货币的边际效用的问题。

基数效用论者认为，货币如同商品一样，也具有效用。[①] 所以，商品的边际效用递减规律对货币同样适用。对一个消费者来说，随着货币收入量的不断增加，货币的边际效用是递减的。但是，在分析消费者行为时，通常又假定货币的边际效用是不变的。因为在一般情况下，单位商品的价格只占消费者总货币收入的很小部分，所以，当消费者对某种商品的购买量发生很小的变化时，货币的边际效用的变化是非常小的。再考虑到

---

①　实际上，消费者对普通商品的需求与其对货币的需求存在不同之处，因为它们起源于两种完全不同的需要。消费者用货币购买商品，就是用货币的效用去交换商品的效用。这里实际上涉及了使用价值和交换价值的问题。亚当·斯密第一次明确地区分了使用价值和交换价值的区别。他说："价值一词有两个不同的意义。它有时表示特定物品的效用，有时又表示由于占有某物而取得的对他种货物的购买力。前者可叫作使用价值，后者可叫作交换价值。"可见，在亚当·斯密那里，效用是与使用价值相关的一个概念，它与交换价值相对应的"购买力"是有区别的。当然，后来主观效用价值论者把后者也一并归于效用的范畴。

消费者的收入水平一般是给定的，所以，假定货币的边际效用是一个不变的常数。

在基数效用论者那里，消费者实现效用最大化的均衡条件是：如果消费者的货币收入水平和市场上各种商品的价格是给定的，那么，消费者应该使自己所购买的各种商品的边际效用与价格之比相等；或者说，消费者应使自己花费在各种商品购买上的最后1元钱所带来的边际效用相等。

假定：消费者用既定的收入 I 购买 n 种商品，$P_1$，$P_2$，$\cdots$，$P_n$ 分别为 n 种商品的既定价格，$\lambda$ 为不变的货币的边际效用，$X_1$，$X_2$，$\cdots$，$X_n$ 分别表示 n 种商品的数量，$MU_1$，$MU_2$，$\cdots$，$MU_n$ 分别表示 n 种商品的边际效用，则上述消费者效用最大化的均衡条件可以用式（3-5）和式（3-6）来表示：

$$P_1X_1+P_2X_2+\cdots+P_nX_n=I \tag{3-5}$$

$$\frac{MU_1}{P_1}=\frac{MU_2}{P_2}=\cdots=\frac{MU_n}{P_n}=\lambda \tag{3-6}$$

为什么要符合以上条件呢？这是因为，如果花费在任何一种商品上的最后1元钱能够提供更多的边际效用，那么消费者就会把钱从其他商品的花费上转移到该商品上去，直到边际效用递减规律使花费在该商品上的最后1元钱的边际效用下降到与其他商品相等。如果花费在任何一种商品上的最后1元钱提供的边际效用都较少，那么，消费者就会把钱从该商品的花费上转移到其他商品上去，直到花费在该商品上的最后1元钱的边际效用提高到与其他商品相等。

在以上分析的基础上，我们将推导消费者的需求曲线，解释为什么需求曲线是向下倾斜的。

为了简单起见，我们考虑消费者购买一种商品的情况，此时消费者均衡条件为 $MU/P=\lambda$。接着，我们假定这种商品的价格上升，那么在消费量不变的情况下，有 $MU/P<\lambda$，它表示消费者用最后1元钱购买商品所得到的边际效用（$MU/P$）小于他所付出的这1元钱的边际效用（$\lambda$）。因此，为了达到新的均衡，消费者必然会调整自己对该商品的购买量，即减少对该商品的购买。由于边际效用递减规律的作用，随着该商品消费量的减少，该商品的边际效用会增加，直到最后1元钱购买该商品所得到的边际效用又一次等于 $\lambda$，即再次实现效用最大化的均衡条件 $MU/P=\lambda$。由此可见，在消费者追求效用最大化的过程中，需求量与价格是呈反方向变化的，即建立在消费者行为分析基础上的需求曲线是向右下方倾斜的。

总之，基数效用论运用边际效用递减规律的假定和消费者效用最大化的均衡条件，推导了单个消费者的需求曲线，解释了需求曲线向右下方倾斜的原因，而且说明了需求曲线上的每一点都是满足消费者效用最大化均衡条件的商品的价格-需求量组合点。

## 3.2  无差异曲线

在 3.1 部分中，我们简要介绍了基数效用论。与基数效用论的观点不同，序数效用论者认为，商品的效用是无法具体衡量的，商品的效用只能用顺序或等级来表示。他们提出消费者偏好的概念，取代了基数效用论者的关于效用的大小可以用"效用单位"来精确计量和表示的说法。

### 3.2.1    消费者偏好的假定

序数效用论者指出，消费者对各种不同的商品组合的偏好程度是有差别的，这种偏好程度的差别决定了不同商品组合的效用的大小顺序。具体地讲，对 A、B 两个商品组合，若某消费者对 A 组合的偏好程度大于对 B 组合的偏好程度，则可以说 A 组合的效用水平大于 B 组合，或者说，A 组合给消费者带来的满足程度大于 B 组合。

序数效用论者对消费者偏好有以下 3 个基本的假设条件：

**1. 完备性**

其含义是，对任何两个商品组合 A 和 B，消费者总是可以做出而且也仅仅能做出以下 3 种判断中的 1 种：对 A 的偏好大于对 B 的偏好；对 A 的偏好小于对 B 的偏好；对 A 和 B 的偏好相同。对 A 和 B 具有相同的偏好，也被称为对 A 和 B 的偏好是无差异的。

**2. 传递性**

其含义是，对任何 3 个商品组合 A、B 和 C，如果某消费者已经做出判断：对 A 的偏好大于（小于或等于）对 B 的偏好，对 B 的偏好大于（小于或等于）对 C 的偏好，那么，该消费者必须做出对 A 的偏好大于（小于或等于）对 C 的偏好的判断。

**3. 不满足性**

其含义是，如果两个商品组合的区别仅在于其中一种商品的数量的不同，那么，消费者总是偏好于含有这种商品数量较多的那个组合。这意味着，消费者对每一种商品的消费都处于饱和以前的状态。

### 3.2.2    无差异曲线及其特点

无差异曲线和消费者偏好这两个概念是联系在一起的。无差异曲线是用来表示消费者偏好相同的两种商品的不同数量的各种组合的曲线；或者说，它表示能给消费者带来同等效用水平或满足程度的两种商品的不同数量的各种组合。与无差异曲线相对应的效用函数为：

$$U=f(X_1, X_2)=U^0 \tag{3-7}$$

式中：$X_1$ 和 $X_2$ 分别表示商品 1 和商品 2 的数量；$U^0$ 是常数，表示某个效用水平。由于无差异曲线表示的是序数效用，所以，这里的 $U^0$ 只需表示某一个效用水平，而不在乎其具体数值的大小。我们用表 3-2 和图 3-3 来说明无差异曲线。

表 3-2    **某消费者的无差异表**

| 商品组合 | 商品 1 的数量（$X_1$） | 商品 2 的数量（$X_2$） |
| --- | --- | --- |
| A | 30 | 120 |
| B | 40 | 80 |
| C | 50 | 63 |
| D | 60 | 50 |
| E | 70 | 44 |

表 3-2 是由某消费者关于商品 1 和商品 2 的数量的一系列组合所构成的无差异表。

商品1和商品2的不同数量的组合有5种，每种组合给该消费者所带来的效用水平是相等的。例如，A组合中有30单位的商品1和120单位的商品2，B组合中有40单位的商品1和80单位的商品2。消费者对这5种消费组合的偏好程度是无差异的，这5种组合各自给他所带来的满足程度是相同的。

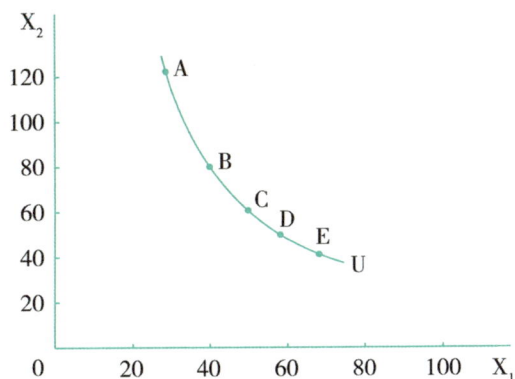

图 3-3 某消费者的无差异曲线

图3-3中的横轴表示商品1的数量，纵轴表示商品2的数量，U是无差异曲线。无差异曲线U上的A、B、C、D、E点所代表的商品组合给消费者带来的效用水平都是相等的。显然，无差异曲线是消费者偏好相同的两种商品的不同数量的各种组合的轨迹。

无差异曲线具有以下的特点：

（1）在一般情况下，无差异曲线的斜率是负的。这个性质是由消费者偏好的不满足性决定的。如图3-3所示，在A点，商品1的数量是30，商品2的数量是120。从A点开始，假设我们增加商品1的消费，为了保持总效用不变，商品2的数量就必须相应减少。在B点，商品1的数量上升到40，而商品2的数量减少到80。因此，无差异曲线的斜率肯定是负的。

（2）根据消费者不同的消费组合，在同一坐标平面上可以做出不同的无差异曲线。如果消费者对所有的消费组合按照偏好顺序进行排列，便会有无数条无差异曲线；或者说，可以有无数条无差异曲线覆盖整个坐标平面图。离原点越近的无差异曲线代表的效用水平越低，离原点越远的无差异曲线代表的效用水平越高。如在图3-4中，每一条无差异曲线表示一个效用水平，无差异曲线$U_3$表示的效用水平高于无差异曲线$U_2$的，而无差异曲线$U_2$表示的效用水平又高于无差异曲线$U_1$的。

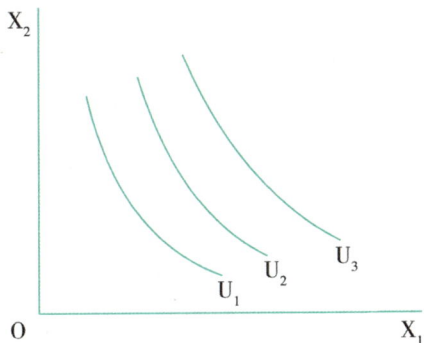

图 3-4 无差异曲线组

（3）在同一坐标平面上的任意两条无差异曲线不会相交。我们可以用图3-5来说明。在图3-5中，两条无差异曲线$U_1$和$U_2$相交于A点。这说明无差异曲线$U_1$上的B点的效用水平和无差异曲线$U_2$上的C点的效用水平由于都等于交点A的效用水平而相等，即消费者认为B点和C点是无差异的。但是，由于C点的商品组合所代表的两种商品的数量都大于B点的商品组合，根据消费者偏好的不满足性假定，消费者对C点的商品组合的偏好必定大于对B点的商品组合的偏好。这样，消费者在认为B点和C点无差异的同时，又认为C点优于B点，这就违反了消费者偏好的完备性假定。所以，同一坐标平面上的两条无差异曲线不可能相交。

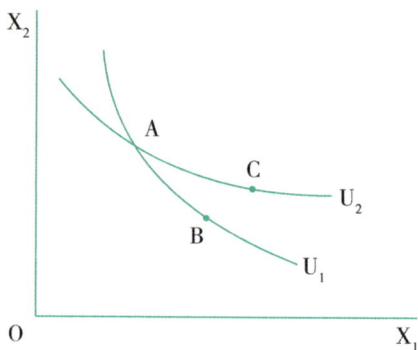

图3-5    违反偏好假定的无差异曲线

（4）无差异曲线是凸向原点的。从图3-3和图3-4中可见，无差异曲线不仅是向右下方倾斜的，即无差异曲线的斜率是负值，而且无差异曲线是凸向原点的，即随着商品1的数量的连续增加，无差异曲线的斜率的绝对值是递减的。无差异曲线的这一特点是由商品的边际替代率递减规律所决定的。下面我们将介绍商品的边际替代率及其递减规律。

### 3.2.3    商品的边际替代率及其递减规律

**1.商品的边际替代率的概念**

商品的边际替代率是指在维持效用水平或满足程度不变的前提下，消费者增加1单位的某种商品的消费时所需放弃的另一种商品的消费数量。我们以MRS代表商品的边际替代率，则商品1对商品2的边际替代率的公式为：

$$MRS_{12}=-\frac{\Delta X_2}{\Delta X_1} \tag{3-8}$$

式中：$\Delta X_1$和$\Delta X_2$分别表示商品1和商品2的变化量。由于$\Delta X_1$和$\Delta X_2$的符号肯定是相反的，为了使商品的边际替代率取正值以便于比较，所以在公式中加了一个负号。

我们可以用图3-6具体说明商品的边际替代率的概念。

图3-6中的无差异曲线所对应的效用函数为$U=f(X_1,X_2)=U_0$。如果消费者沿着这条无差异曲线由A点运动到B点，由于效用水平不发生变化，那么，当商品1的数量由$X_1'$增加到$X_1''$时，商品2的数量会相应地由$X_2'$减少为$X_2''$。在这种情况下，两种商品的

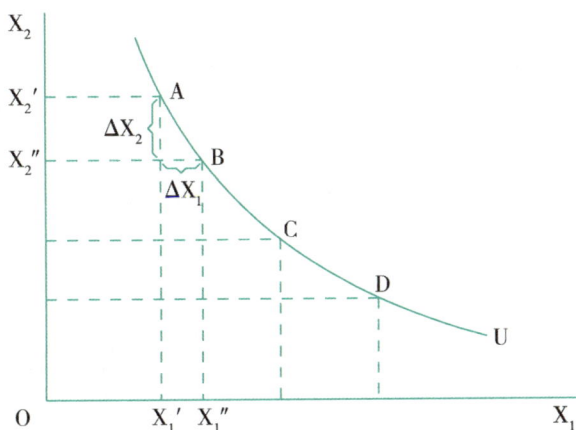

图3-6 商品的边际替代率

变化量之比的绝对值$-\dfrac{\Delta X_2}{\Delta X_1}$，便是由A点到B点的商品1对商品2的边际替代率。

无差异曲线上任何一点的商品的边际替代率等于无差异曲线在该点的斜率的绝对值。假定商品数量的变化量趋近于0，即当$\Delta X_1 \to 0$时，商品的边际替代率的公式（3-8）可以写为：

$$MRS_{12} = \lim_{\Delta X_1 \to 0} -\frac{\Delta X_2}{\Delta X_1} = -\frac{dX_2}{dX_1} \qquad (3-9)$$

而$\dfrac{dX_2}{dX_1}$正是无差异曲线任意点上的斜率。因此，只要过无差异曲线上任意点做切线，这条切线的斜率的绝对值就是该点的边际替代率。

**2.商品的边际替代率递减规律**

商品的边际替代率递减规律是指：在维持效用水平不变的前提下，随着一种商品消费数量的连续增加，消费者为得到每单位的这种商品所需要放弃的另一种商品的消费数量是递减的。

例如，在图3-6中，在消费者由A点经B、C点运动到D点的过程中，随着消费者对商品1的消费量的连续、等量的增加，消费者为得到每单位的商品1所需放弃的商品2的消费量是越来越少的。也就是说，对连续、等量的商品1的变化量$\Delta X_1$而言，商品2的变化量$\Delta X_2$是递减的。

商品的边际替代率递减的原因在于：在人们对某一种商品的拥有量不断增加后，人们就越来越不愿意减少对其他商品的消费量来进一步增加对这种商品的消费量。例如，当消费者处于商品1的数量较少和商品2的数量较多的A点时，消费者会由于拥有较少数量的商品1而对每单位的商品1的偏好程度较高；同时，会由于拥有较多数量的商品2而对每单位的商品2的偏爱程度较低。所以，每单位的商品1所能替代的商品2的数量是比较多的，即商品的边际替代率比较大。但是，随着消费者由A点逐步运动到D点，消费者拥有的商品1的数量会越来越多，相应地，对每单位商品1的偏爱程度会越来越低；与此同时，消费者拥有的商品2的数量会越来越少，相应地，对每单位商品2的偏爱程度会越来越高。于是，每单位的商品1所能替代的商品2的数量便越来越少。也就是说，商品的边际替代率是递减的。

从几何意义上讲，商品的边际替代率递减表示无差异曲线的斜率的绝对值是递减的。因此，商品的边际替代率递减规律决定了无差异曲线的形状凸向原点。

## 3.3　预算约束线与消费者均衡

### 3.3.1　预算约束线

消费者偏好表明的是消费者个人的主观意愿，但是消费者在购买商品时总要受到一定的收入水平的限制，它构成了消费者选择的客观约束条件。因此，序数效用论者在分析消费者行为时又建立了消费者的预算约束线。

**1.预算约束线的含义**

预算约束线又被称为预算线或消费可能性曲线，表示在消费者收入和商品价格既定的条件下，消费者的全部收入所能购买到的两种商品的不同数量的各种组合。

假定某消费者的收入为 1 600 元，并全部用来购买商品 1 和商品 2；商品 1 的价格为 80 元，商品 2 的价格为 40 元；全部收入都用来购买商品 1 可得 20 单位，全部收入都用来购买商品 2 可得 40 单位；由此做出的预算约束线为图 3-7 中的 AB 线段。

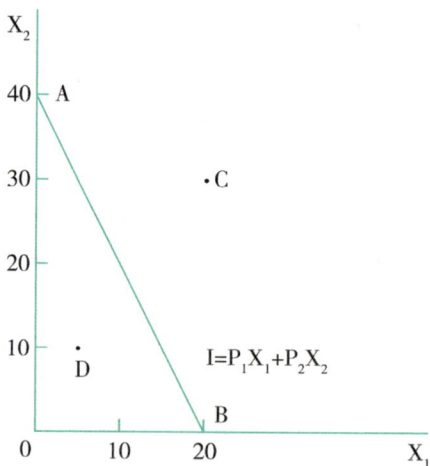

图 3-7　预算约束线

在图 3-7 中，预算约束线 AB 把平面坐标图划分为 3 个区域：

（1）预算约束线 AB 以外的区域中的任何一点，如 C 点，是消费者利用全部收入不可能实现的商品购买的组合点。

（2）预算约束线 AB 以内的区域中的任何一点，如 D 点，表示消费者的全部收入在购买该点的商品组合以后还有剩余。

（3）只有在预算约束线 AB 上的任何一点，才是消费者的全部收入刚好用完所能购买的商品的组合点。

如果以 I 表示消费者的既定收入，以 $P_1$ 和 $P_2$ 分别表示已知的商品 1 和商品 2 的价格，

以 $X_1$ 和 $X_2$ 分别表示商品1和商品2的数量，那么，预算约束线的方程可以表示为：

$$I=P_1X_1+P_2X_2$$（3-10）

式（3-10）表示，消费者的全部收入 I 等于他购买商品1的支出与购买商品2的支出的总和。由式（3-10）可得，消费者全部收入购买商品1的数量为 $I/P_1$。它是预算约束线在横轴的截距，即图3-7中的OB。消费者全部收入购买商品2的数量为 $I/P_2$。它是预算约束线在纵轴的截距，即图3-7中的OA。于是，预算约束线的斜率为：

$$\frac{OA}{OB}=-\frac{\frac{I}{P_2}}{\frac{I}{P_1}}=-\frac{P_1}{P_2}$$（3-11）

这说明预算约束线的斜率可以表示为两种商品价格之比的负值。当然，式（3-10）的预算约束线方程也可改写为：

$$X_2=-\frac{P_1}{P_2}X_1+\frac{I}{P_2}$$（3-12）

显然，式（3-12）中的 $-P_1/P_2$ 为预算约束线的斜率，$I/P_2$ 为预算约束线在纵轴的截距。

**2.预算约束线的变动**

预算约束线表示在一定的收入水平 I 的限制下，当两种商品的价格 $P_1$ 和 $P_2$ 为已知时，消费者可以购买到的两种商品的各种组合。上面我们假定收入和价格都是固定的，实际上，消费者的收入 I 或商品价格 $P_1$、$P_2$ 发生变化，会引起预算约束线的变动。

（1）价格不变、收入变动的情况。

当两种商品的价格不变、消费者的收入发生变化时，预算约束线的斜率 $-P_1/P_2$ 不变，收入的变化只能引起预算约束线的截距 $I/P_1$ 和 $I/P_2$ 的变化。所以，预算约束线的位置会发生平移，如图3-8（a）所示。假定原有的预算约束线为AB，若消费者收入增加，则使预算约束线由 AB 向右平移至 A'B'。它表示消费者的全部收入用来购买其中任何一种商品的数量都增加了。若消费者收入减少，则预算约束线由 AB 向左平移至 A"B"。它表示消费者的全部收入用来购买其中任何一种商品的数量都减少了。

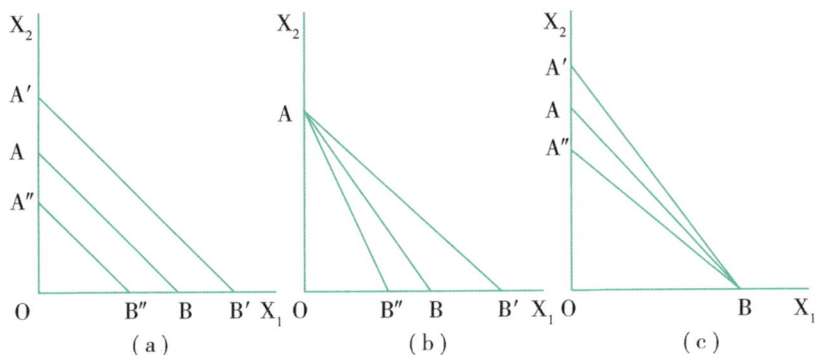

图3-8 预算约束线的变动

（2）收入不变、价格变动的情况。

该种情况具体又可以分为两种情况：

第一种情况是，当消费者的收入不变、两种商品的价格同比例和同方向变化时，预算约束线的斜率$-P_1/P_2$不变，而预算约束线的截距$I/P_1$和$I/P_2$发生变化，所以预算约束线的位置发生平移。下面以图3-8（a）为例说明。若两种商品的价格同比例下降，则预算约束线AB向右平移至A′B′。若两种商品的价格同比例上升，则预算约束线向左平移至A″B″。前者表示消费者的全部收入用来购买其中任何一种商品的数量都同比例于价格的下降而增加，后者则表示都同比例于价格上升而减少。

第二种情况是，当消费者的收入不变，一种商品的价格不变而另一种商品的价格发生变化时，不仅预算约束线的斜率$-P_1/P_2$会发生变化，而且预算约束线的截距$I/P_1$或$I/P_2$也会发生变化。下面以图3-8（b）为例来说明。假定原来的预算约束线为AB。若商品1的价格$P_1$下降，则预算约束线由AB移至AB′。它表示消费者的全部收入用来购买商品1的数量因$P_1$的下降而增加了，但全部收入用来购买商品2的数量并未受到影响。同样道理，相反，若商品1的价格$P_1$提高，则预算约束线由AB移至AB″。类似地，在图3-8（c）中，商品2的价格的下降与提高分别使预算约束线由AB移至A′B和A″B。

（3）收入和价格同时变化的情况。

总的来说，在这种情况下，预算约束线的变动要结合具体情况来分析。一种特殊的情况是，如果消费者的收入和两种商品的价格都同时等比例地上升或下降，那么预算约束线不发生移动。这是因为，此时预算约束线的斜率$-P_1/P_2$以及预算约束线的截距$I/P_1$和$I/P_2$都不发生变化。这说明消费者的全部收入用来购买其中任何一种商品的数量都是不变的。

### 3.3.2  消费者均衡

无差异曲线表示的是消费者对不同商品组合的主观评价，而预算约束线表示消费者客观的支付能力。序数效用论者把无差异曲线和预算约束线结合在一起来说明消费者均衡。序数效用论者认为，只有既定的预算约束线与无差异曲线的相切点，才是消费者获得最大效用水平或满足程度的均衡点。下面以图3-9为例来具体说明。

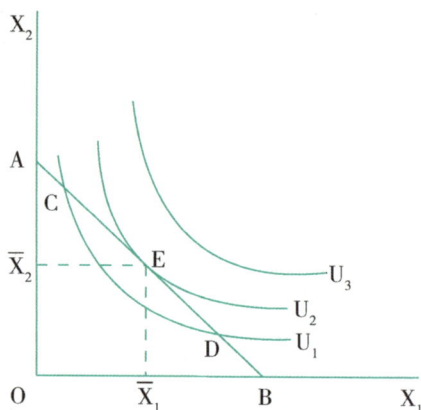

图3-9  消费者均衡

在图3-9中，AB线段表示在某消费者收入既定和商品价格已知条件下的预算约束线，$U_1$、$U_2$ 和 $U_3$ 曲线表示该消费者 3 条有代表性的无差异曲线。在预算约束下，消费者只能在 OAB 围成的三角形区域里消费。在假设没有储蓄的情况下，消费者的全部收入将用于消费，那么消费者只能在 AB 线段上寻求均衡点。另一方面，我们假定消费者是追求个人利益最大化的，因此消费者总是试图尽可能地达到最大的效用水平。从图 3-9 中可以看到，既定的预算约束线 AB 和无差异曲线 $U_2$ 相切于 E 点，E 点就是在既定收入约束条件下消费者能够获得最大效用水平的均衡点。这是因为，就无差异曲线 $U_3$ 来说，虽然它代表的效用水平高于无差异曲线 $U_2$，但是无差异曲线 $U_3$ 上任何一点的消费组合都超出了消费者选择的客观条件（收入水平）的限制。就无差异曲线 $U_1$ 来说，它与既定的预算约束线 AB 相交于 C、D 两点。C、D 两点虽然是消费者可以承受的，但是消费者并没有实现效用最大化。事实上，就 C 点和 D 点来说，若消费者能购买 AB 线段上位于 C 点右边和 D 点左边的任何一点的商品组合，都能获得比 C 点和 D 点更大的效用水平。这种沿着 AB 线段由 C 点向右和由 D 点向左的运动，最后必定在 E 点达到均衡。显然，只有 E 点才是消费者效用最大化的均衡点。在均衡点 E 上，消费者在预算约束条件的限制下，实现了效用最大化，此时，商品 1 和商品 2 的最优购买数量的组合为 $(\overline{X}_1, \overline{X}_2)$。

接下来我们将讨论均衡点 E 的特征。从图 3-9 中可以看出，在均衡点 E，无差异曲线 $U_2$ 和预算约束线 AB 的斜率是相等的。由前面的讨论可知，无差异曲线的斜率的绝对值可以用商品的边际替代率来表示，预算约束线的斜率的绝对值可以用两种商品的价格之比来表示，所以，在 E 点有：

$$MRS_{12} = \frac{P_1}{P_2} \tag{3-13}$$

这就是消费者效用最大化的均衡条件。它表示，在一定的收入和价格的约束条件下，为了得到最大的消费满足，消费者应选择最优的商品数量的购买组合，使得两种商品的边际替代率等于两种商品的价格之比。也可以说，它表示：在消费者的均衡点上，消费者愿意用 1 单位的某种商品去交换另一种商品的数量，应该等于该消费者能够在市场上用 1 单位的该种商品去交换另一种商品的数量。

## 3.4  恩格尔曲线与需求曲线

从消费者均衡分析中我们可以看出，消费者总是在预算约束的条件下选择能带来最大效用的商品组合。3.3 部分是在假定消费者的偏好、收入和商品的价格这 3 个因素不变的条件下分析消费者的均衡。实际上，以上 3 个因素都可以发生变化。只要以上 3 个因素中有 1 个发生变化，就会导致无差异曲线或预算约束线的变动，最后使得消费者均衡点的位置发生变化。下面我们分别考察，在收入变化和价格变化的情况下，消费者的均衡将发生什么变化。在分析收入变化的情况时，我们将通过收入-消费曲线得出恩格尔曲线；在分析价格变化的情况时，我们将通过价格-消费曲线得出我们广泛应用的需求曲线。

### 3.4.1　收入变化与消费者选择：收入-消费曲线与恩格尔曲线

在分析收入变化对消费者均衡的影响时，我们假定消费者的偏好和商品的价格不变，也就是说，收入的变化只是改变了消费者能够支付的商品组合的范围。收入的上升或下降使预算约束线平行地外移或内移，与消费者偏好结合起来，导致新的消费者均衡。

如图 3-10（a）所示，初始的预算约束线为 AB，消费者的均衡点为 E。当收入上升到 $I_2$ 时，预算约束线向外平移至 A'B'，均衡点也移至 E'；若收入进一步上升至 $I_3$，那么预算约束线平移至 A"B"，均衡点移至 E"。如果让收入连续地、无限微小地变化，我们把所有均衡点连接起来，就能得到一条曲线，这就是图 3-10 中的收入-消费曲线。收入-消费曲线就是在其他因素保持不变的情况下，表示消费者收入与商品最优消费量之间关系的曲线。

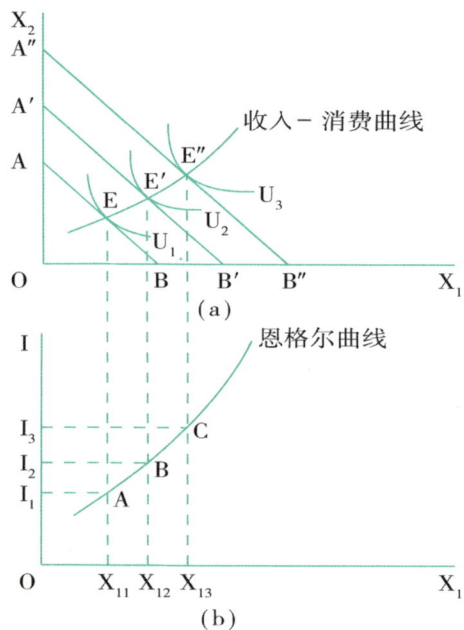

图 3-10　恩格尔曲线（一）

为了更加直接地将收入和商品的消费量联系起来，我们在图 3-10（b）中用横轴衡量商品 1 的消费量，纵轴衡量收入水平。从图 3-10（a）中，我们知道当收入为 $I_1$ 时，商品 1 的消费量为 $X_{11}$，这样就确定了图 3-10（b）中的 A 点，B 点和 C 点也用同样的方法确定，最后可得出一条联系收入变化和商品 1 消费量变化的曲线，我们称之为恩格尔曲线（Engel Curve）。在其他因素不变的情况下，恩格尔曲线是表示消费者收入与商品最优消费量之间关系的曲线。在图 3-10（b）中，恩格尔曲线向右上方倾斜，表明随着收入的增加，商品 1 的消费量也随之增加。这意味着图 3-10（b）中的商品 1 是正常商品。

关于劣等商品的恩格尔曲线，可以由图 3-11 来说明。图 3-11 中的恩格尔曲线是向后弯曲的。它反映：在较低的收入水平上，商品 1 的需求量随着收入的增加而增加，因此，它是正常商品；但在较高的收入水平上，商品 1 的需求量随着收入的增加而减少，因此，它是劣等商品。很清楚，向后弯曲的恩格尔曲线表示随着消费者收入水平的不断提高，商品 1 由正常商品变成劣等商品。

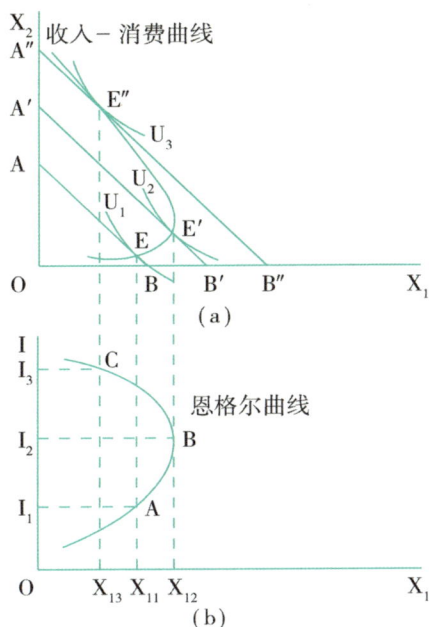

图 3-11　恩格尔曲线（二）

### 3.4.2　价格变化与消费者选择：价格-消费曲线与需求曲线

**1. 价格-消费曲线**

价格-消费曲线是用来说明一种商品价格变化对消费者均衡影响的曲线。在消费者的偏好、收入以及其他商品价格不变的条件下，与某一种商品的不同价格水平相联系的消费者效用最大化均衡点的轨迹，便是价格-消费曲线。

我们以图 3-12 来说明价格-消费曲线的形成。在其他条件不变的情况下，假定商品 1 的价格 $P_1$ 发生变化，那么，这会对消费者的均衡产生什么影响？

假定商品 1 的初始价格为 $P_1^0$，相应的预算约束线为 AB，它与无差异曲线 $U_1$ 相切于 $E_1$ 点，$E_1$ 点就是消费者的一个均衡点。再假定商品 1 的价格由 $P_1^0$ 下降为 $P_1'$，相应的预算约束线由 AB 移至 AB'，于是，预算约束线 AB' 与另一条较高的无差异曲线 $U_2$ 相切于均衡点 $E_2$。同理，若假定商品 1 的价格由 $P_1^0$ 上升为 $P_1''$，预算约束线由 AB 移至 AB"，于是预算约束线 AB" 与另一条较低的无差异曲线 $U_3$ 相切于均衡点 $E_3$。显然，在商品 1 的每一个价格上总可以找到一个与之相对应的消费者均衡点。随着商品 1 价格的不断变化，就可以找到无数个消费者均衡点，它们的轨迹就是价格-消费曲线。

**2. 消费者的需求曲线**

由消费者的价格-消费曲线可以推导出消费者的需求曲线。分析图 3-12（a）中价格-消费曲线上的 3 个均衡点 $E_1$、$E_2$ 和 $E_3$，可以看出，在每个均衡点上，都存在商品 1 的价格与商品 1 的需求量之间一一对应的关系。这就是：

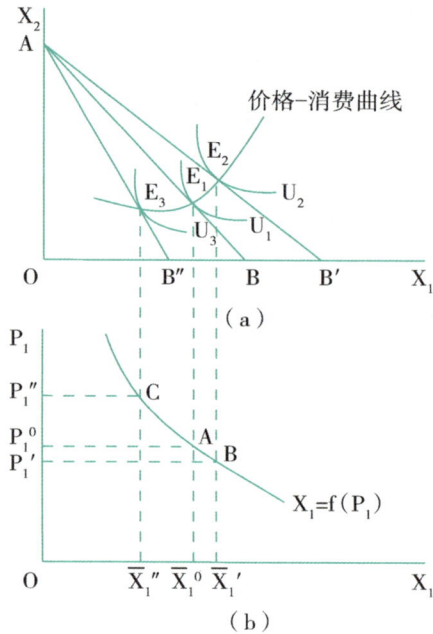

图 3-12　需求曲线的推导

（1）在均衡点 $E_1$，商品 1 的价格为 $P_1^0$，商品 1 的需求量为 $\overline{X}_1^0$。

（2）在均衡点 $E_2$，商品 1 的价格由 $P_1^0$ 下降为 $P_1'$，商品 1 的需求量由 $\overline{X}_1^0$ 增加为 $\overline{X}_1'$。

（3）在均衡点 $E_3$，商品 1 的价格由 $P_1^0$ 上升为 $P_1''$，商品 1 的需求量由 $\overline{X}_1^0$ 减少为 $\overline{X}_1''$。

根据商品 1 的价格和需求量之间的这种对应关系，把每个 $P_1$ 数值和相应的均衡点上的 $X_1$ 数值绘制在商品的价格-数量坐标图上，就可以得到单个消费者的需求曲线。这便是图 3-12（b）中的需求曲线 $X_1=f(P_1)$。图 3-12（b）中的横轴表示商品 1 的数量 $X_1$，纵轴表示商品 1 的价格 $P_1$。图 3-12（b）中需求曲线 $X_1=f(P_1)$ 上的 A、B、C 点分别和图 3-12（a）中的价格-消费曲线上的均衡点 $E_1$、$E_2$、$E_3$ 相对应。

总之，序数效用论者推导的需求曲线与基数效用论者推导的需求曲线具有相同的特征。需求曲线是向右下方倾斜的，它表示商品的价格和需求量呈反方向变动，这符合需求定律的内容。在需求曲线上的每一点都是能够给消费者带来最大效用水平的价格-数量组合。

### 3.4.3　消费者剩余

消费者剩余是一个建立在需求曲线上的概念。消费者剩余是指消费者购买一定数量的某种商品时愿意支付的总价格和实际支付的总价格之间的差额。它可用图 3-13 来说明。

在图 3-13 中，需求曲线用反需求函数 $P^d=f(Q)$ 表示。反需求函数表示价格 $P^d$ 是需求量 $Q$ 的函数，表示消费者对每单位商品的需求数量所愿意支付的价格。因此，当图 3-13 中的需求量达到 $Q_1$ 时，消费者对需求量 $Q_1$ 所愿意支付的总价格为 $OABQ_1$ 的面积。而

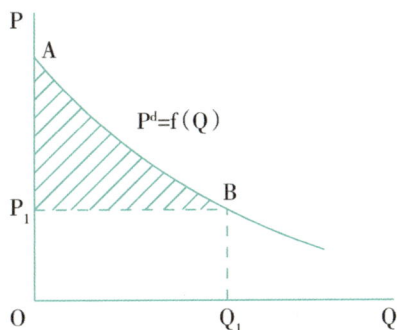

图 3-13　消费者剩余

当需求量为 $Q_1$ 时，其实际的购买价格是 $P_1$，所以，消费者购买 $Q_1$ 数量的实际总支付为 $OP_1BQ_1$ 的面积。根据消费者剩余的定义，以上这两块面积的差额，即图 3-13 中的阴影部分的面积 $P_1AB$ 就是消费者剩余。

令消费者的反需求函数为 $P^d=f(Q)$，则当消费者以实际价格 $P_1$ 购买 $Q_1$ 数量的商品时的消费者剩余可以用公式表示为：

$$消费者剩余 = \int_0^{Q_1} f(Q)\,dQ - P_1Q_1 \tag{3-14}$$

式中：需求曲线以下的积分面积 $\int_0^{Q_1} f(Q)\,dQ$ 表示消费者在购买 $Q_1$ 数量时所愿意支付的总价格；实际价格 $P_1$ 和购买量 $Q_1$ 的乘积 $P_1Q_1$ 表示消费者实际支付的总价格。

由消费者剩余的定义和几何图形可以看出，消费者剩余的大小与商品实际价格的高低直接相关：商品的实际价格定得越低，消费者剩余就越多；相反，商品的实际价格定得越高，消费者剩余就越少。消费者剩余是消费者在购买和消费一定数量的某种商品时的主观心理感受。在经济分析中，消费者剩余是衡量社会福利水平的重要指标之一。在以后的学习中，我们将会具体地运用这一概念来分析某些问题。

## 3.5　替代效应与收入效应

从价格-消费曲线和需求曲线中我们可以看到，一种商品价格的变化会引起该商品的需求量的变化。实际上，这种变化可以被分解为替代效应和收入效应两个部分。本部分将分别讨论正常商品和劣等商品的替代效应和收入效应，并以此进一步说明这两类商品的需求曲线的形状特征。

### 3.5.1　替代效应与收入效应的含义

一种商品的价格发生变化，会对消费者产生两方面影响：

一方面是使消费者的实际收入水平发生变化。在这里，实际收入水平的变化被定义为效用水平的变化。这种由商品价格的变动所引起的实际收入水平的变动，进而由实际收入水平的变动所引起的商品需求量的变动，被称为收入效应。

另一方面是使商品的相对价格发生变化。这种由一种商品价格的变动所引起的该种商品相对价格的变动，进而由商品相对价格的变动所引起的商品需求量的变动，被称为替代效应。

收入效应和替代效应合称总效应。

商品可以分为正常商品和劣等商品两大类。

正常商品和劣等商品的区别在于：正常商品的需求量与消费者的收入水平呈同方向变动；劣等商品的需求量与消费者的收入水平呈反方向变动。因此，当某正常商品的价格下降（或上升）导致消费者实际收入水平提高（或下降）时，消费者会增加（或减少）对该正常商品的需求量；对劣等商品来说，当某劣等商品的价格下降（或上升）导致消费者的实际收入水平提高（或下降）时，消费者会减少（或增加）对该劣等商品的需求量。

由于正常商品和劣等商品这种意义上的区别不对它们各自的替代效应产生影响，所以，无论对正常商品还是劣等商品来说，它们的替代效应与价格都是呈反方向变动的。

### 3.5.2　正常商品的替代效应与收入效应

以图 3-14 为例分析正常商品价格下降时的替代效应和收入效应。

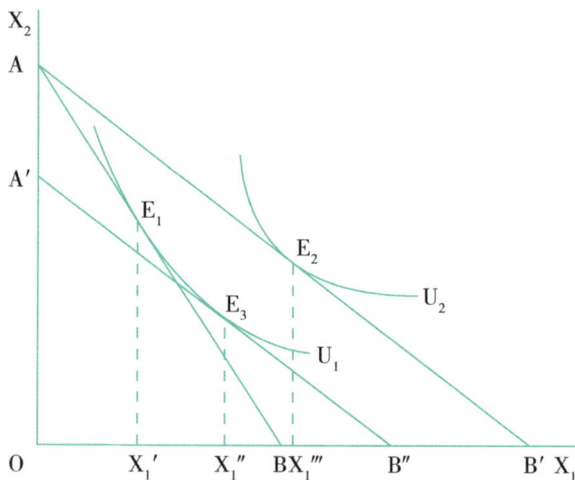

图 3-14　正常商品的替代效应和收入效应

图 3-14 中的商品 1 是正常商品。在商品价格变化之前，消费者的预算约束线为 AB，该预算约束线与无差异曲线 $U_1$ 相切于 $E_1$ 点，$E_1$ 点是消费者效用最大化的一个均衡点。在均衡点 $E_1$ 上，相应的商品 1 的需求量为 $X_1'$。商品 1 的价格 $P_1$ 下降使预算约束线的位置由 AB 移至 AB'，对商品 1 的需求量从 $X_1'$ 上升到 $X_1'''$，商品 1 的价格 $P_1$ 下降所引起的总效应为 $X_1'X_1'''$。这个总效应可以被分解为替代效应和收入效应两个部分。

为了独立地考察相对价格变动带来的影响，也就是为了得到替代效应，必须剔除实际收入水平变化的影响。要做到这一点，我们需要假定消费者的实际收入水平没有变，也就是效用水平不变。在此，我们需要利用补偿预算约束线这一分析工具。补偿预算约束线是用来表示以假设的货币收入的增减来维持消费者的实际收入水平不变的一种分析工具。其具体做法是：做一条新的预算约束线，使之平行于预算约束线 AB' 并且与无差

异曲线 $U_1$ 相切。图 3-14 中 $A'B''$ 就是补偿预算约束线，其与无差异曲线 $U_1$ 相切于均衡点 $E_3$，与原来的均衡点 $E_1$ 相比，需求量的增加量为 $X_1'X_1''$，这个增加量就是在剔除了实际收入水平变化影响以后的替代效应。因为替代效应归因于商品相对价格的变化，它不改变消费者的效用水平。在图 3-14 中，$E_1$ 和 $E_3$ 这两个均衡点都发生在同一条无差异曲线 $U_1$ 上，即这两点的效用水平不变，而过这两点的预算约束线分别为 AB 和 $A'B''$，它们各自以其斜率表示不同的相对价格，所以，$E_1$ 和 $E_3$ 点上需求量的增加量 $X_1'X_1''$ 是替代效应。很显然，商品价格下降所引起的需求量的增加量 $X_1'X_1''$ 是一个正值。也就是说，正常商品的替代效应与价格呈反方向变动。

收入效应是总效应的另一个组成部分。为了得到收入效应，把补偿预算约束线 $A'B''$ 向外平移到 $AB'$ 的位置，于是，消费者的效用最大化的均衡点就会由无差异曲线 $U_1$ 上的 $E_3$ 点回复到无差异曲线 $U_2$ 上的 $E_2$ 点，相应的需求量的变化量 $X_1''X_1'''$ 就是收入效应。这是因为，收入效应归因于商品 1 的价格变化所引起的实际收入水平的变化，它改变消费者的效用水平，但不考虑相对价格的变化。从图 3-14 中可见，均衡点 $E_2$ 和 $E_3$ 发生在不同的无差异曲线上，这表示效用水平即实际收入水平发生变化，而过这两点的预算约束线 $AB'$ 和 $A'B''$ 的斜率是相同的，这表示相对价格不变。因此，$X_1''X_1'''$ 是收入效应。事实上，当 $P_1$ 下降使得消费者的实际收入水平提高时，消费者必定会增加对正常商品（商品 1）的购买，所以收入效应 $X_1''X_1'''$ 是一个正值。也就是说，正常商品的收入效应与价格呈反方向变动。

总之，对正常商品来说，替代效应和收入效应都与价格呈反方向变动，在它们的共同作用下，总效应必定与价格呈反方向变动。所以，正常商品的需求曲线是向右下方倾斜的。

### 3.5.3　劣等商品的替代效应与收入效应

**1. 一般劣等商品的替代效应与收入效应**

图 3-15 说明了劣等商品价格下降时的替代效应与收入效应。

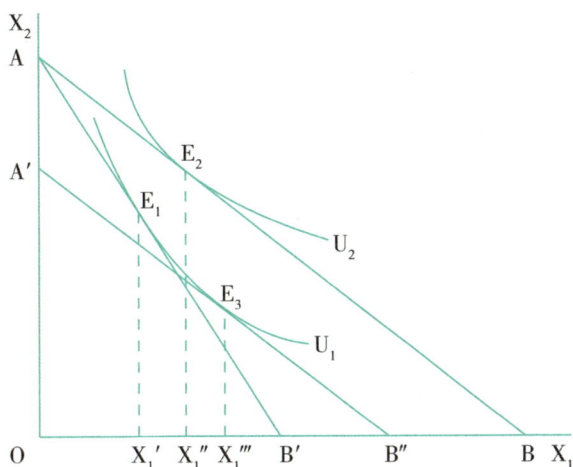

图 3-15　劣等商品的替代效应与收入效应

在图 3-15 中，商品 1 是劣等商品。商品 1 的价格 $P_1$ 变化前的消费者的效用最大化的均衡点为 $E_1$ 点，$P_1$ 下降以后的消费者的均衡点为 $E_2$ 点，由此，价格下降所引起的商品 1 的需求量的增加量 $X_1'X_1''$ 为总效应。运用与上面分析正常商品替代效应和收入效应相同的方法，即通过做与预算约束线 AB 平行且与无差异曲线 $U_1$ 相切的补偿预算约束线，便可将总效应分解成替代效应和收入效应。具体地看，$P_1$ 下降引起的商品相对价格的变化，使消费者由均衡点 $E_1$ 沿着同一条无差异曲线 $U_1$ 运动到均衡点 $E_3$，相应的需求增加量为 $X_1'X_1'''$，这就是替代效应，它是一个正值。而 $P_1$ 下降引起的消费者的实际收入水平的变动，使消费者由均衡点 $E_3$ 运动到均衡点 $E_2$，需求量由 $X_1'''$ 减少到 $X_1''$，这就是收入效应。收入效应 $X_1''X_1'''$ 是一个负值。

图 3-15 中的商品 1 的价格 $P_1$ 下降所引起的商品 1 的需求量的变化的总效应为 $X_1'X_1''$，它是正的替代效应 $X_1'X_1'''$ 和负的收入效应 $X_1''X_1'''$ 之和。由于替代效应 $X_1'X_1'''$ 的绝对值大于收入效应 $X_1''X_1'''$ 的绝对值，或者说，由于替代效应的作用大于收入效应，所以总效应 $X_1'X_1''$ 是一个正值。

总之，对劣等商品来说，替代效应与价格呈反方向变动，收入效应与价格呈同方向变动，而且在大多数情况下，替代效应的作用大于收入效应的作用，所以，总效应与价格呈反方向变动。这便意味着相应的需求曲线是向右下方倾斜的。

**2.吉芬商品的替代效应与收入效应**

吉芬商品（Giffen goods）是劣等商品的一种特例，这类商品的需求量与价格呈同方向变动。吉芬商品是以爱尔兰经济学家罗伯特·吉芬（Robert Giffen）的名字来命名的。吉芬发现，1845 年爱尔兰发生灾荒，土豆价格上升，但是土豆需求量反而增加了。这一现象在当时被称为"吉芬难题"。

作为劣等商品，吉芬商品的替代效应与价格呈反向变动，收入效应则与价格呈同方向变动。但是，吉芬商品的特殊性就在于：它的收入效应的作用很大，并且超过了替代效应的作用，从而使得总效应与价格呈同方向变动。这也就是吉芬商品的需求曲线呈现出向右上方倾斜的特殊形状的原因。下面用图 3-16 来分析。

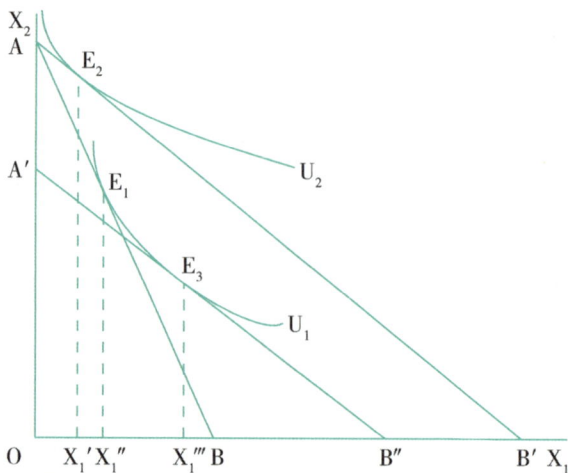

图 3-16　吉芬商品的替代效应与收入效应

图3-16中的商品1是吉芬商品。商品1的价格$P_1$下降前后的消费者的效用最大化的均衡点分别为$E_1$点和$E_2$点，相应的商品1的需求量的减少量为$X_1'X_1''$，这就是总效应。通过补偿预算约束线$A'B''$可得$X_1''X_1'''$为替代效应，它是一个正值。$X_1'X_1'''$是收入效应，它是一个负值。负的收入效应$X_1'X_1'''$的绝对值大于正的替代效应$X_1''X_1'''$的绝对值，所以，最后形成的总效应$X_1'X_1''$为负值。在图3-16中，$E_1$点必定落在$E_2$、$E_3$两点之间。

在19世纪中叶的爱尔兰，购买土豆的消费支出在大多数的贫困家庭的收入中占一个较大的比例，于是，土豆价格的上升导致贫困家庭实际收入水平大幅度下降。在这种情况下，变得更穷的人们不得不大量地增加对劣等商品土豆的购买。这样形成的收入效应是很大的，它超过了替代效应，造成了土豆的需求量随着土豆价格的上升而增加的特殊现象。从此可见，吉芬商品必须具备两个条件：

第一，它是劣等商品，随着收入的上升需求量下降；

第二，它必须在消费者总开支中占很大的比重，才能使得收入效应的作用大于替代效应的作用。

## 3.6 从单个消费者的需求曲线到市场的需求曲线

我们已经分别根据基数效用论和序数效用论推导了单个消费者对某种商品的需求曲线。本部分将在此基础上进一步推导市场的需求曲线。一种商品的市场需求是指在一定时期内在各种不同的价格水平上市场中所有消费者对某种商品的需求数量。因而，一种商品的市场需求不仅受到市场中每一个消费者的需求函数的影响，还受该市场中所有消费者的数目的影响。

我们假定在某一商品市场上消费者的数量为n，个人需求函数$Q_i^d=f_i(P)$，i=1, 2, …, n，则该商品市场的需求函数为：

$$Q^d = \sum_{i=1}^{n} f_i(P) \tag{3-15}$$

因为一种商品的市场需求量是每一个价格水平上的该商品的所有个人需求量的加总，所以，我们可以通过对一个商品市场中的每个消费者的需求表或需求曲线进行加总的方法，得到该商品市场的需求表或需求曲线。

假设某商品市场上只有A、B两个消费者，他们各自在每一个价格水平上的需求量分别见表3-3中第（2）、（3）列。通过把每一个价格水平上的A、B两个消费者的需求量进行加总，将得到每一个价格水平上的市场需求量，即表3-3中第（4）列所示。

表3-3 从单个消费者的需求表到市场的需求表

| 商品价格 | 消费者A的需求量 | 消费者B的需求量 | 市场的需求量 |
|---|---|---|---|
| （1） | （2） | （3） | （4） |
| 0 | 16 | 20 | 36 |
| 1 | 12 | 15 | 27 |
| 2 | 8 | 10 | 18 |
| 3 | 4 | 5 | 9 |
| 4 | 0 | 0 | 0 |

图 3-17 是根据表 3-3 绘制的需求曲线。通过对 A、B 两个消费者的需求曲线进行水平加总，将得到市场的需求曲线。在每一个价格水平上，都有市场需求量 $Q^d = Q_A^d + Q_B^d$。

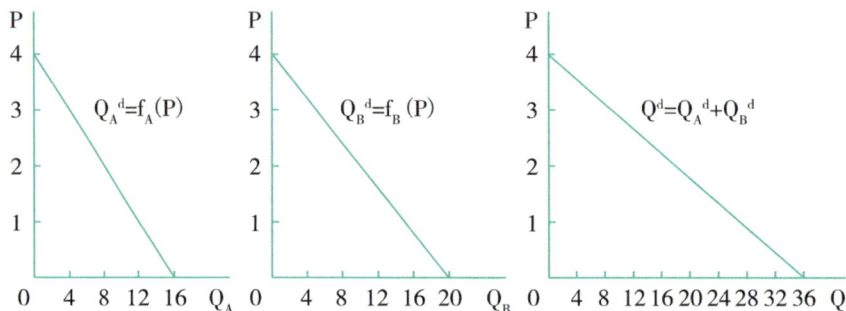

图 3-17　从单个消费者的需求曲线到市场的需求曲线

由于市场的需求曲线是单个消费者的需求曲线的水平加总，所以，如同单个消费者的需求曲线，市场的需求曲线一般也是向右下方倾斜的。市场的需求曲线表示某商品市场在一定时期内在各种不同的价格水平上所有消费者愿意而且能够购买的该商品的数量，而且市场的需求曲线上的每个点都表示在相应的价格水平上可以给全体消费者带来最大效用水平或满足程度的市场需求量。

# 本章小结

研究消费者行为有两种不同方法：基数效用论者的边际效用分析方法和序数效用论者的无差异曲线分析方法。

基数效用论者认为效用可以用基数衡量，还提出了边际效用递减的假定。基数效用论运用边际效用递减的假定和消费者效用最大化的均衡条件，推导了单个消费者的需求曲线，解释了需求曲线向右下方倾斜的原因，而且说明了需求曲线上的每一点都是满足消费者效用最大化均衡条件的商品的价格-需求量组合点。

与基数效用论的观点不同，序数效用论者认为，商品的效用是无法具体衡量的，商品的效用只能用顺序或等级来表示。无差异曲线是用来表示消费者偏好相同的两种商品的不同数量的各种组合的曲线。序数效用论者在分析消费者行为时提出了商品的边际替代率递减的假定。

无差异曲线表示的是消费者对不同商品组合的主观评价，而预算约束线表示消费者客观的支付能力。序数效用论把无差异曲线和预算约束线结合在一起来说明消费者的均衡。序数效用论认为，只有既定的预算约束线与无差异曲线的相切点，才是消费者获得最大效用水平的均衡点。

在收入变化和价格变化的情况下，消费者的均衡将发生变化。在分析收入变化的情况时，我们可以通过收入-消费曲线得出恩格尔曲线；在分析价格变化的情况时，我们可以通过价格-消费曲线得出需求曲线。

一种商品价格的变化会引起该商品的需求量的变化，这种变化可以被分解为替代效应和收入效应两个部分。正常商品的替代效应和收入效应都与价格呈反方向变动。劣等商品的替代效应与价格呈反方向变动，收入效应与价格呈同方向变动。在一般情况下，替代效应的作用大于收入效应。吉芬商品是劣等商品的一种特例，其替代效应的作用小于收入效应的作用。吉芬商品的需求曲线呈现出向右上方倾斜的特殊形状。

市场的需求曲线是单个消费者的需求曲线的水平加总，市场的需求曲线一般也是向右下方倾斜的。市场需求曲线上的每个点都表示在相应的价格水平上可以给全体消费者带来最大的效用水平的市场需求量。

## 本章基本概念

效用　　总效用　　边际效用　　边际效用递减规律　　消费者均衡　　无差异曲线
商品的边际替代率　　商品的边际替代率递减规律　　预算约束线　　收入–消费曲线
恩格尔曲线　　价格–消费曲线　　消费者剩余　　收入效应　　替代效应　　总效应
补偿预算约束线

## 复习思考题

### 一、简答题

1.假定吉姆只买牛奶和点心。在2020年，吉姆赚了100美元，牛奶为每升2美元，点心为每打4美元。请画出吉姆的预算约束线。现在假设2021年所有价格都上涨了10%，吉姆的薪水也增加了10%。要求：

（1）画出吉姆的新预算约束线。

（2）与2020年的最优消费组合相比，2021年牛奶和点心的最优消费组合会如何变动？

2.比较下列两种情况，每一种情况都有两种商品：（1）可口可乐与百事可乐；（2）滑雪板和滑雪板上的鞋固定装置。要求：

（1）画出两种情况下的无差异曲线。

（2）在哪一种情况下，消费者对两种商品相对价格的变动反应更大？

### 二、计算题

设无差异曲线的形式为 $U=X^{0.6}Y^{0.4}=9$，商品X的价格为3元，商品Y的价格是2元。要求：

（1）计算X、Y的均衡消费量。

（2）计算效用为9时的最小支出。

### 三、论述题

1.分别说明基数效用论的边际效用递减规律和序数效用论的商品的边际替代率递减规律。

2.比较分析基数效用论和序数效用论对消费者均衡条件的分析，以及对需求曲线的推导。

3.用图来分析正常商品、劣等商品（包括吉芬商品）的替代效应和收入效应，并说明这三类商品的需求曲线的特征。

# 第4章 不确定条件下的选择

## 学习目标

通过本章的学习，你应该能够：

- 掌握不确定性和风险的概念。
- 了解风险的度量方法。
- 熟悉期望效用和期望值的效用。
- 了解消费者对待风险的三种态度：风险规避、风险爱好、风险中立。
- 了解规避风险的方法。

到目前为止，我们对消费者行为的研究都是在确定的情况下进行的，但是在真实的经济世界里存在各种不确定因素。在不确定的情况下，消费者在风险情况下的态度及行为决策将是本章所要介绍的主要内容。我们将讨论风险的描述问题、人们对风险的态度，分析如何对付风险的问题。

## 4.1 不确定性与风险

### 4.1.1 不确定性与风险的概念

现在，不确定性经济学已构成了微观经济学的一个重要领域。把不确定性融入经济分析中，使经济分析的环境条件向经济现实迈了一大步，增强了经济理论对经济现实的解释和预测能力。在不确定性分析方面，美国芝加哥学派创立者弗兰克·奈特教授做出了开创性贡献，他明确地把不确定性与风险作为一种经济问题来分析。他在 1921 年出版的《风险、不确定性和利润》一书，至今仍被认为是这一领域的经典之作。[①]

众所周知，人们大部分的决策都是在风险和不确定性条件下做出的。不确定性是指一事物发展的结果有多种可能性。譬如，当一项决策只产生一种可能结果时，它是确定的；当其可能产生两种以上不同的结果时，不确定性就出现了。风险指的是我们不仅知道会发生的各种可能的结果，而且知道各种结果发生的概率。

---

① 奈特在《风险、不确定性和利润》一书中指出了企业在经济不确定性中存在的意义。他认为企业不是别的东西，它是一种装置，通过它，"自信或勇于冒险者承担起不确定性，并保证犹豫不决者或怯懦者能得到一笔既定的收入"。在企业里，企业家承担了不确定性，支付有保证的工资、利息，而保证那些回避不确定性的其他人的行动有一个确定的结果；同时，企业家被赋予支配、指挥他们进行工作的权力。可以说，企业这种生产性契约就是应对不确定性的制度安排。

虽然，从理论上讲风险和不确定性的区别是很明显的，但在实际过程中，要分清它们的界限有时会有一定的困难。为了讨论的方便，在本书中，我们把不确定性和风险这两个概念视为等同的。

## 4.1.2　风险的描述：概率、期望值与方差

### 1. 概率

风险的概念一般可以用概率来加以描述。大致说来，概率是指一个事件重复发生的频率。例如，掷一枚均匀的硬币，试验表明，当我们掷的次数很多时，正面朝上和朝下的次数大约各是整个投掷次数的一半，也就是说，正面朝上和朝下的概率都是 1/2。

概率又分为主观概率和客观概率。

客观概率也称为"统计"概率，它是以试验中重复事件发生的相对频率概念为根据的。掷硬币的例子表明，客观概率的衡量标准来自以往同类事件发生的频率。但是，很多事件发生的概率是无法从以前的经验中得出的。

在无法根据过去的经验进行判断时，就出现了主观概率。主观概率也被称为"个人"或者"认识"概率，它的形成取决于主观性的判断，而不必要以诸如硬币的重复投掷等统计现象为基础。

你正考虑投资于一家从事海上石油开发的公司，如果开发成功，该公司的股票价格将从每股 40 元上升至 50 元；如果开发失败，其股票价格将跌至每股 30 元。这样就产生了两种可能的结果：每股 50 元或每股 30 元。每个人对未来股价波动的看法可能是完全不同的，这依赖你掌握的有关开发项目的信息和你个人的主观判断。如果你认为石油开发计划成功的概率是 30%，那么失败的概率就是 70%。

### 2. 期望值

期望值反映的是一个不确定变量以不同的可能性（概率）取各种可能值时，其加权平均取值水平。这里的权重就是每种可能性发生的概率。一般来说，若某个事件有 n 种可能的结果，n 种结果的取值分别为 $X_1$、$X_2$、$\cdots$、$X_n$，取以上可能值的概率分别为 $p_1$、$p_2$、$\cdots$、$p_n$，则该事件结果的期望值为：

$$E(X)=p_1X_1+p_2X_2+\cdots+p_nX_n \tag{4-1}$$

$$p_1+p_2+\cdots+p_n=1$$

### 3. 方差

方差是离差（实际值与期望值之差）平方的加权平均值。它反映不确定的各种可能值的分散程度，在一定意义上也反映了变量取值的不确定程度。对用方差来测度风险来说，方差越大，风险也越大。方差通常用 $\sigma^2$ 来表示。一般地，对某个不确定事件的 n 个可能的结果 $X_i$（i=1，2，$\cdots$，n）来说，其方差为：

$$\sigma^2=p_1 \cdot [X_1-E(X)]^2+p_2 \cdot [X_2-E(X)]^2+\cdots+p_n \cdot [X_n-E(X)]^2 \tag{4-2}$$

在上文海上石油开发公司的例子中，股票投资收益的期望值为：

$$E(X)=0.3\times50+0.7\times30=36（元）$$

方差为：

$\sigma^2=0.3\times(50-36)^2+0.7\times(30-36)^2=84$

关于如何用期望值和方差来测度和比较风险，我们将举下面的例子来说明。

假定某人有两种工作可供选择，两种工作所获收入的概率见表4-1。

表4-1　　　　　　　　　　　　　　　　两种不同工作所获收入的概率

| 项　目 | 结果1 | | 结果2 | |
|---|---|---|---|---|
| | 概率 | 收入（元） | 概率 | 收入（元） |
| 工作1 | 0.5 | 3 000 | 0.5 | 1 000 |
| 工作2 | 0.9 | 2 200 | 0.1 | 200 |

（1）求两种工作所获收入的期望值：

①工作1所获收入的期望值为：

0.5×3 000+0.5×1 000=2 000（元）

②工作2所获收入的期望值为：

0.9×2 200+0.1×200=2 000（元）

（2）求两种工作所获收入的方差：

①工作1所获收入的方差为：

$0.5\times(3\,000-2\,000)^2+0.5\times(1\,000-2\,000)^2=1\,000\,000$

②工作2所获收入的方差为：

$0.9\times(2\,200-2\,000)^2+0.1\times(200-2\,000)^2=360\,000$

可见，虽然工作1和工作2所获收入的期望值是相同的，但是这两种工作所获收入的方差是不同的，工作1所获收入的方差大于工作2所获收入的方差。因此，工作1的风险大于工作2的风险。假如这个人不愿意冒风险，他就会选择工作2。

这里实际上涉及消费者的风险态度问题。在不确定的情况下，消费者的选择与消费者的风险态度有关。4.2部分将讨论人们对风险的态度问题。

## 4.2　消费者的风险态度

### 4.2.1　期望效用与期望值的效用

在分析风险条件下的消费者行为时，常用到期望效用和期望值的效用的概念。

**1.期望效用**

在不确定条件下消费者行为的目的也是得到最大的效用，但是，由于消费者事先并不知道哪种结果事实上会发生，所以，他的行为目标是追求期望效用最大化。

期望效用理论的由来与圣彼得堡悖论（St. Petersburg Paradox）有关。圣彼得堡悖论涉及这样的赌博问题：掷一枚硬币直到出现正面为止，这时赌博者可以获得$2^k$的奖金，其中k是掷币次数。也就是说：

如果第1次就出现正面，那么赌博者可以得到$2^1$元，也就是2元的奖金；

如果第 2 次才首次出现正面，那么赌博者可以得到 $2^2$ 元，也就是 4 元的奖金；

如果第 3 次才首次出现正面，那么赌博者可以得到 $2^3$ 元，也就是 8 元的奖金；

……

如果第 k 次才首次出现正面，那么赌博者可以得到 $2^k$ 元的奖金；

……

那么，对这样一场赌博，赌博者应该支付多少赌注呢？

因为在第 k 次出现正面的概率是 $1/2^k$，因此这场赌博的期望收益为：

$$\sum_{k=1}^{\infty} 2^{-k}2^k = 2^{-1} \times 2 + 2^{-2} \times 2^2 + 2^{-3} \times 2^3 + \cdots = 1 + 1 + 1 + \cdots = \infty \tag{4-3}$$

从式（4-3）可以看出，这场赌博的期望收益为无穷大，然而现实的情况是，人们通常只愿意支付 2~4 元钱来玩这种游戏。这就是圣彼得堡悖论。

贝努利（Bernoulli）于 1738 年解决了这个悖论。他认为赌博者并不关心赌注带来的收益，他们关心的是收益的对数。在这种情况下，圣彼得堡悖论的实际价值是：

$$\sum_{k=1}^{\infty} 2^{-k} \log 2^k = \sum_{k=1}^{\infty} 2^{-k} k \log 2 = \log 2 \sum_{k=1}^{\infty} 2^{-k} k \tag{4-4}$$

令：$Z = \sum_{k=1}^{\infty} 2^{-k} k = 2^{-1} + 2^{-2} \times 2 + 2^{-3} \times 3 + \cdots + 2^{-k} k + \cdots$ (4-5)

则有：$2Z = 1 + 2^{-1} \times 2 + 2^{-2} \times 3 + \cdots + 2^{-k+1} k + 2^{-k}（k+1）+ \cdots$ (4-6)

用式（4-6）减式（4-5）可得：

$Z = 1 + 2^{-1} + 2^{-2} + \cdots + 2^{-k} + \cdots = 2$

把 $Z=2$ 代入到式（4-4）中可得，这场赌博的实际价值是 $2\log 2$。与赌博的期望收益相比，$2\log 2$ 这个值与实验观察更为一致。尽管贝努利没有用"效用"这个术语来描述他对圣彼得堡悖论的解法，但其提议的核心在于用期望效用取代期望收益作为赌博者的目标。这里效用被定义为收入的对数。[1]后来，过了两个多世纪，直到 1944 年，数学家冯·诺伊曼和经济学家摩根斯坦的经典的期望效用理论的著作《对策论与经济行为》才问世。这种理论认为：面对一项风险决策任务时，每项备选方案都被赋予决策者的主观价值，即主观效用。

下面，我们用彩票的例子来说明期望效用的概念。在经济分析中，西方经济学家通常把消费者在不确定情况下面临风险的行为决策问题，假定为消费者在面临一张彩票时的行为决策问题。这样，对不确定条件下消费者面临风险的行为的分析，就可以通过对消费者在面临一张具有风险的彩票时的行为的分析来进行。假定某消费者所面临的一张彩票具有两种可能的结果。当第一种结果发生时，该消费者拥有的货币财富量为 $W_1$。当第二种结果发生时，该消费者拥有的货币财富量为 $W_2$。第一种结果和第二种结果发生的概率分别为 p 和（1-p），其中 $0<p<1$。于是，这张彩票可以表示为：

$$L=[p, W_1, W_2] \tag{4-7}$$

---

① 我们也可以用均值和方差来解释，这一赌注虽然期望值为无穷大，但是方差也为无穷大。因为大多数人为风险规避者，不愿意参加风险太大的赌博。

对一张彩票 L=[p, W₁, W₂]来说，它的期望效用函数为：

$$E\{U[p, W_1, W_2]\}=pU(W_1)+(1-p)U(W_2) \tag{4-8}$$

彩票的期望效用函数也可以简写为：

$$E[U(W_1, W_2)]=pU(W_1)+(1-p)U(W_2) \tag{4-9}$$

期望效用函数也被称为冯·诺伊曼-摩根斯坦效用函数。由式（4-8）、式（4-9）可知，消费者的期望效用就是消费者在不确定条件下可能得到的各种结果的效用的加权平均数。显然，期望效用带有基数效用的性质。由于期望效用函数的建立，对不确定条件下的消费者面临风险的行为的分析，就成了对消费者追求期望效用最大化的行为的分析。

**2.期望值的效用**

期望值的效用与期望效用的含义不同，我们仍用彩票的例子来说明。对一张彩票 L=[p, W₁, W₂]来说，其期望值为：

$$E=pW_1+(1-p)W_2 \tag{4-10}$$

由式（4-10）可知，彩票的期望值是彩票不同结果下的消费者所拥有的货币财富量的加权平均数。相应地，彩票期望值的效用为：

$$U=U[pW_1+(1-p)W_2] \tag{4-11}$$

关于期望效用和期望值的效用的区别及具体应用，将在以下对消费者的风险态度的分析中得到体现。

## 4.2.2　消费者的风险态度

不同的行为者对风险的态度是存在差异的，一部分人可能喜欢大得大失的刺激，另一部分人则可能更愿意"求稳"。根据风险理论，行为者对风险的态度可以划分为3类：风险规避者、风险爱好者和风险中立者。

假定消费者在无风险的情况下所能获得确定性收入与他在有风险的情况下能够获得的期望收入值相等。例如，某消费者现拥有1 000元的货币财富，他可以用这些钱来参与一场赌博。在这场赌博中，他有50%的可能性赢得1 500元，也可能以50%的可能性输掉500元，这场赌博的期望收益是500元（1 500×50%-500×50%）。

在这个假定成立的情况下，如果消费者对确定性收入的偏好大于有风险条件下期望收入的偏好，那么该消费者是风险规避者；如果消费者对确定性收入的偏好小于有风险条件下期望收入的偏好，那么该消费者是风险爱好者；如果消费者对确定性收入的偏好等于有风险条件下期望收入的偏好，那么该消费者是风险中立者。

下面我们以消费者面临一张彩票 L=[p, W₁, W₂]的情况为例，来分析消费者的风险态度。首先假定消费者在无风险条件下（不购买彩票的条件下）可以持有的确定的货币财富量等于彩票的期望值，即 $pW_1+(1-p)W_2$。在图4-1中，消费者认为在无风险条件下持有一笔确定的货币财富量的效用大于在风险条件下彩票的期望效用，即 $U[pW_1+(1-p)W_2]>pU(W_1)+(1-p)U(W_2)$。该消费者为风险规避者。

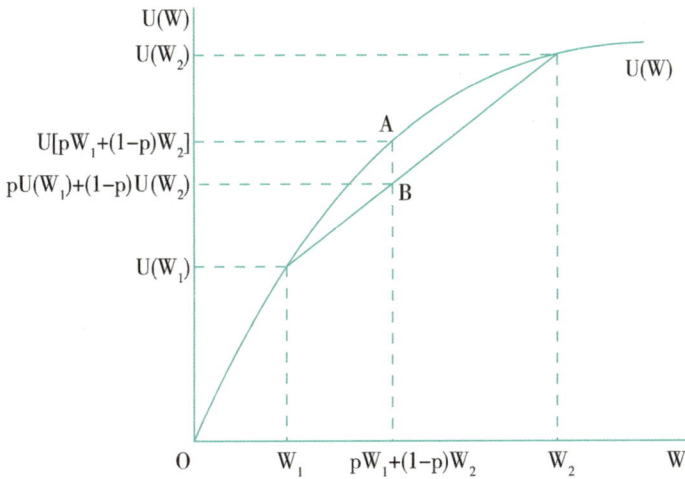

图 4-1　风险规避者的效用函数

　　在图 4-2 中，消费者认为在无风险条件下持有一笔确定的货币财富量的效用小于在风险条件下的彩票的期望效用，即 $U[pW_1+(1-p)W_2]<pU(W_1)+(1-p)U(W_2)$。该消费者为风险爱好者。

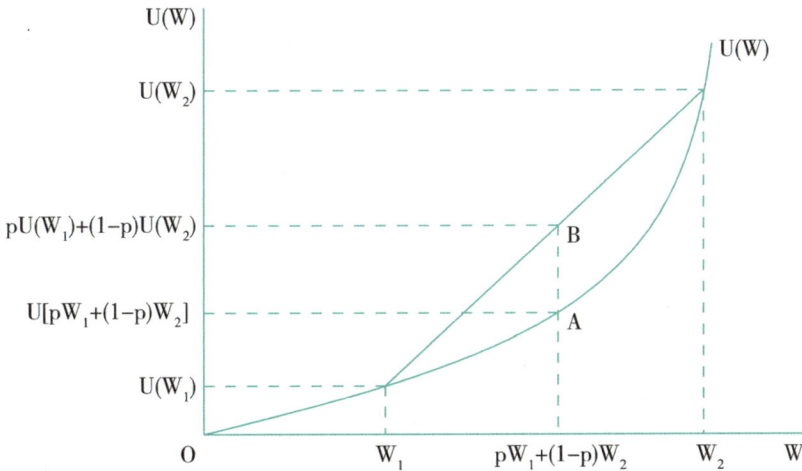

图 4-2　风险爱好者的效用函数

　　在图 4-3 中，消费者认为在无风险条件下持有一笔确定的货币财富量的效用等于在风险条件下的彩票的期望效用，即 $U[pW_1+(1-p)W_2]=pU(W_1)+(1-p)U(W_2)$。该消费者为风险中立者。

　　从以上的分析中可以看出，消费者的风险态度可以根据消费者效用函数的特征来判断。假定消费者的效用函数为 $U=U(W)$。其中，$W$ 为货币财富量，且效用函数 $U=U(W)$ 为增函数。如图 4-1 所示，风险规避者的效用函数是严格凹的，效用曲线上任意两点间的弧都高于这两点间的弦。图 4-1 中的 A 点是期望值的效用，它代表消费者在无风险条件下持有一笔确定的货币财富量的效用 $U[pW_1+(1-p)W_2]$；图 4-1 中的 B 点是期望效用，它代表拥有一张具有风险的彩票的期望效用 $pU(W_1)+(1-p)U(W_2)$。显然，A 点高于 B 点。在

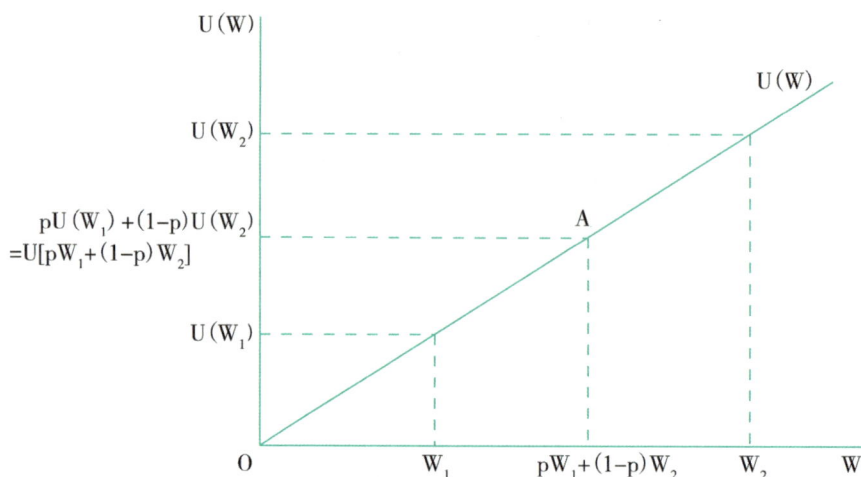

图 4-3    风险中立者的效用函数

图 4-2 中,风险爱好者的效用函数是严格凸的。在图 4-3 中,风险中立者的效用函数是线性的。显然,风险规避者、风险爱好者和风险中立者的效用函数 U=U(W) 的各自的严格凹、严格凸和线性的性质,分别满足前面提到的关于这 3 种风险态度的定义。

# 4.3    规避风险的方法

在现实的经济活动中,几乎所有的经济行为都具有或多或少的不确定性,因而必然面临某种程度的风险。行为者只能通过获取信息来减少不确定性,或采取某种方式转移和分散风险。一般说来,经济活动中规避风险的方法主要有 3 种:多样化、购买保险和获得信息。

## 4.3.1    多样化

多样化是指在所从事的活动面临风险的情况下,人们采取多样化的行动,以便降低风险。比如说,人们可以通过分散投资的方式,避免因持有单一化资产而面临的风险。分散投资的作用在于,投资者在将资金分散地运用于不同的行业或不同的项目时,风险也分散了。用詹姆斯·托宾的话说,就是"不要把所有的鸡蛋放在一个篮子里"。分散投资并不能避免风险,但它减少了风险可能造成的损失。资产组合(portfolio)的理论证明,资产组合的风险随着组合所包含的资产数量的增加而降低,资产间关联性极低的多元化资产组合,可以有效地降低非系统风险。也就是说,多样化资产组合是一种以分散投资、化解非系统风险的策略。

资产组合应当遵循两个原则:

**1.优势原则**

这是指投资者在选择风险和收益组合最佳的资产时,若收益率相当,则选择风险最小的资产;若风险相同,则选择预期收益最高的资产。

**2.分散化原则**

这是将风险分摊到多个公司、行业、证券等形式的投资上。恰当分散的关键是向那些预期收益受到市场条件不同影响的项目投资。

### 4.3.2 购买保险

保险在现代市场经济结构中的显著地位已成为不争的事实，保险的实质是风险分担。市场中的每一个行为者都面临某种风险，尽管风险发生的概率并不一定很大，但其发生的可能性不能完全排除，且一旦发生，行为者可能面临很大的损失。保险公司的作用在于它使大范围的风险分担成为可能，而且保险公司还可以通过分保和再保险使风险进一步分散。

下面我们以家庭财产保险为例，来说明消费者如何通过购买保险来应付可能发生的风险。假设某消费者有 1 000 000 元的家庭财产，这个消费者家中被盗的可能性为5%，损失为 500 000 元。假定这个消费者是风险规避者，他打算向保险公司买保险以应付可能发生的风险，这样，不管发不发生风险，他将持有的财产数量都是确定的，即等于他所持有的初始财富 1 000 000 元减去他所支付的保险费。问题是，他将向保险公司支付多少保险费呢？在投保人与保险公司是公平交易的情况下，消费者应该使得自己所支付的保险费等于财产的期望损失。

这个消费者财产的期望损失为25 000元（0.05×5 000+0.95×0），所以该消费者愿意向保险公司支付25 000元的保险费。表4-2描述了消费者在购买和不购买保险的情况下所持有的财产状况。

表4-2 购买和不购买保险对消费者财产的影响

| 项　　目 | 盗窃发生 | 盗窃不发生 | 财产的期望值 |
| --- | --- | --- | --- |
| 购买保险 | 975 000元 | 975 000元 | 975 000元 |
| 不购买保险 | 500 000元 | 1 000 000元 | 975 000元 |
| 概率 | 0.05 | 0.95 | |

从表4-2可看出，消费者购买保险和不购买保险的财产期望值是相同的，都是975 000元。可见，购买保险并没有改变消费者财产的期望值，但使得消费者避免了被盗而造成的财产持有状况的大幅度波动。对一个风险规避者来说，购买保险情况下获得的确定的975 000元财产的期望效用大于不购买保险情况下财产的期望效用。

### 4.3.3 获得信息

市场中总是存在大量的不确定因素，大多数经济决策都是在不确定条件下做出的。对某一特定的事件进行决策时，一切有助于行为者选择的知识和经验都是有用的信息，行为者通过信息的获取可以减少行为的不确定性。如果人们能够获得全部的有用信息，就可以完全消除风险，从而保证决策效果的最优。总之，信息就是能排除或减少决策者的某种不确定因素（从而减少风险）并且具有实用价值的消息。

由于获得新信息而增加正确决策的可能性所带来的经济效益被称为信息的价值。我们举例来说明信息的价值。例如，一个开发商投资某项目，如果成功，则获利20 000万元，成功的可能性为 0.5；如果失败，则亏损 20 000 万元。此项投资的期望收益为：

E(R)=20 000×0.5−20 000×0.5=0

因此，开发商不会投资该项目。如果在获得信息 C 后，投资成功的可能性提高到 0.8，则期望收益为：

E(R*)=20 000×0.8−20 000×0.2=12 000（万元）

在此情况下，开发商会投资该项目。由以上可知，信息 C 的价值为：

E(R*)−E(R)=12 000（万元）

又如，假设你经营一家考试用书书店，准备从某出版社订购若干注册会计师考试的辅导用书。这本书的定价是 30 元。如果你订购 100 本，能够以八折（24 元）的优惠价格进货。如果订购 200 本，能够以七折（21 元）的优惠价格进货。你并不清楚这本书将来的销路如何；但是，等到注册会计师考试结束以后，你仍然没有销售出去的书只能以半价来甩卖。在没有足够信息的情况下，你只知道，当这本书的售价为 30 元时，售出 100 本的概率为 0.5，售出 200 本的概率为 0.5。表 4-3 显示了你可能的收益。

表 4-3　　　　　　　　　　　　　书的销售利润

| 项　目 | 销出 100 本 | 销出 200 本 | 期望利润 |
|---|---|---|---|
| 订购 100 本 | 600 元 | 600 元 | 600 元 |
| 订购 200 本 | 300 元 | 1 800 元 | 1 050 元 |
| 概率 | 0.5 | 0.5 | |

在没有其他信息的情况下，风险中立者一定会选择订购 200 本。在这种情况下，你的期望利润为 1 050 元，大于订购 100 本时的期望利润。但是，如果你是风险规避者，那么你可能会决定订购 100 本，因为这样你可以稳定地获得 600 元的利润。

假设你有完全信息，那么你就可以做出正确的订购选择。如果销量为 100 本，你就会订购 100 本，利润为 600 元；如果销量为 200 本，你就会订购 200 本，利润为 1 800 元。这两种结果发生的可能性是相等的。所以，在完全信息时，你的预计收入为 1 200 元。信息的价值为：

完全信息的价值=完全信息下的期望利润−不确定情况下的期望利润（订购 200 本）

=1 200−1 050=150（元）

案例窗 4-1

# 本章小结

从理论上来讲，不确定性是指事物发展的结果有多种可能性。与不确定性相比，风险的范围要小一些。风险指的是我们不仅知道会发生的各种可能性结果，而且知道各种结果发生的概率。

在研究风险时，我们可以用期望和方差的概念来描述风险。期望值反映的是一个不确定变量以不同的可能性（概率）取各种可能值时，其加权平均取值水平。这里的权重就是每种可能性发生的概率。方差反映不确定的各种可能值的分散程度。方差越大，表明风险也越大。

期望效用函数也被称为冯·诺伊曼–摩根斯坦效用函数。消费者的期望效用就是消费者在不确定条件下可能得到的各种结果的效用的加权平均数。期望值的效用与期望效用的含义不同。根据风险理论，行为者对风险的态度可划分为 3 类：风险爱好者、风险中立者和风险规避者。在实际经济生活中，大多数的消费者都是风险规避者。

在现实的经济活动中，几乎所有的经济行为都具有不确定性，因而必然面临某种程度的风险。经济活动中规避风险的方式主要有 3 种：多样化、购买保险和获得信息。

## 本章基本概念

不确定性      风险      概率      期望值      方差      期望效用函数      风险规避者
风险爱好者      风险中立者      信息

## 复习思考题

### 一、简答题

假定消费者的效用函数为 U=U(W)，其中 W 为货币财富量。要求：画出这个消费者的效用曲线，以表明：当货币财富量较低时，这个消费者是风险爱好者；当货币财富量较高时，这个消费者是风险规避者。

### 二、计算题

假定某投资者面临的投资前景有 3 种可能的情况，这 3 种可能情况的盈利及其概率见表 4-4。要求：分别计算期望值和方差。

表 4-4                                            盈利及其概率

| 项　目 | 盈利 | 概率 |
|---|---|---|
| 第 1 种可能 | 200 元 | 0.2 |
| 第 2 种可能 | 100 元 | 0.6 |
| 第 3 种可能 | −40 元 | 0.2 |

# 第5章 生产理论

## 学习目标

通过本章的学习，你应该能够：

- 了解企业的分类、目标和生产情况，以及几种特殊的生产技术形式。
- 掌握总产量、平均产量和边际产量之间的基本关系，边际产量递减、边际技术替代率递减等基本规律，以及企业如何选择最优的要素投入组合实现利润最大化目标。
- 懂得区分企业的短期生产和长期生产，以及企业短期生产的3个阶段。
- 应用等成本线和等产量线，分析给定成本的产量最大化和给定产量的成本最小化这两种条件下企业最优要素投入的组合情况。

在研究了消费者的行为理论之后，我们将从本章开始研究生产者行为理论。正是由于生产者的供给与消费者需求的相互作用才形成了市场价格。微观经济学中的企业理论、厂商理论，与生产者行为理论基本上意义相同。本章共分为4部分：5.1部分介绍供给方的行为人——企业；5.2部分至5.4部分描述企业所面临的技术约束；5.5部分至5.7部分分析企业在给定技术约束下的最优化行为；5.8部分则结合微观经济学厂商理论对企业问题进行更深入的探讨。简言之，我们按照"谁""在何种条件下""做什么"来安排本章的内容。

## 5.1　企　业

### 5.1.1　企业的分类

企业又称厂商，有时也被称作生产者，是指能够做出统一的生产决策的单个经济单位。按照企业的组织形式，我们可以将其分为以下3类：

**1. 单人业主制**

单人业主制（proprietorship）是只有一个所有者的企业，该所有者即我们所称的业主，他对企业的经营风险负有无限责任。无限责任是指业主要用自己的全部财产为企业的所有债务承担法律上的责任。如果一个单人业主无法偿还其债务，企业的债权人就可以依法占有该业主的私人财产。单人业主制是企业组织形式中最古老、最原始的一种方式，一般而言适应于初始资本金额要求较低、经营管理决策相对简单的行业，如小杂货店、夜市上的烧烤摊、个人摄影艺术家等。这种企业的特点在于"风险、收益一肩挑"，即单人业主自己做出管理决策，并且为此享有全部利润，承担全部风险。这种情况下，业主的总收入中需要扣除应缴纳的个人所得税。

**2.合伙制**

合伙制（partnership）是指有两个或两个以上具有无限责任的所有者的企业。合伙人以合同事先规定管理权的分配及分享利润的方式，在企业重大经营管理决策上，所有合伙人的意见必须达到一致。与单人业主制相同，合伙制的利润收入也要缴纳个人所得税，并且每一个合伙人都对企业的债务承担无限责任。

**3.公司制**

公司制是一个或多个有限责任股东所共同拥有的企业。有限责任是指所有者只以其最初投资承担法律责任。公司的总资本被分为若干股，每一股都象征着对公司资产的一部分所有权。如果公司资不抵债而破产，则公司股东不负连带责任。公司的股票可以在公开市场上流通，也可以只在柜台交易中流通。对公开上市的股份公司而言，一般都有由董事会、监事会、经理组成的复杂的公司治理结构。公司以发行股票或者借贷的方式融资。如果公司盈利，股东有权分享利润；如果公司破产，股东只承担相当于自己最初投资额的债务，其余未偿债务则由银行或者其他债权人自行承担。与单人业主制与合伙制不同的是，公司利润的纳税与股东个人收入的纳税是分开的。所以，公司的利润实际上两次缴税，公司上缴企业所得税之后，股东本人再为其所获得的红利收入纳税。

这3种企业在经济中的重要程度是不同的。对发达国家而言，公司制的企业在全部企业中的数量比重虽然不大，但是其收益在总企业收益中的比重占绝对优势。在发展中国家，公司制的企业在经济中的重要性就要略逊一筹。以不同组织形式的企业在行业总收益中的比重来看，单人业主制和合伙制仅仅在农业、林业、渔业、服务业中占了较大比例，在零售商业中的比重也较大；公司制在所有行业中都是最重要的，尤其是在制造业中，几乎全部采取了公司制。[①]这是与不同组织形式的企业各自的优缺点密切相关的。

我们可以用表5-1来概括各种类型企业的优缺点。

表5-1　　　　　　　　　　　各类企业的优缺点

| 企业类型 | 优　点 | 缺　点 |
|---|---|---|
| 单人业主制 | 容易建立<br>决策过程简单而迅速<br>利润只作为所有者的收入纳税 | 决策容易失误<br>所有者的全部财产都承担风险<br>企业的生命受业主的寿命影响<br>企业的资本规模受个人财力的限制 |
| 合伙制 | 容易建立<br>多样化的决策<br>利润只作为所有者的收入纳税 | 不易达成一致意见而错过商机<br>所有者的全部财产都承担风险<br>合伙人退出会减少资本量 |
| 公司制 | 所有者是有限责任<br>可以筹集大量长期资本<br>专业管理不受所有者能力限制<br>公司生命不受自然人寿命限制 | 复杂的管理体系使决策缓慢而昂贵<br>利润由公司纳税，红利由股东纳税<br>股权分散可能带来效率损失 |

① 梁小民. 微观经济学 ［M］. 北京：中国社会科学出版社，1996：209.

### 5.1.2　企业的目标

通常情况下，人们认为形形色色的企业只有单一的目标——利润最大化。利润是企业的收益与成本之间的差额。只有获取利润，企业才能不断扩大生产规模，更新技术与设备，吸引人才，进而在激烈的市场竞争中站稳脚跟。利润对企业的意义显然是不言而喻的。然而，以利润最大化为企业的目标，对单人业主制和合伙制的企业来说，比公司制企业更加适用。公司制企业往往采用的是企业市值最大化目标。原因在于单人业主制和合伙制的企业所有者和经营者是统一的，而公司制企业存在所有权和经营权分离的问题（所有权归股东，经营权归管理者），因此公司制企业就需要确定一个便于客观度量的目标，以利于监督管理者完成股东的目标。

当涉及时间和不确定性时，简单使用现期利润最大化目标的不足就显现出来。例如，一项耗资巨大的投资短期内成果不显著，长期中则效益很大。如果经理必须遵守现期利润最大化目标，那么他就无法向股东解释：企业效益暂时性下降到底是为长期利益做出的必要牺牲还是由于自己的工作不力。这样一来，管理者的行为就有短期化倾向，对企业长远的生存和发展是不利的，也会最终损害股东的利益。然而，采取企业市值最大化目标就可以避免这一情况。企业市值是指企业生存期间各阶段的利润的折现值之和。对长期内才能见效的项目，短期内的利润下降可以由长期内的利润增加抵补，只要管理者能够向市场说明采取该投资项目的理由，企业的市值就不会受到短期内利润下降的影响。在存在不确定性的情况下，由于股东的风险态度可能不同，利润最大化目标更加不适用。在前面的消费者理论中我们已经分析过，风险爱好者偏好利润的预期效用，而风险规避者偏好预期利润值的效用。例如，对预期利润值相同而风险相异的项目，风险爱好型的股东选择风险大的项目，而风险规避型的股东选择风险小的项目，核心股东集团内部出现纷争，管理者无所适从。这时企业市值最大化目标就可以为企业提供一个不受核心股东风险态度左右的客观目标，实现企业市值最大化符合所有股东的利益。

虽然现实中的企业面临着选择利润最大化目标还是选择市值最大化目标的问题，但是从理论上说，企业市值最大化只不过是企业利润最大化目标的动态表示，两者在本质上仍然是统一的。我们可以从企业市值的计算公式中看到这一点。如果用 V 表示企业市值，用 $\pi_1$，$\pi_2$，…，$\pi_t$ 来表示企业在第1期、第2期……第 t 期获得的利润，用 r 表示无风险收益率，那么企业市值的计算公式为：

$$V = \max \left[ \frac{\pi_1}{1+r} + \frac{\pi_2}{(1+r)^2} + \cdots + \frac{\pi_t}{(1+r)^t} \right] \tag{5-1}$$

公式的第1项表示将企业在第1期的利润折现到0期，第2项表示将企业第2期的利润折现到0期，诸如此类，第 t 项表示将企业第 t 期的利润折现到0期，将所有折现值之和相加，就是企业的市场价值。从企业市值的计算公式中我们可以看到，利润最大化目标只考虑一个时期的利润最大化问题，而企业市值最大化目标考虑多个时期的企业利润最大化问题，企业市值最大化只不过是企业利润最大化目标的动态表示。为了分析问题的简便，我们可以假设所有的企业都追求利润最大化目标，显然这一假设不失一般性。

## 5.2  企业生产的技术约束——生产函数

### 5.2.1  生产函数

厂商进行生产的过程就是从生产要素的投入到产品的产出的过程。在西方经济学中，生产要素一般包括劳动、土地、资本和企业家才能。劳动是指人类在生产过程中耗费的体力和智力的总和。土地不仅包括土地本身，还包括一切自然资源，如森林、矿藏、江河湖海等。资本可以是实物形态，也可以是货币形态。资本的实物形态又称资本品或投资品，如厂房、机器设备、原材料等。资本的货币形态通常称为货币资本。企业家才能指企业家组织建立和经营管理企业的才能。通过对生产要素的运用，厂商可以提供实物产品，也可以提供无形产品，如各种服务。

生产过程中生产要素的投入量和产品的产出量之间的关系，可以用生产函数来表示。生产函数表示在一定时期内，在技术水平不变的情况下，生产中所使用的各种生产要素的数量与所能生产的最大产量之间的关系。任何生产函数都以一定时期内的生产技术水平作为前提条件，一旦生产技术水平发生变化，原有的生产函数就会发生变化，从而形成新的生产函数。新的生产函数可以是以相同的生产要素投入量生产出更多或者更少的产量，也可能是以变化了的生产要素投入量生产同一产量。显然，一个生产函数就代表了一种生产技术。

假定 $X_1$，$X_2$，$\cdots$，$X_n$ 顺次表示某产品生产过程中所使用的 n 种生产要素的投入数量，Q 表示所能生产的最大产量，则生产函数可以用如下形式表示：

$$Q = f(X_1, X_2, \cdots, X_n) \tag{5-2}$$

该生产函数表示在既定的生产技术水平下生产要素的组合 $(X_1, X_2, \cdots, X_n)$ 在既定时期所能生产的最大产量为 Q。

在初级经济学的分析中，通常假定生产中只使用劳动和资本这两种生产要素。若以 L 表示劳动投入量，以 K 表示资本投入量，则生产函数可以写为：

$$Q = f(K, L) \tag{5-3}$$

生产函数表示生产中的投入量与产出量之间的依存关系，这种关系普遍存在于各种生产过程之中。不光是工厂有自己的生产函数，甚至医院、饭店和旅馆都有各自的生产函数。

值得提醒大家注意的是，通过投入生产要素 $X_1$，$X_2$，$\cdots$，$X_n$，最多生产出产量 Q，生产函数的这种投入产出关系只达到了技术上的有效性，而经济上的有效性不能得以保证。我们可以将经济上的有效性与技术上的有效性的关系概括如下：当不增加投入品就不能再增加产量时就实现了技术上的有效性；当生产一定量的产品的成本达到最低时就实现了经济上的有效性。技术有效性是一个工程技术问题，经济有效性则是一个经济决策问题。技术上有效的情况下经济上不一定有效，然而经济上有效的情况下技术上一定是有效的。

下面给大家介绍几种常见的生产函数，在今后的学习中我们会经常用到它们。

**1.完全替代技术的生产函数**

完全替代技术是指使用这种技术的厂商生产任何产量都只需要使用两种要素中较便宜的一种，对另一种生产要素的投入为零。这意味着不会在生产过程中同时使用两种生产要素，即两种生产要素之间完全相互替代。它的函数形式为：

$$Q=aK+bL \tag{5-4}$$

式中：K 与 L 表示生产 Q 单位的产品所需的资本数量与劳动数量；a 和 b 为大于零的常数。公式的经济含义是为了生产 Q 单位的产品，至少需要 a 单位的 K 或者至少需要 b 单位的 L。事实上，厂商会选择 a 单位的资本和 b 单位的劳动中成本较低的一种来生产，而不会同时采用劳动和资本两种生产要素来生产。

以公共汽车售票服务为例，假定机器售票与人力售票的效用相当，那么我们既可以选择人力售票（雇用售票员），也可以选择机器售票（花钱买机器）；选择了人力售票就不会再购买机器，选择了机器售票就不会再雇用售票员。在劳动 L 与资本 K 之间，是一种完全替代的关系。

另外的一个例子是，选择一种计量经济软件来求解某一简单的计量经济模型，我们可以从 SAS、SPSS 或者 EViews 中任意挑选一种计量经济软件，这些软件之间也是一种完全替代的关系。

我们再举一个例子来进一步说明 a 和 b 的经济含义。一辆公共汽车上最少需要两台售票机或者两名售票员，那么就是 a 和 b 的取值都为 2。如果售票机的效率提高了，一辆公共汽车上只需要一台售票机就可以满足售票服务要求，而所需售票员的数量仍然是两名，那么 a 和 b 的取值就分别为 1 和 2。

**2.完全互补技术的生产函数**

它的函数形式为：

$$Q = \min\{\frac{K}{a}, \frac{L}{b}\} \tag{5-5}$$

式中：K 和 L 分别表示生产产量 Q 所需投入的资本量和劳动量；a、b 为大于零的常数，分别表示生产一单位的产品所需要的固定的资本投入量和劳动投入量。要理解完全互补的含义，只需要任取 K 或者 L 为零，我们可以看到，此时产量为零，这意味着两种生产要素在生产该产品时是缺一不可的，或者说两种生产要素的作用是完全互补的。例如，种树时每人需要一把铁锹，人多了或者铁锹多了都不能增加生产力。

**3.柯布-道格拉斯生产函数**

它是由数学家柯布和经济学家道格拉斯于 20 世纪 30 年代提出来的。虽然它的数学形式比较简单，但是具备了经济学分析所需的良好性质，因而在经济学中应用非常广泛。该生产函数的形式为：

$$Q=AK^{\alpha}L^{\beta} \tag{5-6}$$

式中：Q、K、L 与前面的含义相同；A、α 与 β 为 3 个参数，A>0，0<α<1，0<β<1。α 和 β 的经济含义分别为资本和劳动对生产增加的贡献程度的衡量。特别地，当 α+β=1 时，α 和 β 分别表示资本和劳动在生产过程中的相对重要性，α 表示资本所得在总产量中所占的份额，β 表示劳动所得在总产量中所占的份额。根据柯布和道格拉斯两人对美国 1899—1922 年有关经济资料的分析和估算，α 值约为 0.25，β 值约为 0.75，它意味着在相关期间的总产量中，资本所得所占的份额为 25%，劳动所得所占的份额为 75%。

## 5.2.2　生产中的长期与短期

微观经济学的生产理论可以分为长期生产理论与短期生产理论。

短期指在此期间生产者来不及调整全部生产要素的数量，至少一种生产要素的数量在此期间内无法改变。相应地，我们可以将短期中的生产要素分为不变要素与可变要素。那些在短期中投入数量无法改变的要素就是不变要素，投入数量可以改变的就是可变要素。例如，短期内工厂的厂房、机器设备是无法改变的，被称为不变要素，而劳动、原材料和燃料则是可以变化的，被称为可变要素。当然，不变要素与可变要素的区分只有在短期内才有意义，在长期中所有的要素投入量都是可以变化的。例如，企业不仅可以在长期中建设新厂房、购置新的机器设备，甚至可以决定退出该行业，完全停产。

我们以生产者是否能变动所有的要素投入量来划分短期和长期。

值得注意的是，不同行业划分短期和长期的具体时间是不同的。例如，变动一个大型炼钢厂的规模可能需要 3 年时间，而变动一个小食品店的规模可能只需要 1 个月时间，即前者的短期和长期分界线为 3 年，后者为 1 个月。

微观经济学通常以一种可变生产要素的生产函数考察短期生产理论，以两种可变生产要素的生产函数考察长期生产理论。在生产函数 Q=f(K,L) 中，假定资本投入量是固定的，用 $\overline{K}$ 来表示，劳动投入量是可变的，用 L 表示，则生产函数可以写成：

$$Q = f(\overline{K}, L) \tag{5-7}$$

它就是通常采用的一种可变生产要素的生产函数的形式，也被称为短期生产函数。如果生产要素种类不止两种，而是一般的 n 种，我们可以写出该技术的短期生产函数，即 $Q=f(X_1, X_2, \cdots, \overline{X}_n)$，$\overline{X}_n$ 表示不变要素的投入量。对长期生产函数，只要去掉短期生产函数中不变要素的上横线即可得到长期生产函数的形式。这样取巧的做法有着合理的经济含义，在长期中本来不可变的生产要素也可以变动了，短期生产函数也就成为长期生产函数。

下面我们将分别介绍短期生产函数与长期生产函数的相关概念和内容。

# 5.3    短期生产函数

## 5.3.1    总产量、平均产量与边际产量

根据短期生产函数 $Q=f(\overline{K},L)$，可以得到劳动的总产量、平均产量与边际产量的概念。在这里，总产量、平均产量与边际产量的英文简写依次是 TP、AP 与 MP。

劳动的总产量是指与一定的可变要素劳动的投入量相对应的最大产量。它的定义公式为：

$$TP_L = f(\overline{K},L) \tag{5-8}$$

劳动的平均产量是总产量与所使用的可变要素劳动的投入量之比。它的定义公式为：

$$AP_L = \frac{TP_L}{L} \tag{5-9}$$

劳动的边际产量是增加一单位可变要素劳动投入量所增加的产量。它的定义公式为：

$$MP_L = \frac{\Delta TP_L}{\Delta L} \tag{5-10}$$

或者    $MP_L = \lim_{\Delta L \to 0} \frac{\Delta TP_L}{\Delta L} = \frac{dTP_L}{dL} \tag{5-11}$

## 5.3.2    边际产量递减规律

对一种可变生产要素的生产函数来说，该可变生产要素的边际产量表现出来的先上升后下降的规律被称为边际产量递减规律。用规范的语言来说，在技术水平不变的条件下，连续等量地增加某一种可变生产要素的投入量，而其他生产要素的投入量保持不变，在这一过程中，当可变生产要素的投入量小于某一特定值时，增加一单位的可变生产要素所带来的边际产量是递增的；当可变生产要素的投入量超过某一特定值时，增加一单位的可变生产要素所带来的边际产量是递减的，这就是边际产量递减规律。

我们可以举一个服务业的例子说明生活中的边际产量递减规律。在一家原有 10 名服务人员的餐馆，再增加 10 名服务员可能会使餐馆的服务更加热情周到而吸引更多的顾客，但是若干次增加服务员之后（每次增加 10 人），这家餐馆可能就无人愿意问津了，因为单是服务员已经使餐馆变得拥挤不堪了。

案例窗 5-2

边际产量递减规律发生作用的原因是：在任何产品的生产过程中，可变生产要素投入量和不变生产要素投入量之间都有一个最佳的组合比例。开始时，由于可变生产要素的投入量为零，而不变生产要素的投入所能达到的最大生产能力远远没有得到利用，所以最先

增加的可变生产要素投入可以使边际产量递增。可变生产要素投入量继续增加到某一值时，可变生产要素的边际产量将达到最大值，此时生产要素的组合就达到最佳生产要素组合比例。此后可变生产要素投入量继续增加只会使生产要素的组合越来越偏离最佳组合比例，可变生产要素的边际产量便呈现递减的趋势了。

边际产量递减规律决定了边际产量曲线 $MP_L$ 为倒 U 形曲线，即先上升再下降（如图5-1所示）。

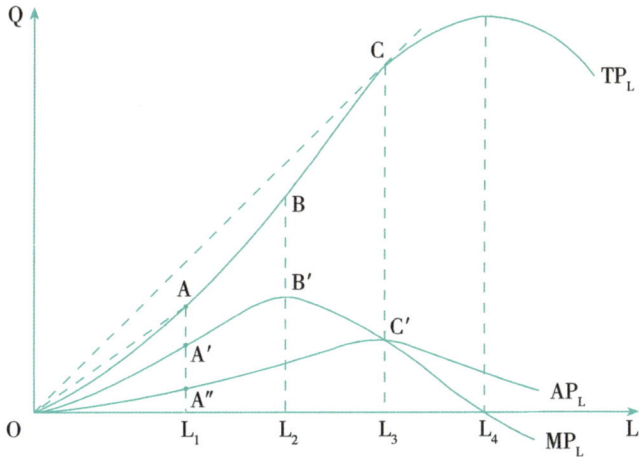

图 5-1　一种可变生产要素的生产函数的产量曲线

### 5.3.3　总产量曲线、平均产量曲线与边际产量曲线的关系

假定生产函数 $Q=f(\overline{K},L)$ 服从边际产量递减规律，那么我们就可以在同一坐标系下显示总产量曲线、平均产量曲线与边际产量曲线三者之间的关系。

图 5-1 中的横轴表示可变要素劳动的投入量 L，纵轴表示产量 Q，$TP_L$、$AP_L$ 和 $MP_L$ 3 条曲线依次代表劳动的总产量曲线、劳动的平均产量曲线和劳动的边际产量曲线。这 3 条曲线都是倒 U 形的，即先上升，达到自身的最大值后下降。图 5-1 很清晰地表现出了总产量曲线、平均产量曲线和边际产量曲线之间的关系。

**1.总产量曲线和平均产量曲线之间的关系**

由 $TP_L$ 曲线上的任何一点都可以得到这一点相应的 $AP_L$ 值。这是由于 $AP_L=TP_L/L$，所以连接 $TP_L$ 曲线上任何一点和坐标原点的线段的斜率就表示该点的 $AP_L$ 值。在图 5-1 中，$TP_L$ 曲线上 A 点所对应的 $AP_L$ 值，就是线段 OA 的斜率，即 $AL_1/OL_1$，它与线段 $A''L_1$ 相等。正是由于这种关系，当 $AP_L$ 曲线在 C′ 点达到最大值时，必然有一条从原点出发的最陡的切线，相切 $TP_L$ 曲线于相应的 C 点。

**2.总产量曲线和边际产量曲线之间的关系**

由 $TP_L$ 曲线上任何一点还可以得到这一点相应的 $MP_L$ 值。这是因为，$MP_L=dTP_L/dL$，所以，$TP_L$ 曲线上任何一点的切线的斜率，都可以表示为该点上的 $MP_L$ 值。如图 5-1 所示，过 $TP_L$ 曲线上 A 点的切线的斜率，就是该点的 $MP_L$ 值，它与线段 $A'L_1$ 相等。开始时总产量随着劳动投入量的增加而增加，$TP_L$ 曲线的斜率为正，相应的 $MP_L$ 值也为正。当

劳动的投入量超过 $L_4$ 之后，总产量开始随劳动投入量增加而递减，$TP_L$ 曲线的斜率为负，相应的 $MP_L$ 值也为负。反过来说，只要边际产量为正，总产量总是随可变要素投入量的增加而增加；当边际产量为负时，总产量总是随可变要素投入量的增加而递减；当边际产量为零时，总产量达最大值点。

我们可以进一步考虑 $MP_L$ 曲线的最高点 B′，它一定与 $TP_L$ 曲线的拐点 B 有相同的劳动投入量。这是因为 $MP_L$ 曲线的极大值点在 $MP_L'(L)=0$ 处达到，这意味着在该点 $TP_L''(L)=0$，也就是说使得 $MP_L$ 曲线达到极大值点的 $L_2$，也是使 $TP_L$ 曲线达到拐点的 L 值。在劳动投入量小于 $L_2$ 时，增加 L 的投入使得总产量以递增的速度增加；当劳动投入量大于 $L_2$ 时，增加 L 的投入使得总产量以递减的速度增加。$MP_L$ 曲线上值得注意的另外一点是它与横轴的交点 $L_4$，在该点处 $MP_L=0$，也就是说劳动投入量 $L_4$ 使得总产量达到最大值。

**3.平均产量曲线和边际产量曲线之间的关系**

图 5-1 中 $AP_L$ 曲线和 $MP_L$ 曲线的关系表现为：两条曲线相交于 $AP_L$ 曲线的最高点 C′。在 C′ 点之前，$AP_L$ 曲线低于 $MP_L$ 曲线；在 C′ 点之后，$AP_L$ 曲线高于 $MP_L$ 曲线。它们同样都是倒 U 形曲线，$MP_L$ 曲线的变化比 $AP_L$ 曲线要快。

存在以上这些特征的原因在于：就任何一对平均量与边际量的关系而言，只要边际量大于平均量，边际量就把平均量往上抬；只要边际量小于平均量，边际量就把平均量往下拉。

举一个例子，对某一班级的平均成绩而言，假定从外校转入一名学生，如果该学生的成绩高于本班平均成绩，那么该生的加入会使得本班的平均成绩上扬；反之，如果该生的成绩低于本班平均成绩，则该生的加入会使得班级平均成绩下滑。

类似地，就平均产量与边际产量的关系来说，当 $MP_L>AP_L$ 时，$AP_L$ 曲线是上升的；当 $MP_L<AP_L$ 时，$AP_L$ 曲线是下降的。又由于 $MP_L$ 曲线是先升后降的，所以当 $MP_L=AP_L$，即 $MP_L$ 曲线和 $AP_L$ 曲线相交时，$AP_L$ 曲线必然达到最大值。

此外，由于在可变要素劳动投入量的变化过程中，边际产量的变动相对平均产量的变动而言要更敏感一些，所以，不管是增加还是减少，边际产量的变动都快于平均产量的变动。

## 5.3.4  短期生产的阶段

根据可变要素的总产量曲线、平均产量曲线和边际产量曲线之间的关系，可将短期生产划分为 3 个阶段（如图 5-2 所示）。

在第 Ⅰ 阶段，劳动的平均产量始终是上升的，劳动的边际产量大于劳动的平均产量，劳动的总产量是增加的。这说明：在这一阶段，相对最优要素组合，不变要素资本的投入量过多。生产者只要增加可变要素劳动的投入量，就可以更好地发挥不变要素资本的潜能，增加总产量。因此，理性的生产者不会将生产停留在这一阶段，而是连续增加可变要素劳动的投入量，将生产扩大到第 Ⅱ 阶段。

在第 Ⅲ 阶段，劳动的平均产量继续下降，劳动的边际产量降为负值，劳动的总产量下降。这说明：在这一阶段，可变要素劳动的投入量相对最优要素组合已经过多。这时，即使劳动要素是免费的，理性的生产者也会通过减少劳动的投入量来增加总产量，从而使生产退回到第 Ⅱ 阶段。

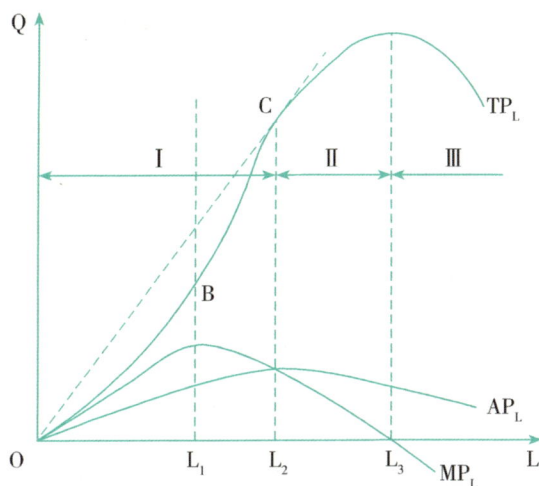

图 5-2　短期生产的三阶段

由于任何理性的生产者都不会在第Ⅰ阶段或者第Ⅲ阶段组织生产，所以生产只能在第Ⅱ阶段进行。这一阶段起自 $L_2$，终至 $L_3$，即投入的劳动数量在使得劳动的平均产量达到最高的数量与使得劳动总产量达到最高的数量之间。目前的分析只能使我们得到资本数量固定时企业劳动投入量的一个合理区间，至于企业所选择的可变生产要素劳动的最佳投入数量究竟在哪一点，这一问题还有待于我们以后结合企业的成本和利润进行深入的分析。

## 5.4　长期生产函数

5.3 部分对短期生产函数的考察，分析了一种可变生产要素的投入量与产量之间的关系。在长期中生产者可以调整所有的生产要素的数量，所以，本部分对长期生产函数的考察，将以两种可变生产要素的生产函数为例，来讨论可变生产要素的投入组合和产量之间的关系。

### 5.4.1　等产量曲线

等产量曲线表示技术水平不变的条件下生产同一产量的两种生产要素的投入量的不同组合的轨迹。以 Q 来表示既定的产量水平，则表示等产量曲线的代数方程为：

$$Q = f(K, L) = Q^0$$

该方程与生产函数的差异为：Q 在等产量曲线方程中是一个给定的常数 $Q^0$，而在生产函数中是随劳动投入量 L 与资本投入量 K 变化而变化的变量。

生产中的等产量曲线与消费中的无差异曲线极其相似。消费中的无差异曲线是指效用水平保持不变时，两种商品的消费数量的所有不同组合的轨迹。等产量曲线与无差异曲线都类似于地理上的等高线，越是远离坐标原点，就意味着产量水平或者效用水平越高。等高线的斜率代表地形的陡峭程度，而等产量曲线的斜率与无差异曲线的斜率同样有着重要的经济意义：它们分别是两种要素的边际技术替代率与两种商品的边际替代率。同一平面坐标系中的任意两条等高线、等产量曲线或者无差异曲线不会相交。等高线与无差异曲线和等产量曲线的区别在于等高线不一定凸向原点，而在效用函数、生产函数为凹函数的假定下，无差异曲线、等产量曲线凸向原点。

从生产函数曲面的三维空间几何图形中我们可以很清楚地看到这一点。在图 5-3 中，三维图形中的高度坐标轴代表产量水平，水平面上的两个坐标轴 OL 和 OK 分别代表劳动和资本的投入量。OKML 为产量曲面，任意取产量曲面上的一点 N，我们可以看到，从点 N 向水平坐标平面做垂线，所得垂足为点 $N_1$，由点 $N_1$ 向两个水平面上的坐标轴做垂线，垂足分别为点 $K_1$、点 $L_1$。这代表使用 $OK_1$ 单位的资本、$OL_1$ 单位的劳动，可以生产出的最大产量为 $NN_1$。现在我们用一个高度为 $NN_1$ 并且与水平面平行的平面与产量曲面 OKML 相交，交线为 ANB。曲线 ANB 是产量曲面上生产同一产量水平 $NN_1$ 的所有点的轨迹。再把曲线 ANB 投影到水平坐标面上，得到曲线 $A_1N_1B_1$。曲线 $A_1N_1B_1$ 是生产同一产量水平 $NN_1$ 的两种可变生产要素的各种不同组合的轨迹，它就是一条等产量曲线。同理，如果我们取产量曲面上的另外一点 R，并且点 R 的高度大于点 N，则我们可以得到相应于产量 $RR_1$ 的等产量曲线，而且该等产量曲线一定位于曲线 $A_1N_1B_1$ 的右上方。这说明远离坐标原点的等产量曲线代表能生产出较高的产量的生产要素投入组合。

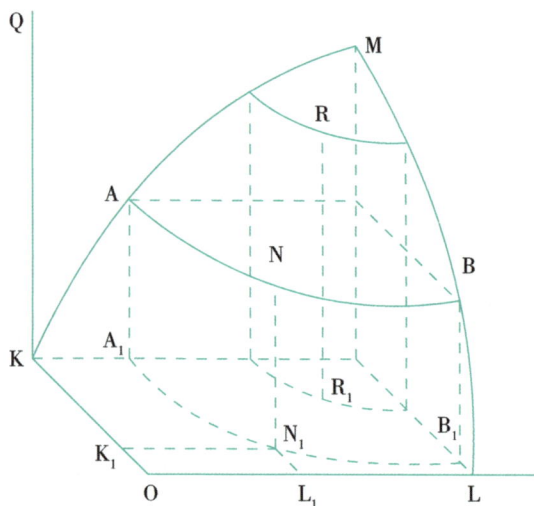

图 5-3　生产函数曲面与等产量曲线

总的说来，等产量曲线是某一高度的水平面与生产函数曲面的交线在水平面上的投影。由于可以用任意高度的水平面与生产函数曲面相交，我们就可以得到永远不会相交的、密布于整个水平坐标面的等产量曲线族。

在图 5-4 中，我们在二维坐标平面中任意画出 3 条等产量曲线：$q_1$、$q_2$、$q_3$，它们分别代表的产量为 $Q_1$、$Q_2$、$Q_3$。在等产量曲线 $q_2$ 上取两点 A、C，我们可以借此来分析等产量曲线的经济含义。

点 A 对应的生产要素组合为 $K_1$ 单位的资本与 $L_1$ 单位的劳动，点 C 对应的生产要素组合为 $K_2$ 单位的资本与 $L_2$ 单位的劳动。A、C 两点位于同一条等产量曲线 $q_2$ 上，这意味着

它们都生产数量为 Q₂的产品。在弧 AC 上任取一点 B，连接 OB 并延长，与等产量曲线 q₃相交于点 D。我们可以清楚地看到：|OD|>|OB|，因而 q₃>q₂。虽然等产量曲线密布于整个坐标平面，但是这些等产量曲线就像图 5-4 中的 q₁、q₂、q₃一样，永远不会相交。至于等产量曲线凸向原点的性质，是由我们下面还要单独说明的边际技术替代率递减规律所决定的。

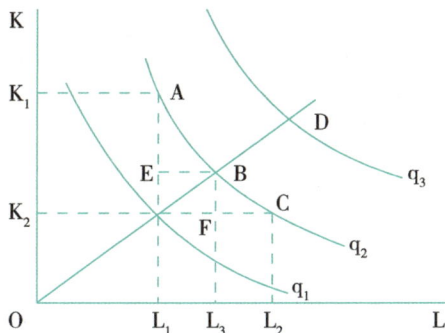

图 5-4　等产量曲线的性质

## 5.4.2　边际技术替代率递减规律

在维持产量水平不变的条件下，增加一个单位的某种生产要素投入量时可以减少的另一种生产要素的投入量被称为边际技术替代率。边际技术替代率一般用 MRTS 来表示，劳动对资本的边际技术替代率的公式为：

$$MRTS_{LK} = -\frac{\Delta K}{\Delta L} \tag{5-12}$$

式中：$\Delta K$ 与 $\Delta L$ 分别表示生产既定的产量时资本投入的变化量与劳动投入的变化量。为了保证 MRTS 为正值以便于比较，在公式前面加了一个负号。当某点沿着既定的等产量曲线所投入的生产要素量变动为无穷小时，即 $\Delta L \to 0$ 时，则边际技术替代率的公式为：

$$MRTS_{LK} = \lim_{\Delta L \to 0} -\frac{\Delta K}{\Delta L} = -\frac{dK}{dL} \tag{5-13}$$

由此可见，在一条等产量曲线上某一点的生产要素投入组合的边际技术替代率等于在该点与等产量曲线相切的直线的斜率的绝对值。

边际技术替代率可以表示为两种生产要素的边际产量之比，这一点可以用微分方法证明。对等产量曲线的方程 $f(L, K) = Q^0$ 两边取微分。因为 $Q^0$ 为常数，所以方程的右端为零，左端写成全微分的形式为：

$$f_L dL + f_K dK = 0$$

移项整理即可得到：

$$-\frac{dK}{dL} = \frac{MP_L}{MP_K}$$

于是由边际技术替代率的定义公式可得：

$$MRTS_{LK} = -\frac{dK}{dL} = \frac{MP_L}{MP_K} \tag{5-14}$$

我们仍然借助于图 5-4 来分析边际技术替代率递减规律。A、B、C 3 点都在同一条

等产量曲线 $q_2$ 上。如果我们选取点 B 的横坐标为 $(L_2-L_1)/2$，即点 B 对横轴的垂线等分线段 $L_1L_2$，则由于 A、B、C 3 点选取的特殊性，从 A 到 B 与从 B 到 C 的劳动投入量增加的数量是相同的，即 $L_1L_3=L_3L_2$。我们可以清楚地看到，从 A 到 B 与从 B 到 C 的资本的投入量的变化数量并不相同，前者远大于后者，即 AE>BF。我们可以将生产要素投入组合从 A 点到 B 点的变化看作在 A 点组合下进行的调整：为了维持 $Q_2$ 的产量，需要增加 $L_1L_3$ 单位的劳动投入量，以替代资本投入量减少 AE。同时，我们可以将生产要素投入组合从点 B 到点 C 的变化看作在 B 组合下进行的调整：为了维持 $Q_2$ 的产量，必须增加 $L_3L_2$ 单位的劳动投入量，以替代资本投入量减少 BF。在 A 点组合和 B 点组合下增加同样数量的劳动，劳动对资本的替代程度是不同的，而且劳动投入比例越大的组合（B 点组合），劳动对资本的替代能力越差。这是对边际技术替代率递减规律最为直观的解释。

由于等产量曲线是以两种生产要素的相互替代来维持一个固定不变的产量水平，所以等产量曲线向右下方倾斜。同时，边际技术替代率递减意味着在劳动投入量的增加和资本投入量的减少过程中，等产量曲线的斜率递减。只有凸向原点的曲线才具有这种斜率递减的特征，所以，等产量曲线必定凸向原点。

### 5.4.3 规模报酬

所谓规模报酬是指当全部生产要素的投入量都等比例变化时，该技术所决定的产量水平的变化情况。以规模报酬状况来分，技术可以分为三类：

**1.规模报酬递增技术**

规模报酬递增技术指的是随着生产要素等比例增加，产量以更大的比例增加的技术。此时，人们称生产中存在规模经济。

对生产函数 $Q=f(K,L)$ 来说，在 $t>1$ 的条件下，当 $f(tK,tL)>tf(K,L)$ 时，该技术就是规模报酬递增技术。

**2.规模报酬递减技术**

规模报酬递减技术指的是产量的增加比例小于生产要素的增加比例的技术。此时，人们称生产中存在规模不经济。

当 $f(tK,tL)<tf(K,L)$ 时，该技术是规模报酬递减技术。

**3.规模报酬不变技术**

规模报酬不变技术指的是产量与生产要素以同样的比例增加的技术。

当 $f(tK,tL)=tf(K,L)$ 时，该技术就是规模报酬不变技术。

在知道生产函数的形式后，我们就可以很方便地判断该技术是规模报酬递增、递减还是不变的。

以柯布-道格拉斯生产函数为例，其生产函数的形式为 $f(K,L)=AK^\alpha L^\beta$，对任意的 $t>1$，有 $f(tK,tL)=t^{\alpha+\beta}AK^\alpha L^\beta$，因此，只有当 $\alpha+\beta=1$ 时，才有 $f(tK,tL)=tf(K,L)$。

该技术为规模报酬不变技术。相应地，当 $\alpha+\beta<1$ 时，该技术为规模报酬递减技术；当 $\alpha+\beta>1$ 时，该技术为规模报酬递增技术。

至于规模报酬出现递增、递减的原因，主要在于规模扩大可能带来生产效率的提高，也可能带来生产效率的降低。规模扩大时，生产中的分工可能更加合理，从而使得生产效率提高。但是规模扩大，也可能使得企业内部协调的成本剧增，从而使得生产效率降低。当规模扩大带来的有利因素与不利因素刚好相抵时，可能就会出现规模报酬不变的情况。

案例窗 5-3

## 5.5　长期生产的最优生产要素组合

在长期内，所有的生产要素的投入数量都是可以变动的。任何一个理性的企业都会选择最优的生产要素组合进行生产。本部分将结合等成本线与等产量曲线，以图示的方法表明厂商如何在给定成本时实现最大化产量，或者在给定产量时实现最小化成本。

### 5.5.1　等成本线

企业对生产要素的购买支付，构成了企业的生产成本。成本问题是追求利润最大化的企业密切关注的问题。生产理论中的等成本线与消费者行为理论中的预算约束线非常类似。等成本线是在既定的成本和生产要素价格条件下，企业可以购买到的两种生产要素的所有不同组合的轨迹。而预算约束线是指在既定的收入和商品价格条件下，消费者可以购买到的两种消费品的所有不同组合的轨迹。从坐标图示中来看，它们都是一条线段。

假定既定的成本是 C，已知的劳动价格（工资率）为 w，已知的资本价格（利率）为 r，则成本方程为：

$$C=wL+rK \tag{5-15}$$

对该方程进行等价变形得：

$$K = -\frac{wL}{r} + \frac{C}{r} \tag{5-16}$$

根据式（5-16）就可以得到等成本线的斜率为 -w/r，即劳动和资本的相对价格的负值，其纵截距为 C/r，横截距为 C/w，如图 5-5 所示。

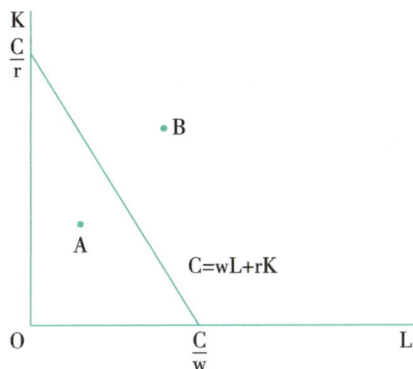

图 5-5　等成本线

在等成本线左下方区域内的点，如 A 点，表示用给定成本来购买此生产要素组合尚有剩余。在等成本线右上方区域中的点，如 B 点，则表示给定的成本不足以购买此生产要素组合。只有位于等成本线上的点，才是将给定成本恰好用完的各种生产要素组合。

由任意给定成本值 C 和生产要素相对价格 w/r，我们都可以得到一条等成本线。当 C 变动，w/r 不变时，等成本线在坐标平面中平移；当 C 不变，w/r 变化时，等成本线在坐标平面中旋转。变动的具体情况与我们前面对预算约束线的分析是十分类似的。

### 5.5.2　给定成本条件下的产量最大化

假定企业用两种生产要素生产一种产品，这两种生产要素分别为劳动和资本，工资率和利率都是已知的，企业用以购买生产要素的成本也是给定的，那么企业将如何决策，以在给定成本下生产出最大的产量？

我们将等成本线和等产量曲线画在同一坐标系中，就可以确定企业在既定成本下实现最大产量的最优生产要素组合点，即生产的均衡点。

在图 5-6 中，有一条等成本线 AB 和 3 条等产量曲线 $q_1$、$q_2$ 和 $q_3$。等成本线 AB 代表了一个给定的成本计划以及一组给定的要素价格。根据等产量曲线的性质，我们知道只有唯一的一条等产量曲线与等成本线相切，假设切点为 E，则点 E 代表在给定成本下实现最大产量的最优生产要素组合，下面将加以具体说明。

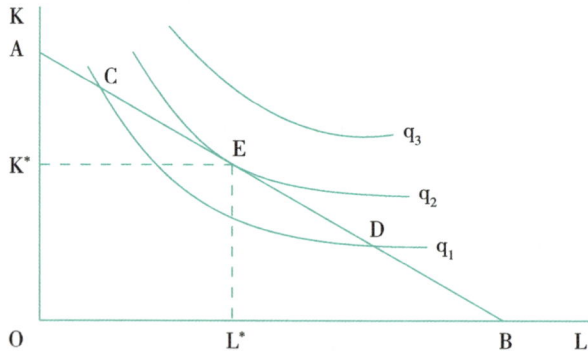

图 5-6　给定成本条件下的产量最大化的生产要素组合

等产量曲线是密布于整个坐标平面的，而且互不相交。我们举出其中 3 条 $q_1$、$q_2$ 和 $q_3$ 以代表 3 种情况：$q_1$ 与等成本线 AB 相交，$q_2$ 与之相切，$q_3$ 与之相离。$q_1$ 与等成本线相交于 C、D 两点。这两点虽然都恰好用完了全部的成本，但是其产量也没有达到给定成本下所能生产的最大产量。我们再考虑一下与等成本线相离的等产量曲线 $q_3$ 的情况。虽然 $q_3$ 的产量比 $q_2$ 大，但是生产 $q_3$ 产量的成本也较高，超出了成本预算约束，因而位于等产量曲线 $q_3$ 上的点是不可行的生产计划。由此看来只有与等成本线相切的等产量曲线上的点才有可能是长期生产中的最优生产要素组合。这便是 $q_2$ 曲线上的 E 点：它既穷尽了给定成本所能达到的生产潜力，又不至于超出预算标准，所以点 E 就代表了生产的均衡点。

从图 5-6 中可以看出，等成本线与等产量曲线在点 E 相切。等成本线与等产量曲线的斜率都有着特定的经济含义。等成本线的斜率代表两种生产要素的相对价格 w/r。等产量曲线的斜率代表着两种生产要素的边际技术替代率 $\text{MRTS}_{LK}$。等成本线与等产量曲线在点 E 相切意味着此时有：

$$\text{MRTS}_{LK} = \frac{w}{r} = \frac{MP_L}{MP_K} \tag{5-17}$$

式（5-17）表示：为了实现既定成本条件下的最大产量，企业选择最优生产要素组合的原则是两种生产要素的边际技术替代率等于两种生产要素的相对价格。将式（5-17）稍做调整即可得到：

$$\frac{MP_L}{w} = \frac{MP_K}{r} \tag{5-18}$$

式（5-18）意味着厂商用来购买劳动的每单位货币与用来购买资本的每单位货币所带来的边际产量相等。

### 5.5.3 给定产量条件下的成本最小化

如同企业在既定成本条件下会力求实现最大的产量，企业在给定产量的条件下会力求实现最小的成本。这可以用图 5-7 来说明。

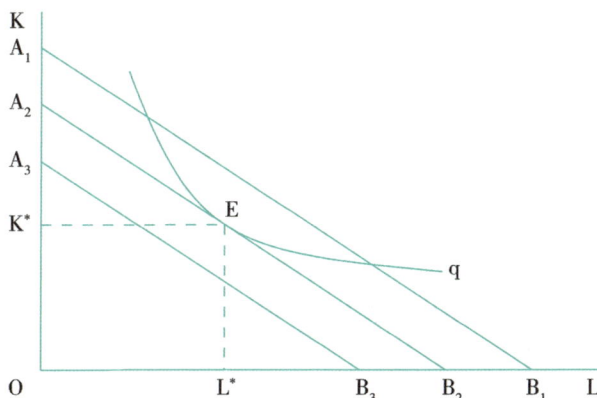

图 5-7 给定产量条件下的成本最小化生产要素组合

图 5-7 中有一条等产量曲线 q 和 3 条等成本线 $A_1B_1$、$A_2B_2$、$A_3B_3$。由于生产要素价格不变，等成本线的斜率为 -w/r，所以 3 条等成本线相互平行。3 条等成本线与既定的等产量曲线 q 的关系分别为相交、相切与相离。等成本线的方程 $K = -\frac{w}{r} \cdot L + \frac{C}{r}$ 表明，在生产要素价格不变的情况下，等成本线的纵截距越大，该等成本线所代表的成本也越大。3 条等成本线 $A_1B_1$、$A_2B_2$、$A_3B_3$ 所代表的成本 $C_1$、$C_2$、$C_3$ 的关系为：$C_1>C_2>C_3$。在给定产量的情况下寻找成本最小的生产要素组合，可以看作将等成本线向左下方平移，寻找刚好与等产量曲线相切、纵截距最小的等成本线。因而，只有在该等成本线与等产量曲线的切点，才既能保证生产给定产量的产品，又能使成本最小。如图 5-7 所示，满足条件的等成本线 $A_2B_2$ 与 q 曲线相切于点 E，点 E 就是在既定产量水平下实现最小成本的生产要素组合。

与给定成本下的产量最大化问题相同，给定产量的成本最小化问题所得到的最优生产要素组合是等成本线与等产量曲线的切点所代表的生产要素组合。因而，给定产量的成本最小化问题同样需要满足边际技术替代率等于生产要素相对价格的条件：

$$MRTS_{LK} = \frac{w}{r} = \frac{MP_L}{MP_K}$$

或者是该条件的等价变形：

$$\frac{MP_L}{w} = \frac{MP_K}{r}$$

从数学上来看，在生产函数、生产要素价格给定的前提下，给定成本条件下的产量最大化问题，与给定产量的成本最小化问题是一对对偶问题，难怪图示表明两者的解是一致的。给定成本条件下的产量最大化问题的数学表述为：

max    $f(K,L)$

s.t.    $wL+rK=C$

式中：C、w、r为给定的常数，最优化问题的决策变量为K、L。

给定产量条件下的成本最小化问题的数学表述为：

min    $wL+rK$

s.t.    $f(K,L)=y$

式中：y、w、r为给定的常数，最优化问题的决策变量为K、L。

对对偶问题，从数学上可以证明它们的最优决策应该是一致的。

### 5.5.4    生产扩展线与生产的经济区域

生产扩展线是厂商在进行长期生产计划时必须遵循的路线。在生产要素价格、生产技术与其他条件都不变的情况下，如果厂商进行产量的扩张，则等产量曲线会发生相应的变化，即向右上方移动。变化后的等产量曲线与相应的等成本线相切，可以得到一系列的生产均衡点，每一点都代表该产量上的最优生产要素投入组合。这些生产均衡点的轨迹就是长期生产中的生产扩展线，如图5-8所示。

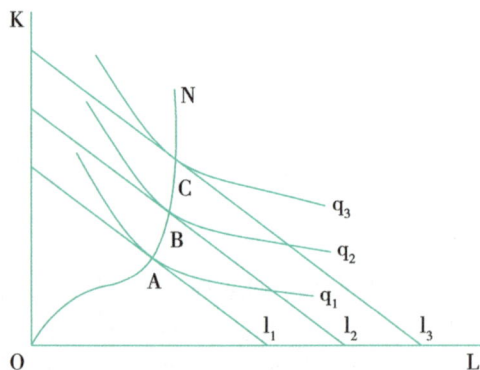

图5-8    长期生产中的生产扩展线

图5-8中有3条等产量曲线$q_1$、$q_2$和$q_3$，它们所代表的产量水平依次递增。在生产要素价格、生产技术与其他条件都不变的情况下，如果厂商进行产量的扩张，3条相互平行的等成本线$l_1$、$l_2$和$l_3$分别与相应的等产量曲线相切于点A、B、C，连接原点O与点A、B、C得到的曲线ON就得到一条生产扩展线。

生产扩展线的经济含义为：当生产要素价格、生产技术与其他条件都不变时，如果生产的成本或者产量发生变化，企业必然会沿着生产扩展线来选择最优的生产要素投入组合，从而实现既定产量条件下的最小成本或者既定成本条件下的最大产量。

由于生产要素的价格始终保持不变，图5-8中的等成本线 $l_1$、$l_2$ 和 $l_3$ 相互平行，而且在均衡点处都满足两种生产要素的边际技术替代率等于生产要素的相对价格，所以位于生产扩展线上的所有点的边际技术替代率都相等。由于等产量曲线上的某一点的边际技术替代率又等于等产量曲线在该点处的斜率的绝对值，所以我们把各条等产量曲线上边际技术替代率相等的点的轨迹称为等斜线，易知生产扩展线是一条等斜线。

我们再来考察两条特殊的等斜线：一条是等产量曲线上边际技术替代率为零的点的轨迹；另一条是等产量曲线上边际技术替代率为无穷大的点的轨迹，如图5-9所示。

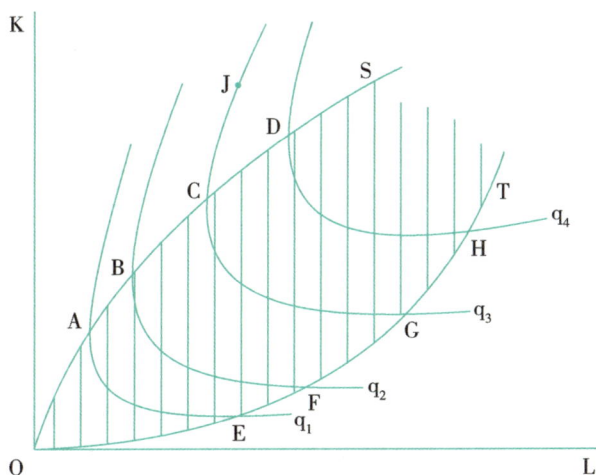

图5-9 生产的经济区域

在图5-9中，有4条等产量曲线 $q_1$、$q_2$、$q_3$、$q_4$。其中等产量曲线上 A、B、C、D点的边际技术替代率为零，E、F、G、H点的边际技术替代率为无穷大。我们将连接A、B、C、D点的曲线 OS 与连接 E、F、G、H点的曲线 OT 称作脊线，而两条脊线之间的区域就是生产的经济区域。脊线内的区域之所以被叫作生产的经济区域，是因为生产在两条脊线以外的区域进行会造成资源的浪费。例如，在点J处进行的生产就存在不必要的浪费。如果将生产要素投入组合从点J沿着等产量曲线 $q_3$ 移至点C，则既可以维持产量不变，又可以减少劳动和资本的投入，从而节约成本。事实上，脊线外的区域的等产量曲线的斜率是正值。这意味着要想维持既定的产量，在增加某种生产要素的投入量时要同时增加另一种生产要素的投入量。这说明两种生产要素在生产上不但无法相互替代，而且相互干扰，显然选择这种生产要素投入组合来生产会造成不必要的浪费。

## 5.6 利润最大化与最优生产要素投入组合的选择

前面我们已经假定厂商进行生产是为了追求最大化利润。厂商的生产决策包括定价与定产，具体地包括产品市场和生产要素市场上的定价与定产。定价不仅包括为产出品定价，而且包括与生产要素的提供者协商确定投入品的价格；定产不仅指确定产量，而且由于给定产量与最优生产要素投入组合之间的确定性的关系，产量的确定也意味着厂商对各种生产要素的需求数量的确定。对在完全竞争市场的厂商来说，所有的商品和生产要素的价格都是给定的[①]，厂商可以通过对生产要素投入量的调整来实现最大化的利润。厂商在追求最大利润的过程中实现了最优的生产要素投入组合。这一点可以用数学方法加以证明。

假设在完全竞争市场下，企业的生产函数为 Q=f(K,L)，既定的产品的价格为 P，既定的劳动和资本的价格分别为 w 和 r，用 π 来表示利润。由于厂商的利润等于收益与成本之间的差额，所以我们可以写出利润的数学表达式：

$$\pi(K,L)=Pf(K,L)-(wL+rK)$$

式中：等式右边第一项表示收益，第二项表示成本。

利润最大化问题的一阶条件为：

$$\frac{\partial \pi}{\partial L} = P\frac{\partial}{\partial L} - w = 0$$

$$\frac{\partial \pi}{\partial K} = P\frac{\partial f}{\partial K} - r = 0$$

从上面两式中很容易得到：

$$\frac{\frac{\partial f}{\partial L}}{\frac{\partial f}{\partial K}} = \frac{MP_L}{MP_K} = \frac{w}{r} \tag{5-19}$$

式（5-19）与前面两部分中得到的最优生产要素投入组合条件是相同的。这说明，追求利润最大化的厂商一定是在生产要素的最优组合处进行生产。调整对两种生产要素的投入量，最终会使得两种生产要素的价格之比等于其边际技术替代率。如果劳动与资本的边际产量之比大于 w/r，厂商就会相应地增加对劳动的需求数量，减少对资本的需求数量。由于边际产量递减规律，劳动与资本的边际技术替代率（边际产量之比）就会变小，直到等于 w/r。

我们在举出具体的生产函数形式的时候，不仅可以根据最优生产要素投入组合条件得出最优的生产要素需求量，而且可以进行生产要素需求量的比较静态分析。所谓比较静态分析，指的是在参数变化的情况下，参数变化前的均衡决策与参数变化后的均衡决策的比较分析。在我们的例子中，产品和生产要素的价格是我们比较静态分析中的参数，假设生产要素价格发生变化时，对企业的生产要素的最优需求量相应的变化的分析就是比较静态分析。

## 5.7　利润最大化弱公理

我们前面的分析属于决策分析，即认为生产者行为背后存在逻辑基础，用利润最大化问题（或者产量最大化和成本最小化问题）来概括生产者的行为特征，就能从中找到

---

① 在第7章完全竞争市场理论中我们还会详尽地解释这一点。

厂商的最优生产决策原则，并且能够得到生产要素需求曲线的比较静态分析结果：生产要素需求曲线的斜率为负。下面我们将换一个分析角度，直接观察理性厂商的生产行为，从中可以得到同样的结论。这种分析方法的不同之处在于，它认为研究生产要素市场的需求定律，并不一定要通过寻找厂商对生产要素需求背后的利润函数，而只需要直接从厂商对生产要素的购买行为入手，就可以研究生产要素需求定律。其理由在于：厂商的生产要素购买行为本身已经显示了厂商的利润最大化偏好。我们将这种分析方法称为行为分析。从厂商在市场上的行为直接显示出来的偏好关系，可以得到同样的生产要素需求的比较静态分析结果，从下文中我们可以清楚地看到这一点。

一个在完全竞争市场中追求利润最大化的厂商的行为包括投入和产出两方面。对完全竞争市场上的厂商来说，投入与产出的价格水平都是给定的，所以厂商的行为只表现为确定投入与产出的数量。投入与产出的数量确定要满足两个条件：实现技术效率和实现经济效率。前者说明厂商所实际选择的投入与产出数量代表一份可行的生产计划，后者说明厂商所实际选择的投入产出计划比其他可行的选择都要更为有利。

我们可以分析一个厂商在技术不变的条件下，面临两个不同生产要素价格集时所做出的两种选择。假设有两种投入要素：$x_1$、$x_2$，一种产品 $y$，它们的价格分别为 $w_1$、$w_2$、$p$。在 t 时期，厂商面临的价格为 $(p^t, w_1^t, w_2^t)$，所做出的行为选择为 $(y^t, x_1^t, x_2^t)$。在 s 时期，厂商所面临的价格为 $(p^s, w_1^s, w_2^s)$，所做出的行为选择为 $(y^s, x_1^s, x_2^s)$。只要厂商追求最大化利润，那么我们就可以得到：

$$p^t y^t - w_1^t x_1^t - w_2^t x_2^t \geq p^t y^s - w_1^t x_1^s - w_2^t x_2^s \tag{5-20}$$

$$p^s y^s - w_1^s x_1^s - w_2^s x_2^s \geq p^s y^t - w_1^s x_1^t - w_2^s x_2^t \tag{5-21}$$

这就是说，面临 t 时期的价格时，厂商采用 t 时期的生产计划所获得的利润要不小于它采用 s 时期的生产计划所得到的利润；面临 s 时期的价格时，厂商采用 s 时期的生产计划所获得的利润要不小于它采用 t 时期的生产计划所得到的利润。换句话说，厂商在每一时期都做了在当时的技术与经济条件许可范围内的最优选择。如果上述的不等式不成立，那么我们就不能说厂商是追求利润最大化的厂商，或者是理性的厂商。

实际上这两个不等式是厂商利润最大化行为的一个公理，即利润最大化弱公理（weak axiom of profit maximization，WAPM）。如果厂商的选择符合利润最大化弱公理，那么我们就可以得出关于要素价格变化时要素需求的比较静态分析结果。

将式（5-21）两端同乘以 -1，得：

$$-p^s y^s + w_1^s x_1^s + w_2^s x_2^s \leq -p^s y^t + w_1^s x_1^t + w_2^s x_2^t \tag{5-22}$$

将式（5-20）与式（5-22）相加可得：

$$p^t y^t - w_1^t x_1^t - w_2^t x_2^t - p^s y^s + w_1^s x_1^s + w_2^s x_2^s \geq p^t y^s - w_1^t x_1^s - w_2^t x_2^s - p^s y^t + w_1^s x_1^t + w_2^s x_2^t \tag{5-23}$$

整理式（5-23）可以得到：

$$(p^s - p^t)(y^s - y^t) - (w_1^s - w_1^t)(x_1^s - x_1^t) - (w_2^s - w_2^t)(x_2^s - x_2^t) \geq 0 \tag{5-24}$$

定义产出的价格变化为 $\Delta p = p^t - p^s$，产量的变化为 $\Delta y = y^t - y^s$，生产要素 $x_1$ 的价格变化为 $\Delta w_1 = w_1^t - w_1^s$，生产要素 $x_2$ 的价格变化为 $\Delta w_2 = w_2^t - w_2^s$。于是，式（5-24）可以写为：

$$\Delta p \Delta y - \Delta w_1 \Delta x_1 - \Delta w_2 \Delta x_2 \geq 0 \tag{5-25}$$

这一方程就包括了关于利润最大化的生产要素需求选择的比较静态结果。在产出品和生产要素 $x_1$ 的价格不变的情况下，即 $\Delta p = \Delta w_1 = 0$ 时，相应于生产要素 $x_2$ 的价格 $w_2$ 的变化，即 $\Delta w_2 \neq 0$，有 $-\Delta w_2 \Delta x_2 \geq 0$，即 $\Delta w_2 \Delta x_2 \leq 0$。

它意味着如果生产要素 $x_2$ 的价格上升使得 $\Delta w_2 > 0$，则厂商对生产要素 $x_2$ 的需求会下降，以使 $\Delta x_2 < 0$。这表示生产要素需求曲线有负的斜率。

我们可以根据这一个原则判断厂商是否真的是追求利润最大化的厂商。值得指出的是，虽然通过决策分析与行为分析可以得到相同的结论，但是决策分析得到生产要素需求曲线斜率为负的结论需要假定该技术的生产函数是凹函数，而通过行为分析得到这一结论则不需要对技术情况的任何假定，只要满足厂商追求利润最大化这一条件即可。

# 5.8* 对企业性质的再思考

我们以上对企业的分析只是微观经济学中的经典部分，即新古典微观经济学的生产者行为理论部分。至于西方微观经济学在企业理论方面的发展，我们可以略举一二来说明。在新古典微观经济学中，企业似乎是一只"黑箱"，只要投入一定数量的生产要素，就可以得到某一数量的产品。生产决策成了"见物不见人"的纯技术问题，这显然是有悖于常理的，因而引起了人们对企业性质的思考。

阿尔钦和德姆塞茨在20世纪70年代提出老板的私人剩余收益权是资本主义企业最本质的特征，企业诞生的原因在于团队生产中的协调困难。他们认为当团队生产中人们的生产率相互依赖时，人们之间很难用市场价格来协调。例如，很多纤夫一起拉船的时候，每个人都会有偷懒的心理；如果所有的人都偷懒，那么合作就会失败。这时需要一个人来监督所有团队成员的努力程度，以便根据每个人的实际贡献来确定其报酬，保证合作的顺利进行。为了使监督者有积极性监督，需要将合作收益与团体成员报酬的差额，即企业的剩余利润交与监督者所有，监督者也就是企业的老板。

杨小凯和黄有光的间接定价理论也值得一提。他们认为企业是将企业家活动卷入分工但又避免对此类活动直接定价的工具，企业的剩余收益就是企业家劳动的间接价格。企业制度可以将交易效率最低的活动卷入分工，而同时避免对此类活动的产出和投入直接定价。我们可以举一个例子来说明该理论的思想。当一个人有一个可以生财的好点子时，他有两种办法来赚钱。一种方法是将他的想法卖给别人来挣钱，这就需要对该想法直接定价，但是企业家思想的交易效率非常低。因为别人在听了他的想法后，可能声称自己早就有了这个想法，或声称此想法不值一文而一毛不拔，然而点子已经被人窃取。另一种方法是此人自创企业来实现自己的想法，而将思想作为商业秘密保留下来，办企业所得的利润都是对他当初想法的报酬。如果他的想法真的很好，他就可能发财；然而如果他的想法是错误的，那么他就可能破产。

我们简单介绍了微观经济学对企业性质问题的思考（交易成本理论在 1.4.2 部分已经介绍过了），是为了拓展读者的思路，对此感兴趣的读者可以进一步参阅相关文献。

# 本章小结

在本章中，我们系统介绍了微观经济学的生产理论的经典部分。首先，我们介绍了企业的三种常见组织形式。然后，我们指出作为市场中的供给方，企业存在的目标是追求最大化的利润，它在实现这一目标的过程中受到技术的、经济的约束。也就是说，它所选择的生产计划必须在技术上可行，在经济上最为节约成本。我们分别介绍了技术效率和经济效率的概念。在完全竞争的市场中，商品的价格是给定的，企业追求利润最大化的目标只能通过调整生产要素的投入量，继而影响产出量来实现。在短期中，并不是所有生产要素的投入量都可以改变，而在长期中厂商可以改变所有生产要素的投入量。当厂商调整各生产要素的投入量以实现利润最大化目标时，我们就说厂商达到了生产决策的均衡。通过给定成本的产量最大化和给定产量的成本最小化图形分析，我们得到了同样的最优生产要素投入组合条件：生产要素的边际技术替代率等于生产要素价格之比。然后我们从数学上直接证明了实现利润最大化的生产要素投入组合必然满足最优生产要素组合条件。对厂商的最佳生产要素需求量的比较静态分析表明，生产要素需求曲线的斜率一定是负的，我们分别从决策分析和行为分析的角度证明了这一点。

# 本章基本概念

企业　　单人业主制　　合伙制　　公司制　　生产函数　　完全替代技术　　短期
不变要素　　可变要素　　劳动的总产量　　劳动的平均产量　　劳动的边际产量
边际产量递减规律　　等产量曲线　　边际技术替代率　　规模报酬　　规模报酬递增
技术　　规模经济　　规模报酬递减技术　　规模不经济　　规模报酬不变技术　　等成
本线

# 复习思考题

### 一、简答题

1. 请举一个生活中体现边际产量递减规律的例子。试想如果技术不满足边际产量递减规律，能否找到长期的最优生产要素投入组合？

2. 生产函数所体现的投入、产出组合都达到了技术有效。这句话对吗？

3. 当企业处在边际技术替代率 $MRTS_{LK} < \frac{w}{r}$，或者 $MRTS_{LK} > \frac{w}{r}$ 时，企业应该如何调整劳动和资本的投入量，以达到最优的要素投入组合？

### 二、画图说明

1. 说明短期生产函数的 $TP_L$ 曲线、$AP_L$ 曲线和 $MP_L$ 曲线的特征及相互之间的关系。

2. 说明短期生产中厂商组织生产的合理区间。

3. 说明厂商在既定成本条件下实现最大产量的最优生产要素投入组合原则。

4. 说明厂商在既定产量条件下实现最小成本的最优生产要素投入组合原则。

### 三、计算题

1. 已知某企业的生产函数为 $Q=K^{1/3}L^{2/3}$，劳动的价格 $w$ 为 2，资本的价格 $r=1$。要求：

（1）当成本 C=6 000 时，企业实现最大产量时的 L、K、Q 的均衡值。

（2）当产量 Q=1 000 时，企业实现最小成本时的 L、K、C 的均衡值。

2.计算并判断具有形式如 Q=3K+4L 的生产函数的技术是否是规模报酬递增、规模报酬递减或者规模报酬不变技术。如果函数形式为 $Q=K^2L$ 或者 $Q=K^{1/2}L^{1/4}$ 呢？

3.假定某一厂商的生产函数为 $Q=L^{1/3}$，产出品的价格为 3，工资率为 1/4，固定资本成本为 2。要求：

（1）计算厂商的最优要素投入量 $L^*$、最优供给量 $Q^*$；

（2）计算该厂商的利润，判断该厂商是否应该停业。

### 四、论述题

谈谈你对企业性质的认识。

# 第6章 成本理论

## 学习目标

通过本章的学习，你应该能够：

- 了解有关企业成本和利润的基本概念，各种短期、长期成本函数的分类与定义。
- 掌握厂商短期生产函数与短期成本函数之间、各种短期成本曲线之间，以及各种长期成本曲线之间的相互关系。
- 懂得各种短期成本曲线、长期成本曲线图形的画法。
- 应用厂商的成本决策和成本行为，分析厂商实现成本最小化所必须遵循的原则。

厂商的利润是收益与成本之间的差额，所以追求利润最大化的厂商必然会密切关注成本的情况。通常人们致富的途径有两条：增加收入或者减少支出，即开源和节流。本章的成本理论就是研究厂商如何节流的问题。在前面的生产理论中，我们通过等成本线已经涉及成本的概念，但是等成本线方程所涉及的成本问题关注的是成本与生产要素价格和投入数量的关系，而本章的成本理论关注成本与产量之间的关系。与上章的分析一样，本章仍然假定厂商处于完全竞争的生产要素市场中，厂商只能被动地接受生产要素的市场价格。在给定技术的前提下，厂商的成本决策就简化为给定生产要素价格下厂商对生产要素需求量的决策。

本章首先介绍成本的概念，对短期成本和长期成本做了区分，然后分别介绍短期成本函数与长期生产函数及其相关的问题，最后从决策分析角度推出厂商实现成本最小化的原则，并从行为分析的角度引出成本最小化弱公理。值得提醒大家思考的是，既然已经在生产理论中得出了厂商组织生产的最佳原则，为什么又要在成本理论中加以讨论呢？换句话说，成本理论是如何补充和丰富生产理论对生产者行为的研究的呢？简而言之，生产理论从技术的角度来考察生产者行为，而成本理论从经济的角度来考察生产者行为，生产理论是成本理论的基础。

## 6.1 成 本

成本是企业为了获得生产要素而支付的总支出。按照不同的分类标准，成本可以分为会计成本与机会成本、显性成本与隐性成本，以及短期成本与长期成本等。下面我们就依次介绍这些成本的概念。

### 6.1.1　会计成本与机会成本

所谓会计成本是企业按实际支付的价格所支出的生产要素的价值。

在经济学的分析中，仅仅有会计成本的概念是不够的，经济学家从资源稀缺的角度提出了机会成本的概念。当一个企业用一定的经济资源来生产某一种产品时，它就放弃了使用该资源生产其他产品的收益。所谓机会成本就是生产者所放弃的使用该生产要素在其他生产用途中能得到的最高收益。机会成本不仅包括企业实际支付的生产要素价值，而且包括企业在为此所放弃的机会中能够获取的最大收益。

会计成本是会计师记录企业的经济活动所使用的成本，而机会成本是经济学家分析经济问题时所使用的成本。显而易见，会计成本和机会成本并不总是一致的。我们可以举一个例子来说明会计成本和机会成本的差别。对一名在校的大学生，他可以选择利用课余时间做计时工，补贴生活费用。但是如果该学生利用课余时间勤奋学习，进行人力资本投资，那么他很可能毕业后能够找到收入更高的工作。会计师所记录的学生打工成本可能只包括该学生所失去的闲暇的价值、工作地点和学校之间往返的车费等，而经济学家会将该学生因打工贻误学业而放弃的日后更高的工资收入也包括进去。这样一来，对一个在学业方面很有潜力的学生，会计师比经济学家更可能通过该学生的打工计划。

### 6.1.2　显性成本与隐性成本

企业的生产成本还可以分为显性成本和隐性成本两部分。

企业的显性成本是指厂商在生产要素市场上购买或租用所需要的生产要素的实际支出。例如，某厂商雇用了一定数量的工人，向银行借了一些款项，那么该厂商向工人支付的工资、向银行支付的利息等就构成了该企业的显性成本。

企业的隐性成本是指厂商自己所拥有的并被用于该企业生产过程中的生产要素的总价值。例如，为了进行生产，厂商自己还付出了管理劳动，并且使用了自己的资金和土地。那么，他作为企业的管理者应该得到的工资和他自己的资金所应得的利息、自己的土地所应得的地租就构成了该企业的隐性成本。由于这一部分成本是厂商本应自己支付给自己的报酬，不如显性成本那样明显，所以被人们称为隐性成本。

无论是显性成本还是隐性成本，都需要从机会成本的角度考虑问题。企业所支出的显性成本必须等于这些生产要素使用于其他最佳用途时所能得到的收入；否则，生产要素的供给者不会愿意放弃该生产要素的所有权或者使用权，厂商也就不能按照已支付的显性成本获得其所需数量与质量的生产要素来组织生产。隐性成本同样需要从机会成本的角度，按照厂商的自有生产生产要素在其他用途中所能得到的最高收入来计算；否则，厂商会把自有生产要素转让出去，以期获得更高的收入。例如，事业成功的妻子亲自操持家务，就不如雇用一个钟点工。当然，我们的分析有一个隐含的前提条件，就是厂商和生产要素供给者都是完全理性和掌握完全信息的。在现实生活中，我们常常可以看到与我们的分析不相符的情况。例如，国外一些华裔小餐馆老板，他们工作的强度非常大，收入却差强人意，如果他们放弃餐馆生意去打工，依他们的劳动强度所得的收入甚至比自己当老板还要高。餐馆老板的这种行为说明：要么他们并非经济学所假定的理性人，尽管经营属于自己的餐馆的收入比打工收入要低，但是给他们带来了事业成功的满足感；要么他们所掌握的信息远远不是完全信息，也就是说并不知道还有其他的工作机会比现在的收入高。

### 6.1.3 经济利润与会计利润

企业的所有显性成本与隐性成本之和是企业总成本。企业的经济利润指企业的总收益和总成本之间的差额，简称为企业利润。企业所追求的最大利润指的就是最大经济利润。

与经济利润相区分的一个概念是会计利润。会计利润是指企业的会计账簿上所显示出来的利润，即账面实际收益与账面实际成本之间的差额。会计师和经济学家对收入或收益的衡量，没有差别，但是两者对成本的衡量是不同的。机会成本所包括的内容比会计成本要多，因此会计成本要比机会成本低，相应地，经济利润也要比会计利润低。

案例窗 6-1

张某拥有一家出售自行车的商店。分别从会计师和经济学家的角度核算该商店的收益、成本和利润，其结果是不同的（见表 6-1）。

表 6-1　　　　　　　　会计师与经济学家的收益、成本与利润核算表　　　　　单位：元

| 会计师的算法 | | 经济学家的算法 | |
|---|---|---|---|
| 项　目 | 数　量 | 项　目 | 数　量 |
| 销售收益 | 300 000 | 销售收益 | 300 000 |
| 成本 | | 成本 | |
| 自行车批发成本 | 150 000 | 自行车批发成本 | 150 000 |
| 其他服务 | 20 000 | 其他服务 | 20 000 |
| 工资 | 50 000 | 工资 | 50 000 |
| | | 张某本人的工资[①] | 45 000 |
| 固定资产折旧 | 22 000 | 资产市场价值的减少[②] | 10 000 |
| 银行利息 | 12 000 | 银行利息 | 12 000 |
| | | 张某的资金的利息[③] | 5 750 |
| 总成本 | 254 000 | 总成本 | 292 750 |
| 会计利润 | 46 000 | 经济利润 | 7 250 |

说明：①张某在其他地方工作的小时工资为 45 元，他在自己经营的商店中工作了 1 000 小时，所以，这 1 000 小时工作时间的机会成本是 45 000 元。②企业资产市场价值的减少是指在一年前未出售这些资产的机会成本，也就是使用这些资产一年的部分机会成本。③张某在自己的商店投资了 115 000 元，假定现在的年利率为 5%，那么这些资金的机会成本为 5 750 元。

表6-1的左端是按照会计师的方法来衡量的收益和成本，右端是按经济学家的方法来衡量的收益和成本。从表6-1中可以看出，张某一年中出售的自行车共计30万元。自行车的批发价共为15万元，其他服务（仓储、运输、装配等）用了2万元，给员工支付了5万元的工资，还向银行支付了12 000元的利息。所有以上这些成本项目在两种计算方法中都包括了，然而其余的项目就是两种衡量方法的差别。经济学家的方法中包括的各种机会成本——张某应该支付给自己的工资、资产的贬值，以及张某自己投资的资金的利息，在会计成本中是不包括的。

从会计师的角度来看，唯一可以增加的成本是固定资产折旧，会计师是按照张某资产的一个固定百分比来计算这一项的。经济学家则把张某投入经营中的时间和资金也考虑在内，并作为经济折旧来计算。按照会计师的计算，张某的商店经营一年的会计成本为254 000元，利润为46 000元。与此相对照，按照经济学家的计算，张某的商店经营一年的经济成本为292 750元，他的经济利润是7 250元，很可能张某将商店转让他人在经济上更为划算。

总结起来，会计成本方法在成本中只包括实际的货币支出，经济学家的机会成本方法还包括了并没有实际支出，但所放弃的货币收入。这就是会计利润和经济利润出现差别的原因。

另外一个值得区分的概念是正常利润。正常利润是厂商对自己所提供的企业家才能的报酬的支付。从前面对隐性成本的分析可知，正常利润是隐性成本的一个组成部分。经济利润中不包括正常利润。由于厂商的经济利润等于总收益减去总成本，所以，当厂商的经济利润为零时，厂商仍然得到了全部的正常利润，从这一点来看，经济利润又叫超额利润。

本章将从6.2部分开始具体分析生产成本问题，先后研究短期成本函数及相关曲线与长期成本函数及相关曲线。对应于生产函数中的短期分析与长期分析，成本函数的分析也分为短期和长期两种。由于在短期内企业要生产某一既定的产量，只能调整部分生产要素的投入数量而不能调整所有生产要素的投入数量，所以，短期成本有可变成本和不变成本之分。由于长期中所有生产要素的投入数量都是可以改变的，长期成本就不再有可变成本与不变成本的区别。

## 6.2　短期成本函数

在短期内，我们仍然假定厂商使用劳动和资本来生产一种产品。其中，劳动的投入数量是可变的，以L来代表，而资本的投入数量是不变的，以$\overline{K}$来代表，则短期生产函数的形式为：

$$Q = f(\overline{K}, L) \tag{6-1}$$

该函数表明在产量和可变生产要素劳动的投入量之间存在一一对应的关系，在资本投入量不变的情况下，某一数量的可变生产要素劳动的投入量，对应着该数量的劳动和固定数量的资本所能得到的某一最大值的产量。而在产量为某一数值时，该技术也要求至少某一数量的劳动投入量，相应地，成本函数便度量为了生产出既定产量时的最小成本。根据这种关系，在劳动的价格 w 和资本的价格 r 都已经给定的情况下，我们可以用下式来代表某一产量所对应的短期总成本函数：

$$STC(Q) = wL(Q) + r\overline{K} \tag{6-2}$$

式中：$wL(Q)$ 表示可变成本部分；$r\overline{K}$ 表示不变成本部分，两部分之和就构成短期总生产成本。如果以 $TVC(Q)$ 表示可变成本 $wL(Q)$，以 b 表示不变成本 $r\overline{K}$，则短期总成本函数可写为如下形式：

$$STC(Q) = TVC(Q) + b \tag{6-3}$$

## 6.2.1 短期成本函数的分类及定义

我们已经介绍的短期成本函数只是用来衡量企业短期成本的函数中的一种——短期总成本函数。其实，厂商的短期成本有以下七种：总不变成本、总可变成本、总成本、平均不变成本、平均可变成本、平均总成本和边际成本。

**1. 总不变成本**

总不变成本（TFC）是厂商在短期内为生产一定量的产品对不变生产要素所支付的总成本，如购买厂房的费用与机器设备的折旧费。由于短期内不管厂商的产量是多少，不变生产要素的投入量是无法改变的，所以，总不变成本是一个常数，并不随着产量的变化而变化。即使产量为零，也要支付同样数量的总不变成本。沉没成本是需要与总不变成本相区分的一个概念。总不变成本是不论产量为多少厂商都必须支付的成本，而沉没成本是一旦投入就无法追回的成本。例如，一家公司购买了办公大楼并将本公司的标志雕刻于大楼之上。如果公司转售大楼，则无人愿意为公司标志付款，在大楼上雕刻公司标志的费用就成为沉没成本。另一个典型的沉没成本是广告费用。

**2. 总可变成本**

总可变成本（TVC）是厂商在短期内为生产一定量的产品对可变生产要素所支付的总成本，如厂商对原材料、燃料和工人工资的支付等。由于在短期内厂商根据产量变化的要求来不断地调整可变生产要素的投入数量，所以，总可变成本是随产量的变动而变动的。当产量是零时，总可变成本也为零。只要产量不为零，总可变成本就是随产量的增加而增加的。它的函数形式为：

$$TVC = TVC(Q)$$

**3. 总成本**

总成本（TC）是厂商在短期内为生产一定量的产品对全部生产要素所付出的成本。它是总不变成本与总可变成本之和：

$$TC(Q) = TFC + TVC(Q) \tag{6-4}$$

**4. 平均不变成本**

平均不变成本（AFC）是厂商在短期内平均每生产一单位产品所消耗的不变成本。用公式表示为：

$$AFC(Q) = \frac{TFC}{Q} \tag{6-5}$$

很显然，由于总不变成本 TFC 是一个常数，那么随着 Q 的增加，平均不变成本 AFC 是递减的。

**5. 平均可变成本**

平均可变成本（AVC）是厂商在短期内平均每生产一单位产品所消耗的可变成本。用公式表示为：

$$AVC(Q) = \frac{TVC(Q)}{Q} \tag{6-6}$$

**6. 平均总成本**

平均总成本（AC）是厂商在短期内平均每生产一单位产品所消耗的全部成本。用公式表示为：

$$AC(Q) = \frac{TC(Q)}{Q} = AFC(Q) + AVC(Q) \tag{6-7}$$

**7. 边际成本**

边际成本（MC）是厂商在短期内增加一单位产品时所增加的成本。用公式表示是：

$$MC(Q) = \frac{\Delta TC(Q)}{\Delta Q} \tag{6-8}$$

或者 $$MC(Q) = \lim_{\Delta Q \to 0} \frac{\Delta TC(Q)}{\Delta Q} = \frac{dTC(Q)}{dQ} \tag{6-9}$$

从以上各种短期成本的定义公式中就可以发现，已知某一产量水平上的总成本（包括 TFC、TVC、TC），就可以推知相应的平均成本（包括 AFC、AVC、AC）和边际成本。

案例窗 6-2

### 6.2.2 短期生产函数和短期成本函数之间的关系

本章的成本函数是产量的函数，它是在生产函数的基础上建立起来的，所以，短期生产函数与短期成本函数有着密切的关系，相应地，短期总产量曲线与短期总成本曲线也有着密切的关系。

根据短期总成本的公式，我们很容易从厂商的短期总产量曲线求得相应的短期总成本曲线。假设某一技术的短期总产量曲线如图 6-1 所示，则我们可以从中得出该技术的短期总成本曲线的形状。

对某一个产量水平 Q，我们可以从短期总产量曲线中得到生产 Q 所需要的可变生产要素劳动的数量 L(Q)。假定资本和劳动的价格 r 与 w 都是已知的，则用 wL(Q)+rK 就可以得到对应于产量 Q 的短期成本的大小。我们可以用 TC(Q)=wL(Q)+rK 来表示上述关

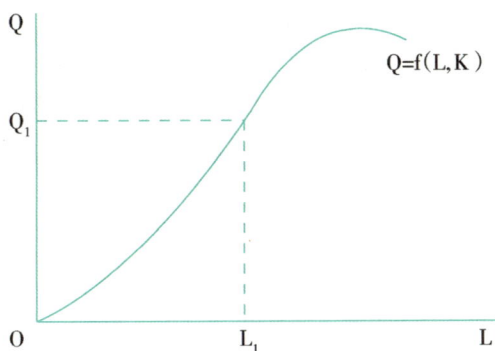

图 6-1　短期总产量曲线

系，并且将短期总成本与短期总产量的关系在坐标图中表示出来，得到一条短期总成本曲线，如图 6-2 所示。

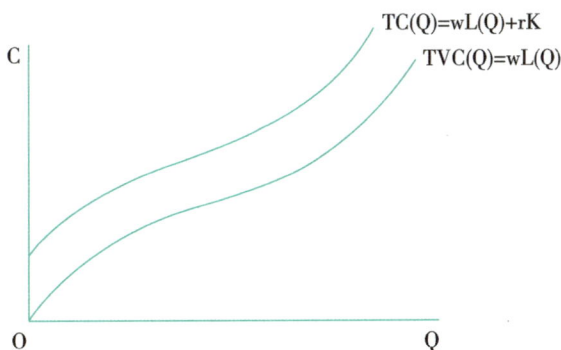

图 6-2　短期总成本曲线

已经从几何图形上说明短期生产条件下的生产函数与成本函数之间一一对应的关系之后，我们再从代数的角度对两者的关系进行进一步的分析。假设短期生产函数为：$Q=f(L,K)$，短期成本函数为：$TC(Q)=TVC(Q)+TFC$，$TVC(Q)=wL(Q)$，且假定生产要素的价格是给定的。

首先我们来分析边际产量与边际成本之间的关系。短期成本函数对 Q 求导，可得到：

$$MC(Q)=\frac{dTVC(Q)}{dQ}+\frac{dTFC}{dQ}=\frac{wdL(Q)}{dQ}$$

又由边际产量的定义公式有：$MP_L=\dfrac{dQ}{dL(Q)}$，所以上式中的 $MC(Q)=\dfrac{w}{MP_L}$，即

$$MC(Q)\cdot MP_L=w \tag{6-10}$$

由于 w 是给定的常数，由上式可以清楚地看到边际成本与边际产量之间是此消彼长的关系。相应地，总产量曲线与总成本曲线的凸凹性质刚好相反。[①]

总结起来，边际产量和边际成本的关系可以概括如下：

（1）由于边际报酬递减规律的作用，可变生产要素的边际产量曲线 $MP_L$ 先上升，达

---

① 函数的凸凹取决于其二阶导数的符号。成本函数的二阶导数 $C''(Q)=MC'(Q)$，生产函数的二阶导数 $f''(L)=MP_L'(L)$。我们已经证明 $MC(Q)$ 与 $MP_L(L)$ 是此消彼长的关系。通常我们假定生产函数为凹函数，即 $MP_L'(L)<0$，此时有 $MC'(Q)>0$，因而成本函数是凸函数。我们可以看到成本函数与生产函数的凸凹性质刚好相反。

到最高点后下降，所以，边际成本曲线 MC 先下降，达到最低点后再上升。如果说 $MP_L$ 曲线是倒 U 形曲线，则 MC 曲线为 U 形曲线。此外，我们可以从图6-3中可以看到：$MP_L$ 曲线的上升阶段对应着 MC 曲线的下降阶段；$MP_L$ 曲线的下降阶段对应着 MC 曲线的上升阶段；$MP_L$ 曲线的最高点对应着 MC 曲线的最低点。

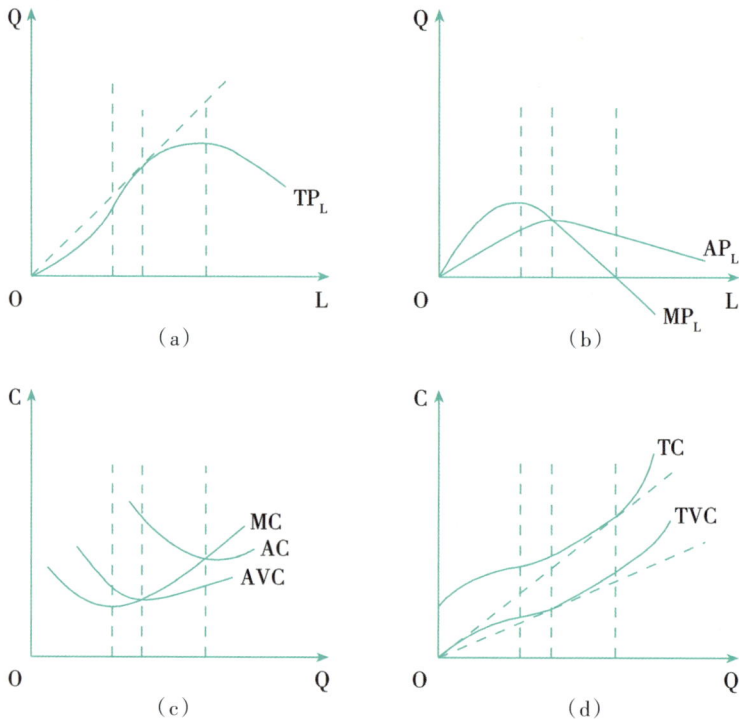

图6-3　短期生产函数与短期成本函数之间的对应关系

（2）总成本曲线与总产量曲线凸凹性质之间也存在对应关系。如图6-3所示，当总产量曲线 $TP_L$ 下凸时，总成本曲线 TC 和总可变成本曲线 TVC 是下凹的；当 $TP_L$ 曲线下凹时，TC 曲线和 TVC 曲线是下凸的；当 $TP_L$ 曲线存在一个拐点时，TC 曲线和 TVC 曲线也各存在一个拐点。

在分析了边际产量曲线与边际成本曲线的关系之后，我们再来分析一下平均产量与平均可变成本之间的关系。根据平均可变成本的定义公式，我们可以得到：

$$AVC=\frac{TVC}{Q}=\frac{wL}{Q}=\frac{w}{AP_L}$$

同样可以得到：

$$AVC \cdot AP_L=w \qquad\qquad (6-11)$$

在 w 为常数的情况下，上式表明 AVC 与 $AP_L$ 此消彼长。

由此可以得到以下两点结论：

第一，可变生产要素的平均产量与平均可变成本之间存在一种对应关系。如图6-3所示，前者递增时，后者递减；前者递减时，后者递增；前者的最高点对应后者的最低点。

第二，由于 MC 曲线与 AVC 曲线交于 AVC 曲线的最低点，$MP_L$ 曲线与 $AP_L$ 曲线交于 $AP_L$ 曲线的最高点，这两点所对应的产量是相同的，如图 6-3 所示。

在前面推导短期成本函数形式的过程中，我们已经看到成本函数和生产函数的密切关系：由短期生产函数和生产要素价格可以唯一确定成本函数的形式。我们可以以一种特殊的技术——完全互补技术为例来说明这一点。完全互补技术的短期生产函数的形式为：

$$Q=\min\left\{\frac{K}{a},\frac{L}{b}\right\}$$

在完全互补技术条件下，两种生产要素之间是完全不可替代的，必须按照固定的比例进行生产。由于短期内 K 的投入数量无法改变，增加 L 的投入也是于事无补，厂商一定会在 aL=bK 处组织生产。要生产 Q 的产量，厂商对 L 的需求数量为 bK/a，在资本和劳动的价格分别为 r 与 w 时，厂商的短期总成本函数为：

STC=rK+bwK/a

由于该技术的特殊性，只要资本的投入数量不能改变，则短期内调整劳动投入量也无法改变产量，所以短期总成本函数是一个常数，并没有可变成本与不变成本的区分。只有采取完全互补技术时才具有这种特殊形式的短期总成本函数。

### 6.2.3 短期成本曲线及其之间的相互关系

根据各种短期成本的定义公式，我们可以做出各种短期成本曲线的图形并且研究它们之间的相互关系。表 6-2 是一张某厂商的短期成本表，表中的平均成本和边际成本可以分别由相应的总成本推算出来。

表 6-2　　　　　　　　　　　　短期成本表

| Q | TFC | TVC | TC | AFC | AVC | AC | MC |
|---|-----|-----|-----|-----|-----|-----|-----|
| 0 | 1 000 | 0 | 1 000 | — | — | — | — |
| 1 | 1 000 | 600 | 1 600 | 1 000 | 600 | 1 600 | 600 |
| 2 | 1 000 | 800 | 1 800 | 500 | 400 | 900 | 200 |
| 3 | 1 000 | 900 | 1 900 | 333 | 300 | 633 | 100 |
| 4 | 1 000 | 1 050 | 2 050 | 250 | 262.5 | 512.5 | 150 |
| 5 | 1 000 | 1 400 | 2 400 | 200 | 280 | 480 | 350 |
| 6 | 1 000 | 2 100 | 3 100 | 166.5 | 350 | 516.5 | 700 |

图 6-4 是根据表 6-2 绘制的短期成本曲线图。图中的横轴代表产量 Q，纵轴代表成本 C。在图 6-4 中，总不变成本 TFC 曲线是一条水平线，它意味着在短期内，不管产量为多少，总不变成本是一个常数。TVC 曲线是一条由原点出发的向右上方倾斜的曲线。在达到 3 单位的产量水平之前，TVC 曲线是凹的；在达到 3 单位的产量水平之

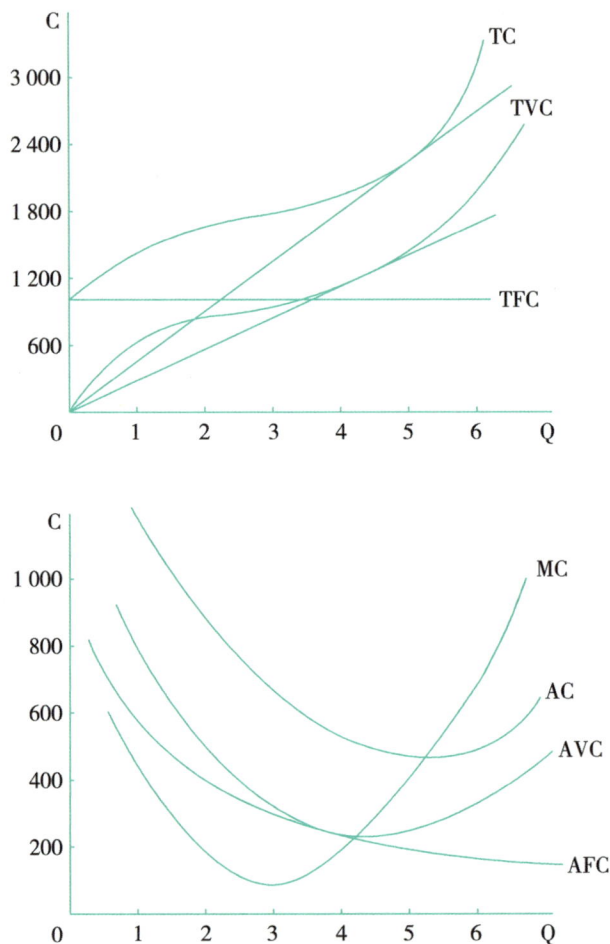

图6-4　短期成本曲线图

后，TVC曲线是凸的。也就是说，在产量水平为3单位时，TVC曲线存在一个拐点，在产量小于3单位之前，TVC曲线的斜率是递减的；在产量大于3单位之后，TVC曲线的斜率是递增的。总成本曲线TC是把每一产量的总不变成本与总可变成本相加而得到的，而且总不变成本是一个常数，因此可以将TC曲线看作TVC曲线沿着纵轴向上平移TFC个单位而得到的。于是，TC曲线与TVC曲线一样，也是向右上方倾斜的曲线，也在产量为3个单位时有一个拐点。在每一个产量点上，不仅TC曲线和TVC曲线的斜率相等，而且两者之间的垂直距离都等于固定的总不变成本TFC。

此外，平均不变成本AFC曲线是一条向两坐标轴无限渐进的双曲线，它表示平均不变成本随产量的增加而减少。值得注意的是，平均可变成本曲线AVC、平均总成本曲线AC和边际成本曲线MC都呈U形，即都表示出先下降后上升的特征。它们的这种U形特征需要用边际产量递减规律来解释。

边际产量递减规律表明，在其他条件不变时，随着一种可变生产要素的投入量的连续增加，它带来的边际产量先是递增的，达到最大之后再递减。边际产量递减规律对厂商成本的影响体现在：当其他条件不变，特别是生产要素的价格不变时，若产量由零开始增加，则增加可变生产要素的投入量会提高生产效率；随着增加一单位的产量所需增加的可变生产要素数量减少，边际成本是递减的；但是当可变生产要素的投入量超过了最佳比例之后，继续增加可变生产要素投入就会使得生产效率下降，边际成本递增。这又一次说明了短期生产函数和短期成本函数之间的对应关系：边际产量递增阶段对应着边际成本递减阶段，与边际产量的极大值对应的产量是使得边际成本极小的产量，边际产量递减阶段则对应着边际成本递增阶段。正因为边际产量先递增后递减，边际成本曲线呈现出先降后升的 U 形特征。

根据边际成本曲线的 U 形特征，我们就可以解释其他一些短期成本曲线的特征和短期成本曲线相互之间的某些关系。

对 TC 曲线、TVC 曲线和 MC 曲线而言，每一产量点上的边际成本就是 TC 曲线和 TVC 曲线的斜率。这种关系体现在图 6-4 中就是，当 MC 曲线处于下降阶段时，即 $MC'(Q) < 0$ 时，TC 曲线与 TVC 曲线是凹的；当 MC 曲线处于上升阶段时，即 $MC'(Q) > 0$ 时，TC 曲线与 TVC 曲线是凸的。MC 曲线的最低点对应着 TC 曲线与 TVC 曲线的拐点。对 AC 曲线、AVC 曲线和 MC 曲线而言，MC 曲线分别交 AC 与 AVC 曲线于其各自的最低点。在与 MC 曲线相交之前，AC 曲线与 AVC 曲线位于 MC 曲线之上方；在与 MC 曲线相交之后，AC 曲线与 AVC 曲线位于 MC 曲线之下方。同时，不管是上升还是下降，MC 曲线的变动都快于 AC 曲线或者 AVC 曲线的变动。形成这种特征的原因和上一章中介绍的形成 $AP_L$ 与 $MP_L$ 的关系的原因如出一辙，希望读者自行思考。

最后还要指出的是，MC 曲线首先和 AVC 曲线相交，然后才和 AC 曲线相交，由于 MC 曲线与 AC 曲线、AVC 曲线相交于 MC 曲线的上升阶段，所以这也意味着，AVC 曲线的最低点的产量比 AC 曲线的最低点的产量要低。这是因为平均总成本不仅包括平均可变成本，还包括平均不变成本，所以 AC 曲线的最低点的产量比 AVC 曲线的最低点的产量高，而且 AC 曲线最低点的成本比 AVC 曲线的最低点的成本高。

## 6.3　长期成本函数

在长期内厂商可以根据产量的要求调整全部的生产要素的投入量，甚至包括是否退出或者加入某一行业。在长期内，就不再有可变成本与不变成本的区分，相反，所有的成本都是可以变化的。

### 6.3.1　短期生产与长期生产的再区分

我们将成本函数定义为：为了达到既定产量所需要的最低成本，从而短期成本函数意味着厂商只能调整一部分生产要素的投入量时所达到的最低成本，而长期成本函数意味着厂商可以调整所有的生产要素的投入量时所达到的最低成本。实际上，长期中厂商对全部生产要素投入量的调整意味着对企业的生产规模的调整，也就是说，厂商总是可以在每一个产量水平上选择最优的生产规模进行生产。长期总成本是指厂商在长期中的各种产量水平上通过改变生产规模所能达到的最低总成本，而短期总成本是厂商在固定生产规模下各种产量水平上通过改变可变生产要素的投入量所能达到的最低总成本。经济的直觉告诉我们，厂商的长期生产成本应该比短期生产成本低，因为在长期内厂商的选择余地更大，理性的厂商在更大的选择空间下应该可以更好地实现自己节约成本的目标。下文的分析可以验证我们的直觉是正确的。

### 6.3.2 长期成本函数的分类及定义

厂商的长期成本函数可以分为长期总成本函数、长期平均成本函数和长期边际成本函数。长期总成本、长期平均成本和长期边际成本的英文缩写分别为 LTC、LAC 和 LMC。因为我们还要在以后的章节中分析短期成本和长期成本的关系，所以从现在开始，我们在短期总成本、短期平均成本、短期边际成本之前一律加一个代表短期的"S"（short-run 的首写字母），在长期成本之前一律加一个代表长期的"L"。例如，短期总成本表示为 STC，长期总成本表示为 LTC。

长期总成本函数可以定义为当所有的要素投入量都可以变动时，厂商为了生产既定产量所需要的最小总成本。假定两种生产要素——劳动和资本的价格不变，厂商生产的产量为 Q。如果短期总成本函数的形式为：

$$STC = C[Q(K, L)]$$

则长期总成本函数的形式为：

$$LTC = C[Q(K, L)]$$

通常，长期总成本函数写为：

$$LTC = LTC(Q) \tag{6-12}$$

长期平均成本函数和长期边际成本函数的定义与短期平均成本函数和短期边际成本函数相似，我们将分别给出它们各自的定义公式。长期平均成本函数的定义公式为：

$$LAC = \frac{LTC(Q)}{Q} \tag{6-13}$$

该式表示在长期中生产 Q 产量时平均每单位的产量所耗费的最小成本。

长期边际成本函数的定义公式为：

$$LMC = \lim_{\Delta Q \to 0} \frac{\Delta LTC}{\Delta Q} = \frac{dLTC}{dQ} \tag{6-14}$$

式（6-14）表示当产量扩张最后一个单位时所增加的最小成本，或者当产量收缩最后一个单位时所减少的最大成本。

我们将分别从长期总成本、长期平均成本和长期边际成本的角度来讨论长期成本。

### 6.3.3 长期总成本曲线

厂商在长期内对全部生产要素的调整意味着对企业的生产规模的调整。人们通常用短期内所无法调整的不变生产要素的数量来衡量厂商规模，如工厂厂房的数量、大型专业机器设备的数量等。从长期看，厂商总是在每一个产量水平上选择最优的生产规模进行生产。由于长期是由短期构成的，所以长期总成本函数可以由短期总成本函数推导出来。简单地说，长期总成本曲线是短期总成本曲线的包络曲线，如图 6-5 所示。

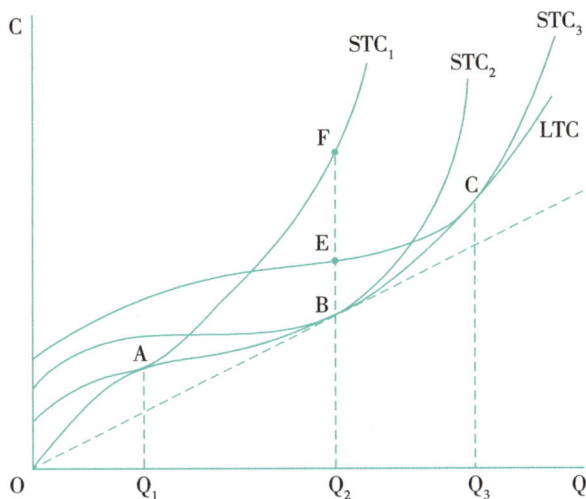

图 6-5　长期总成本曲线

在图 6-5 中，有 3 条短期总成本曲线 $STC_1$、$STC_2$ 和 $STC_3$，它们分别代表 3 种生产规模。由于短期总成本曲线的纵截距代表其固定成本即生产规模，我们可以发现这 3 条短期总成本曲线的生产规模依次递增。假定厂商生产的产量为 $Q_2$，那么厂商如何调整生产要素的投入量以实现总成本最小呢？在短期内，厂商可能受到生产规模过小（如面临短期总成本 $STC_1$ 曲线的约束）或者生产规模过大（如面临短期总成本 $STC_3$ 曲线的约束）的限制，所以只能按照较大的成本来生产 $Q_2$ 产量，即在 $STC_1$ 曲线上的 F 点或者 $STC_3$ 曲线上的 E 点组织生产。但是在长期内，厂商就可以通过调整生产规模来降低成本，而不仅仅是调整可变要素劳动的投入量。所以，厂商会选择 $STC_2$ 曲线所代表的生产规模进行生产，从而将成本降低到了所能达到的最低水平，即 $STC_2$ 曲线上的 B 点。类似地，在长期内，如果市场对该产品的需求量为 $Q_1$，厂商会选择代表较小的生产规模的 $STC_1$ 曲线上的 A 点生产 $Q_1$ 的产量；如果市场对该产品的需求量为 $Q_3$，厂商会选择代表较大的生产规模的 $STC_3$ 曲线上的 C 点生产 $Q_3$ 产量，这样厂商就实现了各种产量水平下的成本最小化。

虽然我们在图 6-5 中只做出了 3 条短期总成本曲线，但是在理论分析上我们可以假定短期总成本曲线有无限多条。这样一来，厂商可以在任何一个产量水平上，都找到相应的一个最优生产规模，进而实现成本的最小化。也就是说，厂商可以找到无数个类似于 A、B 和 C 的点，将这些点用光滑的曲线连接起来，就得到了长期总成本曲线。显然，长期总成本曲线是短期总成本曲线的包络线，在连续变化的每一个产量水平上，都存在 LTC 曲线和一条 STC 曲线的相切点，该 STC 曲线所对应的生产规模就是生产该产量的最优生产规模，该切点所对应的成本就是生产该产量的最小总成本。所以，长期总成本曲线代表了每一产量水平下厂商所能达到的最小成本。

与短期总成本曲线一样，长期总成本曲线也是一条向右上方倾斜的曲线，而且在某一产量上长期总成本曲线有一个拐点，在该产量之前，长期总成本曲线是凹的；在某一产量之后，长期总成本曲线是凸的。关于这一点，我们将在分析了长期边际成本曲线的特征之后再做补充说明。与短期总成本曲线不同的是，长期总成本曲线是由原点出发的，而不像短期总成本曲线一样有一个正的纵截距。这是因为长期中厂商可以从零开始调整所有的生产要素投入量，没有短期总成本曲线所面对的"历史包袱"——短期不变成本。

### 6.3.4  长期平均成本曲线

厂商在长期内实现每一产量水平的最小总成本的同时，必然就实现了相应的最小平均成本。所以，长期平均成本曲线可以根据其定义公式由长期总成本曲线画出。具体的做法是：将长期总成本曲线上的每一点与原点相连，所得线段的斜率即为我们所需要的该产量下的长期平均成本。每一个产量水平下我们都可以通过这个方法找到对应的长期平均成本，从而可以做出长期平均成本曲线。此外，长期平均成本曲线还可以通过短期平均成本曲线而得到，这一种方法的思路与前面通过短期总成本曲线推导长期总成本曲线是一致的。

在图6-6中有3条短期平均成本曲线 $SAC_1$、$SAC_2$ 和 $SAC_3$，它们各自代表小、中、大3种生产规模。在长期内，厂商可以根据产量要求，选择最优的生产规模进行生产。假定厂商生产 $Q_1$ 的产量，则厂商会选择小型的生产规模，从而达到 $OC_1$ 的平均成本。但在短期内，厂商可能受到现有生产规模的局限，比如说厂商现在的规模是中型，那么它在短期内只能最低达到 $OC_1'$ 的平均成本，显然比长期中厂商所能实现的最低平均成本 $OC_1$ 要高。同理，假定厂商生产的产量为 $Q_2$，则厂商会选择中型的生产规模组织生产；假定厂商生产的产量为 $Q_3$，则厂商会选择大型的生产规模组织生产，并各自达到该生产规模下生产该产量的最低平均成本 $OC_2$ 与 $OC_3$。当厂商生产的产量为 $Q_1'$ 时，厂商用小型规模和中型规模生产的平均成本相同。如果厂商对行业的前景看好，则其可能会选择中型规模；如果厂商对行业的前景并不乐观，则其可能会选择小型规模。这样的分析同样适用于其他两条短期平均成本 SAC 曲线的交点，如点 E。

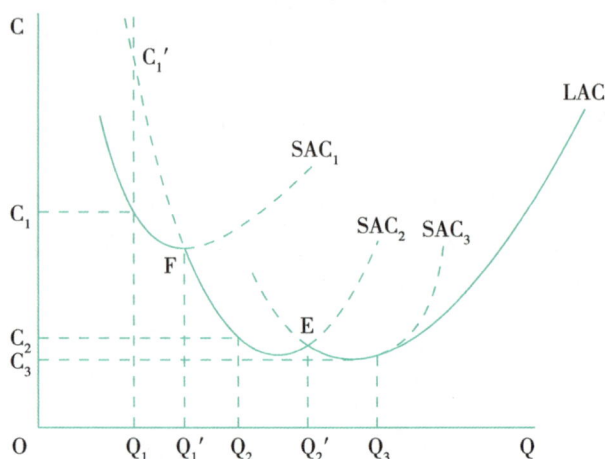

图6-6  长期中最优生产规模的选择

由以上分析可以发现，沿着图6-6中所有 SAC 曲线的实线部分，厂商总是可以找到长期内生产某一产量的最低平均成本。由于在长期内可供厂商选择的生产规模很多，在理论上就可以有无数条 SAC 曲线，从而厂商在每一个产量水平都选择最优生产规模进而实现该产量下的最低平均总成本，我们就得到了一条长期平均成本曲线（如图 6-7 所示），它是短期平均成本曲线的包络曲线。在这条包络曲线上，每一点都是长期平均成本曲线与某一条短期平均成本曲线的切点。

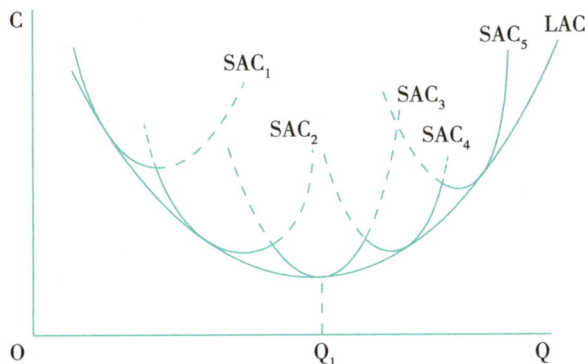

图 6-7 长期平均成本曲线

从图 6-7 中还可以看到，在长期平均成本 LAC 曲线的下降段，LAC 曲线相切于相应的 SAC 曲线最低点的左侧；在长期平均成本 LAC 曲线的上升段，LAC 曲线相切于相应的 SAC 曲线最低点的右侧；只有在 LAC 曲线的最低点上，LAC 曲线才与 SAC 曲线相切于 SAC 曲线的最低点。

案例窗 6-3

值得提醒大家注意的是，长期平均成本曲线的形状与我们前面介绍过的规模经济概念有着密切联系。一般而言，长期平均成本曲线呈 U 形。但如果在相当大的产量变动范围内，厂商的平均成本变化不大，则长期平均成本曲线呈 L 形。在长期平均成本曲线下降的阶段，我们说生产中存在规模经济现象；在长期平均成本曲线上升的阶段，我们说生产中存在规模不经济现象；在长期平均成本曲线为水平线的阶段，我们说生产处于规模报酬不变阶段。长期平均成本曲线的 U 形特征主要是由长期生产中的规模经济和规模不经济决定的。

规模经济包括内部规模经济和外部规模经济两种。其中，企业生产规模的扩张使得生产效率提高，被称作内部规模经济；企业生产规模的扩张导致生产效率降低，则被称作内部规模不经济。一般来说，在企业规模扩张的过程中，会先后出现规模的内部经济和规模的内部不经济现象，企业的长期平均成本曲线因此而先降后升。除了内部规模经济和内部规模不经济之外，外部规模经济和外部规模不经济也会影响企业的长期平均成本曲线。外部规模经济是马歇尔所定义的概念，是指整个行业的规模扩张使得单个厂商的生产效率提高的现象。它是由于厂商的生产活动所依赖的外界环境的改善而产生的。

例如，整个行业的发展，可以促进为该行业提供服务的上下游行业的分工和发展，进而降低了该行业中每一个厂商的生产成本。相反，如果整个行业的规模增加使得单个厂商的生产效率下降，则我们说存在外部规模不经济。例如，整个行业的发展，使得生产要素的价格上涨，交通运输困难，则会增加行业内每个厂商的成本。

内部规模经济和内部规模不经济决定了长期平均成本曲线的形状，而外部规模经济和外部规模不经济则决定了长期平均成本曲线的位置。外部规模经济使得长期平均成本曲线向下移，外部规模不经济使得长期平均成本曲线向上移。

规模经济和规模不经济只是决定长期平均成本曲线的形状和位置的诸多因素中最为重要的，除此之外，影响长期平均成本的因素还包括学习效应、分工经济和范围经济等。

学习效应又称熟能生巧效应，是指在长期的生产过程中，企业的工人、技术人员、经理人员等可以积累起对产品的生产、技术设计、管理及销售方面的经验，从而导致长期平均成本的下降。学习效应通常用学习曲线来表示。学习曲线描述了企业的累积性产品产量与所需要的投入品的数量之间的关系，如图6-8所示。

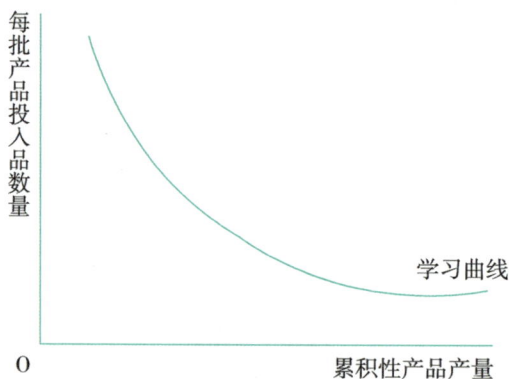

图6-8　学习曲线

从图6-8中可以看出，随着产品产量的累积性增加，每批产品所需的投入品数量呈下降趋势，而每批产品投入品数量的下降必然导致产品的长期平均成本下降。

分工经济是指通过企业内部分工与加深专业化程度，生产效率提高，劳动成本降低。[1]分工意味着人们能够把更多的时间投入到更小的活动范围中去，由于学习效应的存在，每个人都可以大大提高自己在所属专业中的特殊技能。通过专家们之间的合作，可以大大降低生产的总成本。亚当·斯密曾经用制针业的例子来说明分工经济现象，正是通过对研磨、钻孔等各道加工程序的分工和合作，才大大提高了制针企业的劳动生产率，降低了企业的平均生产成本。

在生产多种产品时，范围经济也是引起企业长期平均成本下降的重要因素。范围经济指的是在相同的投入下，由一个单一的企业生产联合产品比多个不同的企业分别生产这些联合产品中的每一个单一产品的成本要低。一个企业同时进行多产品的生产被称作联合生产。联合生产中存在范围经济是由于企业既可能从多种产品共享生产设备或者其他投入品而获得成本节约的好处，也可能从统一的营销计划和经营管理上获得成本节约

---

① 杨小凯. 经济学原理［M］. 北京：中国社会科学出版社，1998：52.

的好处。一个典型的联合生产的例子是农家的小院经济。小院里种菜又养鸡，鸡粪可以作为菜的肥料，烂菜叶又可以用来喂鸡。这种小规模的种菜和养鸡的联合生产比各自单独生产的成本显然要低，这时我们可以说农家小院的联合生产中存在范围经济现象。但是如果主妇没有看管好鸡群，以至于鸡群把菜偷吃一空，这时农家小院的范围经济就变成了范围不经济了，范围不经济会使得企业长期平均成本上升。小院经济是由于生产过程相互联系而使得联合生产带来成本节约的例子，由于多种产品（服务）在需求方面的相互联系，也可以带来联合生产的效益提高。例如一些大书店通常提供饮料、小食品，就是由于顾客在购买或浏览图书时，顾客的购书需求与餐饮需求具有一定的互补性。企业从事多种商品的生产，还可以分散市场风险，这也是联合生产成本较低的原因之一。

## 6.3.5 长期边际成本曲线

长期边际成本曲线的推导像长期平均成本曲线的推导一样，也有两种方法：

一是根据长期总成本曲线直接得到。根据长期边际成本函数的定义公式：$LMC=dLTC/dQ$，只要把每一个产量上的 LTC 曲线的斜率值与该产量相对应，就可以得出一条长期边际成本曲线。

二是由短期边际成本曲线得到，但是它并不是短期边际成本曲线的包络曲线。我们可以在图 6-9 中显示长期边际成本曲线的推导过程。

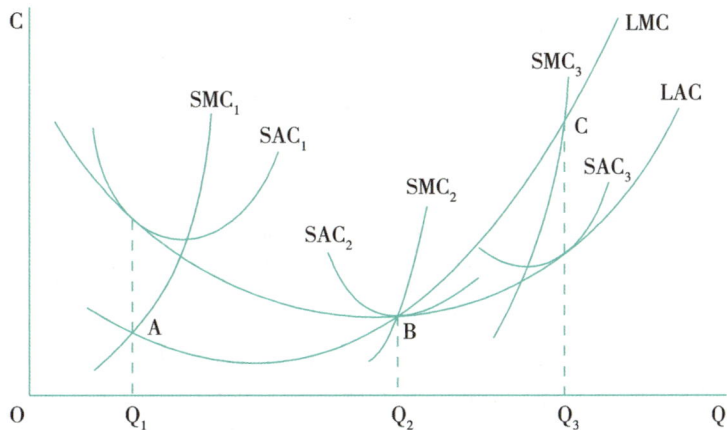

图 6-9 长期边际成本曲线

图 6-9 中仍然有代表着大、中、小 3 种规模的 3 条短期平均成本曲线，而且每条短期平均成本曲线都有一条相应的 SMC 曲线，每条 SMC 曲线都过相应的 SAC 曲线的最低点。在短期平均成本曲线与长期平均成本曲线的相切点所代表的 $Q_1$ 的产量上，生产该产量的最优生产规模由 $SAC_1$ 曲线和 $SMC_1$ 曲线所代表，相应的短期边际成本由点 A 的纵坐标给出，点 A 是短期边际成本曲线与垂直于横轴的直线 $Q=Q_1$ 的交点。由于在产量 $Q_1$ 上，短期平均成本 $SAC_1$ 曲线与长期平均成本 LAC 曲线相切，这便意味着在产量 $Q_1$ 上，相应的短期总成本 $STC_1$ 曲线和长期总成本 LTC 曲线相切（如图 6-5 中的 A 点所示），所以在产量 $Q_1$ 上，$AQ_1$ 既是短期边际成本，又是长期边际成本，即 $AQ_1=$

LMC($Q_1$)=SMC$_1$($Q_1$)。同理，在产量 $Q_2$ 上，有 LMC($Q_2$)=SMC$_2$($Q_2$)=BQ$_2$；在 $Q_3$ 的产量上，有 LMC($Q_3$)=SMC$_3$($Q_3$)=CQ$_3$。在生产规模无限细分的情况下，我们可以用上述方法得到无数个类似 A、B 和 C 的点，将这些点连接起来便得到一条光滑的长期边际成本 LMC 曲线。

从图 6-9 中可以看出，在短期平均成本曲线与长期平均成本曲线相切的情况下，长期边际成本曲线与短期边际成本曲线相交。也就是说，在长期平均成本与短期平均成本相等的时候长期边际成本与短期边际成本相等。对长期平均成本和短期平均成本而言，在非相切的情况下，短期平均成本一定大于长期平均成本。但是长期边际成本和短期边际成本就有这样确定性的关系：在二者交点的左方，短期边际成本小于长期边际成本；在二者交点的右方，短期边际成本大于长期边际成本。这些特征还可以通过长期总成本曲线得以体现。在图 6-5 中，点 A、B 和 C 是长期总成本曲线与短期总成本曲线的切点，表示产量为 $Q_1$、$Q_2$ 和 $Q_3$ 时，长期总成本等于短期总成本，进而长期平均成本也等于短期平均成本。在这些切点的左端，长期总成本曲线在各点的斜率都大于短期总成本曲线在各点的斜率；在这些切点的右端，长期总成本曲线在各点的斜率都小于短期总成本曲线在各点的斜率。这表明切点左端短期边际成本小于长期边际成本，切点右端短期边际成本大于长期边际成本。在切点的两端，短期总成本曲线都高于长期总成本曲线，表示只要不是与切点相对应的产出水平，其他任何同一产出水平下短期平均成本都高于长期平均成本。

从图 6-9 中还可以看到，长期边际成本曲线呈 U 形，它与长期平均成本曲线相交于长期平均成本曲线的最低点，根据边际量与平均量的关系我们很容易证明这一点。由于长期平均成本曲线在内部规模经济和内部规模不经济的作用下呈 U 形，而在长期平均成本下降的阶段，长期边际成本一定比长期平均成本下降得还要快；在长期平均成本上升的阶段，长期边际成本一定比长期平均成本上升得还要快，所以长期边际成本曲线一定也是 U 形的，而且与长期平均成本曲线相交于其最低点。

根据长期边际成本 LMC 曲线的形状，我们就可以解释 LTC 曲线的形状特征了。因为 LMC 曲线呈先降后升的 U 形，而某一产量上 LMC 的取值又是该产量上 LTC 曲线的斜率，所以，LTC 曲线的斜率必定随着产量的增加表现出先递减后递增的特征。也就是说，LTC 曲线在某一产量上有一个拐点，在该产量之前的阶段，LTC 曲线是凹的；在大于该产量的阶段，LTC 曲线变成凸的。

# 6.4* 成本最小化

企业在给定成本下的产量最大化问题的对偶问题是给定产量下的成本最小化问题[①]。我们可以用数学的方法将我们的成本最小化问题描述如下：

min    $w_1x_1+w_2x_2$

s.t.    $f(x_1,x_2)=Q$

---

① 详见本书第 5 章中 5.5.3 部分的内容。

式中：$x_1$、$x_2$分别表示两种生产要素；$w_1$、$w_2$分别表示两种生产要素各自的价格；Q表示厂商所希望生产的产量，是已经给定的常数。该问题的拉格朗日函数形式为：

$$L(x_1,x_2,v)=w_1x_1+w_2x_2-v(f(x_1,x_2)-Q)$$

一阶条件为：

$$w_1=v\frac{\partial f}{\partial x_1}$$

$$w_2=v\frac{\partial f}{\partial x_2}$$

$$f(x_1,x_2)=Q$$

从而，我们可以得到厂商组织生产的原则：

$$\frac{w_1}{w_2}=\frac{\partial f/\partial x_1}{\partial f/\partial x_2} \tag{6-15}$$

这一原则用文字来表述就是生产要素的价格比等于其边际生产力之比。如果现在两种生产要素$x_1$、$x_2$的价格之比为1：2，而厂商所使用的两种生产要素的边际产量之比为1：3，则厂商应该增加$x_2$的投入数量，减少$x_1$的投入数量。由于边际产量递减规律，这样调整之后会使得分子值$\frac{\partial f}{\partial x_1}$增加，分母值$\frac{\partial f}{\partial x_2}$减少，生产要素$x_1$与生产要素$x_2$的边际产量之比变大，直至1：2处停止。如果我们在式（6-15）的分子、分母上同乘以产品的价格p，则厂商组织生产的原则变为：

$$\frac{w_1}{w_2}=\frac{\partial f/\partial x_1}{\partial f/\partial x_2}\cdot\frac{p}{p} \tag{6-16}$$

由于用增加一单位的$x_1$所生产的边际产品$\partial f/\partial x_1$乘以该产品的价格，就得到增加一单位的$x_1$投入带来的边际产品价值，故式（6-16）的经济含义为：厂商会调整生产要素的投入比例，直到生产要素的边际产品价值之比等于生产要素价格之比处停止。

当我们给出生产函数的具体形式的时候，我们就可以根据成本最小化的原则求出厂商对两种生产要素的需求数量，它是两种生产要素价格和产量的函数。

## 6.5* 成本最小化弱公理

与生产的行为分析一样，我们假设当生产要素价格变化时，我们观察到的厂商的行为一定满足成本最小化原则，那么不需要对技术做特殊的要求，我们便能够从厂商的行为分析中得到关于厂商需求决策的比较静态分析同样的结果。

假定我们考虑两组生产要素价格（$w_1^s$，$w_2^s$）和（$w_1^t$，$w_2^t$），它们所对应的厂商对生产要素需求的选择分别为（$x_1^s$，$x_2^s$）和（$x_1^t$，$x_2^t$），而且假定这两组选择都生产同样的产量Q，那么如果每一种选择按照其相应的价格都满足成本最小化，则有：

按（$w_1^s$，$w_2^s$）的价格下厂商的生产要素需求选择（$x_1^s$，$x_2^s$）导致的成本不大于在此价格下厂商选择（$x_1^t$，$x_2^t$）带来的成本，即

$$w_1^sx_1^s+w_2^sx_2^s\leqslant w_1^sx_1^t+w_2^sx_2^t \tag{6-17}$$

按（$w_1', w_2'$）的价格下厂商的生产要素需求选择（$x_1', x_2'$）导致的成本不大于在此价格下厂商选择（$x_1^s, x_2^s$）带来的成本，即

$$w_1' x_1' + w_2' x_2' \leqslant w_1' x_1^s + w_2' x_2^s \tag{6-18}$$

如果厂商总是按照成本最小化来行事，那么它在生产 Q 单位产量的 s 时期和 t 时期，上述不等式一定分别满足，我们将这些不等式称为成本最小化弱公理（weak axiom of cost minimizaion，WACM）。

将式（6-18）的两端同乘以-1，将其变形为：

$$-w_1' x_1' - w_2' x_2' \geqslant -w_1' x_1^s - w_2' x_2^s \tag{6-19}$$

即　　$-w_1' x_1^s - w_2' x_2^s \leqslant -w_1' x_1' - w_2' x_2'$

把它与式（6-17）相加，得到：

$$w_1^s x_1^s + w_2^s x_2^s - w_1' x_1^s - w_2' x_2^s \leqslant w_1^s x_1' + w_2^s x_2' - w_1' x_1' - w_2' x_2'$$

将其进行整理得到：

$$(w_1^s - w_1')(x_1^s - x_1') + (w_2^s - w_2')(x_2^s - x_2') \leqslant 0 \tag{6-20}$$

令 $\Delta x_i$ 表示两种生产要素需求的变动，即 $\Delta x_i = x_i^s - x_i'$（i=1,2）；相应地，令 $\Delta w_i$ 表示两种生产要素价格的变动，即 $\Delta w_i = w_i^s - w_i'$（i=1,2），我们可以得到：

$$\Delta w_1 \Delta x_1 + \Delta w_2 \Delta x_2 \leqslant 0 \tag{6-21}$$

这个不等式完全是根据成本最小化行为假设得出的。当投入价格变动而产量保持不变时，这一方程隐含着对厂商行为的限定。例如，如果第一种生产要素的价格上涨而第二种生产要素的价格不变，即 $\Delta w_2 = 0$，那么不等式就变为：

$$\Delta w_1 \Delta x_1 \leqslant 0 \tag{6-22}$$

如果生产要素 $x_1$ 的价格上涨，上式意味着对生产要素 $x_1$ 的需求量必定减少，因此由成本最小化原则推出的生产要素需求曲线必定向右下方倾斜，这和 6.4 部分的结论是一致的。如果这个条件不满足，我们可以说厂商并非追求成本最小化的理性厂商。

# 本章小结

在本章中，我们系统学习了微观经济学的成本理论部分。首先，区分了一些基本概念，如经济利润与会计利润、会计成本与机会成本、显性成本与隐性成本、短期成本与长期成本等，然后分别对短期成本函数与长期成本函数加以研究。在短期成本部分，介绍了短期成本函数的分类及定义，并给出了短期成本函数与短期生产函数之间的相互关系，详细说明了各种短期成本曲线的做法和它们之间的相互关系。在长期成本的研究部分，首先区分了生产中的短期与长期的概念，并介绍了长期成本函数的分类及定义，详细说明了长期总成本曲线、长期平均成本曲线、长期边际成本曲线的做法和它们之间的相互关系。最后，推出了厂商成本最小化所需要满足的原则：生产要素的价格之比等于其边际生产力之比。同时，分别从成本决策分析的角度和成本行为分析的角度，得到了比较静态分析的结论：从成本最小化的角度来看，厂商对生产要素的需求曲线的斜率是负的。

# 本章基本概念

会计成本　　机会成本　　显性成本　　隐性成本　　经济利润　　会计利润　　正常利润　　总不变成本　　总可变成本　　总成本　　平均不变成本　　平均可变成本平均总成本　　边际成本　　长期总成本　　短期总成本　　内部规模经济　　内部规模不经济　　外部规模经济　　外部规模不经济　　学习效应　　分工经济　　范围经济

# 复习思考题

## 一、简答题

1.有人说，因为长期平均成本LAC曲线是短期平均成本SAC曲线的包络线，表示长期内在每一个产量上厂商都将生产的平均成本降低到最低水平，所以，LAC曲线相切于所有SAC曲线的最低点。这句话是否正确？为什么？

2.已知某种生产技术的短期总成本曲线，如何做出该技术的短期边际成本曲线和短期平均成本曲线？

3.在图形上显示短期生产函数与短期成本函数之间的关系。

## 二、计算题

1.已知某企业的短期总成本函数是 $STC(Q)=0.02Q^3-0.8Q^2+10Q+5$。要求：计算该企业的最小平均可变成本值以及此时企业的产量。

2.假定由于不可分性，厂商只可能选择两种规模的工厂，每一种规模每年生产500 000单位产品。规模A的年总成本为 $C=500\,000+5Q$，规模B的年总成本为 $C=1\,000\,000+3Q$，$Q$ 为产量。要求：

（1）画出长期平均成本曲线，也就是在厂商规模可以变动的情况下，对每一种产量而言的最低平均成本。

（2）如果预期销售125 000单位，厂商会选择什么规模生产？

（3）如果预期销售375 000单位，厂商又会采取什么规模生产？

3.假定成本函数 $C(Q)$ 与收益函数 $R(Q)$ 分别为：$C=Q^3-17Q^2+70Q+200$，$R=34Q-5Q^2$。要求：计算利润最大化的产量。

*4.给定柯布–道格拉斯生产函数 $Q=AK^{\alpha}L^{\beta}$ 与成本方程 $C=wL+rK$。要求：写出成本函数，即将成本函数表示为 $C=f(Q,w,r)$ 的形式。

5.某一厂商有固定替代比率的技术，其生产函数形式为：$Q=\min\{3K,6L\}$，资本与劳动的价格分别为 $r=1$，$w=1$。要求：

（1）计算该厂商的长期总成本、长期平均成本与长期边际成本。

（2）如果短期中资本的投入量固定为10，计算此时该厂商的短期总成本、短期平均成本与短期边际成本。

6.某厂商的生产函数是 $Q=4K^{1/2}L^{1/2}$，在短期中厂商的资本投入量固定为 $K=100$，$K$ 的利率为 $r=1$，可变要素劳动 $L$ 的工资率为 $w=4$。要求：

（1）计算厂商的短期总成本、短期平均成本及短期边际成本。

（2）如果产量为25，则厂商的短期总成本、短期平均成本与短期边际成本分别为多少？

（3）短期边际成本曲线与短期平均成本曲线在何处相交？并解释原因。

### 三、论述题

分析影响长期平均成本曲线的形状与位置的相关因素。

# 第7章　完全竞争市场理论

## 学习目标

通过本章的学习，你应该能够：

- 了解市场和厂商的各种类型、完全竞争市场的基本概念和基本特征。
- 掌握完全竞争市场下厂商实现利润最大化的均衡条件，以及厂商和行业的短期均衡与长期均衡情况。
- 懂得完全竞争市场下厂商面临的需求曲线与行业面临的需求曲线之间的差别，以及它们各自的短期和长期供给曲线。

在前面的两章中，我们对生产者行为从生产和成本角度分别做了分析，本章将详细阐明在消费者和生产者的经济行为的相互作用下，完全竞争市场的价格和产量如何决定。在前面两章的分析中，我们经常用到的一个假设是厂商处于完全竞争市场环境中，这个假设给我们的分析带来了极大的方便。例如，完全竞争市场上的厂商的产品价格与生产要素价格都是既定的，我们就可以集中研究厂商的产量决定及生产要素需求决定问题，而学完本章之后读者就可以回答市场价格是如何确定的问题了。本章的主要内容包括：完全竞争市场的概念；厂商在完全竞争市场中所面临的市场约束及行为原则；参照前面将生产划分为短期和长期的方法，分别研究完全竞争厂商的短期均衡和长期均衡，分别得到完全竞争厂商和完全竞争行业的供给曲线。细心的读者会发现，正像需求曲线体现了消费者的最优化行为一样，供给曲线也体现了生产者的最优化行为。

## 7.1　市场与厂商的类型及完全竞争市场

微观经济学以市场竞争强度来划分市场类型。

### 7.1.1　微观经济学的市场类型

影响市场竞争程度的具体因素主要有以下几点：

第一，市场上厂商的数目。市场上的厂商数目越少，甚至仅此一家别无分店，那么厂商的垄断力量便越强，市场竞争程度便越弱。

第二，厂商所提供的产品的差别程度。厂商越是提供了别的生产者所无法替代的产品，它的市场垄断力便越强。各个厂商之所以在广告费上不惜血本，就是想给消费者造成自己的产品独一无二的印象。

第三，单个厂商对市场价格的控制程度。这其实是衡量厂商的市场垄断力的最全面和权威的指标。厂商的定价能力越强，市场的竞争程度越弱。

第四，厂商进入或退出该市场的难易程度。进入的壁垒越高，市场上现有的厂商数目越少；退出的沉没成本越高，厂商在决定进入时越谨慎。这些都会增强市场的垄断性。

依照这4个标准，人们将微观经济学的市场划分为4种类型：完全竞争市场、垄断竞争市场、寡头市场和完全垄断市场。关于这4种类型的市场和厂商的特点可以用表7-1来说明。

表7-1　　　　　　　　　　　　市场和厂商的类型与特点

| 市场和厂商的类型 | 厂商数目 | 产品差别程度 | 对价格进行控制的能力 | 进出一个行业的难易程度 | 现实中与之较接近的市场 |
|---|---|---|---|---|---|
| 完全竞争 | 很多 | 完全无差别 | 完全没有 | 非常容易 | 谷物 |
| 垄断竞争 | 比较多 | 有一定的差别 | 有一些 | 比较容易 | 香烟和糖果 |
| 寡头 | 几个 | 有差别或者无差别 | 相当程度 | 比较困难 | 钢铁和汽车 |
| 完全垄断 | 一个 | 产品独一无二 | 很大程度，但是常常受到管制 | 很困难 | 公用事业，如自来水、电力 |

从表7-1中可以看到，人们是按照市场竞争强度由强到弱来划分市场类型的。其实，市场竞争程度弱的行业，厂商追求利润最大化目标时的行为空间更大，也就能够更好地实现利润最大化目标。市场竞争程度越弱的行业，生产者的地位越强。然而，市场竞争程度越弱的行业，相对生产者的地位，消费者的地位也越弱；市场竞争程度越强的行业，消费者的地位也越强。

## 7.1.2　完全竞争市场的假设

对完全竞争市场而言，微观经济学对它主要做了4点假设：

第一，市场上有无数的买者和卖者。正因为市场上有为数众多的商品需求者和供给者，所以每一次交易在整个市场交易额中微不足道，好比大海中的一滴水。换句话说，由于买者众多，任何一个人都可以按照市价出卖他所愿意卖出的数量；由于卖者众多，任何一个人都可以按照市价买到他所愿意购买的数量。他们中的任何人买与不买或者卖与不卖，都不会对整个市场的交易水平与价格水平有任何影响。所以，在完全竞争市场中，每个消费者和每个生产者都是市场价格的被动接受者，无人能够操纵市价。

第二，同一行业中的厂商生产的产品是无差别的。这里的完全无差别产品，不仅指商品之间的质量相同，甚至在销售条件、商标和包装方面都相同。因此，对消费者而言，它们是完全替代品。这意味着如果有厂商敢于提价，那么其商品就会完全滞销。当然，也不会有厂商愿意降价，因为第一条假设已经保证了按照市价厂商可以卖掉其愿意卖的所有商品。

第三，厂商进入或退出某一行业是完全自由的。厂商进入某一行业不存在障碍，所有的资源都可以在各行业之间自由流动。这就意味着厂商总是能够及时地进入盈利的行业，退出亏损的行业，在此过程中实现优胜劣汰；否则，就会出现因为退出的沉没成本太高，企业僵而不死的情况，或者出现因为进入的壁垒太高，厂商望洋兴叹的现象。

第四，市场中的每一个买者和卖者都掌握自己决策所需的所有信息。这包括所交易的商品的质量、其他卖者的售卖价格、其他买者的购买价格等。这样，市场上的每一个消费者和生产者都可以根据自己所掌握的信息来确定最佳的购买量或生产量，从而获得最大的经济利益。这一条假设和第一条、第二条假设一起保证了厂商无法卖出定价高于市价的商品。一个市场同时存在几种价格的情况也是根本不可能出现的。

显然，理论上对完全竞争市场的假设过于严格，以至于在现实生活中根本找不到完全竞争市场。人们通常将某些农产品市场近似看作完全竞争市场。在许多行业中，竞争异常激烈，所以我们也可以用完全竞争模型的研究来预测这些行业中企业的行为。例如，冰淇淋的生产与销售业、农业、渔业、纸浆和造纸业、纸制品和塑料制品业、法律服务业、自助洗衣店业等的竞争都非常激烈。另外一个值得注意的情况就是，某些易腐烂变质的商品的市场也可以被看作完全竞争市场，如鲜鱼和鲜花市场等。即使这些市场上只有少数的几个厂商，每一个厂商可能也不得不将其他厂商的价格当作既定的价格来考虑。如果市场上顾客的信息很充分，并且只在最低价时购买，那么出售鲜花的最低价就成了市场价格，其他的厂商要想出售其所有产品，只有按这种市场价格出售，从而也成了价格的接受者。

西方经济学对完全竞争市场的假设的确是与现实相距甚远的，但是这一点本身并不妨碍完全竞争市场理论的生命力。经典物理学中的牛顿第一定律，假设物体在所受合力为零时静止或者做匀速直线运动。虽然在现实中也找不到作匀速直线运动的物体，但是，这并不妨碍牛顿第一定律在经典物理学中起到奠基性作用。衡量理论的生命力的标准并非它的假设是否与现实相符，而是它的结论是否可以解释现实。从下文中我们可以看到，完全竞争市场理论能够相当有效地预测部分厂商的行为，即使是在分析不完全竞争市场中更复杂的问题时，我们从完全竞争市场理论中得到的对厂商行为的知识也对我们的分析很有帮助。完全竞争市场的假设就像数学中的坐标系一样，为我们提供了分析的起点和参照系。

## 7.2　需求曲线

行业面临的需求曲线又叫作市场面临的需求曲线，是描述消费者对整个行业所生产的商品的需求状况的曲线，即每一个售价下行业整体所能销售出的商品数量。一般情况下，行业面临的需求曲线是向右下方倾斜的。影响行业面临的需求曲线的形状的因素有很多，其中的一条重要因素是商品本身的性质，如该商品是奢侈品还是生活必需品等。

　　厂商面临的需求曲线的形状则与市场结构状况密切相关。在完全竞争市场中的厂商所面临的需求曲线是一条水平线，这意味着在给定的市价下，厂商可以销售无穷多的数量的商品。然而只要稍微一提价，厂商就一件商品也卖不出去。厂商也可以选择降价，这意味着所有的买者都来买其商品，但是不降价时厂商已经可以卖出其所想卖的任意数量了，降价只是徒然地使利润受损，没有一个理性的厂商肯这样做。

　　完全竞争行业所面临的需求曲线一般是向右下方倾斜的。在特殊情况下，行业的需求曲线还可能十分地陡峭。我们以农产品为例。农产品作为一种生活必需品，它的需求弹性很小。也就是说，即使被标以高价，人们对农产品的需求仍然不会减少太多，所以农产品行业面临的需求曲线还是比较陡峭的，如图7-1所示的D曲线。同时，某一农场主所面对的需求曲线就是一条水平直线，如图7-2所示的d曲线。

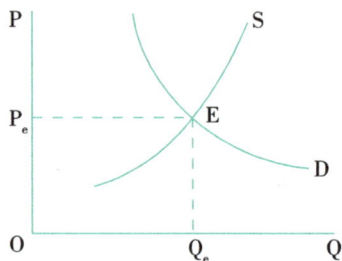

图7-1　完全竞争行业面临的需求曲线　　　　图7-2　完全竞争厂商面临的需求曲线

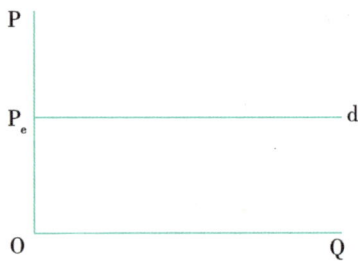

　　图7-2中的厂商面临的需求曲线d是相对图7-1中的市场需求曲线D和市场供给曲线S的交点E所决定的均衡价格$P_e$而言的。如果市场需求曲线或者市场供给曲线发生变动，那么就会形成新的市场均衡价格，相应地，厂商就面临着一条从新的均衡价格水平出发的水平的需求曲线。事实上，从市场需求曲线上的任何一点出发都可以引出一条水平线，它们代表了完全竞争市场中的厂商所可能面临的所有需求曲线。

案例窗7-1

　　我们用鲜鱼市场来说明一个竞争性的鱼商所面临的需求弹性系数与整个鲜鱼市场所面临的需求弹性系数之间的关系。我们以美国鱼商为一个厂商，以世界鲜鱼业为整个完全竞争市场。假设世界上鲜鱼的年产量为1 690亿磅，而美国每年的鲜鱼产量平均为1 800万磅，世界鲜鱼市场的平均价格为每磅37.5美分，其中美国消费者对鲜鱼及鲜鱼制品的需求弹性系数为0.42。

　　我们先来看一看美国的鱼商增加产量对世界鲜鱼市场价格的影响。如果美国鲜鱼的产量增加1倍，那么世界鲜鱼的产量就增加了1 800万磅，增加幅度是0.01065%，这是一个非常微不足道的比例，可以验证前面我们所说的完全竞争市场中的每一个厂商所实现的销售额在市场总交易量中所占的比重很小。我们再利用需求弹性公式来计算美国鲜鱼产量增加1倍对世界鲜鱼市场价格的影响，以便大家对完全竞争厂商是价格接受者有一个直观的感受。需求弹性公式为：

$$e_d = \frac{\text{需求量变动率}}{\text{价格变动率}}$$

将上述公式变形，得到：

$$\text{价格变动率} = \frac{\text{需求量变动率}}{e_d}$$

对于世界鲜鱼市场，美国消费者的需求弹性系数为0.42，美国鲜鱼增产1倍使得世界鲜鱼总产量增加0.01065%，所以美国鲜鱼增产使得世界鲜鱼市场的价格变动率为0.02536%（0.01065%÷0.42）。这就是说，当美国鲜鱼增产1倍时，世界的鲜鱼市场价格只下降了0.00951美分（0.02536%×37.5），可以说世界鲜鱼市场价格几乎纹丝不动！

我们再求在完全竞争市场中的一个厂商所面临的需求曲线的弹性系数，看它是否趋于无穷大。

$e_d = 100\% ÷ 0.02536\% \approx 3943.22$，厂商面临的需求曲线的弹性系数将近4 000，与世界鲜鱼市场所面临的需求弹性系数0.42相比，虽然不是无穷大，但也是非常大了。所以，我们可以近似说美国鱼商的需求曲线是一条水平线，该厂商是价格接受者。值得注意的是，美国消费者对鲜鱼市场的需求弹性系数为0.42，按照我们在第1章的定义，美国消费者对鲜鱼这种商品的需求还是缺乏弹性的。然而由于鲜鱼市场是完全竞争市场，单个鱼商所面临的需求曲线是具有完全弹性的。这意味着若某一厂商提价，则其销售量会减少到趋于零。

## 7.3　厂商实现利润最大化的原则

在第5章生产理论中，我们在假设产品市场与生产要素市场都是完全竞争市场的条件下，已经得到了厂商实现利润最大化的原则。这里我们将厂商的利润最大化原则重新加以讨论，是为了得出更一般的结论，该结论不仅适用于完全竞争市场，而且可以应用于对垄断市场的分析。

### 7.3.1　完全竞争厂商的收益

厂商的收益指的是厂商的销售收入。我们仍旧从总量、平均量、边际量的角度考虑问题，将厂商的收益分为总收益、平均收益和边际收益。

总收益（TR）指厂商按一定价格出售一定量产品时所获得的全部收入。以P表示给定的市场价格，以Q表示销售总量，则有：

$$TR(Q) = P \cdot Q \tag{7-1}$$

平均收益（AR）指的是厂商从平均每单位的产品销售所得到的收入，即

$$AR(Q) = \frac{TR(Q)}{Q} \tag{7-2}$$

边际收益（MR）指的是市场上增加一单位的产品销售所获得的收入增额，即

$$MR(Q) = \frac{\Delta TR(Q)}{\Delta Q} \tag{7-3}$$

或者 $\quad MR(Q)=\lim\limits_{\Delta Q \to 0}\dfrac{\Delta TR(Q)}{\Delta Q}=\dfrac{dTR(Q)}{dQ}$ （7-4）

在完全竞争市场中，产品价格 P 对厂商而言是事先给定的常量，所以我们可以很容易地推出完全竞争市场上厂商的边际收益 MR 等于平均收益 AR，且等于价格 P。

厂商的销售收益与市场上的消费者对该厂商所生产的产品的需求状况密切相关，所以，分析厂商的收益曲线必须以该厂商所面临的需求曲线为依据。在完全竞争条件下厂商所面临的需求曲线是一条水平线，它表示单个厂商无法通过改变销售量来影响价格，而且厂商可以在市场价格下销售所有的商品。假定某厂商所面临的市场价格为 P=2 元，则我们可以据此编制厂商的收益表（见表 7-2）。

表 7-2　　　　　　　　　　　　　某完全竞争厂商的收益表

| 价格（P） | 销售量（Q） | 总收益（TR） | 平均收益（AR） | 边际收益（MR） |
| --- | --- | --- | --- | --- |
| 2 | 100 | 200 | 2 | 2 |
| 2 | 200 | 400 | 2 | 2 |
| 2 | 300 | 600 | 2 | 2 |
| 2 | 400 | 800 | 2 | 2 |
| 2 | 500 | 1 000 | 2 | 2 |

从表 7-2 中可以清楚地看到，平均收益等于边际收益，并且等于商品的市场价格。我们根据表 7-2 做出厂商的收益曲线，包括总收益曲线、平均收益曲线和边际收益曲线。从图 7-3 中可以直观地看到平均收益曲线与边际收益曲线重合，它们都是截距为 2 的水平直线。总收益曲线是一条从原点出发的直线，其斜率等于价格 P。

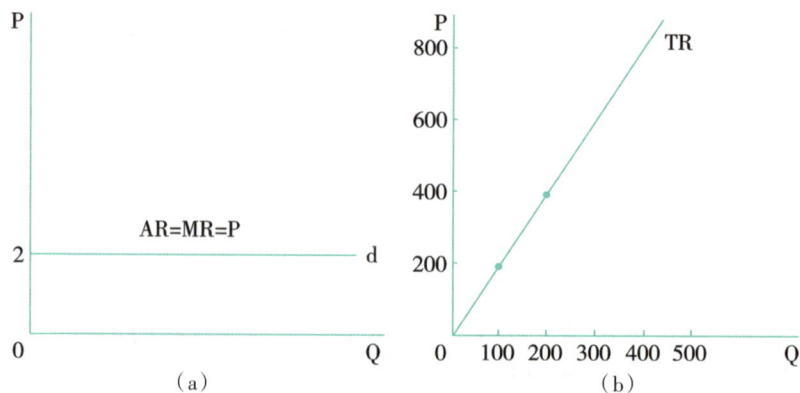

图 7-3　某完全竞争厂商的收益曲线

## 7.3.2　完全竞争厂商实现最大利润的均衡条件

在短期内，厂商的生产规模无法变动，只能通过对产量的调整来实现最大利润。厂商实现最大利润所应该遵循的原则可以表述为：在其他条件（人们的偏好、收入与技术水平）不变的情况下，厂商应该选择最优的产量，使得最后一单位产品所带来的边际收益等于所付出的边际成本。或者说，厂商实现最大利润的均衡条件是边际收益等于边际成本，即 MR=MC。

不难发现，我们在第 5 章的 5.6 部分所得到的完全竞争市场中的厂商利润最大化原则是满足上述条件的。我们在第 5 章中得到 $P\frac{\partial f}{\partial L}-w=0$ 和 $P\frac{\partial f}{\partial K}-r=0$，其实就是厂商的最优劳动投入量使得增加的每单位的劳动带来的边际产品价值（边际收益）等于购买这一单位劳动所增加的支出（边际成本），最优资本投入量使得增加的每单位的资本带来的边际产品价值（边际收益）等于购买这一单位资本所增加的支出（边际成本）。在技术不变的情况下，厂商使用最优的生产要素投入量得到最优产量，此时多投入一单位的劳动或者多投入一单位的资本导致的边际收益的增加等于为此付出的边际成本。以劳动这种生产要素为例，劳动的边际产品价值是由新增劳动的边际产量乘以产品的价格得到的，即厂商从新增劳动中获得的收益，不论是劳动的边际产量增加还是产品的价格升高，都可以使厂商从新增劳动购买中获取更大收益。这样厂商就会增加对劳动的购买量，直到增加购买量抬高了劳动的价格，使得新的工资水平等于新的边际劳动价值时，厂商才会停止对劳动的购买量的增加，使用该数量的劳动投入，生产出可以实现短期中利润最大化的产量。

我们利用下面的图 7-4 说明为什么只有在 MR=MC 时，厂商才能实现最大的利润。图 7-4 中的横轴表示产量 Q，纵轴代表价格 P。厂商经营活动中的生产成本状况可以用成本理论中所介绍的短期边际成本曲线 SMC 和短期平均成本曲线 SAC 来表示。厂商的销售收益状况可以用厂商所面临的水平的需求曲线 d 来表示。

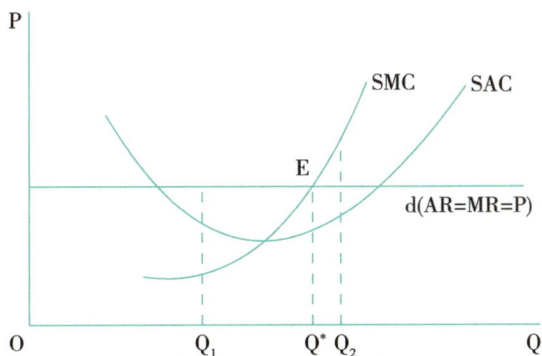

图 7-4　厂商实现最大利润的均衡条件：MR=MC

根据厂商实现最大化利润的均衡条件：MR=MC，我们短期边际成本曲线与厂商边际收益曲线的交点 E 就是厂商实现最大化利润的均衡点，相应的最优产量为 $Q^*$。

如果厂商选择的产量为 $Q_1$，小于 $Q^*$，那么厂商便位于 MR>MC 的阶段，这表明厂商此时每增加一单位的产量所得到的总收益增量大于所付出的成本增量。作为理性的厂商，它不会将产量停留在此处，而是会继续扩大产量，以增加利润。由图 7-4 中还可以看到，在厂商增产的过程中，边际收益是保持不变的，始终等于市场价格 P，边际成本则在不断地增加，直至 MC=MR。直到这时，厂商才穷尽了增产所能带来的经济上的好处，获得了它在短期中所能得到的最大利润。

如果厂商选择的产量为 $Q_2$，大于 $Q^*$，那么厂商便位于 MR<MC 的阶段，这表明厂商此时每增加一单位的产量所得到的总收益增量小于所付出的成本增量。作为理性的厂

商，它不会将产量停留在此处，而是会减少产量，以增加利润。由图 7-4 中还可以看到，在厂商减产的过程中，边际收益是保持不变的，始终等于市场价格 P，边际成本则在不断地下降，直至 MC=MR。直到这时，厂商才穷尽了减产所能带来的经济上的好处，获得了它在短期中所能得到的最大利润。

由此可见，不论是增产还是减产，厂商都是在寻找一个最优产量点。只有实现了最优产量，厂商才能从产量调整的过程中，既尽可能地增加利润，又尽可能地避免损失，这个最优的产量只能是 MR=MC 的产量，所以，MR=MC 成为厂商实现最大化利润的均衡条件。此外，还需要指出，对完全竞争厂商来说，在任何产量上都有 MR=P，所以，完全竞争厂商实现利润最大化的条件也可以写成 P=MC。

这里需要提醒大家的是，最大利润并不一定是正利润。在经济学家的分析中正利润其实是超额利润，对很多完全竞争市场中的厂商，长期中获取正利润几乎是不可能的。[①]对 MR=MC 时厂商获得最大利润的正确理解应该是：在 MR=MC 的均衡点上，厂商既可能盈利，也可能亏损。但是，如果厂商处于盈利状态，那么 MR=MC 的产量能让厂商获得最大的盈利；如果厂商处于亏损状态，那么 MR=MC 的产量能让厂商将损失控制在最小程度上。总之，当厂商实现 MR=MC 的均衡条件时，不管是盈利还是亏损，厂商都得到了由既定的收益曲线和成本曲线所能产生的最好的结果。正因为如此，MR=MC 的利润最大化的均衡条件有时也被称作利润最大或亏损最小的均衡条件。

我们还可以用数学方法证明利润最大化的均衡条件。假定厂商的总收益函数为 TR=TR(Q)，总成本函数为 TC=TC(Q)，那么厂商的利润 $\pi(Q)=TR(Q)-TC(Q)$。

满足上式利润极大值的一阶条件为：

$$\frac{d\pi(Q)}{dQ} = TR'(Q) - TC'(Q) = MR(Q) - MC(Q) = 0 \qquad (7-5)$$

将上式移项即可得到 MR=MC。其实我们还应该验证最大值问题的二阶条件是否满足，即 $MR'(Q)-MC'(Q)<0$，这意味着最小值处的边际收益曲线的斜率应该比边际成本曲线的斜率要小。从图 7-4 中来看，边际收益曲线是一条水平直线，斜率为零，而与边际收益曲线的交点处的边际成本曲线的斜率为正，所以二阶条件是满足的。但是也有可能一阶条件满足，而二阶条件不满足。这时的产量并非利润最大化的产量点，这一点我们可以从总收益曲线和总成本曲线图中清楚地显示出来，如图 7-5 所示。

厂商实现利润最大化的一阶条件 MR=MC 在图 7-5 中的几何意义就是：在最优产量处，总收益曲线和总成本曲线的斜率相等。我们可以从图 7-5 中看到，在产量为 $Q_1$ 时，利润最大化的一阶条件是满足的，但是它并未使得利润最大，而是亏损最大。原因就在于在 $Q_1$ 处，$MR'(Q)>MC'(Q)$，利润最大化的二阶条件不满足。只有在产量 $Q^*$ 处，利润最大化的一阶条件和二阶条件才同时满足，厂商在此点达到利润最大化。我们的分析对完全竞争市场和不完全竞争市场的厂商，或者厂商的长期生产分析和短期生产分析都是适用的。对不完全竞争市场上的厂商来说，MR=P 不再成立，然而 MR=MC 依然是厂商决定最优产量的原则。至于厂商生产的长期分析，我们只需要将短期边际成本换为厂商的长期边际成本就可以了，显然厂商长期中决定最优产量的原则为 MR=LMC。

---

① 在我们后面的厂商长期均衡分析中大家可以看到这一点。

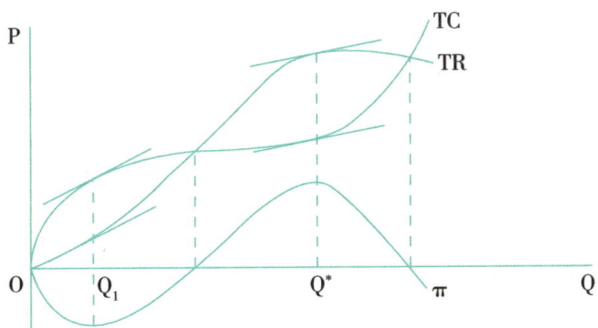

图 7-5　利润最大化的一阶条件和二阶条件

## 7.4　完全竞争厂商的短期均衡与短期供给曲线

### 7.4.1　完全竞争厂商的短期均衡

在完全竞争市场条件下的短期生产中，不仅要素和产品的价格都是既定的，而且生产中的不变要素投入的规模也无法变动。所以，厂商只有通过调节产量来实现 MR=MC 的利润最大化均衡条件。前面我们已经说过，厂商实现了短期中的利润最大化并不意味着厂商一定能获取正利润，完全竞争市场上的厂商短期均衡中，厂商既可能盈利，也可能亏损。我们用图 7-6 来说明完全竞争厂商的短期均衡。

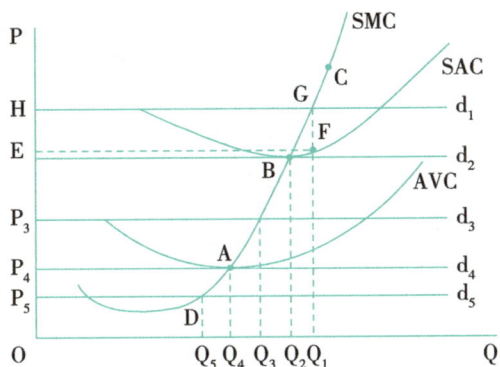

图 7-6　完全竞争厂商的短期均衡

图 7-6 中有 3 条成本曲线：SMC、SAC 和 AVC，它们代表了厂商在短期内无法改变的生产规模状况。短期边际成本 SMC 曲线分别与短期平均可变成本 AVC 曲线和短期平均成本 SAC 曲线相交于点 A 和点 B，A、B 两点将边际成本 SMC 曲线分为 3 段，我们分别用 CB 段、BA 段和 AD 段来表示，再加上点 A 和点 B，我们就需要讨论完全竞争市场中厂商短期均衡的 5 种情况。当产品的市场价格发生变化时，也就意味着厂商面临的需求曲线发生相应的变化。例如价格由 $P_5$ 升至 $P_3$ 时，厂商面临的需求曲线就由 $d_5$ 向上平移至 $d_3$。在每一种状况下，厂商都按照 P=MC 的原则选择相应的产量，因此价格由 $P_5$ 升至 $P_3$ 时，厂商将产量从 $Q_5$ 调整至 $Q_3$。

在短期中，完全竞争市场上的厂商为了实现利润最大化，所能做的只有调整产量——生产规模既定意味着短期成本曲线是无法改变的，作为价格的接受者，厂商所面临的需求曲线也是外生给定的。当厂商面临的需求曲线与边际成本曲线相交于边际成本曲线的CB段、BA段和AD段时，厂商就分别处于盈利、亏损但维持经营和亏损而退出状态。至于需求曲线和边际成本曲线交于点A和点B时的情况，我们将在下文中加以详细讨论。

第一种情况，需求曲线与边际成本曲线相交于CB段，平均收益大于平均总成本，即AR>SAC，厂商获得数量为矩形EFGH的面积的正利润。

完全竞争厂商面临的需求曲线与边际收益曲线和平均收益曲线完全重合，所以需求曲线与边际成本曲线相交于CB段就意味着$AR(Q_1)>SAC(Q_1)$，从而：

$$\pi(Q_1)=Q_1\cdot[AR(Q_1)-SAC(Q_1)]$$
$$=TR(Q_1)-TC(Q_1)>0$$

即$\pi(Q_1)>0$。这种状况对完全竞争厂商来说是梦寐以求的。但是只能是昙花一现，因为超额利润吸引着更多的厂商加入这一行业，而市场上该产品的供给的增加会压低产品的价格。当然，这已经是属于对厂商均衡的长期分析的内容了，这里不再多说。

第二种情况，需求曲线与边际成本曲线相交于点B，平均收益等于平均总成本，即$AR(Q_2)=SAC(Q_2)$，厂商获得零利润。其推理过程如下：

$$AR(Q_2)=SAC(Q_2)$$

从而　　$\pi(Q_2)=Q_2\cdot[AR(Q_2)-SAC(Q_2)]=TR(Q_2)-TC(Q_2)=0$

即$\pi(Q_2)=0$。这种状况下厂商既无利润，也无亏损，所以，SMC曲线与SAC曲线的交点B又被称作厂商的收支相抵点。这种状况的企业当然进不了《财富》500强，但是它们是支撑一国经济的默默无闻的大多数企业。

第三种情况，需求曲线与边际成本曲线相交于AB段，平均收益大于平均可变成本，小于平均总成本，厂商处于亏损状态，但是会继续生产。原因如下：

$$SAVC(Q_3)<AR(Q_3)<SAC(Q_3)$$

从而　　$Q_3\cdot SAVC(Q_3)<Q_3\cdot AR(Q_3)<Q_3\cdot SAC(Q_3)$

则　　$TVC(Q_3)<TR(Q_3)<STC(Q_3)$

显然　　$TR(Q_3)-STC(Q_3)<0$

而　　$TR(Q_3)-TVC(Q_3)>0$

上面的两个不等式表明厂商虽然处于亏损状态，但生产$Q_3$的产量所得的总收益尚能抵补所有的总可变成本，并且略有结余，可以补偿部分的不变成本，所以生产比不生产要强。企业处于这种状况而不肯遽然退出，是因为期待着市场需求状况好转，或者筹划着改变企业的生产规模。这些又是属于厂商的长期均衡和产业的长期均衡的问题，这里不再多说。

第四种情况，需求曲线与边际成本曲线相交于点A，平均收益等于平均可变成本，厂商处于亏损状态，虽然仍然维持生产，但是已经达到了一个忍耐的极限。

$$SAVC(Q_4)=AR(Q_4)$$

$$Q_4 \cdot SAVC(Q_4) = Q_4 \cdot AR(Q_4)$$

即 $TVC(Q_4) = TR(Q_4)$，总收益刚刚能够弥补总可变成本，所有的不变成本都无法收回。如果产品的市场价格继续下降，厂商就会连全部可变成本都无法收回，这时厂商就会选择停产了。所以，点 A 被称作停止营业点。

第五种情况，需求曲线与边际成本曲线相交于 DA 段，平均收益小于平均可变成本，即 AR<AVC，厂商亏损，停止生产。此时，厂商如果继续生产，其全部收益连可变成本都无法全部弥补，也更谈不上对不变成本的弥补了。事实上，厂商只要停止生产，可变成本就降为零。显然，此时不生产要比生产强。上述推理过程的证明如下：

$$AR(Q_5) < AVC(Q_5)$$

$$Q_5 \cdot AR(Q_5) < Q_5 \cdot AVC(Q_5)$$

即　$TR(Q_5) - TVC(Q_5) < 0$

$$\pi(Q_5) = TR(Q_5) - TC(Q_5)$$
$$= TR(Q_5) - TFC - TVC(Q_5) < -TFC$$

即厂商在价格低于平均可变成本的情况下继续生产，所得利润比厂商干脆停产还要少。因为短期中如果厂商决定停产，那么厂商所得利润为：$\pi(0) = -TFC$，我们从 $\pi(Q_5) < -TFC$ 中可以得知，厂商此时继续生产不如干脆停产。

综上所述，完全竞争厂商短期均衡的条件为 MR=SMC，其中，MR=AR=P。在完全竞争市场的厂商短期均衡时，厂商可以获得最大正利润，可以获得零利润，也可以处于亏损最小状态。

案例窗 7-2

从完全竞争厂商的短期均衡分析中，我们就可以得到完全竞争厂商的短期供给曲线。由于完全竞争厂商的短期均衡条件为 MR=SMC，而且 AR=MR=P，所以该均衡条件也可以写作：

$$MR=AR=P=SMC \tag{7-6}$$

### 7.4.2　完全竞争厂商的短期供给曲线

式（7-6）说明，完全竞争厂商为了获得短期的最大利润，应该选择最优的产量 Q，使得商品的价格 P 和边际成本 SMC 相等。这样一来，给定一个价格 P，就有一个相应的最优的产量 Q，能够使得厂商实现利润最大化。其实，这种关系就确定了厂商的供给曲线。完全竞争厂商的均衡条件意味着厂商供给曲线上的点都将在边际成本曲线上，那么是否边际成本曲线上的点都在厂商的供给曲线上呢？答案是否定的，只有位于点 A 以及点 A 上方的边际成本曲线才是厂商的供给曲线，如图 7-7 所示的 MC 曲线的实线部分。原因是一旦价格降到停止营业点 A 点以下，厂商就会停产关门，而不会提供任何数量的产品了。由于平均变动成本曲线以上部分的边际成本是递增的，所以，厂商的供给曲线一定是向右上方倾斜的。换句话说，厂商供给曲线的斜率为正，这意味着当产品的市场价格上升时，厂商的供给量增加；当产品的市场价格下降时，厂商的供给量减少。

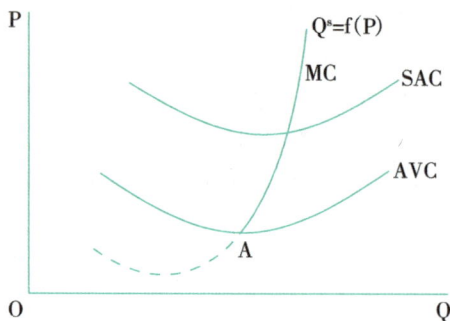

图 7-7　完全竞争厂商的短期供给曲线

### 7.4.3　生产者剩余

利用我们已经推导出来的完全竞争厂商的短期供给曲线，在此进一步介绍生产者剩余这一概念。生产者剩余是一个与消费者剩余相对应的概念。经济学家将消费者剩余定义为消费者在购买一定数量的某种商品时，实际支付的总价格与愿意支付的最高总价格之间的差额。相对应地，生产者剩余是指生产者在出售一定数量的某种商品时，实际得到的总价格与愿意接受的最低总价格之间的差额。如图 7-8 所示，价格为 $P^0$ 时的生产者剩余由阴影部分标出，它是价格 $P^0$ 线和供给曲线（亦可看成边际成本曲线）之间的阴影部分面积。

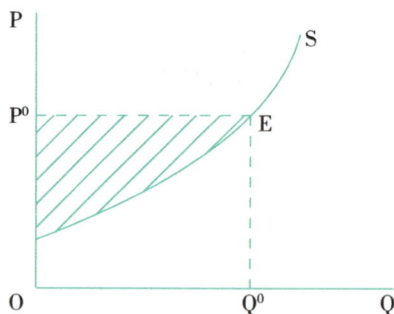

图 7-8　生产者剩余

当然，生产者剩余也可以用以下公式来定义。令供给反函数 $P^s=f(Q)$，且价格为 $P^0$ 时的供给量为 $Q^0$，则有：

$$生产者剩余 = P^0 Q^0 - \int_0^{Q^0} f(Q) \, dQ \tag{7-7}$$

在以后的分析中，我们将会把消费者剩余和生产者剩余结合起来，以分析社会福利问题。

## 7.5  完全竞争行业的短期供给曲线

消费者理论告诉我们，通过对单个消费者需求曲线的加总可以得到市场需求曲线。在讨论完单个厂商的短期供给曲线后，读者自然会猜想，我们加总各个厂商的供给曲线是不是就可以得到市场供给曲线或者行业供给曲线呢？

答案并非简单的"是"或"不是"。我们只能说在某些条件下，加总行业中所有单个厂商的供给曲线就可以得到行业供给曲线，这个条件是所有厂商同时扩大或者减少产量不会使生产要素价格上涨。只有在生产要素价格不变这一前提下，才不会出现因生产要素价格变动而引起厂商的成本变动，继而短期边际成本曲线和短期供给曲线发生变动的情况；否则，由于生产要素价格变动导致单个厂商的边际成本变动的量将不好衡量，再要通过对单个厂商的供给曲线的加总而得到短期行业供给曲线是很困难的。

若我们假定生产要素的价格不随行业产量的变化而变化，我们就可以将行业内所有厂商的短期供给曲线水平加总以得到完全竞争行业的短期供给曲线；或者说，把完全竞争行业内所有厂商的 SMC 曲线位于其 AVC 曲线上的部分水平相加，便得到该行业的短期供给曲线。

假定某个竞争性行业中有 1 000 家同样的企业，可以用表 7-3 来说明一个企业供给量与整个行业供给量的关系。

表 7-3  单个厂商的供给量与整个行业的供给量

| 组合 | 价格 | 单个厂商的供给量 | 整个行业的供给量 |
| --- | --- | --- | --- |
| A | 16 | 0 到 7 之间的任意值 | 0 到 7 000 之间的任意值 |
| B | 20 | 8 | 8 000 |
| C | 25 | 9 | 9 000 |
| D | 31 | 10 | 10 000 |

根据表 7-3 我们可以做出厂商的短期供给曲线和行业的短期供给曲线，如图 7-9 所示。

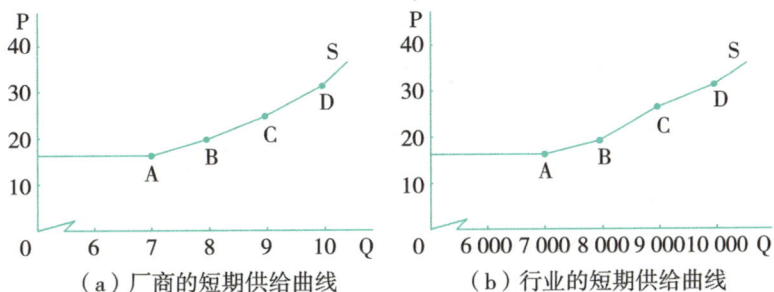

图 7-9  厂商的短期供给曲线与行业的短期供给曲线

在图 7-9 中，当价格低于 16 时，行业中的厂商全部停业，整个行业的总供给量为零。当价格升到 16 时，厂商停产与生产 7 个或 7 个以下单位的产品是无差别的，这样，有的厂商选择停产，有的选择生产7个或7个以下单位的产品，整个行业的供给量在0到7 000之间。因此在价格为16时，行业的短期供给曲线是一条水平线，即供给有无限弹性。当价格升到16以上时，每个厂商都要增加其供给量，整个行业的总供给量也会增加，增加量为每个厂商增加量的1 000倍。单个厂商的短期供给曲线见图7-9（a），行业的短期供给曲线见图7-9（b）。要注意图7-9（a）中的横轴的单位刻度代表1单位，而图7-9（b）中的横轴的单位刻度代表1 000单位。这两个图中的短期供给曲线有两点差别：

一是在每一个价格水平，整个行业的供给量是单个厂商供给量的1 000倍，因为行业中一共有1 000个厂商。

二是在价格为16时，单个厂商的供给量可以是0到7之间，而整个行业的供给量是0到7 000之间的任意值，取值的大小取决于决定提供产品的厂商的数目。

在生产要素价格不随行业产量的变化而变化的情况下，由于行业的短期供给曲线是单个厂商的短期供给曲线的水平相加，所以行业的短期供给曲线也向右上方倾斜，而且在同一坐标系下，会发现行业的短期供给曲线的斜率要远远小于单个厂商的短期供给曲线的斜率。由于厂商的短期供给曲线上的每一点都表示能在相应价格下使厂商的盈利最大或亏损最小的产量，所以行业的短期供给曲线上的每一点也表示能在相应价格下使全体厂商盈利最大或亏损最小的行业短期供给量。

## 7.6　完全竞争厂商的长期均衡

在上一节的分析中，我们说明了厂商的短期均衡可能有3种状态：厂商获得正利润、厂商蒙受亏损和厂商获得零利润。这3种短期均衡中只有一种是长期均衡。为了说明厂商的长期均衡，我们就要研究一个竞争性行业中发生作用的动态因素。在长期生产中，所有生产要素的投入数量都是可以改变的，厂商不仅可以通过调节产量，而且可以通过对规模的调整来实现利润最大化目标，因而完全竞争厂商在长期内对生产要素的动态调整表现为两个方面：一方面表现为厂商进入或者退出某一行业；另一方面表现为厂商对生产规模的调整。我们就来分别分析这两种调整方式，以及在这两种调整方式共同作用下厂商长期均衡的形成。

### 7.6.1　厂商进入或者退出某一行业

进入某一行业是指在某一行业中建立新企业的行为。退出某一行业则是指一个厂商关闭并离开某一行业的行为。我们需要提出的问题有：是什么原因吸引着厂商进入一个新的行业？又是什么原因迫使厂商退出原有行业？单个厂商的进入或者退出决策如何影响整个行业的市场价格、利润和产量？

**1.厂商决定进入和退出的原因**

在经济活动中，"天下熙熙，皆为利来；天下攘攘，皆为利往"。利润会鼓励进入，亏损会引起退出。纯粹偶然因素引起的暂时性的盈利或者亏损也许不会引起进入或退出，但是某些可以预见到的未来的盈利或亏损则会引起进入或退出。一个有着经济利润的行业能吸引新厂商进入，而一个亏损的行业就会使行业中的原有厂商退出。

只有收支相抵的行业才既不会吸引新厂商进入，也不会使原有厂商退出。因此，获利是厂商做出进入或者退出决策所依据的信号。如果企业的利润和亏损信号受到扭曲，将会造成退出者无法退出、进入者无法进入的局面，这将对整个社会的资源配置造成巨大的浪费。

**2.厂商的进入和退出对行业的价格、利润和产量的影响**

进入与退出的直接影响是行业的供给曲线的移动。新厂商进入某一行业会使得该行业的供给曲线向右移动，原有厂商退出某一行业会使得该行业的供给曲线向左移动。在市场需求曲线不变的情况下，新厂商的进入会使得产品的价格下降，而原有厂商的退出会使得产品的价格上升。

（1）厂商进入的影响。

在图7-10（a）中，假设开始时需求曲线为$D_1$，整个行业的供给曲线为$S_1$，则均衡价格为25，均衡销售量为9 000单位。[①]现在假定有一些新厂商加入该行业，这样，该行业的供给曲线就向右移动至$S_2$。在需求曲线不变时，价格下降为20，销售量增长至10 000单位。由于价格下降，边际收益曲线下移，而厂商的短期边际成本曲线不变，这意味着厂商会降低产量。这样，行业中原有的每一个厂商都面临着减产和产品价格下降，每一个厂商的利润都降低了。因此，新厂商进入对某一行业的影响是：原有厂商的利润减少，该行业的产品价格下降。我们可以以近年来美国个人计算机行业的发展为例。当IBM公司于20世纪80年代初首先推出个人计算机时，其昂贵的价格为该公司带来了丰厚的利润。但是个人计算机业丰厚的利润使得众多新的公司纷至沓来，像康柏（2002年被惠普收购）这样强有力的竞争公司的加入使得个人计算机市场的供给量大大增加，价格大幅度下降，行业中各公司的利润都减少了。

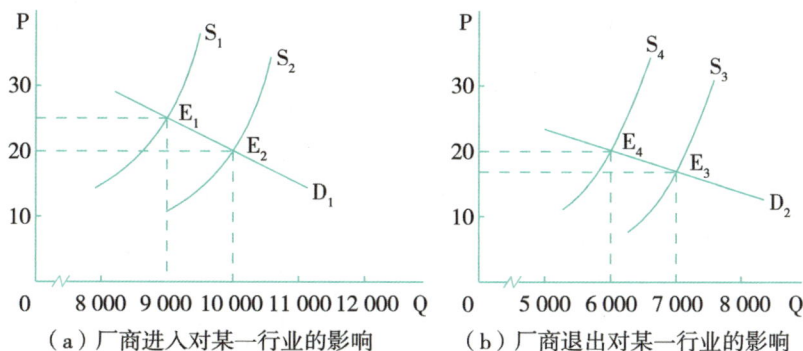

（a）厂商进入对某一行业的影响　　（b）厂商退出对某一行业的影响

图7-10　厂商进入和退出对某一行业的影响

（2）厂商退出的影响。

在图7-10（b）中，假设开始时需求曲线为$D_2$，整个行业的供给曲线为$S_3$，则均衡价格为17，均衡销售量为7 000单位。现在假定有一些厂商退出该行业，这样，该行业的供给曲线就向左移动至$S_4$。在需求曲线不变时，价格上升为20，销售量减少至6 000单位。由于价格上升，边际收益曲线上移，而厂商的短期边际成本曲线不变，这意味着

---

① 也可以说均衡产量为9 000单位，这是因为在完全竞争市场，厂商能够售出其愿意销售的任意单位，也就是说厂商生产的所有产品都能被销售出去，均衡产量等于均衡销售量。

厂商会增加产量。这样，行业中原有的每一个厂商都面临着增产和产品价格上升，每一个厂商的利润都增加了。因此，厂商退出对某一行业的影响是：原有厂商的利润增加，该行业的产品价格上升。我们可以以美国的国际收获者公司离开农业机械行业为例。该公司一直是拖拉机、联合收割机的生产大户，但是这一行业的竞争过于激烈，各个企业都出现了亏损情况。后来国际收获者公司离开了农业机械行业而转产卡车，使得剩下的农机业厂商改变了亏损状态。

总结起来，只要存在经济利润，就会吸引新厂商进入；只要经济亏损，就会有厂商退出该行业。厂商长期均衡正是厂商追逐利润、避免亏损而做出进入或退出决策的结果。在一个竞争性行业中，只有当经济利润为零时，才能实现长期均衡。如果一个行业有经济利润，新厂商就会进入该行业，结果市场价格下降，利润减少；只要该行业还有正利润，就会有新厂商不断进入该行业。同样，只要一个行业有亏损，就会有企业不断地退出；只有当利润为零，或者亏损为零时，厂商才会停止进入或退出。这时就实现了一个竞争性行业的厂商长期均衡。

我们可以将上述调整的过程用图 7-11 表示出来。图中的 LMC 曲线和 LAC 曲线分别为该行业单个厂商的长期边际成本曲线和长期平均成本曲线，$d_1$、$d_2$、$d_3$ 分别代表厂商在 3 个不同的价格下所面临的需求曲线。在长期内，当市场价格较高，为 $P_3$ 时，根据 MR=LMC 的利润最大化的均衡条件，单个厂商在 $E_3$ 点处实现均衡，并且获得了正利润。新的厂商受到利润的刺激而加入该行业进行生产，这导致行业供给的增加和价格的下降；相应地，单个厂商所面临的需求曲线会向下平移。相反，当市场价格较低，为 $P_1$ 时，根据 MR=LMC 的利润最大化的均衡条件，单个厂商在点 $E_1$ 处实现均衡，并且处于亏损状态。行业中原有的部分厂商就会退出该行业，这会引起行业供给的减少和价格的上升；相应地，单个厂商所面临的需求曲线会向上平移。最后，不管是盈利行业新厂商的进入还是亏损行业部分厂商的退出，都会使得市场价格调整到 $P_2$ 的位置，即单个厂商面临的需求曲线运动到图 7-11 中 $d_2$ 的位置。如图 7-11 所示，$d_2$ 切于 LAC 曲线的最低点 $E_2$，LMC 曲线也经过该点，这一点就是 MR=LMC 的均衡点。在均衡点 $E_2$，单个厂商的平均收益等于最低的长期平均成本，因而单个厂商在长期内既无亏损，也无盈利。此时，行业中的厂商数目也不再发生变化，于是，单个厂商实现了长期均衡。

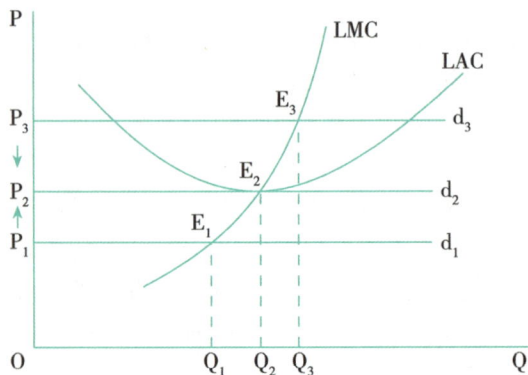

图 7-11  完全竞争厂商的长期均衡（一）

## 7.6.2 厂商对生产规模的调整

下面我们将把厂商对生产规模的调整和行业内厂商数目的调整结合起来讨论完全竞争厂商的长期均衡实现过程。

在长期内，市场价格会随着新厂商的进入和原有厂商的退出所引起的行业内厂商数目的变化而变化。相应地，厂商会根据每一个变化了的价格水平来调整自己的生产规模，使得 MR=LMC 成立。在这样一个不断调整的过程中，单个厂商最后必然将生产规模调整到与利润为零的长期均衡所要求的产量相适应的最优生产规模。这一具体的调整过程可以用图 7-12 来说明。

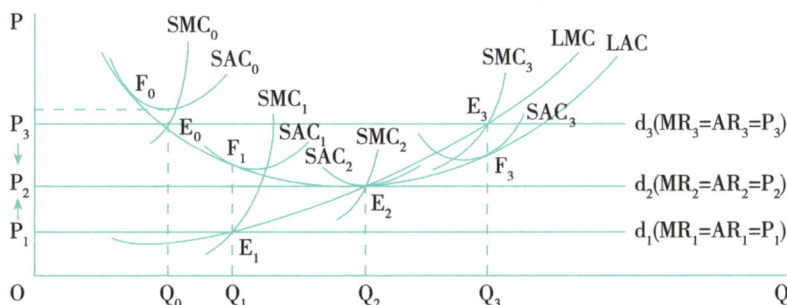

图 7-12 完全竞争厂商的长期均衡（二）

与图 7-11 相比，图 7-12 中增加了表示生产规模调整的 4 组短期平均成本曲线和短期边际成本曲线。这 4 组短期成本曲线分别代表小、中、大、特大 4 种生产规模。

假定最初的市场价格为 $P_3$，某一厂商所面临的需求曲线为 $d_3$，它的生产规模为小型的，以第一组短期生产成本曲线 $SAC_0$ 和 $SMC_0$ 表示。在短期内，厂商无法改变其生产规模，所以虽然以中型生产规模生产会降低成本，厂商也只能以小型规模生产。根据 MR=SMC 的均衡原则，厂商在 $E_0$ 点实现短期均衡。在短期均衡点 $E_0$ 上，厂商处于亏损状态，均衡产量为 $Q_0$，亏损量为 $|F_0E_0| \cdot Q_0$。

在短期中看来厂商只能亏损，但是在长期内情况就不同了。当市场价格为 $P_3$ 时，厂商可以通过对生产规模的调整，使自己的经营状况得以改善。在市场价格不变时，厂商会扩大生产规模直至特大型。根据 MR=LMC 的均衡原则，厂商在 $E_3$ 点实现均衡，厂商所确定的均衡产量为 $Q_3$。调整生产规模后厂商在同样的市场价格下还可以得到正利润，利润量为 $|E_3F_3| \cdot Q_3$。

由于该厂商获得了正利润，新的厂商会相继加入该行业。假设新厂商的纷纷加入使得市场上的供给增加过猛，从而价格下降为 $P_1$，单个厂商所面临的需求曲线向下平移为 $d_1$ 曲线。在这种情况下，厂商如果继续保持特大的生产规模，就会蒙受很大的损失。在长期内，厂商必然会采取收缩战术，根据 MR=LMC 的原则，将生产规模调整到中型，这时厂商生产 $Q_1$ 的产量，均衡点为 $E_1$。此时厂商虽然仍然在亏损，但是亏损额为 $|F_1E_1| \cdot Q_1$，比起在特大型规模下的亏损额来说已经大大减少。由于单个厂商的亏损，行业中的部分厂商会选择退出，这样又会促使市场价格回调，厂商又会根据新的价格对生产规模进行调整。

以上厂商对生产规模的调整过程将持续到行业内的所有单个厂商的经济利润或经济损失都消除为止。这就是说，在图 7-12 中，厂商最后必然在长期平均成本 LAC 曲线的最低点 $E_2$ 处实现长期均衡，相应的均衡产量为 $Q_2$，生产 $Q_2$ 产量的最优规模由 $SMC_2$ 曲线和 $SAC_2$ 曲线所代表，在本例中其代表大型生产规模。

在长期均衡点 $E_2$ 上，厂商所面临的需求曲线 $d_2$ 切于 LAC 曲线的最低点。该行业的每个厂商的生产规模都处在短期边际成本、短期平均成本与长期平均成本相等的状态。我们用公式表示完全竞争厂商长期均衡的条件就是：

$$MR=LMC=SMC=LAC=SAC \tag{7-8}$$

式中：$MR=AR=P$。在长期均衡时，每个厂商的产量都使得边际成本等于边际收益，即价格 P，这表明短期内没有厂商能够通过改变产量而增加利润。这时每个厂商都达到了长期中的最低平均成本，所以也没有企业愿意扩大或缩小规模。因为无论扩大还是缩小规模都会使得长期平均成本偏离最低点，在市场价格不变的情况下就会引起亏损。当然，这时也不会有一个厂商进入或离开该行业。

总之，在一个完全竞争的市场上，长期均衡的状态就是既无利润又无亏损的收支相抵状态。这时，既没有一个厂商进入或退出，也没有一个厂商调整生产规模，这种均衡状态只有在完全竞争市场中才能出现。

## 7.7 完全竞争行业的长期均衡与行业长期供给曲线

在短期分析中，市场需求曲线和厂商的技术水平是不会变化的。而在长期分析中，市场需求和厂商的技术都会受到各种因素的影响而变化。例如，由于人们对吸烟有害健康越来越认同，所以对烟草的需求减少了；由于环境保护的观念深入人心，人们对一次性餐具的需求减少了，对绿色商品的需求增加了，等等。长期的需求增加或减少对一个完全竞争行业会有什么影响？行业的长期供给曲线会是什么形状？当今社会的技术创新层出不穷，技术进步对某一竞争性行业会有怎样的影响，以及如何体现到行业的长期供给曲线上？这些都是我们本节中想要回答的问题。

### 7.7.1 需求和技术进步的影响

首先我们用图 7-13 来分析需求的长期性减少对一个竞争性行业和行业中每一个厂商的影响。

图 7-13（a）表示需求减少对一个行业的影响，图 7-13（b）表示需求减少对行业中的一个代表性厂商的影响。在图 7-13（a）中，原来的行业总需求曲线为 $D_0$，行业短期总供给曲线为 $S_0$，行业的均衡产量为 $Q_0$，均衡价格为 $P_0$。在图 7-13（b）中，开始时厂商处于长期均衡状态，厂商的产量为 $q_0$，经济利润为零。现在假设需求长期性减少，市场需求曲线向左下方移动至 $D_1$，从而市场均衡价格由 $P_0$ 下降为 $P_1$。价格的下降意味着厂商的边际收益曲线下移，根据 P=MC 的产量决策原则，厂商相应地将产量调整到 $q_1$，整个行业的供给量也就沿着行业短期总供给曲线 $S_0$ 向下减少到 $Q_1$，这时就实现了行业的短期均衡，但并不是行业的长期均衡。这时代表性厂商的平均收益小于平均成本，$q_1$ 的

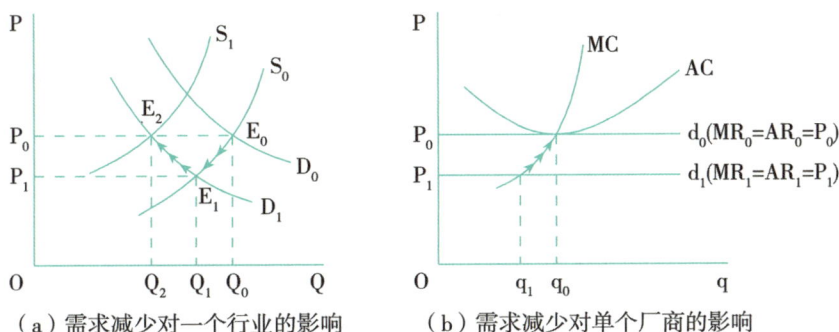

（a）需求减少对一个行业的影响　　　（b）需求减少对单个厂商的影响

图 7-13　需求减少的影响

产量实际上是使得厂商的亏损最小化的产量。在这种情况下，一部分厂商会离开该行业，这样又会使得行业短期总供给曲线左移，供给量减少，价格回升。在每一个更高的价格上，每一个留守的厂商又会相应地扩大产量，最后，部分厂商的退出使得该行业的短期总供给曲线移动到 $S_1$，价格又回到了原来的水平 $P_0$。在这个价格水平下，现有的厂商的产量也恢复到原有水平 $q_0$，厂商也停止了退出。这时，行业的短期总供给曲线为 $S_1$，行业的总产量为 $Q_2$，行业实现了长期均衡。在新的行业均衡中，行业中的厂商数目减少，而每一个留下的厂商的产量水平与以前一样。在从原来的均衡向新的均衡过渡的过程中，这些厂商也曾经亏损，但是它们通过调整产量将损失控制在最小程度，并且耐心等待，终于度过了本行业的困难时期。

至于需求增加对一个竞争性行业和行业中每一个厂商的影响，与需求减少的情况的分析是类似的，为避免重复，我们将这一部分作为课后习题。需求的增加会使得新的行业均衡中厂商的数目增加，而每一个厂商都生产以前的产量。在从原来的均衡向新的均衡过渡的过程中，所有厂商，不论是原有的还是新加入的，都得到了经济利润。只不过竞争使得利润被摊薄，最后为零。在现实中，美国 20 世纪 80 年代的快餐业就经历了需求增加引起的行业扩大过程。最初对快餐的需求增加导致了快餐的价格上涨，但随着快餐业行业规模的扩大，供给增加，价格又回落到原来的水平，实现了新的均衡。

下面我们来分析技术进步对竞争性行业和行业中的单个厂商的影响。各个行业都在不停地寻找能够降低成本的技术，但是新技术在整个行业的推广需要一定的时间。当一项新技术产生时，某些恰好需要更新设备的企业或者新建企业可以迅速采用新技术，而一些设备尚不需要更新的企业可能仍然采取旧技术，直到这些旧技术不能弥补其平均可变成本时为止。

我们用图 7-14 来分析某一个行业出现新的技术进步对完全竞争行业和行业中的某一个厂商的影响。图 7-14（a）表示行业的供给和需求状况，图 7-14（b）表示采用旧技术的厂商的成本和收益状况，图 7-14（c）表示采用新技术的厂商的成本和收益状况。在图 7-14（a）中，整个行业的需求曲线为 D，原来的供给曲线为 $S_0$，价格为 $P_0$，供给量为 $Q_0$。在图 7-14（b）中，开始时只有采用旧技术的厂商，每个厂商的边际成本曲线都是 $SMC_0$，平均成本曲线都是 $SAC_0$。开始时市场价格为 $P_0$，每个厂商的边际收益曲线都为 $MR_0$，生产的产量为 $q_0^{old}$（用 old 表示旧技术，用 new 表示新技术，从而 $q^0$ 表示使用旧技术的厂商的产量，$q^N$表示使用新技术的厂商的产量），实现了零经济利润，这个厂商原本处在长期的均衡状态。

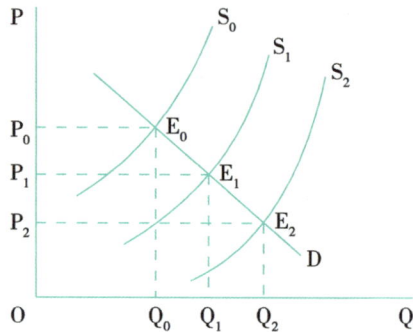

（a）行业的供给与需求

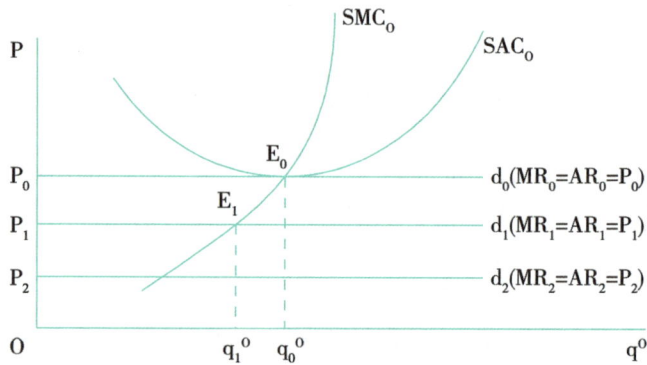

（b）采用旧技术的厂商的成本与收益

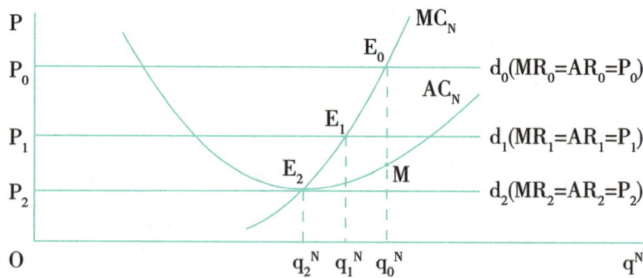

（c）采用新技术的厂商的成本与收益

图 7-14  技术进步的影响

现在行业中出现了一种新技术，可以使得厂商的生产成本降低，在图 7-14（c）中显示了运用新技术的厂商的成本曲线。假设最先只有一个厂商采用了新技术，由于该厂商的产量在整个完全竞争市场总供给量中的份额很小，所以整个行业的供给曲线仍然为 $S_0$，价格也仍然为 $P_0$，采用了新技术的厂商此时可以获得丰厚的经济利润，平均每单位产品的利润为 $E_0M$，它的利润最大化产量为 $q_0^N$。但是对这个厂商来说好景不长，受到正利润的吸引，行业中很快就会有更多厂商采用新技术。在一段时期之后，采用新技术的厂商是如此之多，新技术对行业供给量的影响再也不能被忽略不计了。行业的短期总供给曲线向右下方移动到 $S_1$，市场价格相应下降为 $P_1$，整个行业的产量增加到 $Q_1$。这时行业中的每个厂商都按照 $P_1$ 的价格调整产量以使利润达到最大化。在图 7-1（c）中可以看到，每一个采取了新技术的厂商的产量为 $q_1^N$，并且仍然享有经济利润。在图 7-14（b）中可以看到，仍然采用旧技术的厂商已经处于亏损状态，厂商不得已将产量从 $q_0^0$ 缩减至 $q_1^0$，以使得亏损最小化。由于新技术可以牟利，而旧技术面临亏损，渐渐地，更多采用新技术的厂商代替了采用旧技术的厂商，直到最后整个行业全部采用了新技术。这时，整个行业的供给曲线进一步向右移动为图 7-14（a）中的 $S_2$。此时市场价格进一步下降为 $P_2$，整个行业的供给量为 $Q_2$。在价格为 $P_2$ 时，每个厂商都采用了新技术，产量为 $q_2^N$，经济利润为零。整个行业在 $P_2$ 的价格下达到长期均衡。

值得注意的是，图 7-14（a）中的行业供给曲线是以单个厂商的边际成本曲线为基础的。其中，$S_0$ 是以采用旧技术的厂商的边际成本曲线为基础推出的，此时行业中所有的厂商都采用旧技术；$S_1$ 是以一部分采用新技术的厂商和一部分采用旧技术的厂商的边际成本曲线为基础推出的；$S_2$ 则是以采用新技术的厂商的边际成本曲线为基础推出的，此时行业中所有的厂商都采用了新技术。

技术进步对竞争性行业和行业中的厂商的产量和利润的影响说明了新技术的推广过程。在这一过程中，起关键作用的是厂商对利润的内在追求和剧烈竞争的外部压力。如果一国经济中充满了对利润漠不关心、在竞争中受到特殊保护的企业，则可以预见该国经济的技术进步会相当缓慢，即使当局采用种种手段鼓励技术进步也是枉然的。

### 7.7.2　行业的长期供给曲线

在 7.6 部分的分析中，当需求长期性减少时，价格先降后升，最后又回到了原来的位置，所以行业长期供给曲线成为一条水平直线；但是这种情况并不是必然的。在需求发生长期性变动时，长期市场均衡价格可能上升，可能下降，也可能不变，相应的行业的长期供给曲线如图 7-15 所示。

在图 7-15（a）中，行业长期供给 LS 曲线向右上方倾斜。在这种情况下，长期均衡价格与长期需求同向变化。当需求增加时，均衡价格上升；当需求减少时，均衡价格下降。这种情况发生在成本递增行业。

按照 7.6 部分的分析方法，当需求长期性增加时，价格应先升后降；当需求长期性减少时，价格应先降后升。在成本递增行业，需求增加导致的均衡价格的上升幅度比下降幅度大，而需求下降导致的均衡价格的下降幅度比上升幅度大。

在图 7-15（b）中，行业长期供给曲线向右下方倾斜。在这种情况下，长期均衡价格与长期需求反向变化。当需求增加时，均衡价格下降；当需求减少时，均衡价格上升。这种情况发生在成本递减行业。

按照 7.6 部分的分析方法，当需求长期性增加时，价格应先升后降；当需求长期性减少时，价格应先降后升。在成本递减行业，需求增加导致的均衡价格的下降幅度比上升幅度大，而需求减少导致的均衡价格的上升幅度比下降幅度大。

在图 7-15（c）中，行业长期供给曲线为一条水平直线。在这种情况下，长期均衡价格不随长期需求的变化而变化。这种情况发生在成本不变行业。

（a）成本递增行业　　　　（b）成本递减行业

（c）成本不变行业

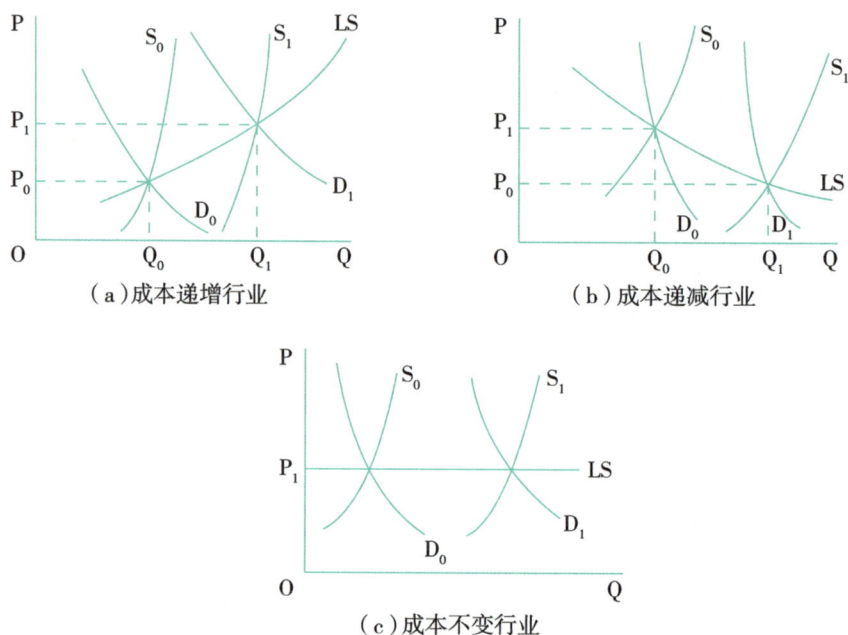

图 7-15　行业的长期供给曲线

按照 7.6 部分的分析方法，当需求长期性增加时，价格应先升后降；当需求长期性减少时，价格应先降后升。在成本不变行业，需求增加导致的均衡价格的上升幅度与下降幅度一样大，而需求下降导致的均衡价格的下降幅度与上升幅度一样大。

各个行业的长期供给曲线到底是哪一种形状，取决于外部经济和外部不经济的状况。外部经济（external economy）是指随着整个行业产量的增加，不由一个厂商控制的因素导致其平均总成本下降。外部不经济（external diseconomy）是指随着整个行业产量的增加，不由一个厂商控制的因素导致其平均总成本上升。如果一个行业中外部经济的因素占了上风，该行业的长期供给曲线就会向右下方倾斜；如果一个行业中外部不经济的因素占了上风，该行业的长期供给曲线就会向右上方倾斜；如果一个行业中外部经济的因素与外部不经济的因素持平，该行业的长期供给曲线就会是一条水平直线。相应地，它们分别被称为成本递减行业、成本递增行业和成本不变行业。

现实中有很多外部经济与外部不经济的例子。在 19 世纪末 20 世纪初，美国的农业是一个成本递减型的行业，体现出了强烈的外部经济性。这是因为当时农业产量的增加为农业提供专业化服务的种类和水平提高了。农业机械、化肥、运输、储存和市场销售条件都得以改善，农产品的成本大大降低。由此可见，从根本上说，"外部经济"的上述定义不够准确，定义中强调平均总成本下降的前提是整个行业产量的增加，其实真正导致平均总成本下降的是为农业提供专业化服务的行业的出现和发展。也就是说，是相关行业分工和专业化程度的加深导致了农业平均成本的下降和生产效率的提高，而不是农业产量的增加本身导致的。当然，农业产量的增加使得对农业提供服务的相关行业的需求增加，有利于这些行业的出现和发展，但是，产生外部经济的根本原因在于分工和专业化，而不在于农业产量的增加。外部不经济的例子我们仍然可以农业为例。在行业总产量增加时，如果运输、储存和市场销售条件跟不上去，农民为了将产品运输到市场上销售而不得不支付更高的运输费用，为了妥善储存更多的产品而不得不支付更多的储存保管费用，要想卖掉更多的农产品甚至还得大做广告，那么产品丰收时农产品的销售价格最终可能并不会下降，反而上升。这时农业中外部不经济因素就可能占上风，农业成为成本递增行业。

## 本章小结

在本章中，我们学习了微观经济学市场理论的完全竞争市场部分。首先我们介绍了西方经济学对市场类型的划分，并着重强调了完全竞争市场所具备的四个特征：参与者众多、产品同质、进退自由、信息充分。通过区分完全竞争厂商面临的需求曲线和完全竞争行业面临的需求曲线，我们阐明了厂商在完全竞争市场中面临的特殊的市场约束：需求曲线为一条水平直线，或者说厂商是价格的接受者。紧接着，我们推出了厂商生产决策所遵守的利润最大化原则，即边际收益（MR）等于边际成本（MC），并且强调读者注意利润最大化的二阶条件：$MR'<MC'$。在此之后，我们参照前面将生产划分为短期和长期的方法，分别研究了完全竞争厂商以及完全竞争行业的短期均衡和长期均衡，并且分别得出了完全竞争厂商和完全竞争行业的供给曲线。完全竞争厂商的短期均衡的条件是 $P=MR=AR=SMC$。厂商在短期均衡中可能盈利，可能收支相抵，也可能亏损。我们从完全竞争厂商的短期均衡中推出了厂商的供给曲线，它实际上是边际成本曲线位于平均可变成本曲线上方的部分。我们在假设要素价格不变的前提下，对行业中各厂商的短期供给曲线进行水平加总而得到完全竞争行业的短期供给曲线。然后我们分析了完全竞争厂商的长期均衡，指出完全竞争厂商的长期均衡的条件是 $MR=LMC=SMC=LAC=SAC$。

## 本章基本概念

总收益　　平均收益　　边际收益　　生产者剩余　　外部经济　　外部不经济

## 复习思考题

### 一、简答题

1.对完全竞争市场上的厂商而言，为什么边际收益曲线、平均收益曲线和需求曲线重合？

2.为什么说完全竞争厂商是市场价格的接受者？

3.用图说明完全竞争厂商的短期均衡的形成及条件，并推导出厂商的短期供给曲线。

4.用图说明完全竞争厂商的长期均衡的形成及条件。

### 二、计算题

1.已知某完全竞争行业的单个厂商的短期成本函数为 $STC=0.1Q^3-2Q^2+15Q+10$。要求：

（1）当市场上的产品价格为 55 时，计算厂商的短期均衡产量及利润。当市场价格降为 20 时呢？

（2）当市场价格下跌到什么时候企业会选择停产？

（3）企业的短期供给曲线是什么样的？

2.已知某一市场上的供给曲线与需求曲线分别为：$Q^s=60+40P^s$ 和 $Q^d=150-50P^d$。要求：

（1）计算市场的均衡价格与均衡销售量。

（2）如果政府按照 $P^d=1.2P^s$ 的原则对该商品征税，求此时的消费者剩余和生产者剩余的变化量以及社会的福利净损失量。

3.一个竞争性行业中所有厂商的规模相同，它们有同样的长期成本函数：$LTC=0.1q^3-1.2q^2+8.6q$，其中，q 为单个企业的产量。市场对该行业的需求曲线为：$Q=580-20P$，其中，Q 为行业的总产量。要求：计算该行业的长期均衡产量以及均衡时行业中厂商的个数。

三、论述题

谈谈你对完全竞争市场理论的评价。

# 第8章 不完全竞争市场理论

## 学习目标

通过本章的学习，你应该能够：

- 了解3类不完全竞争市场组织形式的特点、厂商行为、市场均衡、经济效率等。
- 掌握垄断厂商的定价策略，以及垄断厂商如何因效率损失而受政府管制。
- 懂得各类不完全竞争厂商的均衡分析和效率分析，以及各类寡头垄断模型之间的联系和差异。
- 运用不完全竞争理论，分析实际生活中各类市场的结构，解决其效率损失问题。

在完全竞争市场中，最主要的假设之一是厂商作为价格接受者，不能对市场价格有任何影响。在本章中，我们将放松这个假设，考察厂商能够不同程度影响价格的情况，这就是不完全竞争市场。不完全竞争市场按厂商对价格的控制程度或垄断程度可分为3个类型：完全垄断市场、垄断竞争市场、寡头垄断市场。其中，完全垄断市场的垄断程度最高，寡头垄断市场其次，垄断竞争市场最低。本章将分别对这3种不完全竞争市场的基本特征、均衡条件、均衡价格和产量的决定做详细分析，并讨论垄断厂商的定价原则和政府对垄断市场的管制情况，最后比较包括完全竞争市场在内的4种市场组织类型的需求曲线、垄断力度和经济效率。

## 8.1 完全垄断市场

完全垄断市场又称垄断市场（monopoly market），是指一种特殊的商品市场结构。在这种市场中，该商品的销售者只有一个，而这个单一的销售者又是该行业内唯一的生产者。这个单一的销售者和生产者（垄断者）控制了整个市场，它所面对的是整个市场需求曲线。根据对市场需求曲线的了解可知，垄断者可以选择在曲线上的任何一点进行生产。实际上，垄断者的产出决策决定了该商品的市场价格，这与完全竞争市场正好相反。在完全竞争市场，厂商的产出决策并不影响商品的市场价格，价格是由市场给定的。因此，完全垄断与完全竞争所描述的市场组织形式正好是两个完全相反的极端情形。

### 8.1.1 垄断市场的条件及成因

垄断市场是一种特殊的市场组织形式。在这个市场中，只有一个厂商生产和销售不存在相近替代品的商品。更确切地说，满足以下条件的市场就被称为垄断市场：

（1）该市场仅仅包含一个厂商生产和销售某一种商品；

（2）这种商品不存在任何相近的替代品；

（3）其他任何厂商进入该市场极为困难，或者是根本不可能的。

以上3个条件基本排除了市场的竞争因素，垄断厂商控制了整个行业的生产和市场销售。而当市场中仅有一个厂商时，该厂商一般不可能将商品的价格视为一个给定的常数；相反，其将意识到自己对市场价格的影响，从而选择该商品的产量和相应的价格，以实现其利润最大化的原则。因此，垄断者又往往被称为价格制定者。

当然，垄断厂商不可能独立地制定价格或产量。在给定的价格下，其只能销售出市场所需求的商品数量；在给定的产量下，其也只能选择消费者所能接受的价格。因此，垄断厂商的生产和价格决策必然要受到市场需求曲线的制约。

存在垄断市场主要是由于其他厂商认为这个市场是无利可图的，或者无法进入这个市场。无利可图可能是因为这个商品的市场需求比较小，不足以满足多个厂商的生产，或者说存在自然垄断的情况。无法进入市场则是因为该市场存在进入障碍，使得市场外的厂商要进入市场必须支付高昂的成本，或者根本就不可能进入。这些障碍有来自原料资源、生产技术、金融方面的，也有来自法律方面的。总的说来，形成垄断市场的原因可以具体归纳为以下4点：

**1.进入的资源障碍**

由于垄断厂商控制了生产某种商品所必需的全部资源或基本资源的供给，从而排除了经济中其他厂商生产该商品的可能性。这种情况在一些稀缺性矿产资源的经营中比较常见。

**2.进入的技术障碍**

不同的商品生产总是有不同的生产技术。一旦某个厂商发明了某项生产技术，而这项技术在一定时期内又不为其他厂商所获悉，并且不存在可以替代的技术，那么该厂商在这一段时期内就会成为垄断者，该商品的市场也就相应地成了垄断市场。这种垄断情况，关键在于垄断厂商如何不让其他厂商获取该项技术，以维持它的垄断地位。其方法不外乎两个：保守秘密和专利保护。另外，一些特定的管理技术也有可能成为垄断的基础。

**3.进入的法律障碍**

事实上，经济中存在的很多垄断都是由法律而不是由经济条件所带来的。为了获取某些特殊的利益，政府往往会设置一些法律，使得垄断成为现实。这些由政府所设置的法律障碍包括两个方面：一是专利法；二是特许权制度。为了鼓励技术进步，使得创新能够有利可图，每个国家都会有一套专利系统，对生产技术进行法律保护。这样，如果把某项技术唯一地指定给一个厂商拥有，那么这个厂商就可能成为该技术产品的垄断者。

另外，基于一些政治上的原因，政府往往会授予某个厂商在一个市场提供某种产品或服务的特许权。例如，许多国家的邮政部门、铁道运输部门、通信部门、电力部门、电视台等一些公用事业都是政府给予某个厂商特许的垄断经营权。

**4.自然垄断**

某些商品在生产初期必须投入大量的固定成本，而在一个比较大的产出范围内呈现边际成本与平均成本递减的情况，这种情况被称作自然垄断。例如，电信公司提供电话和网络服务，在营运初期须投入大量的固定成本用来铺设网线、购买交换机等，而每增加一次电话或网络服务，其边际成本非常低。在自然垄断条件下，规模相对较大的厂商总是低成本的生产者，这样它就会通过低价销售将其他生产者挤出该行业，直到市场内只有一个厂商。这时，它的规模足可以满足整个市场的需求。同样，垄断一旦建立起来，市场外的厂商要想进入就会非常困难。一方面是由于初期需要大量的固定成本投入；另一方面是由于新进厂商生产规模相对较小，从而生产的平均成本相对较高，无法与垄断者竞争。

与完全竞争市场一样，完全垄断市场也是一种抽象的市场组织形式。在实际的经济生活中，能够同时满足垄断市场3个条件的市场几乎是不存在的，很多市场往往都是一种近似完全垄断的情况，如各种公用事业。尽管如此，完全垄断市场理论还是作为分析其他各种不完全竞争市场的重要理论基础，并与完全竞争市场一起来评判其他各种市场的经济效率。

### 8.1.2　垄断厂商的需求与收益曲线

**1.垄断厂商的需求曲线**

垄断市场只有一个厂商，因此，垄断市场的需求曲线就是垄断厂商的需求曲线。垄断市场的需求曲线与完全竞争市场的需求曲线一样，都是一条向右下方倾斜的曲线。它可以是线性的，也可以是非线性的，一般以 $Q^d=f(P)$ 的形式来表示。下文图8-1（a）中的d曲线就是垄断市场的需求曲线，即垄断厂商所面临的需求曲线，又称垄断厂商的需求曲线。

假定市场总是均衡的，即垄断厂商的销售量总是等于市场的需求量，那么垄断厂商向右下方倾斜的需求曲线就表示垄断厂商的销售量和市场价格呈反方向变动。垄断厂商可以通过调整销售决策来控制垄断商品的市场价格：减少销售量以提高市场价格；增加销售量以压低市场价格。同样，垄断厂商可以通过调整价格决策来控制垄断商品的市场需求量：提高价格以减少市场需求量；降低价格以扩大市场需求量。

**2.垄断厂商的收益曲线**

垄断厂商的总收益、平均收益和边际收益的含义与完全竞争厂商一样。[①]不同的是，在完全竞争市场下，不能由市场需求曲线得到厂商的收益曲线，因为市场需求曲线不同于厂商需求曲线。而在垄断市场条件下，由于市场需求曲线就是厂商所面临的需求曲线，因此可以由市场需求曲线直接得到厂商的收益曲线。

从表8-1中可看出，垄断商品的市场价格随着垄断厂商商品销售量的不断增加而下降。从垄断厂商的收益来看，总收益先增后降；平均收益等于商品价格，随着商品价格的不断下降而下降；边际收益与平均收益一样，也呈不断下降的趋势。总收益与边际收益之间的关系是：在边际收益为正时，总收益是上升的；在边际收益为负时，总收益是下降的。此外，在每一个销售量上，边际收益总是小于或等于平均收益的，

---

① 参见第7章7.3.1部分的内容。

即 MR≤AR。这是因为：MR 是指增加一单位商品销售量所增加的收益，它等于垄断厂商从增加那一单位商品的售价中所得到的收益和由于增加商品销售引起价格下降所带来的原商品收益减少量之和，即 MR=P+Δ，Δ 表示由于价格下降所带来的收益减少量，其值为一个小于或等于零的数，而 AR 又等于 P，所以必有 MR≤AR。例如，在表 8-1 中，当垄断厂商的销售量从 3 增加到 4 时，厂商从第 4 单位商品上得到的收益为 8，但商品的平均价格下降了 1，这就使得原来 3 个单位商品的收益下降了，从原来的 27 减少到 24，因此 Δ 就等于-3。根据 MR=P+Δ，得到此时 MR 等于 5，显然小于 AR（等于 8）。

表 8-1　　　　　　　　　　　　　　某垄断厂商的收益表

| 商品销售量 | 1 | 2 | 3 | 4 | 5 | 6 | 7 | 8 | 9 | 10 | 11 | 12 |
|---|---|---|---|---|---|---|---|---|---|---|---|---|
| 商品价格 | 11 | 10 | 9 | 8 | 7 | 6 | 5 | 4 | 3 | 2 | 1 | 0 |
| 总收益 | 11 | 20 | 27 | 32 | 35 | 36 | 35 | 32 | 27 | 20 | 11 | 0 |
| 平均收益 | 11 | 10 | 9 | 8 | 7 | 6 | 5 | 4 | 3 | 2 | 1 | 0 |
| 边际收益 | — | 9 | 7 | 5 | 3 | 1 | -1 | -3 | -5 | -7 | -9 | -11 |

根据垄断厂商的收益表，可以相应画出它的收益图。图 8-1 描述了在需求曲线是线性的情况下，需求曲线、总收益曲线、平均收益曲线和边际收益曲线相互之间的关系。图 8-1 中，横坐标表示垄断厂商的销售量或市场的需求量 Q，纵坐标表示商品的价格 P。根据图形，可以归纳出垄断厂商需求曲线的以下特征：

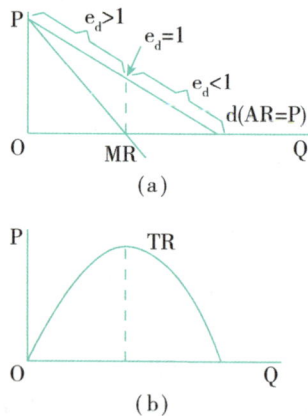

图 8-1　某垄断厂商的收益曲线

（1）厂商的平均收益曲线 AR 与市场需求曲线 d 重叠，同时 d 曲线是垄断厂商的需求曲线。

（2）边际收益曲线 MR 位于平均收益曲线的下方，且亦呈向右下方倾斜的趋势。

（3）总收益曲线 TR 呈先升后降的形态。

以上 3 个特征，无论厂商需求曲线是否为线性，都能满足。而当厂商需求曲线为线性时，MR 曲线与需求曲线之间有着更加显著的特点。

假设厂商线性的反需求曲线可表示为：

P=a-bQ

（8-1）

式中：a、b均为常数，且a、b>0。根据总收益和边际收益的含义，可以得到：

$$TR=P(Q)Q=aQ-bQ^2 \tag{8-2}$$

$$MR=\frac{dTR(Q)}{dQ}=a-2bQ \tag{8-3}$$

对式（8-1）和式（8-3）关于Q分别求导，得到两条曲线的斜率为：

$$dP/dQ=-b \tag{8-4}$$

$$dMR/dQ=-2b \tag{8-5}$$

由此可以有以下结论：当垄断厂商的需求曲线d为线性时，MR曲线也为线性；d曲线和MR曲线在纵轴上的截距相等；MR曲线的斜率是d曲线斜率的两倍。以上结论如图8-1所示。

### 3.总收益与需求的价格弹性

垄断厂商作为垄断商品的价格制定者，可以随时做出提价和压价的决策，以提高总收益。前面已经提到，垄断厂商关于价格的决策与市场需求曲线有关，确切地说，应该是与垄断商品需求的价格弹性有关。

假定厂商的反需求函数为P=P（Q），则有：

$$TR(Q)=P(Q)\cdot Q$$

$$dTR(Q)=QdP+PdQ=QdP\left(1+\frac{dQ}{dP}\cdot\frac{P}{Q}\right)$$

$$dTR=QdP(1-e_d) \tag{8-6}$$

式中：$e_d=-\frac{dQ}{dP}\cdot\frac{P}{Q}$，是需求的价格弹性系数。

可见，对垄断厂商来说，提高垄断商品的价格未必能够增加总收益，降低价格也未必会减少总收益，这取决于商品的需求的价格弹性系数 $e_d$。假定市场是均衡的，则有：

（1）当 $e_d>1$ 时，垄断厂商的总收益与商品价格呈反方向变动，与商品销售量呈同方向变动。

（2）当 $e_d=1$ 时，垄断厂商的总收益与商品价格、商品销售量变动无关。

（3）当 $e_d<1$ 时，垄断厂商的总收益与商品价格呈同方向变动，与商品销售量呈反方向变动。

### 4.边际收益与需求的价格弹性系数

我们知道，边际收益MR与总收益TR之间存在一一对应关系，而在上面已经得到总收益TR与需求的价格弹性系数 $e_d$ 之间的关系，因此，可以断言，MR与 $e_d$ 之间也必然存在相应的联系。根据同样的方法，可以得到两者的关系：

$$MR=\frac{dTR}{dQ}=P+Q\frac{dP}{dQ}=P\left(1+\frac{dP}{dQ}\cdot\frac{Q}{P}\right)$$

即

$$MR=P\left(1-\frac{1}{e_d}\right) \tag{8-7}$$

这样，边际收益MR与需求的价格弹性系数 $e_d$ 之间也存在3种情况：

（1）当 $e_d>1$ 时，垄断厂商的边际收益MR>0，此时厂商提高产量比较有利。

（2）当 $e_d=1$ 时，垄断厂商的边际收益 MR=0，此时厂商的总收益达到最大。

（3）当 $e_d<1$ 时，垄断厂商的边际收益 MR<0，此时厂商减少产量比较有利。

注意垄断厂商绝不会选择在缺乏需求弹性的地方经营。因为如果 $e_d<1$，那么 MR<0，厂商减少产量就会增加总收益，而减少产量一定会减少成本，这样，利润必定会增加，所以，任何 $e_d<1$ 的点都不可能是垄断厂商实现利润最大化的点。由此，可以得出：垄断厂商实现利润最大化的点，只可能出现在 $e_d\geq1$ 的地方。

应该指出，这3种情况和总收益与需求的价格弹性系数之间的3种情况是一致的，如图8-1所示。

### 8.1.3 垄断厂商的市场均衡

与完全竞争市场一样，在分析垄断厂商的市场均衡时，我们同样假定厂商的行为目标是利润最大化。前面我们已经分析了垄断厂商的需求曲线和收益曲线，这样，如果我们再进一步将其与垄断厂商的成本结构结合起来分析的话，便可得到垄断厂商的市场均衡情况。在这里，我们同样分短期和长期进行讨论。

**1.短期均衡**

短期条件下，垄断厂商的固定生产要素投入量不变，即生产规模是给定的，厂商只能通过调整可变生产要素的投入来调整产出。与完全竞争厂商一样，垄断厂商的优化问题为：

$$\text{Max}\pi(Q)=TR(Q)-TC(Q) \tag{8-8}$$

式中：$TR(Q)$ 为总收益函数；$TC(Q)$ 为总成本函数。一阶条件为：

$$d\pi(Q)/dQ=dTR(Q)/dQ-dTC(Q)/dQ=0$$

即 MR=MC　　　　　　　　　　　　　　　　　　　　　　　　　　　　　（8-9）

此公式与完全竞争市场下厂商均衡的一阶条件相同，但由于各自的需求曲线不同，因此，它们的表现形式也各不相同。在完全竞争市场中，厂商的需求曲线为一水平线，其边际收益 MR 等于商品价格 P，因此，一阶条件表现为 P=MC。而在垄断市场中，厂商的需求曲线为一向右下方倾斜的曲线，MR 与 P 的关系可以用式（8-7）来表示，因此，一阶条件亦可以写成：

$$P=MC/(1-1/e_d) \tag{8-10}$$

式（8-8）的二阶条件为：

$$d^2\pi(Q)/dQ^2$$
$$=d^2TR(Q)/dQ^2-d^2TC(Q)/dQ^2<0$$

即 MR′<MC′　　　　　　　　　　　　　　　　　　　　　　　　　　　（8-11）

上式表示 MR 的斜率小于 MC 的斜率。综上所述，垄断厂商的市场均衡条件为：①MR=MC；②MR′<MC′。

垄断厂商短期均衡条件也可以用收益曲线和短期成本曲线来说明。为了便于讨论，假定垄断厂商所面临的市场需求曲线是线性的，如图8-2所示。图8-2中，SMC 和 SAC 曲线代表垄断厂商的既定的生产规模，d 曲线和 MR 曲线则代表该厂商的需求和边际收益曲线。根据市场均衡条件 MR=SMC，垄断厂商将会选择在 E 点进行生产。这是因为，在 E 点的左侧，MR>SMC，表示垄断厂商增加一单位产量所得到的收益增量大于所支付的成本增量。此时，增加产量对厂商是有利的。随着产量的增加，MR 就会下降，SMC 也随之上升，两者的差距逐步缩小，最后达到 MR=SMC 的均衡点。在 E 点的右侧，情况正好相反，此时厂商就会减少产量，直至 E 点均衡。因此，在 MR=SMC 处，垄断厂商实现了利润最大。如图 8-2 所示，在均衡点，垄断厂商的产量为 $Q_1$，根据需求曲线，价格相应为 $P_1$。此时，垄断厂商的平均收益 AR 为 $FQ_1$，平均成本为 $GQ_1$，且 $FQ_1>GQ_1$，垄断厂商获得利润。单位产量的利润为 FG，总利润为 $FGHP_1$。

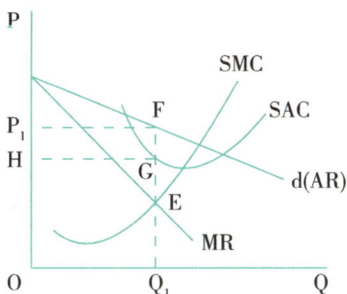

图 8-2　垄断厂商短期盈利

## 案例窗 8-1

### 垄断厂商定价

假定某垄断厂商的市场反需求函数为 P=100-4Q，成本函数为 $TC=50+40Q+2Q^2$，那么该垄断厂商的利润最大化问题便可写成：

$$\max\pi=TR-TC$$
$$=(100-4Q)Q-50-40Q-2Q^2$$
$$=-6Q^2+60Q-50$$

令 $d\pi/dQ=-12Q+60=0$，因此，Q=5。垄断厂商的定价为：P=100-4Q=80。垄断厂商的利润为：$\pi=TR-TC=100$，且该利润必为厂商的最大化利润。因为当 Q=5 时，利润最大化的二阶条件得以满足：

$$d^2TR/dQ^2=-8<-4=d^2TC/dQ^2$$

垄断厂商短期是否可以获得利润，关键要看垄断商品的市场价格（平均收益）与垄断厂商平均成本的高低。如果在均衡产量上，市场价格高于平均成本，则垄断厂商便可获得经济利润，如图 8-2 所示。但如果均衡产量上市场价格低于平均成本，则垄断厂商在短期内便会亏损。图 8-3 说明了垄断厂商如何决定亏损最小化的产量。在 E 点，满足了短期市场均衡条件，MR=SMC。此时，厂商的产量和市场价格分别为 $Q_1$ 和 $P_1$，但由于厂商平均成本 $GQ_1$ 大于平均收益 $FQ_1$，所以垄断厂商蒙受损失。单位产量亏损为 FG，总亏损为 $FGHP_1$。与完全竞争厂商一样，在亏损的情况下，垄断厂商也会考虑是否退出市场，这取决于平均收益 AR 与平均可变成本 AVC 的大小。在图 8-3 中，AR>AVC，因此，垄断厂商会继续在 E 点处进行生产。此时，垄断厂商的亏损达到最小。

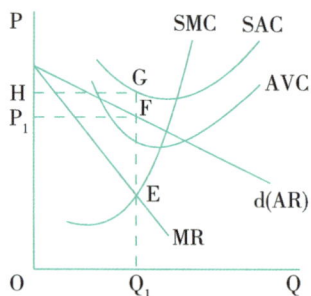

图 8-3 垄断厂商短期亏损

**2.长期均衡**

在长期中，垄断厂商可以调整所有生产要素的投入，以实现最大的利润。与完全竞争市场不同，由于垄断市场中只有一个厂商，因此，垄断厂商的长期调整只有两种情况：要么退出市场，要么进行自身规模调整。如果在短期内垄断厂商是亏损的，而在长期中，又不存在一个使它盈利的生产规模，那么该厂商会退出市场，垄断市场也就不再存在。如果在长期中存在一个使垄断厂商获得利润的规模，那么无论短期中是亏损还是盈利，它都将留在市场内，并通过生产规模的调整，使自己获得比短期更大的利润。

完全竞争市场中，厂商在短期内可能获得利润，但在长期内，由于新厂商的加入，这部分利润就会消失。而垄断市场的情况不同，无论短期还是长期，市场内总是只有一个厂商，这样垄断厂商如果在短期内获得利润，那么长期内这部分利润仍然可以保持，而且垄断厂商还可以调整规模，以扩大这部分利润。图 8-4 就表示了这个过程。

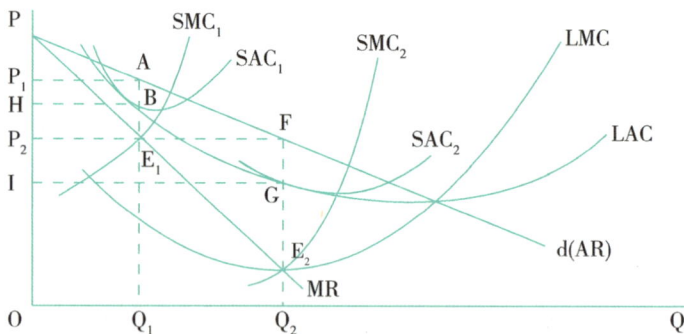

图 8-4 垄断厂商的长期均衡

图 8-4 中，LAC 和 LMC 分别代表垄断厂商的长期平均成本和长期边际成本，$SAC_1$、$SMC_1$ 和 $SAC_2$、$SMC_2$ 则分别代表垄断厂商短期的两个生产规模。

短期内，垄断厂商根据 MR=SMC 的短期均衡条件在点 $E_1$ 处达到均衡，产量和价格分别为 $Q_1$ 和 $P_1$，获得垄断利润 $ABHP_1$。长期内，垄断厂商扩大生产规模，按照 MR=LMC 的长期均衡条件在点 $E_2$ 处达到均衡，产量和价格分别为 $Q_2$ 和 $P_2$，获得长期垄断利润 $FGIP_2$，显然，垄断厂商获得了更大的经济利润。如图 8-4 所示，$SAC_2$ 和 $SMC_2$ 代表垄断厂商长期均衡的最优生产规模，且 $SAC_2$ 曲线与 LAC 曲线相切，$SMC_2$ 曲线、LMC 曲线和 MR 曲线相交于一点。因此，垄断厂商的长期均衡条件为：

（1）MR=LMC=SMC；

（2）MR′<LMC′，且在长期内，垄断厂商可以获得经济利润。

### 8.1.4　垄断厂商的供给曲线

供给曲线表示在每一个价格水平下生产者愿意而且能够提供的产品数量，它表现了价格与产量之间的一一对应关系。在完全竞争市场下，每一个厂商都是价格接受者，它们按照给定的市场价格，根据短期市场均衡条件 P=SMC 来确定自己的均衡产量，以实现利润最大或损失最小。由于所确定的均衡产量是唯一的，而且每一个确定的产量也只对应一个给定的价格，因此，价格与产量之间就存在一一对应的关系，这样便得到了完全竞争厂商的短期供给曲线，并由此进一步可以推出行业的供给曲线（参见 7.4 部分）。

然而，垄断市场不一样。垄断厂商作为价格的制定者，可以控制和操纵价格。这样垄断厂商就不再像完全竞争厂商那样，只能通过调整产量来满足 P=SMC 的均衡条件，它可以同时调整价格和产量来满足该条件。因此，随着垄断厂商所面临的需求曲线的移动，垄断商品的市场价格与垄断厂商的产量就不再存在一一对应关系，而是可能有各种不同的组合。根据不同的需求曲线，垄断厂商可能在相同的价格下提供不同的产量，也有可能在不同的价格下提供相同的产量。图 8-5 分别表示了这两种情况。

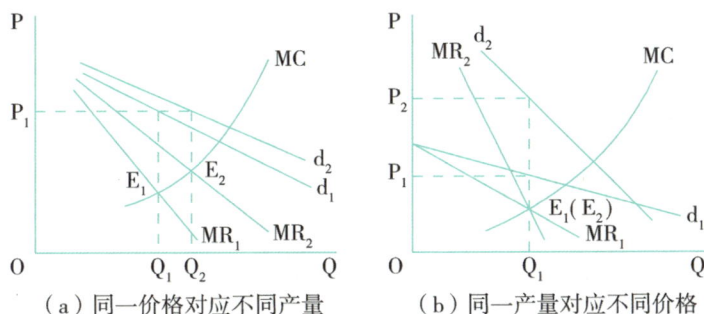

图 8-5　不同需求曲线的短期供给

在图 8-5（a）中，垄断厂商的边际成本曲线 MC 固定不变。在需求曲线为 $d_1$ 从而边际收益曲线为 $MR_1$ 时，均衡点 $E_1$ 所决定的均衡产量和均衡价格分别为 $Q_1$ 和 $P_1$。在需求曲线移动到 $d_2$ 从而边际收益曲线移动到 $MR_2$ 时，均衡点 $E_2$ 所对应的均衡产量为 $Q_2$，均衡价格仍为 $P_1$。由此可见，在垄断条件下，同一价格可以对应两个不同的均衡产量。图 8-5（b）则说明了同一产量可以对应两个不同的均衡价格，此时，两个均衡点合二为一。因此，在垄断市场下，厂商的供给曲线是不存在的。

应该注意，对垄断市场的这些分析，同样适用于其他不完全竞争市场。垄断厂商的供给曲线之所以不存在，关键在于垄断厂商对市场价格的控制。而在其他不完全竞争市场中，单个厂商对市场价格都有不同程度的控制力量，因此，它们同样不存在具有规律性的厂商和行业的供给曲线。垄断厂商不存在供给曲线，这一结论同样适用于垄断竞争市场和寡头市场。

### 8.1.5　多工厂垄断与多产品垄断

**1.多工厂垄断**

在实际经济生活中，由于地区分割以及行业规模不经济等原因，垄断厂商往往会采取多个工厂经营的方式，而多个工厂仅生产一种商品。由于各个工厂的成本不尽相同，因此，垄断厂商的生产决策就会不同于单个工厂时的决策。

为了便于分析，首先假定一个垄断厂商拥有两个工厂并生产同一商品。垄断厂商的市场反需求函数为：

$$P=F(Q) \tag{8-12}$$

式中：$Q=Q_1+Q_2$，$Q_1$、$Q_2$分别表示工厂1和工厂2的产量。两个工厂的总成本函数分别为：

$$TC_1=C_1(Q_1)$$

$$TC_2=C_2(Q_2)$$

垄断厂商的利润最大化问题为：

$$\max\pi(Q)=TR-TC_1-TC_2 \tag{8-13}$$

利润最大化的一阶条件有：

$$d\pi/dQ_1=dTR/dQ_1-dTC_1/dQ_1$$
$$=MR_1-MC_1=0 \tag{8-14}$$

$$d\pi/dQ_2=dTR/dQ_2-dTC_2/dQ_2$$
$$=MR_2-MC_2=0 \tag{8-15}$$

由于两个工厂生产同一种商品，它们面临同样的市场需求曲线，因此有$MR_1=MR_2=MR$。这样一阶条件可表示为：

$$MR=MC_1=MC_2 \tag{8-16}$$

式（8-13）的二阶条件为：

$$d^2TR/dQ_1^2<d^2TC_1/dQ_1^2$$

$$d^2TR/dQ_2^2<d^2TC_2/dQ_2^2 \tag{8-17}$$

式（8-17）表示每个工厂的边际成本斜率都要大于厂商的边际收益斜率。

多工厂垄断的均衡也可以用图8-6来描述。图8-6中，$MC_1$和$MC_2$分别代表工厂1和工厂2的边际成本曲线，$\sum MC$代表垄断厂商的边际成本曲线。$\sum MC$由$MC_1$和$MC_2$水平加总得到。对垄断厂商来说，利润最大化的均衡条件便是$MR=\sum MC$。于是得到垄断厂商的均衡产量Q。然后，垄断厂商根据$\sum MC=MC_1=MC_2$的原则将总产量Q在工厂1和工厂2之间进行分配，如图8-6所示，工厂1为$Q_1$，工厂2为$Q_2$。

将该问题扩展到两个以上工厂的垄断情况，便可得到拥有n个工厂的垄断厂商的利润最大化均衡条件：

$$MR=MC_1=MC_2=\cdots=MC_n \tag{8-18}$$

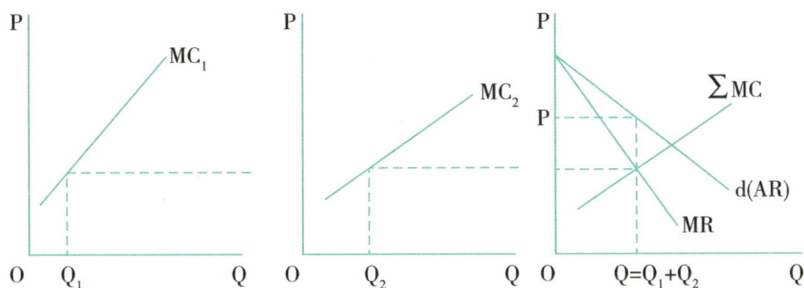

图8-6　多工厂垄断的短期均衡

案例窗8-2

### 拥有两个工厂的垄断厂商定价

某垄断厂商拥有两个工厂，且生产一种同质产品，在同一垄断市场上出售。假定该垄断厂商的市场反需求函数为：

$$P=100-0.5Q$$

式中：$Q=Q_1+Q_2$，表示该厂商的总产量。

这两个工厂由于生产工艺不同，其成本函数也各不相同，假定分别为：

$$TC_1=40Q_1+10$$

$$TC_2=0.5Q_2^2+10Q_2$$

于是，可以分别求出该厂商的边际收益 MR 和两个工厂的边际成本 $MC_1$、$MC_2$：

$$TR=P(Q)\cdot Q=(100-0.5Q)\cdot Q=100Q-0.5Q^2$$

$$MR=dTR/dQ=100-Q=100-(Q_1+Q_2)$$

$$MC_1=dTC_1/dQ_1=40$$

$$MC_2=dTC_2/dQ_2=Q_2+10$$

根据多工厂的垄断厂商利润最大化的均衡条件：

$$MR=MC_1=MC_2$$

于是就有：

$$100-(Q_1+Q_2)=40$$

$$100-(Q_1+Q_2)=Q_2+10$$

得到 $Q_1=Q_2=30$，$Q=Q_1+Q_2=60$。将其代入厂商的反需求函数可得市场价格为：$P=100-0.5\times60=70$，即该厂商的两个工厂均以70的价格在市场上出售产品。

该厂商的均衡利润为：

$$\pi=TR-TC_1-TC_2$$

$$=(100\times60-0.5\times60^2)-(40\times30+10)-(0.5\times30^2+10\times30)=2\ 240$$

**2.多产品垄断**

在垄断市场的定义中，假定了市场内只有一个厂商生产一种商品。实际情况则不然，垄断厂商往往同时生产多种垄断商品，而且这些商品之间存在某种关联，或者是替代，或者是互补。这种垄断商品之间的关联并不违反垄断市场的条件，而仅仅是对垄断厂商均衡条件二的放松，因为这些商品都只有一个垄断厂商生产，在垄断市场以外找不到相近的替代品。现在的问题是垄断厂商如何在这些关联商品之间选择最优的产量和价格。

假定某一垄断厂商同时生产和销售两种不同的但又相关联的垄断商品。其反需求函数分别为：

$$P_1 = F_1(Q_1, Q_2)$$
$$P_2 = F_2(Q_1, Q_2)$$

式中：$P_1$、$P_2$分别表示商品1和商品2的价格；$Q_1$、$Q_2$分别表示各自的产量。商品1和商品2的关联性质可以根据它们的交叉导数判定。如果$dQ_i/dP_j$（$i \neq j$）大于零，为替代品；如果其小于零，则为互补品。两种垄断商品的总收益函数分别为：

$$TR_1 = P_1 Q_1 = R_1(Q_1, Q_2)$$
$$TR_2 = P_2 Q_2 = R_2(Q_1, Q_2)$$

于是垄断厂商的利润最大化问题为：

$$\max \pi(Q_1, Q_2) = TR_1(Q_1, Q_2) + TR_2(Q_1, Q_2) - TC_1(Q_1) - TC_2(Q_2) \qquad (8-19)$$

一阶条件有：

$$d\pi/dQ_1 = dTR_1/dQ_1 + dTR_2/dQ_1 - dTC_1/dQ_1 = 0$$
$$d\pi/dQ_2 = dTR_1/dQ_2 + dTR_2/dQ_2 - dTC_2/dQ_2 = 0$$

即

$$dTR_1/dQ_1 + dTR_2/dQ_1 = TC_1{}'(Q_1)$$
$$dTR_1/dQ_2 + dTR_2/dQ_2 = TC_2{}'(Q_2) \qquad (8-20)$$

将该问题推广到n个垄断商品，可得垄断厂商利润最大化的一阶条件为：

$$\sum_{i=1}^{n} dTR_i/dQ_1 = TC_1{}'(Q_1)$$
$$\dots \qquad (8-21)$$
$$\sum_{i=1}^{n} dTR_i/dQ_n = TC_n{}'(Q_n)$$

这表明，对一个有n种商品的垄断厂商来说，要达到利润最大化的均衡，必须使得每种商品对厂商总收益的边际影响，包括对本商品的边际收益影响和其他所有商品的边际收益影响，等于该商品的边际成本。

案例窗8-3

**垄断两种商品的均衡**

假定某垄断厂商拥有两种关联商品1和2，且都是垄断商品。由于是关联商品，因此，一种商品的产量变化必定会影响另一种商品的市场价格。假设它们的市场反需求函数分别为：

$$P_1 = 100 - Q_1 - 0.5Q_2$$
$$P_2 = 120 - 0.5Q_1 - 2Q_2$$

这两种商品的成本函数分别是独立的，假定为：

$$TC_1 = Q_1^2 - 10Q_1$$

$TC_2=30Q_2$

由反需求函数我们可以求得这两种商品的总收益分别为：

$TR_1=P_1(Q_1,Q_2)\cdot Q_1$

$\quad\quad =(100-Q_1-0.5Q_2)\cdot Q_1$

$\quad\quad =100Q_1-Q_1^2-0.5Q_2Q_1$

$TR_2=P_2(Q_1,Q_2)\cdot Q_2$

$\quad\quad =(120-0.5Q_1-2Q_2)\cdot Q_2$

$\quad\quad =120Q_2-0.5Q_1Q_2-2Q_2^2$

就商品 1 来说，它对厂商总收益的边际影响为：

$dTR/dQ_1=dTR_1/dQ_1+dTR_2/dQ_1$

$\quad\quad\quad =100-2Q_1-0.5Q_2-0.5Q_2$

$\quad\quad\quad =100-2Q_1-Q_2$

同样，商品 2 对厂商总收益的边际影响为：

$dTR/dQ_2=dTR_1/dQ_2+dTR_2/dQ_2$

$\quad\quad\quad =-0.5Q_1+120-0.5Q_1-4Q_2$

$\quad\quad\quad =120-4Q_2-Q_1$

另外，这两种商品的边际成本分别为：

$dTC_1/dQ_1=2Q_1-10$

$dTC_2/dQ_2=30$

根据式（8-20）的均衡条件有：

$100-2Q_1-Q_2=2Q_1-10$

$120-4Q_2-Q_1=30$

求得：

$Q_1=23\frac{1}{3}$

$Q_2=16\frac{2}{3}$

代入各自的反需求函数，即可得到这两种商品的市场价格，分别为：

$P_1=68\frac{1}{3}$

$P_2=75$

## 8.2 垄断厂商定价原则

在完全竞争市场中，厂商只能接受市场给定的价格，而不能控制和操纵市场价格。在垄断市场则不同，垄断厂商作为市场价格的制定者，可以根据市场需求曲线和自己的短期或长期成本曲线，在利润最大化原则下来选择最优的垄断产量和价格。但实际上，垄断厂商往往难以确定自己的边际收益曲线，这样，纯粹按照边际收益等于边际成本的法则确定最优价格就有一定的困难。本部分将在分析成本加成定价这一简单定价法则的基础上，讨论垄断厂商进行差别定价的若干策略。

### 8.2.1 成本加成定价

加成定价就是以商品的生产成本或价格的一定比例加入到成本或售价中，以获得市场价格。在许多行业中，垄断厂商往往会根据经验法则以某一比例的加成来销售商品。根据加成的基准不同，加成定价可以分为两种类型：一是以加成后的价格（加成的金额占市场价格的比例）为基准；二是以成本（加成的金额占生产成本的比例）为基准。例如，某商品的生产成本为每单位50美元，市场价格为100美元，若以价格为基准，则是50%的加成；若以成本为基准，则是100%的加成。在这里主要讨论以成本为基准的成本加成定价。美国一些大型的制造公司传统上都是利用成本加成定价的方法来制定一种在某一产出水平下获得长期目标报酬率的价格。

8.1部分已经讲到，垄断厂商的边际收益与需求的价格弹性系数之间具有以下关系：

$MR=P(1-1/e_d)$

根据垄断厂商利润最大化的一阶条件 $MR=MC$，有：

$MC=P(1-1/e_d)$

经变形得到边际成本加成定价公式：

$P=MC/(1-1/e_d)$

式中：P为垄断厂商为垄断商品制定的市场价格；MC为垄断商品的边际生产成本；$e_d$为垄断商品需求的价格弹性系数。由此可知，根据边际成本加成定价公式对垄断商品定价是满足利润最大化条件的。

垄断商品市场价格等于边际成本加成，其加成数取决于商品的需求弹性系数（$1/(1-1/e_d)$为加成数）。若$e_d>1$，则市场价格大于边际成本；若$e_d<1$，则市场价格小于边际成本。由于垄断厂商总是在需求曲线富有弹性的地方生产和经营，因此垄断商品的加成数一定是大于1的。另外，需求弹性越大，价格加成数就越小。在需求弹性无穷大的极端情况下，加成数为1，表明市场价格正好等于边际成本。这与完全竞争市场均衡的一阶条件相符，说明对需求弹性无穷大的商品市场来说，垄断是没有意义的。

对需求弹性不变的商品，垄断厂商的定价就显得比较简单。不变的需求弹性得到一个不变的加成数，根据自身的边际成本，垄断厂商便可以制定出一个固定加成的市场价格，再结合市场需求曲线得到厂商的最优产量。如图8-7所示，曲线$MC/(1-1/e_d)$由MC曲线固定加成后得到，根据$P=MC/(1-1/e_d)$的原则得到最优的市场价格$P^*$，而最优产量$Q^*$也就发生在市场需求曲线与加成曲线的交点上。

### 8.2.2 价格歧视

垄断厂商为获取更大的利润，凭借自己的垄断地位，对相同成本的商品制定不同的价格，便被称为价格歧视（price discrimination）。应该说明，价格歧视不仅存在于垄断厂商，凡是对其商品的市场价格具有一定影响和控制的厂商，都可以采取价格歧视的策略。作为一种普遍存在的市场行为，在将商品销售给最终消费者的时候，价格歧视

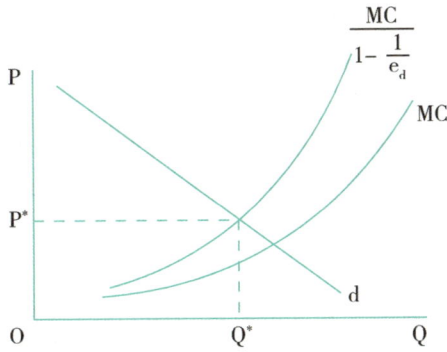

图8-7　具有不变需求弹性的垄断厂商定价

往往被认为是合法的，但在某些情况下是不合法的。例如在美国，厂商在跨州的转售商品交易中，采取价格歧视的策略是不允许的，而且有法令严格加以禁止。一般来说，在实际经济生活中，存在3类价格歧视：一级价格歧视、二级价格歧视和三级价格歧视。其中三级价格歧视最为普遍，有时候也直接将此类价格歧视称为价格歧视。

**1.一级价格歧视**

一级价格歧视是指垄断厂商对不同的消费者按不同的价格出售不同单位数量的同一商品，又称完全价格歧视。

若垄断厂商对每一个消费者的需求都非常了解，即知道消费者对任一单位数量的商品愿意并且能够支付的最高价格，那么垄断厂商就可以采取一级价格歧视策略，将任一单位数量的商品都以最高的价格出售给消费者。

如图8-8所示，假定市场的均衡价格是6元，而消费者购买第1单位商品的需求价格为10元，第2单位商品的需求价格为9元……第5单位商品的需求价格为6元。如果消费者购买5单位商品，按照均衡价格只需支付30元；但如果垄断厂商采取一级价格歧视策略，出售第1单位商品收取10元，出售第2单位商品收取9元等，则消费者必须支付40元。从图8-8中可以看到，均衡价格下的消费者剩余ABC，大部分已经被垄断厂商获取，只剩下阴影部分面积。如果价格与销售量是连续变动的，即垄断厂商对每一个微小的销售增量都收取最高的价格，那么消费者剩余ABC就会全部被垄断厂商剥夺。可以看出，在一级价格歧视下，垄断厂商所面临的市场需求曲线就成了它的边际收益曲线。

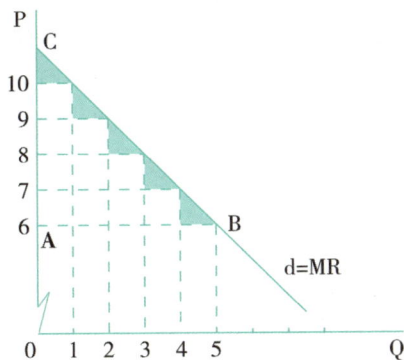

图8-8　一级价格歧视

　　垄断厂商采取一级价格歧视策略，虽然剥夺了全部的消费者剩余，但造就了一个有效率的产量水平。为了获取最大的利润，垄断厂商最终会按照市场价格等于边际成本的原则选择产出水平。如果最后一单位所索取的价格大于它的边际成本，就意味着还有一部分消费者愿意支付高于生产最后一单位商品成本的价格来购买该商品。因此，垄断厂商就会扩大生产，直到最后一单位所索取的价格等于边际成本。图8-9表示了该分析过程。图8-9中，点$E_1$表示垄断厂商不采取价格歧视时的均衡（MR=MC），均衡价格和均衡产量分别为$P_m$和$Q_m$。但由于此时$P_m$大于边际成本，说明扩大生产仍有利可图，因此，垄断厂商便有积极性将均衡点推进到$E_2$点，此时均衡价格为$P_c$，均衡产量为$Q_c$，且$P_c$等于边际成本，垄断厂商不再扩大产量。

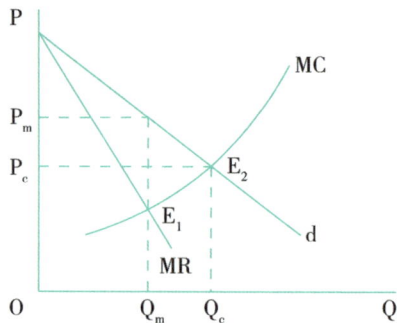

图8-9　一级价格歧视的效率

　　与完全竞争市场一样，一级价格歧视也实现了资源的有效配置。它实现了P=MC，使得消费者剩余和生产者剩余的总量达到了最大值。不同的是，在一级价格歧视下，生产者剥夺了所有的消费者剩余，得到了市场产生的全部剩余总量。应该说明，一级价格歧视完全是一种理论分析，在实际经济生活中是很少见的，因为垄断厂商往往不能确知消费者所愿意支付的最高价格，就算能够知道，向每一个消费者索取不同的价格也是困难的。

### 2.二级价格歧视

　　二级价格歧视又称非线性定价，是指垄断厂商按不同的价格出售不同单位数量的同一商品，而对每一个购买相同数量商品的消费者收取相同的价格。

　　二级价格歧视并不是对不同的消费者进行歧视，而是对不同的购买数量和数量段进行歧视。商品的价格是变化的，变化的幅度取决于消费者购买的商品数量和数量段。一般来说，购买的数量越多，价格就越低。但对一些紧缺商品正好相反，如我国目前一些城市的用电收费，便是用得越多，收费越高。在图8-10中，当消费者购买$Q_1$的商品数量时，垄断厂商要价为$P_1$；当购买量增加至$Q_2$时，垄断厂商对增加的商品数量$Q_1Q_2$的要价便下降到$P_2$，显然，$Q_2>Q_1$，$P_1>P_2$。

　　如果说一级价格歧视是生产者剥夺了全部的消费者剩余，那么二级价格歧视就是生产者剥夺了部分的消费者剩余。在图8-10中，假设无价格歧视下的均衡价格为$P_2$。如果消费者购买$Q_1$的商品，在无价格歧视下，消费者只需支付$Q_1OP_2D$的金额，但在二级价格歧视下，消费者支付了$Q_1OP_1C$的金额。因此，在购买$Q_1$的数量下，消费者共被生产者剥夺了$P_1CDP_2$的消费者剩余。

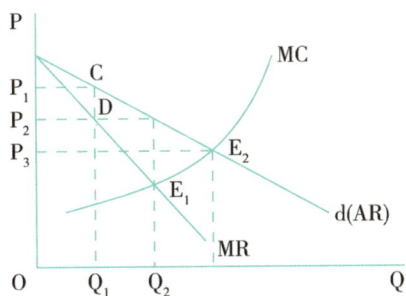

图 8-10　二级价格歧视

从经济效率角度来看，垄断厂商实行二级价格歧视，也有可能将最后的产量推进到 P=MC 的均衡，如图 8-10 中的 $E_2$ 点。而在存在规模经济的行业中，采取二级价格歧视实行分段定价，将会有利于垄断厂商扩大产量，实现更大的规模经济。

二级价格歧视在现实经济中是较为常见的。例如，一种商品标出两个价格——零售价和批发价，或者注明批量购买可以打折等情况。在很多公用事业部门，二级价格歧视也被普遍采用。例如，卖家对购买超过某一数量的商品部分给予买家较低的价格优惠。

**3.三级价格歧视**

三级价格歧视是指垄断厂商在不同的市场对同一商品索取不同的价格，而在同一市场中执行相同的价格。

三级价格歧视在现实经济中最为普遍。例如，同一商品在豪华商场与在超级市场的价格会相差很大；很多服务性行业往往会对学生、老人等一些特殊人群提供低价位的服务；电力公司对工业用电收费低，对居民用电收费高；国际贸易公司采取一些"倾销"策略等。但并不是所有的垄断商品都可以实行三级价格歧视，其必须具备两个条件：

其一，必须存在两个或两个以上可以分隔的市场。如果市场不可分隔，那么消费者有可能在低价格市场购买商品，然后到高价格市场抛售。这种市场套利行为将使价格歧视消失。

其二，在被分隔的各个市场中，需求弹性必须不同；否则，垄断厂商就无法制定不同的价格。

假定某垄断厂商拥有两个可以分隔的市场——市场 1 和市场 2，而且这两个市场的需求曲线各不相同，表现为需求的价格弹性系数不同，有 $e_{d1} < e_{d2}$。令市场 1、市场 2 的价格和销售量分别为 $P_1$、$Q_1$ 与 $P_2$、$Q_2$，两个市场的反需求函数为 $P_1(Q_1)$、$P_2(Q_2)$，垄断厂商的成本函数为 $TC(Q_1+Q_2)$，这样，垄断厂商的利润最大化问题为：

$$\max \pi(Q_1+Q_2)=P_1(Q_1)Q_1+P_2(Q_2)Q_2-TC(Q_1+Q_2) \tag{8-22}$$

一阶条件为：

$$\partial\pi/\partial Q_1 = P_1(Q_1)+dP_1(Q_1)/dQ_1-dTC(Q_1+Q_2)/d(Q_1+Q_2)\cdot d(Q_1+Q_2)/dQ_1$$
$$=MR(Q_1)-MC(Q_1+Q_2)$$
$$=0$$

$$\partial\pi/\partial Q_2 = P_2(Q_2)+dP_2(Q_2)/dQ_2-dTC(Q_1+Q_2)/d(Q_1+Q_2)\cdot d(Q_1+Q_2)/dQ_2$$
$$=MR(Q_2)-MC(Q_1+Q_2)$$
$$=0$$

即　　$MR(Q_1)=MC(Q_1+Q_2)$

$MR(Q_2)=MC(Q_1+Q_2)$

这表明，垄断厂商为实现最大化的利润，必须使得每个市场的边际收益等于边际成本。而对同一厂商来说，在不同市场销售的是同一种商品，其边际成本必定相同。因此，在三级价格歧视下，垄断厂商利润最大化的条件为：

$$MR(Q_1)=MR(Q_2)=MC(Q_1+Q_2) \tag{8-23}$$

图8-11说明了在价格歧视下各个市场的价格决定过程。在图8-11（c）中，垄断厂商的市场需求曲线d由两个市场的需求曲线$d_1$和$d_2$水平加总得到，垄断厂商的边际收益曲线MR由两个市场的边际收益曲线$MR_1$和$MR_2$水平加总得到。根据利润最大化原则，垄断厂商在E点实现均衡，此时有$MR(Q_1+Q_2)=MC(Q_1+Q_2)$。再根据均衡点E和$MR(Q_1)$$=MR(Q_2)=MC(Q_1+Q_2)$的条件，分别推出市场1和市场2的均衡点$E_1$和$E_2$，于是得到两个市场的均衡价格分别为$P_1$和$P_2$。

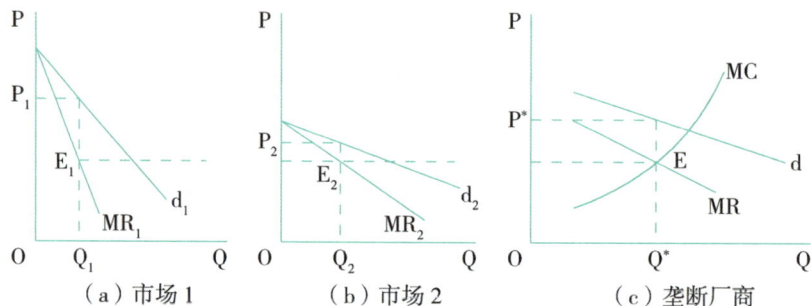

图8-11　三级价格歧视

从图8-11中可以看到，由于$e_{d1}<e_{d2}$，所以有$P_1>P_2$。这一点也可以通过式（8-7）来证明。因为：

$MR_1=P_1(1-1/e_{d1})$

$MR_2=P_2(1-1/e_{d2})$

$MR_1=MR_2$

所以有：

$$P_1/P_2=(1-1/e_{d2})/(1-1/e_{d1}) \tag{8-24}$$

式（8-24）表明，当垄断厂商在两个分隔的市场采取价格歧视时，在需求弹性较小的市场，垄断厂商索取的价格就较高；反之，在需求弹性较大的市场，垄断厂商索取的价格就较低；如果两个市场具有相同的需求弹性，那么垄断厂商不可能实现价格歧视。

案例窗8-4

### 宾馆的定价策略

大都市的宾馆往往存在两个市场：一般市场和优惠市场。一般市场是指独自或少量的旅客。优惠市场是指数量大或特殊群体的成员。宾馆管理者都希望通过一般市场交易与优惠市场交易的最佳组合，使每日的利润达到最大。某宾馆共有1 600个房间，且每个房间的等级完全相同，每天的住宿费用大致为60~90美元。为了解决最佳组合问

题，经验丰富的管理者通过对相近大城市的调查，得到如下估计的需求曲线：

一般市场：$R_g=1\,400-10P_g$

式中：$R_g$ 是每日出租给一般市场的房间数；$P_g$ 为每日一般市场的收费标准。

优惠市场：$R_c=2\,400-20P_c$

式中：$R_c$ 是每日出租给优惠市场的房间数；$P_c$ 为每日优惠市场的收费标准。

同时，管理者估计到该宾馆的成本函数为：

$$TC=18\,200+4R+0.02R^2$$

由于存在两个市场，宾馆的总收益和总成本都应由两个市场相加得到。该宾馆的总收益为：

$$
\begin{aligned}
TR&=TR_g+TR_c\\
&=P_g\cdot R_g+P_c\cdot R_c\\
&=(140-0.1R_g)\cdot R_g+(120-0.05R_c)\cdot R_c\\
&=140R_g-0.1R_g^2+120R_c-0.05R_c^2
\end{aligned}
$$

总成本为：

$$
\begin{aligned}
TC&=18\,200+4(R_g+R_c)+0.02(R_g+R_c)^2\\
&=18\,200+4R_g+4R_c+0.02R_g^2+0.04R_gR_c+0.02R_c^2
\end{aligned}
$$

这样便可得到总利润函数：

$$
\begin{aligned}
\pi&=TR-TC\\
&=136R_g-0.12R_g^2+116R_c-0.04R_gR_c-0.07R_c^2-18\,200
\end{aligned}
$$

对利润函数求偏导，得到两个一阶条件，便可求得利润最大化下的 $R_g$ 与 $R_c$。

$$\partial\pi/\partial R_g=136-0.24R_g-0.04R_c=0$$

$$\partial\pi/\partial R_c=116-0.04R_g-0.14R_c=0$$

求得：

$$R_g=450$$

$$R_c=700$$

因此，宾馆应出租 1 150 个房间，其中优惠价格的房间 700 个，一般价格的房间 450 个。两个市场的收费标准分别为：

$$P_g=140-0.1\times450=95（美元）$$

$$P_c=120-0.05\times700=85（美元）$$

将 $R_g$ 和 $R_c$ 的值代入利润函数，可得该宾馆每天的利润为 53 000 美元。

若该宾馆不采取价格歧视策略，在两个市场上收取相同的价格，即 $P_g=P_c$，则有 $140-0.1R_g=120-0.05R_c$，经整理得：

$$20-0.1R_g+0.05R_c=0$$

此式为该宾馆利润最大化的约束条件，结合前面的利润函数，利用拉格朗日求解方法，便可得到最佳的房间组合：优惠房间 633 个，一般房间 517 个。而每个房间的收费标准统一为 88.33 美元。这样得到无价格歧视下该宾馆的最大利润为 52 329 美元，小于价格歧视下的最大利润。可见，该宾馆采取价格歧视策略，对一般顾客收取较高的费用，而对优惠顾客收取较低的费用，是比较有利于获得更大利润的。

### 8.2.3　时间价格歧视与高峰负荷定价

**1.时间价格歧视**

时间价格歧视（intertemporal price discrimination）是指垄断厂商在不同时间里对具有不同需求函数的消费者收取不同的价格。

由于消费者偏好、个人收入以及预期的不同，不同消费者对相同商品的需求程度会有所不同。因此，垄断厂商便可以通过在不同的时间段制定不同的价格，将他们区分开来：对需求程度较高的消费者，在前期即满足他的需求，收取较高的价格；对需求程度较低的消费者，在后期满足他的需求，收取较低的价格。

我们可以举放映影片的例子来说明时间价格歧视这个问题。一部影片刚刚制作完毕后，总是有一小部分消费者群体会迫不及待地想要欣赏。比如一些影迷，他们对新影片的需求往往是缺乏弹性的，如图8-12中的需求曲线 $d_1$ 所示。而对大众消费者来说，对新影片的上映往往抱着无所谓的态度，他们甚至会考虑看这部影片是不是值得等问题，因此，大众消费者的需求弹性总是很大的，就如图8-12中的需求曲线 $d_2$ 所示。这样，电影公司便可以采取策略，在首轮放映的时候定高价，然后在影片放映一段时间之后降低价格。由于影片在制作完毕之后，多一个观众欣赏的边际成本很低，而且变化不大，因此，我们假设边际成本曲线MC是水平的。从图8-12中可以看出，前期的价格 $P_1$ 显然要比后期的价格 $P_2$ 高得多。

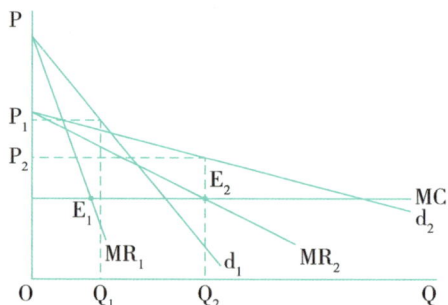

图8-12　时间价格歧视

现实经济中，时间价格歧视的例子有很多。许多新产品开发出来之后，往往会被采取这种策略进行销售。由于新开发出来的产品在一段时间内属于垄断商品，因此，在刚上市的那一段时间，垄断厂商就会以低的产量索取高的价格，以获取高额利润。这个时候，对大众消费者来说，这种垄断商品一般属于高档品。等过一段时间之后，即使生产技术没有任何改进，垄断厂商也会主动调低商品价格，这是因为在低弹性市场已经无利可图了，垄断厂商必须将商品推到大众市场，将高档品转变为普及品。在中国市场上，逐步普及的智能手机、汽车等产品都属于这种类型。

**2.高峰负荷定价**

高峰负荷定价（peak-load pricing）属于时间价格歧视的一种，是指垄断厂商在消费的高峰期和非高峰期收取不同的价格。消费者对某些商品或服务的需求，往往会在某个特定的时间里出现高峰。如每天上下班时对公共汽车、地铁的需求，周末对公园、游乐场的需求，盛夏季节对海滨旅游的需求，春节前后对航空、铁路运输的需求等，都会出现一个高峰。

对生产者来说，有限的生产能力使得高峰期的商品边际成本大幅提高；对消费者来说，高峰期对商品的需求价格弹性是比较小的。综合这两方面的原因，垄断厂商必定会在高峰期向消费者索取高的价格。如图 8-13 所示，$d_1$、$MR_1$ 分别代表非高峰期的需求曲线和边际收益曲线，$d_2$、$MR_2$ 分别代表高峰期的需求曲线和边际收益曲线，显然高峰期的需求价格弹性比较小。垄断厂商根据利润最大化的条件，制定两个时期的均衡价格和均衡产量，从图 8-13 中可以看到，高峰期的价格 $P_2$ 和产量 $Q_2$ 都明显高于非高峰期的价格 $P_1$ 和产量 $Q_1$。

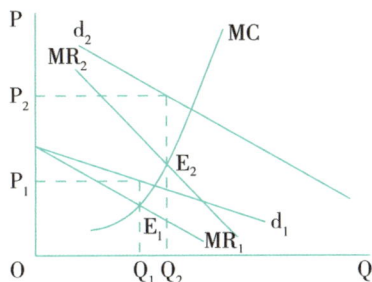

图 8-13　高峰负荷定价

最后，应该说明一下时间价格歧视与三级价格歧视之间的关系。它们是紧密联系而又不同的。三级价格歧视是在同一时间里分隔不同的市场，垄断厂商在不同市场里销售商品或服务的成本不是独立的，而是关联的。因此，要实现利润最大，必须使得各个市场的边际收益相等且等于边际成本。而对时间价格歧视来说，是利用时间来分隔市场的，各个市场之间的成本是相互独立的。例如，在非高峰期销售更多旅游场所的门票，并不会增加高峰期销售门票的成本。这样，垄断厂商定价就只需按各个市场的边际收益等于各自的边际成本。

## 案例窗 8-5

### 电影院的票价

对大多数电影院来说，往往会有日场和夜场两个电影放映时间段，而且为日场顾客服务的边际成本总是独立于夜场的边际成本。于是电影院可以根据对各个时间段的需求和成本的估计，分别决定日场和夜场的最优价格，以实现最大的利润。

假定某电影院有 1 200 个座位，经理根据经验估计其经营成本为：

$C=1\,000+0.005Q^2+5Q$

同样估计到日场和夜场的需求函数分别为：

$Q_1=600-20P_1$

$Q_2=2\,400-50P_2$

于是得到该电影院的边际成本为：

$MC=0.01Q+5$

日场和夜场的边际收益分别为：

$MR_1=30-0.1Q_1$

$MR_2=48-0.04Q_2$

这样，根据高峰负荷定价原则，各个时间段的边际收益等于各自的边际成本，即分别有 $MR_1=MC$ 和 $MR_2=MC$，可得：

$Q_1=227$

$Q_2=860$

分别代入各自的需求函数，可得日场和夜场的票价为：

$P_1=18.65$

$P_2=30.8$

可见，夜场电影的票价高于日场电影的票价。

## 8.3  垄断市场中的政府管制

在前两部分的分析中，我们都隐含了一个假定，即垄断厂商不受政府的管制，这样垄断厂商便可以根据利润最大化的定价原则，或通过各种价格歧视策略剥夺消费者剩余，获取垄断利润。但事实上，由于垄断市场低效率的存在，各国政府都纷纷采取了各种管制措施，对垄断市场加以调节，以达到优化资源配置效率、增进社会福利的目的。本部分将在分析垄断市场效率损失的基础上，讨论政府如何通过价格和税收两方面的调节来管制垄断市场。

### 8.3.1  垄断市场的效率损失

在完全竞争市场中，无论短期还是长期，厂商总是在价格等于边际成本处进行生产，而价格等于边际成本又正好是资源有效配置的条件，因此，完全竞争市场是有效率的市场。处在市场结构另一端的垄断市场则大不一样，垄断厂商总是会在价格高于边际成本处进行生产。一般来说，垄断厂商的产量小于竞争厂商的产量，而垄断厂商的价格要高于竞争厂商的价格。因此，与完全竞争市场相比，垄断市场是缺乏效率的。

借助消费者剩余和生产者剩余，我们可以分析垄断市场效率如何受损。很显然，对消费者来说，与完全竞争市场相比，垄断市场使得他们利益受损，而垄断厂商从中得到了好处。因此，要判断垄断市场是否有效率，就必须把消费者和垄断厂商作为一个整体，考察总的社会福利是增加还是减少了。在这里，相对于完全竞争市场而言，垄断市场生产者剩余的变化表示垄断厂商为获取更高的价格而愿意支付的代价，消费者剩余的变化则表示为这个更高的价格必须给予消费者的补偿。

如图 8-14 所示，垄断厂商根据利润最大化条件，在 $E_0$ 处达到均衡。此时，均衡价格和均衡产量分别为 $P_m$、$Q_m$，消费者剩余为 $ABP_m$ 的面积，生产者剩余为 $P_mBE_0C$ 的面积。现假定该市场为完全竞争市场，那么 d 曲线和厂商的边际成本 MC 曲线分别可以看成完全竞争市场下的需求曲线和供给曲线，这样，市场便在 $P=MC$ 的 $E_1$ 处达到均衡，均衡价格和均衡产量分别为 $P_c$、$Q_c$。水平线 $P_cE_1$ 为完全竞争厂商所面临的需求曲线，因此在 $E_1$ 处又有 P=MR。由图 8-14 可知，在完全竞争市场下，总的消费者剩余为 $AE_1P_c$ 的面积，生产者剩余则为 $P_cE_1C$ 的面积。

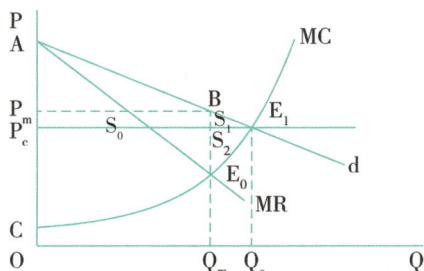

图 8-14　垄断市场的效率损失

可见，从完全竞争市场到垄断市场，生产者剩余变化了（$S_0-S_2$）的面积，消费者剩余变化了 –（$S_0+S_1$）的面积。也就是说，垄断厂商为了获取 $P_m$ 的高价，愿意支付（$S_0-S_2$）的代价，而对消费者应补偿（$S_0+S_1$）的价值，这样才能回到完全竞争市场的福利水平。由于面积 $S_0$ 只是从消费者到垄断厂商的转移，所以尽管它使得一方境况变好，另一方境况变差，但总剩余没有变化。不过面积（$S_1+S_2$）无法得到补偿，它们是垄断所造成的净损失，又叫无谓损失（deadweight loss），也就是垄断的社会成本。

从图 8-14 中还可以看到，垄断条件下，消费者支付了较高的价格 $P_m$，但消费了较少的产量 $Q_m$。这是因为在长期中，完全竞争厂商总是在长期平均成本最低点进行生产，实现规模经济，获取正常利润，生产能力得到了充分利用；垄断厂商却不在长期平均成本最低点进行生产，一般会在长期平均成本下降区域经营，因此，垄断厂商的生产能力没有得到充分利用。

应该指出，垄断市场所造成的社会成本，除了（$S_1+S_2$）之外，还有其他一些形式。如垄断厂商为了获取、保持垄断势力，往往会花去大量的钱财去做广告、装备额外的生产能力、游说政府，甚至使用一些暴力手段等，这些所造成的资源浪费都属于垄断的社会成本。

## 8.3.2　价格管制

在完全竞争市场中我们已经讨论了，如果政府对完全竞争市场进行调节，必然会破坏资源的有效配置，导致社会福利的无谓损失。垄断市场则不一样，政府如果能够采取合理的政策措施对垄断市场进行管制，就可以改进资源的有效配置，减少垄断造成的社会福利的无谓损失。一般来说，政府对垄断市场的管制手段有法律和经济两个方面。在法律上，各国政府通过设立各种反垄断法直接限制垄断厂商，禁止垄断市场的形成。如美国 1890 年通过的《谢尔曼法案》、1914 年颁布的《克莱顿法案》等，都是反托拉斯法的重要组成部分。在经济上，政府往往通过价格和税收两种措施对垄断市场间接加以管制和调节。下面，我们分析一下价格管制。

与完全竞争厂商相比，垄断厂商总是实行高价格、低产量的政策，因此，对垄断厂商的价格管制就意味着对垄断商品实行最高限价政策，使得垄断商品的市场价格低于垄断价格。在完全竞争市场中，最高限价使得竞争厂商减少产量；在垄断市场中，最高限价的效应不是使得垄断厂商减少产量，而是增加产量。

图 8-15 显示了价格管制的效果。在没有价格管制的情况下，垄断厂商在点 $E_0$ 处实现利润最大化的均衡，垄断价格和垄断产量分别为 $P_m$、$Q_m$，且有 $P_m > AC$。现在假定政府实施价格管制，规定垄断商品的最高价格为 $P_1$。从图 8-15 中可以看到，与最高限价 $P_1$ 所对应的市场需求量为 $Q_1$。这样，对垄断厂商来说，小于 $Q_1$ 的产量只能收取 $P_1$ 的价格，于是这部分产量所对应的平均收益曲线便是一条等于 $P_1$ 的水平线；大于 $Q_1$ 的产量，由于其本来的价格就低于最高限价，因此，它的平均收益曲线不受价格管制的影响。可见，对垄断厂商实施价格管制，改变了垄断厂商的收益曲线。在图 8-15 中，与新的平均收益曲线相对应，最高限价 $P_1$ 下垄断厂商的边际收益曲线为：小于 $Q_1$ 的产量为 $P_1$ 水平线，大于 $Q_1$ 的产量为原来的边际收益曲线。

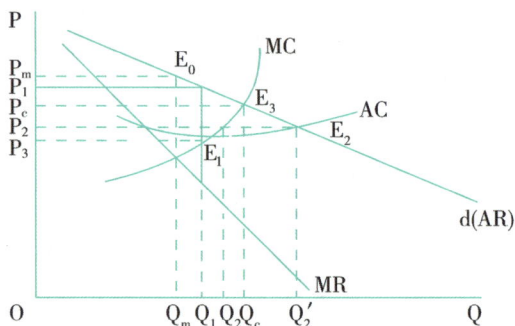

图 8-15　垄断市场的价格管制

在价格管制情况下，垄断厂商依然会根据利润最大化条件确定自己的均衡产量，即垄断厂商会在边际收益曲线和边际成本曲线相交的 $E_1$ 点进行生产。显然，在 $P_1$ 的最高限价下，垄断厂商的均衡产量就为 $Q_1$。借助对垄断市场的效率分析，可以看出，在价格下降到 $P_1$、产量上升到 $Q_1$ 时，垄断所造成的无谓损失大大减少。

如果政府将最高限价继续调低，那么垄断厂商的均衡产量就会继续增加，垄断造成的无谓损失也就会不断减少。当最高限价为 $P_c$ 时，无谓损失将被全部消除。此时，垄断厂商的平均收益和市场价格都等于垄断厂商的边际成本，生产的产量也提高到完全竞争水平的 $Q_c$。可见，将最高限价定在完全竞争价格水平是最优的。如果政府将最高限价定在 $P_c$ 以下，如图 8-15 中的 $P_2$，那么垄断厂商根据利润最大化的原则 $P_2 = MC$，将会产出 $Q_2$ 的产量。而根据市场需求曲线，在 $P_2$ 的价格下，消费者将会有 $Q_2'$ 的需求量，需求大于供给，这就导致了市场有（$Q_2' - Q_2$）的短缺。这种情况类似于对完全竞争市场的最高限价，它同样产生了社会福利的无谓损失。如果最高限价继续被调低，垄断厂商的产量会持续下降，则需求量会持续上升，市场短缺也就越来越大，直到最高限价定在小于 $P_3$（平均成本曲线 AC 的最低点）处。此时，垄断厂商因无法弥补成本而退出市场。

在实际价格管制中，管制机构往往采取回报率管制（rate of return regulation）的方法来制定最高限价。管制机构确定一个最高限价，使得垄断厂商的资本回报率接近于"竞争的"或"公平的"回报率。

### 8.3.3　自然垄断与价格管制

前面的分析已经指出，管制机构只要将最高限价定在边际成本处，垄断厂商便会根据利润最大化条件产出一个有效率的产量，从而消除全部的无谓损失。自然垄断的情况则不亦然。

由于自然垄断行业始终存在递增的规模报酬，因此，在一个较大的产出范围内，垄断厂商的边际成本和平均成本总是递减的。

图 8-16 显示了这种情况。如果不实行价格管制，垄断厂商便会在点 $E_0$ 处进行生产，此时的垄断价格为 $P_m$，垄断产量为 $Q_m$，显然垄断价格太高，垄断产量太低。自然垄断情况往往出现在一些公用事业部门，如地方性的自来水公司、煤气公司，全国范围内的邮政业、电信业等，这些公共产品对消费者来说都属于生活必需品，其需求量非常大，并且要求价格能够尽量便宜。可见，如果对这些行业不加以价格管制，就不可能满足大众的需求。当然，如果管制机构将最高限价定在价格等于边际成本处，即让垄断厂商在点 $E_1$ 处进行生产，则此时市场价格 $P_e$ 很低，垄断厂商产量 $Q_e$ 却很高。很显然，这样的最高限价对消费者来说是非常有利的，完全可以满足他们的要求。但是，对垄断厂商来说，由于在点 $E_1$ 处，其平均成本 AC 高于最高限价 $P_e$，因此，它将无法弥补其成本而蒙受巨额亏损，如图 8-16 中的阴影部分面积。在这种情况下，垄断厂商将会退出该垄断市场。

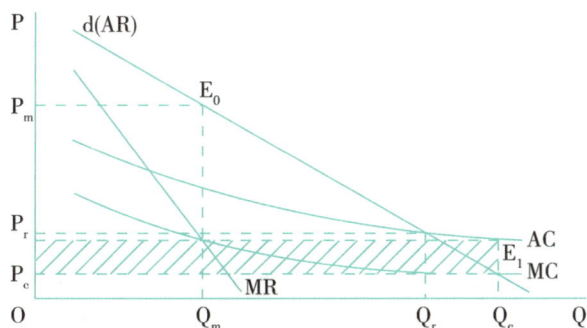

图 8-16　自然垄断的价格管制

让自然垄断厂商自己确定垄断价格进行生产，显然是没有效率的；迫使垄断厂商按完全竞争价格提供商品，又是不可行的。这样，剩下的办法便只有或者由政府经营，或者在政府管制下由厂商经营。如果由政府经营，由于无须考虑利润问题，因此点 $E_1$ 处的价格和产出是完全可以达到的，但公共部门本身的经营效率问题又值得探讨。如果在政府管制下由厂商经营，那么可以有两种选择：

其一，管制机构将最高限价定在 $P_e$ 处，使得垄断厂商提供一个有效率的产量 $Q_e$；同时，政府给予垄断厂商一定的补贴，使垄断厂商能够弥补其平均成本，而不至于退出该市场。

其二，管制机构将最高限价定在 $P_r$ 处，此时平均成本和平均收益相交，垄断厂商没有垄断利润，价格和产量都比较适度。这种定价政策又被叫作次优定价政策。它既可以弥补垄断厂商的平均成本，又可以尽可能地减少社会福利的无谓损失。[①]

### 8.3.4　对垄断厂商征税

在图 8-14 中，我们曾指出，面积 $S_0$ 这一块垄断利润是从消费者到垄断厂商的转移，虽然它并没有改变总的剩余，但是损害了消费者的利益。现在的问题便是如何将这块垄断利润从垄断厂商手上取得，返还给消费者。显然，对垄断厂商征税可以解决这个问题。但是，不同的税收政策所造成的结果是各不相同的。下面我们分别对从量税、从价税和总量税 3 种税收政策逐一加以分析。

**1. 从量税**

我们知道，对垄断厂商征收从量税，厂商的边际成本和平均成本不会改变，改变的只是垄断厂商所面临的需求曲线和边际收益曲线。假定对某垄断厂商征收 t 单位的从量税，那么税后的需求曲线就会向下垂直移动 t 单位，而按照数学知识，相对应的边际收益曲线也将向下垂直移动。如图 8-17 所示，曲线 d 和 MR 分别为征税前垄断厂商的需求曲线和边际收益曲线，征税之后，垄断厂商的需求曲线和边际收益曲线分别向下移动到 d′ 和 MR′。

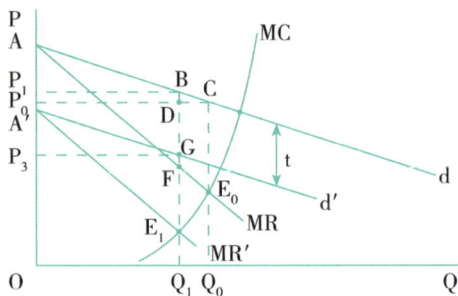

图 8-17　垄断条件下的从量税

征税前，垄断厂商在点 $E_0$ 处达到均衡，垄断价格和垄断产量分别为 $P_0$ 和 $Q_0$。征税后，均衡点从点 $E_0$ 处移动到点 $E_1$ 处，市场价格和厂商产量分别为 $P_1$ 和 $Q_1$。可见，对垄断厂商征收从量税之后，垄断商品的市场价格上涨，垄断厂商的产量下降。垄断厂商税后每单位商品的平均收益为 $P_3$，由图 8-17 可知，$P_0$ 处在 $P_1$ 与 $P_3$ 之间。这说明，对垄断厂商征收从量税之后，垄断厂商通过提高商品价格将部分税收转嫁给了消费者，使消费者付出更高的价格而消费更少的商品。接下来观察对垄断厂商征收从量税之后，社会福利会有什么变化。

先来观察消费者剩余的变化。从图 8-17 中可以看到，跟税前相比，税后消费者剩余减少了 $P_1BCP_0$ 的面积，其中 $P_1BDP_0$ 部分转移给了垄断厂商，没有改变总的剩余，而 BCD 部分无法得到补偿，属于净损失。

再来观察生产者剩余的变化。由于 $TR=\int MRdQ$，因此，税前垄断厂商的总收入可用 $AE_0Q_0O$ 的面积来表示，税后的总收入则为面积 $A'E_1Q_1O$，因此税后净收入减少为

---

[①]　如果价格歧视是允许的，那么对自然垄断的定价问题又可以采取三级价格歧视的方法来解决，通过对一部分人索取高价，获取垄断利润，以弥补因对另一部分人索取低价而产生的损失。

$AE_0Q_0Q_1E_1A'$ 的面积。又因为 $TC=\int MCdQ$，所以税后垄断厂商总成本减少为 $E_0Q_0Q_1E_1$ 的面积。这样，根据税后总收入的减少量和总成本的减少量，我们可以获知，在对垄断厂商征收从量税之后，垄断厂商的经济利润即生产者剩余减少为 $AE_0E_1A'$ 的面积。图 8-17 中，由于 $FE_1=AA'=BG=P_1P_3=t$，因此，$AFE_1A'$ 的面积等于 $P_1BGP_3$ 的面积，也正好等于 $t\cdot Q_1$，即对垄断厂商征税后的政府所得。这就是说，减少的生产者剩余中有一部分，即 $AFE_1A'$ 的面积只是从生产者到政府的转移，同样没有引起总剩余的变化，剩下的另一部分 $FE_0E_1$，则为净损失。

综合上述两方面的分析可知，对垄断厂商征收从量税，将会导致社会福利的净损失。因此，从资源配置的角度来讲，对垄断厂商征收从量税，不仅不能改进资源配置的效率，反而使得资源配置效率进一步降低，从而社会福利的无谓损失进一步增大。

### 2. 从价税

对垄断厂商的价格或者总收入按一定比例征收税收，同样不影响厂商的平均成本和边际成本，改变的也只是厂商的边际收益曲线和需求曲线。但与从量税不同的是，征收从价税使得厂商的边际收益曲线和需求曲线的斜率发生了变化。如图 8-18 所示，$d'$ 和 $MR'$ 分别为税后的需求曲线和边际收益曲线。

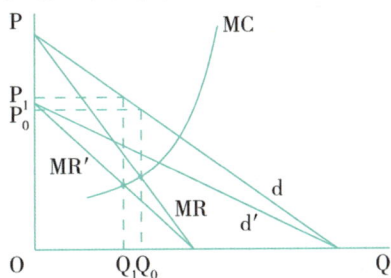

图 8-18　垄断条件下的从价税

对从价税的分析类似于从量税，这里不再赘述。对垄断厂商征收从价税，同样使得垄断商品价格上升，产量下降，消费者剩余和生产者剩余都有所减少，并导致社会福利出现净损失。

### 3. 总量税

不论垄断厂商的产量和收入为多少，对垄断厂商一次性征收给定的税收，将不会影响厂商所面临的需求曲线、边际收益曲线和边际成本曲线，而受影响的只是垄断厂商的平均成本曲线，平均成本曲线将会由于征税而向上移动。如图 8-19 所示，AC 为税前的平均成本曲线，$AC'$ 为税后的平均成本曲线。

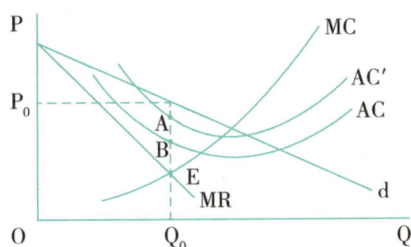

图 8-19　垄断条件下的总量税

由于税后垄断厂商的边际收益和边际成本都没有发生变化，因此，垄断厂商根据利润最大化条件，税后仍然会在税前的均衡点 E 处进行生产。这样，对垄断厂商征收总量税之后，垄断商品的价格和产量皆没有变化。消费者剩余也没有发生变化。这就是说，垄断厂商不能将总量税转嫁给消费者，它只会使垄断厂商的经济利润减少，也就是生产者剩余的减少，其减少量为 $AB \cdot Q_0$，正好等于政府所得。因此，生产者剩余的减少并没有引起总剩余量的变化，它只是从生产者到政府的转移。可见，对垄断厂商征收总量税，既不会改变均衡价格，又不会改变均衡产量；既可以消除垄断厂商的垄断利润，又不会造成净的社会福利损失。

# 8.4 垄断竞争市场

在现实经济生活中，完全竞争市场和垄断市场作为理想状态的两种市场结构，是不存在的，通常存在的是垄断竞争市场和寡头垄断市场。垄断竞争和寡头垄断介于完全竞争和完全垄断之间，都是竞争和垄断的混合体。两者的区别在于各自竞争和垄断的相对比重有所不同，垄断竞争更接近于完全竞争市场，而寡头垄断更接近于完全垄断市场，因此，它们各自的市场均衡和经济效率是不同的，我们将分别加以分析。

## 8.4.1 垄断竞争市场的条件与形式

垄断竞争市场是这样一种组织形式，在这个市场中有许多厂商生产和销售相近但非同质，而且具有差别的商品。垄断竞争市场既具有竞争的因素，又具有垄断的因素。说它具有竞争的因素，是因为在这个市场中有许多生产者和销售者，其都无法全面控制市场，进出市场比较容易，不存在很大的困难，而且其所销售的商品都是相近的、可以相互替代的。说它具有垄断的因素，是因为在这个市场中所销售的商品虽然相近，但都不是同质的，因而，这些厂商对该商品的市场都具有不同程度的控制力量。

**1. 垄断竞争市场的条件**

现实经济生活中，垄断竞争是很普遍的，它广泛出现在各种零售业和服务业中。如洗涤剂、牙膏、饮料、快餐等，这些商品和服务的市场都属于垄断竞争市场。总的来说，只要具备以下 3 个条件，就可以被认为是垄断竞争市场。

（1）该市场中的厂商生产和销售有差别的同种商品。因为是同种商品，所以这些商品彼此之间是非常接近的同种商品，厂商之间也就因此而存在激烈的竞争。因为商品之间存在差别，因而每个厂商对自己商品的价格都具有一定的控制力，从而造成了厂商对商品某种程度的垄断。至于竞争和垄断的程度，则取决于商品的差别程度，差别越大，竞争越弱，垄断也就越强。在这里，商品的差别是指多方面的，不仅指商品的质量、成分、外观、售后服务等方面，也包括商品的商标、信誉等。例如，"华为"手机和"小米"手机便是两类有差别的同种商品。

（2）市场中有众多的厂商生产和销售该商品。由于厂商数目众多，以至于每个厂商都认为自己的行为对市场的影响极小，而不会引起其他厂商的注意和反应。在垄断竞争理论中，又把这些大量生产相近但有差别的同种商品的厂商总称为产品集团，以区别完全竞争市场或完全垄断市场下的行业。在那里，行业是指生产同一种无差别商品的厂商总和。

（3）厂商进出该市场不存在太大的困难，基本属于自由进出。由于市场不存在进出壁垒，因此新厂商带着同种商品进入市场，以及已有厂商在无利可图时退出市场都是比较容易的。

**2.垄断竞争厂商的竞争形式**

垄断竞争市场的特点决定了垄断竞争厂商之间的竞争形式是多样的。一般来说，它们往往会采用以下3种形式来扩大商品销售量或增进利润。

（1）价格竞争。垄断竞争厂商对商品的价格有一定的控制力，它们可以通过降低价格来吸引更多的消费者。

（2）品质竞争。由于价格竞争有可能会减少垄断竞争厂商的利润，因此大部分厂商一般不会轻易变动价格，而转向采取非价格竞争。垄断竞争厂商通过创建和维护自身商标、树立品牌意识、提高产品质量和服务等手段，巩固自己的产品在消费者心目中的特殊地位，而达到扩大产品销售量、增进利润的目的。

（3）广告竞争。广告宣传是另外一种非价格竞争方式。在完全竞争市场中，广告宣传是没有必要的，但在垄断竞争市场，其对扩大销售量起着重要的作用，能够使消费者的需求适应商品的差别。

## 8.4.2　垄断竞争厂商的需求曲线

由于垄断竞争各厂商所生产的商品存在一定的差别，因此，它们的需求曲线和成本曲线也应该是各不相同的。但为了便于分析，垄断竞争理论总是假定产品集团内的所有厂商都具有相同的需求曲线和成本曲线，并以代表性厂商进行分析。代表性厂商或者边际厂商分析都不会影响最终的结论。以下的分析都包含了以上假定。

垄断竞争介于完全竞争与完全垄断之间，垄断竞争厂商的需求曲线也介于竞争厂商与垄断厂商的需求曲线之间。这是因为，产品集团内的厂商各自销售有差别的商品，这些商品虽然相近，但不是其他厂商商品的完全替代品。这样，当厂商提高销售量时，商品的价格必然会下降，而且商品的差别越大，厂商需求曲线的斜率就越大，也就越接近于完全垄断厂商的斜率。但是，由于产品集团内各厂商所销售的商品是同种商品，具有很大的替代性，这样垄断竞争厂商需求曲线就有一定的弹性，它的斜率比完全垄断厂商的斜率要小，而且商品之间的替代性越大，需求曲线就越趋向于水平线，也就越接近于完全竞争厂商的需求曲线。总的来说，垄断竞争厂商具有一条向右下方倾斜且比较平坦的需求曲线。

根据垄断竞争市场的条件二可知，市场内大量垄断竞争厂商的存在，使得单个厂商会认为自己的行动不会引起其他厂商的反应。于是，其便认为可以像完全垄断厂商那样独自决定价格。因此，单个厂商在主观上有一条斜率较小的需求曲线，被称为主观需求曲线。如图8-20中的d曲线族，它表示垄断竞争市场中某个厂商改变商品价格，而其他厂商的商品价格都不变时，该厂商的商品价格和销售量之间的关系。

事实上，当单个垄断竞争厂商降低价格时，其他厂商势必也跟着降价。这样，垄断

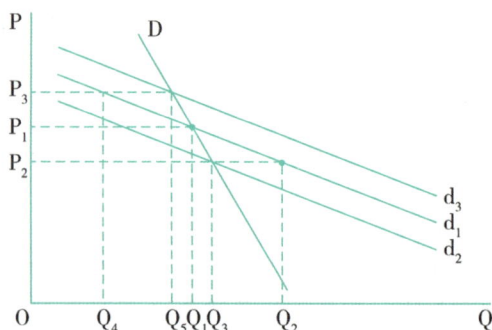

图 8-20  垄断竞争厂商的需求曲线

竞争厂商就面临着一条客观的需求曲线，其被称为比例需求曲线或实际需求曲线，这是市场竞争的结果。如图 8-20 所示的需求曲线 D，它表示垄断竞争市场中某个厂商改变商品价格，而其他厂商也随之使自己商品的价格发生相同变化时，该厂商的商品价格和销售量之间的关系。

图 8-20 中，起初垄断竞争市场中商品价格固定在 $P_1$。这时，如果某垄断竞争厂商将价格由 $P_1$ 下调到 $P_2$，根据它的主观需求曲线，其预期销售量为 $Q_2$。但是，由于市场内其他厂商也跟着降价，所以该厂商的实际销售量就会沿着比例需求曲线 D 到 $Q_3$，显然 $Q_3$ 小于 $Q_2$。这是因为由于其他厂商降价，该厂商无法吸引其他厂商的消费者，销售量的增加仅来自市场价格的下降。从图 8-20 中还可以看到，该厂商将价格下调到 $P_2$ 后，它的主观需求曲线也随之沿着 D 曲线向下平移到 $d_2$ 曲线。相反，如果某垄断竞争厂商将价格由 $P_1$ 上调到 $P_3$，它的实际销售量就会沿着 D 曲线到 $Q_5$，而 $Q_4$ 只是它的预期销售量；同时，该厂商的主观需求曲线也相应地平移到 $d_3$ 曲线。到此为止，我们可以明白，D 曲线被称为比例需求曲线，是因为它表示了在每一个市场价格水平下垄断竞争市场中单个垄断厂商所占有的实际销售份额。

综合上述分析可知，垄断竞争厂商面临着两条需求曲线：主观需求曲线 d 和比例需求曲线 D，且 d 曲线具有较大的弹性、较小的斜率。随着市场价格水平的变动，主观需求曲线 d 总是沿着比例需求曲线 D 上下平移。而不管它们的形状如何，市场只有在主观需求曲线 d 和比例需求曲线 D 相交处才能达到供求均衡，即 d=D，预期的产量等于实际的需求量。

### 8.4.3  垄断竞争厂商的均衡分析

与完全竞争市场和完全垄断市场一样，对垄断竞争的市场均衡分析，我们仍然分短期和长期进行讨论。

**1.垄断竞争厂商的短期均衡**

短期条件下，垄断竞争厂商在既定的生产规模下，通过价格和产量的调整实现利润最大化的均衡。虽然垄断竞争厂商的实际产量是通过比例需求曲线获得的，但由于观察不到比例需求曲线，所以厂商总是根据主观需求曲线来决定自己的价格和产量。这样，在垄断竞争厂商的利润最大化问题中，其边际收益便是主观需求曲线所对应的 MR。与竞争厂商和垄断厂商一样，垄断竞争厂商的利润最大化问题也为：

$$Max\pi(Q)=TR(Q)-TC(Q)$$

其一阶条件和二阶条件分别为：

（1）MR=MC；

（2）MR′<MC′。

由于垄断竞争厂商的需求曲线特殊，因此要使得市场均衡，即供求相等，就必然要求垄断竞争厂商预期的需求量等于实际的需求量，d=D。综上所述，垄断竞争厂商短期均衡的条件为：

（1）MR=SMC；

（2）MR′<SMC′；

（3）d=D。

借助图 8-21，我们可以清楚地认识垄断竞争厂商是如何实现短期均衡的。在短期，由于市场中的厂商数量不会发生增减，所以垄断竞争厂商所面临的比例需求曲线就不会变化，如图 8-21 中的 D 曲线。但是，厂商的主观需求曲线会由于竞争引发市场价格变化，从而沿着 D 曲线上下移动，如图 8-21 中的 d 曲线族。假定一开始厂商处于主观需求曲线 $d_1$ 和比例需求曲线 D 的交点 A，市场价格为 $P_1$，厂商的产量为 $Q_1$。此时，厂商没有实现利润最大化，于是其根据自己的主观需求曲线 $d_1$ 所对应的 $MR_1$ 曲线以及 SMC 曲线，认为其实现利润最大化的均衡点应该在 C 点，价格和产量分别应该为 $P_2$ 和 $Q_2$。于是该厂商便做出将自己商品的价格下调到 $P_2$ 的决定。然而，由于其他厂商也做出了同样的决定，将商品的价格下调到 $P_2$，因此该厂商在 $P_2$ 的价格水平下实际销售量只是 $Q_2′$，而不是 $Q_2$。在 $P_2$ 的价格水平下，该厂商的主观需求曲线下移到了 $d_2$，它与 D 曲线的交点 B 为该厂商目前所处的位置。显然，在 B 点该厂商还是没有实现利润最大化，于是，该厂商根据利润最大化条件，认为在目前的状况下，应将价格和产量调到 $P_3$ 和 $Q_3$ 处。但是由于其他厂商同时将价格下调到 $P_3$，所以该厂商的经营位置便再次沿着 D 曲线下移到 G 点。此时，厂商的实际产量为 $Q_3′$，还是没有实现利润最大化。这样，该垄断竞争厂商就会再次做出调整，价格不断下降，主观需求曲线也不断沿着 D 曲线向下平移，直到 E 点。

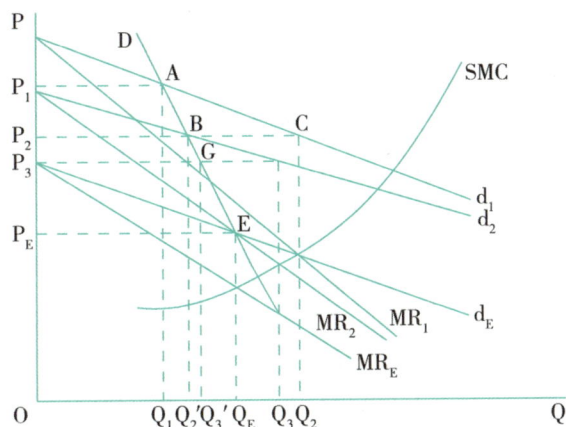

图 8-21　垄断竞争厂商的短期均衡

显然，在 E 点所对应的产量 $Q_E$ 上，有 MR=SMC，而且 E 点是厂商主观需求曲线和比例需求曲线的交点（$d_E=D$）。因此，该垄断厂商实现了短期均衡。垄断竞争厂商在短期均衡点 E 上是获利还是亏损，与完全竞争市场一样，同样取决于均衡价格 $P_E$ 和短期平均成本 SAC 的大小。如果 $P_E$ 大于 SAC，则垄断竞争厂商获得最大的利润；如果 $P_E$ 小于 SAC，则垄断竞争厂商有最小的亏损，如图 8-22 所示。如果厂商在短期是亏损的，那么只要均衡价格大于平均可变成本，厂商在短期内总是会保持生产的；只有在均衡价格小于 AVC 时，厂商才会停止生产。

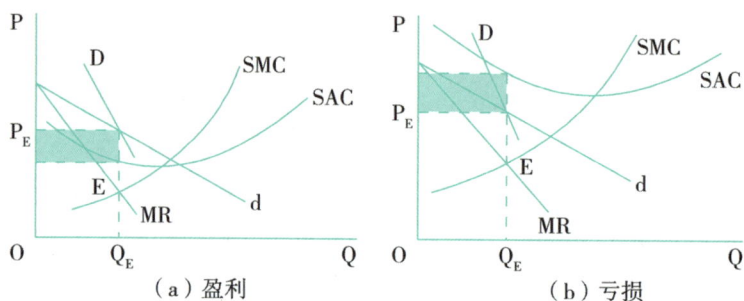

图 8-22　垄断竞争厂商均衡点的获利情况

**2.垄断竞争厂商的长期均衡**

短期均衡条件下，垄断竞争厂商既可能获得超额利润，也可能发生亏损。而在长期条件下不一样，短期发生亏损的厂商将会调整生产规模，以改变亏损的局面。如果在长期内还是亏损，由于垄断竞争市场是一个可以自由进出的市场，那么这些厂商便会退出该市场，使得留在市场内的厂商不再亏损。如果留在市场内的厂商在长期都获得了超额利润，那么市场外的厂商便会进入该市场，这样，随着场外厂商的进入，场内厂商原有的超额利润便会逐渐消失。因此，总的来说，无论垄断竞争厂商在短期条件下是盈利还是亏损，在长期均衡条件下，其利润都将为零。

借助图 8-23 可以清楚地说明垄断竞争厂商长期均衡的形成过程。假定某厂商开始时在 A 点上经营，价格和产量分别为 $P_1$ 和 $Q_1$。由图 8-23 可知，此时有 $MR_1=LMC=SMC_1$，$d=D$，且 $P>SAC=LAC$，因此，该垄断厂商在 A 点处经营，可以获得超额利润。

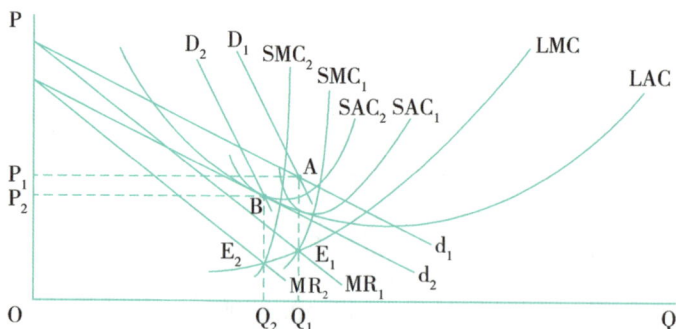

图 8-23　垄断竞争厂商的长期均衡

由于垄断竞争市场内厂商存在超额利润，市场外厂商便会加入来。在分析短期均衡时已经指出，在短期中，市场中的厂商数量不会增减，所以垄断竞争厂商的比例需求曲线 D 就不会发生变化。但是，在长期中，随着市场中厂商数量的不断增加，而市场需求规模又没有发生变化，每个厂商所面临的实际市场销售份额就会不断减少。在图 8-23 中的反应便是，垄断竞争厂商的比例需求曲线 $D_1$ 向左下方不断平移。这样，原来的均衡点 $E_1$ 也就不再存在。对该厂商来说，为了维持原有的市场份额，必定会做出下调商品价格的决策，于是其主观需求曲线 $d_1$ 也将沿着 D 曲线向左下方不断平移。随着 D 曲线和 d 曲线不断向左下方平移，垄断竞争厂商的超额利润将不断减少。直到利润为零时，不再有新的厂商进入，而 D 曲线和 d 曲线也就不再移动，垄断竞争厂商再次达到均衡。如图 8-23 所示，长期均衡点为 $E_2$。可见，在均衡点处有：$MR_2=LMC=SMC_2$；$d_2$ 曲线与长期平均成本曲线 LAC 相切于 B 点，表示该厂商利润为零；$D_2$ 曲线与 $d_2$ 曲线又相交于 B 点，表示此时市场供求相等。

以上分析了当垄断竞争厂商存在超额利润时，如何达到长期均衡的过程。而当垄断竞争厂商存在亏损时，其达到长期均衡的过程正好相反，这里不再赘述，读者可以自行推断。但是，最后的长期均衡条件是一样的，都是：

（1）$MR=LMC=SMC$；

（2）$MR' < LMC'$；

（3）$AR=LAC=SAC$；

（4）$d=D$。

## 案例窗 8-6

### 垄断竞争厂商均衡

假定某垄断竞争市场中一代表性厂商的长期总成本函数为：

$LTC=0.001Q^3-0.425Q^2+85Q$

如果产品集团中的所有厂商都按同比例调整其价格，则出售商品的比例需求曲线为：

$Q=300-2.5P$

要求：计算该垄断竞争厂商的长期均衡价格和均衡产量，以及该厂商主观需求曲线上长期均衡点的弹性。

【解】根据厂商的长期总成本函数，我们可以分别写出该厂商的长期平均成本函数和长期边际成本函数为：

$LAC=0.001Q^2-0.425Q+85$

$LMC=0.003Q^2-0.85Q+85$

根据垄断竞争厂商的长期均衡条件可知，长期均衡点位于厂商的主观需求曲线和长期平均成本曲线相切处，即比例需求曲线和长期平均成本曲线相交处。比例需求函数的反函数为：

$P=120-0.4Q$

这样，便可求得在两曲线的交点处有：

$Q=200$

$P=40$

> 另外，根据长期边际成本函数可求得该厂商在长期均衡点的边际成本为：
>
> LMC=35
>
> 由于处于长期均衡时，MR=LMC，而MR与P的关系又可以由式（8-7）得到，因此可以求得长期均衡点的弹性为：
>
> $e_d=P/(P-LMC)=40÷(40-35)=8$

### 8.4.4 垄断竞争市场的经济效率

从竞争或者垄断的程度来看，垄断竞争市场介于完全竞争市场和完全垄断市场之间。而从经济效率的高低来看，垄断竞争市场也是位于两者之间的，其均衡产量高于完全垄断市场的，但低于完全竞争市场的；其均衡价格高于完全竞争市场的，但低于完全垄断市场的。以下我们将通过垄断竞争市场与完全竞争市场相互的长期均衡情况做比较，以讨论垄断竞争市场的经济效率。

与完全竞争市场相比，垄断竞争市场是无效率的。

首先，在完全竞争市场的长期均衡下，市场价格等于边际成本，社会总剩余达到最大。垄断竞争市场则不然，总是市场价格大于边际成本。这意味着垄断竞争厂商如果多生产1单位产品，它对消费者的价值是大于它的成本的。因此，厂商扩大生产对社会是有利的，可以增进社会福利。

其次，垄断竞争厂商在长期均衡时存在过剩的生产能力。由于新厂商或旧厂商的自由进出，竞争厂商和垄断竞争厂商在长期均衡时利润为零。在完全竞争市场中，各个厂商面临的是一条水平的需求曲线，这样长期均衡的零利润点便出现在长期平均成本曲线LAC的最低点，如图8-24中的C点，这时的产量$Q_C$被称为理想的产量。而在垄断竞争市场中，各个厂商面临一条向右下方倾斜的主观需求曲线，如图8-24中的$d_m$，长期的零利润点则出现在曲线$d_m$与LAC的切点A处，此时的产量$Q_A$为垄断竞争厂商的实际产量。

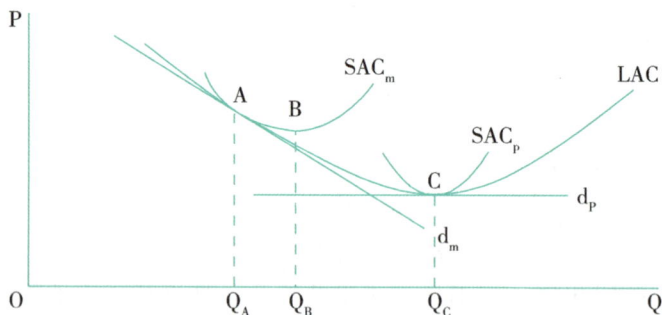

图 8-24 垄断竞争厂商的剩余生产能力

所谓过剩的生产能力就是指实际产量与理想产量之间的差额，如图8-24中的$Q_AQ_C$。它又可以分为两个部分：$Q_AQ_B$和$Q_BQ_C$，分别表示了厂商没有在现有规模的成本最低点进行生产和现有规模本身就不是一个长期的最优规模。在图8-24中，$SAC_m$和$SAC_p$分别代表在A点均衡和C点均衡下的短期最优生产规模。其中，$SAC_m$的最低点为B点，而非A点。这表明在长期均衡点上，垄断竞争厂商并没有在已建立的生产规模$SAC_m$的最低点处进行生产，现有的生产设备没有充分利用。而从长期来看，$SAC_m$ 又不是厂商的最优规模，C 点处的 $SAC_p$ 才是最优的。这说明垄断竞争厂商并没有充分使用社会资源，扩大生产规模对社会来说是有效率的。

从根本上讲，生产能力的过剩来自厂商向右倾斜的需求曲线，而需求曲线的倾斜又来自垄断。相对完全垄断市场，垄断竞争市场的垄断程度并不高，有些市场还具有相当大的弹性，因此过剩的生产能力并不是很强。另一方面，垄断竞争市场的垄断源自商品的差异性，而多样化的商品给消费者带来的利益是非常大的，有时甚至不亚于因生产能力过剩而造成的浪费。因此也可以说，过剩的生产能力是为得到多样化的商品而必须付出的成本。

在现实经济生活中，垄断竞争市场所存在的过剩的生产能力，往往表现为市场里小规模的厂商数量过多。比如，城市里分布密集的杂货店就大大超过了实际需求。因此，在垄断竞争市场中，减少厂商数量，扩大单个垄断竞争厂商的规模，可以提高经济效率和增进社会福利。

## 8.5  寡头垄断市场

在完全竞争市场和垄断竞争市场中，总是存在很多规模较小的厂商，完全垄断市场中则只有一个厂商存在。然而在现实经济生活中，我们往往可以看到很多市场既不是只有一个厂商完全垄断，也不是有很多厂商同时竞争，而是只有少数几个厂商控制着市场。国内的小轿车市场、钢铁市场、石油产品市场，国际上的计算机芯片市场、航空运输市场等，都属于这种类型，这便是本部分所要讲的寡头垄断市场。寡头厂商的行为比较复杂，在理论上没有一个理想的模型可以用来解释所有寡头的行为，不过也存在多种从不同角度解释寡头垄断市场的模型。本部分将介绍几种常见的模型。

### 8.5.1  寡头垄断市场的基本特征

寡头垄断市场又称寡头市场，介于垄断竞争市场和完全垄断市场之间，是由少数几个大型厂商控制某种产品的绝大部分乃至整个市场的一种市场组织形式。与垄断竞争一样，寡头垄断在现实经济生活中也是普遍存在的。根据寡头所生产的产品的差异性，寡头市场可分为纯粹寡头和差别寡头两类。如果产品是同质的，没有差别，相互的替代程度较高，就叫纯粹寡头，如钢铁、水泥、各种矿产资源等；如果产品是异质的，有较大的差别，就叫差别寡头，如汽车、计算机、石油产品等。

一般来说，寡头市场具有以下几个基本特征：

**1.市场内厂商极少**

寡头市场上的厂商只有一个以上的少数几个，而每个厂商对市场都具有相当强的控制力，其行为都会直接影响到整个市场的价格水平；如果市场中只有两个厂商，其又被称作双头垄断市场。如我国的石油产品市场便是典型的双头垄断，它由中国石化和中国石油两个厂商控制。为便于讨论，后面介绍的各种模型都是以双头垄断为分析框架的。

**2.厂商相互依存**

寡头市场中的寡头行为是相互依存的。由于寡头市场中厂商数目不多，每个厂商都会意识到自己的行为将会影响其他厂商的行为；反之，其他厂商的行为也会影响自己的行为。因此，任一厂商在做出产量和价格决策时，都必须考虑其他厂商可能的反应。但是这些反应往往难以确知，所以每个厂商往往又都是在"不确定"条件下做出决策的。由于寡头间存在这种相互依存、相互制约的关系，因此，每个寡头既不是价格接受者，也不是价格制定者，而是价格搜寻者。

**3.厂商不能自由进出市场**

与完全竞争市场和垄断竞争市场中厂商可以自由进出不同，在寡头市场中，厂商进出市场相当困难。其中难以进入市场的原因与完全垄断市场相类似，包括行业本身的规模效益，进入的资源障碍、技术障碍、资金障碍和法律障碍等。而由于寡头间的相互依存，原有寡头若要退出市场也是比较困难的。

在寡头市场中，每个厂商在制定自己的价格和产量之前，都必须推测或判断出其他厂商可能会做出的反应，然后在这个能够被"确知"的反应前提下，采取对自己最为有利的行动。但是，由于每个厂商都这样考虑，因此每个厂商都无法"确知"其他厂商可能的反应。这样，寡头厂商的价格和产量决定就成了一个非常复杂的问题，期望有一种万能的模型可以用来解释不同寡头的不同行为，显然是不可取的。当然，某个寡头如果能够假定出其他寡头的一种特定而且被"确知"的反应，那么它就可以做出合理的决策。下面的模型都基于这个假定。

在双头垄断市场中，两个厂商互相的反应有两种情形：独立行动或勾结。如果是独立行动，那么每个寡头又都有两种决策：联合决策和连续决策。联合决策是指这两个寡头在决策之前并不知道对方的价格和产量，于是它必须先猜测出对方的选择，然后才能做出合理的决策。联合决策又分为联合定产和联合定价。古诺模型和伯特兰模型分别对这两种决策做了分析。连续决策是指某个寡头在决策之前已经知道了对方的选择，于是它便可以直接做出合理的决策。这样，先做出决策的便被称为领导者，后做出决策的被称为追随者。斯塔克尔伯格模型研究了领导者和追随者的情形。至于勾结，又叫串谋，是指这两个寡头共同商定使其利润总和实现最大化的价格和产量，卡特尔模型对此做出了分析。在本部分的最后，我们还介绍了斯威齐模型，用来解释寡头市场价格刚性的问题。

## 8.5.2 古诺模型

古诺模型（Cournot Model）是由法国经济学家古诺于1838年最早提出的。古诺以拥有两个零边际成本厂商的矿泉水市场为例，假定：

（1）市场中只有两个以利润最大化为目标的厂商 A 和 B；

（2）两个厂商销售一种同质产品，独立行动，且只进行产量竞争；

（3）两个厂商面临相同的线性需求曲线；

（4）每个厂商在预测对手产量的基础上制定自己的最优产量，它们都假定对手会将产量固定不变。

我们首先用文字来描述古诺模型中产量和价格的决定。在图 8-25 中，D 曲线表示两个厂商共同的线性需求曲线，因为是零边际成本，所以厂商的边际成本曲线不存在。

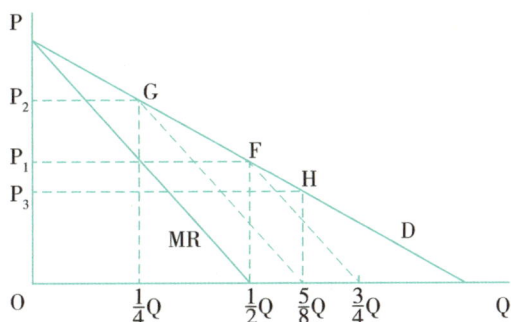

图 8-25　古诺模型

假设在第一阶段开始时只有厂商 A 在市场内经营。根据利润最大化原则 MR=MC=0，厂商在 F 点处经营，此时价格为 $P_1$，产量为 $Q_{A1}=\frac{1}{2}Q$，其中 Q 表示矿泉水为免费时市场的总需求量。

然后，厂商 B 进入了该市场。厂商 B 首先假定厂商 A 的产量 $Q_{A1}$ 固定不变，这样留给它的总需求量就只有 $\frac{1}{2}Q$。同样根据 MR=MC=0 的原则，厂商 B 选择在 G 点处进行生产。此时厂商 B 的价格为 $P_2$，产量 $Q_{B1}$ 为其所面临的需求总量的一半，有 $Q_{B1}=\frac{1}{4}Q$。市场总量为 $Q_{A1}+Q_{B1}=\frac{3}{4}Q$。

在第二阶段，厂商 A 发现如果仍在 F 点处经营，就不能实现利润最大化，于是其开始调整决策。厂商 A 假定厂商 B 在这一阶段的产量仍然会维持在 $\frac{1}{4}Q$，这样，留给它的总需求量就改变为 $\frac{3}{4}Q$。在剩余 $\frac{3}{4}Q$ 需求量的市场中，厂商 A 根据 MR=MC=0 的原则，选择在 H 点处进行生产，其价格为 $P_3$，产量为 $Q_{A2}=\frac{3}{8}Q$。与上一阶段一样，厂商 B 在假定厂商 A 维持产量 $\frac{3}{8}Q$ 不变的情况下进行调整，其新的均衡产量显然为 $\frac{5}{16}Q$，此时的总产量为 $\frac{11}{16}Q$。这样循环往复，直到最后的均衡。

表 8-2 显示了两个厂商在互相的决策反应之后，各个阶段均衡产量的演变及最后达到均衡的结果。可见，每个厂商最后的均衡产量都为市场总容量的 1/3，总产量为市场总容量的 2/3。这个结论很容易被推广到多个厂商的古诺均衡。假设有 n 个寡头，那么每个寡头的均衡产量等于市场总容量的 1/(n+1)，市场的总均衡产量等于市场总容量的 n/(n+1)。

下面我们利用数学方法来说明古诺均衡的形成过程。假定寡头厂商所面临的市场需求函数为 Q=f(P)，写成反函数形式为 P=P(Q)，其中 Q 为市场总产量，等于厂商 1 的产量 $Q_1$ 和厂商 2 的产量 $Q_2$ 之和。

表8-2 古诺模型的企业行为

| 项目 | 第一阶段 | 第二阶段 | 第三阶段 | … | 最后阶段 |
|------|---------|---------|---------|---|---------|
| 厂商 A | $\frac{1}{2}Q$ | $\frac{3}{8}Q$ | $\frac{11}{32}Q$ | … | $\frac{1}{3}Q$ |
| 厂商 B | $\frac{1}{4}Q$ | $\frac{5}{16}Q$ | $\frac{21}{64}Q$ | … | $\frac{1}{3}Q$ |
| 总产量 | $\frac{3}{4}Q$ | $\frac{11}{16}Q$ | $\frac{43}{64}Q$ | … | $\frac{2}{3}Q$ |

由于厂商追求利润最大化，因此，各自的目标函数可以分别写成：

$$\max \pi_1(Q_1) = P(Q_1 + Q_2) \cdot Q_1 - C_1(Q_1) \qquad (8-25)$$

$$\max \pi_2(Q_2) = P(Q_1 + Q_2) \cdot Q_2 - C_2(Q_2) \qquad (8-26)$$

式中：$C_1(Q_1)$ 与 $C_2(Q_2)$ 分别为厂商1和厂商2的成本函数。

式（8-25）和式（8-26）的一阶条件分别为：

$$d\pi_1/dQ_1 = P(Q_1 + Q_2) + Q_1 \cdot dP/dQ_1 - MC_1(Q_1) = 0 \qquad (8-27)$$

$$d\pi_2/dQ_2 = P(Q_1 + Q_2) + Q_2 \cdot dP/dQ_2 - MC_2(Q_2) = 0 \qquad (8-28)$$

从式（8-27）和式（8-28）分别可以解出 $Q_1$ 关于 $Q_2$、$Q_2$ 关于 $Q_1$ 的函数，由此得到的函数被称为反应函数，写成：

$$Q_1 = f_1(Q_2) \qquad (8-29)$$

$$Q_2 = f_2(Q_1) \qquad (8-30)$$

式（8-29）的经济含义为：在厂商1对厂商2的产出水平做出预测之后，厂商1所能达到利润最大化的产量。式（8-30）则表示厂商2在对厂商1的产出做出预测之后，厂商2所能达到利润最大化的产量。将这两个方程联立，便可求得两寡头最后的均衡产量。

借助图8-26可以认识古诺均衡的形成。图中，曲线AB、CD分别代表厂商1和厂商2的反应曲线，由其各自的反应函数推出。在这里，我们假定这两个厂商具有各自不同的成本函数，因此其反应函数不对称。假定第一阶段厂商2的产量为 $Q_2^1$，于是厂商1根据它所预测厂商2固定不变的产量 $Q_2^1$，按照自己的反应曲线，得到它的第一阶段的产量为 $Q_1^1$。第二阶段，厂商2发现厂商1做了调整，产量改变为 $Q_1^1$，于是同样根据自己的预测和反应曲线，将产量调整到 $Q_2^2$。这样循环往复，直到两条反应曲线的交点E为止，E点就是均衡点。

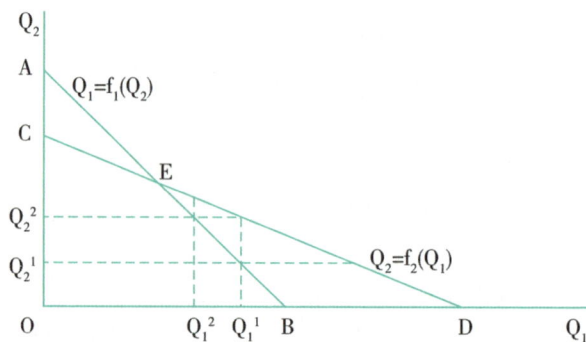

图8-26 古诺均衡的形成

案例窗 8-7

### 寡头垄断的古诺解

假定某商品市场只有两个生产者：厂商 1 和厂商 2，其市场需求函数为 $P=100-0.5(Q_1+Q_2)$，且厂商的成本函数分别为：

$C_1=5Q_1$

$C_2=0.5Q_2^2$

要求：计算古诺情况下市场的均衡价格以及厂商各自的均衡产量和利润。

【解】两个厂商各自的利润函数分别为：

$\pi_1=[100-0.5(Q_1+Q_2)]Q_1-5Q_1$

$\pi_2=[100-0.5(Q_1+Q_2)]Q_2-0.5Q_2^2$

利润最大化的一阶条件分别为：

$d\pi_1/dQ_1=100-0.5(Q_1+Q_2)-0.5Q_1-5=0$

$d\pi_2/dQ_2=100-0.5(Q_1+Q_2)-0.5Q_2-Q_2=0$

由此可以得到两个厂商各自的反应函数：

$Q_1=95-0.5Q_2$

$Q_2=50-0.25Q_1$

联立以上两式，解得：

$Q_1=80$

$Q_2=30$

将其分别代入市场需求函数和厂商利润函数，得到市场的均衡价格和厂商的利润分别为：

$P=45$

$\pi_1=3\,200$

$\pi_2=900$

## 8.5.3　伯特兰模型

伯特兰模型（Betrand Model）是由法国数学家约瑟夫·伯特兰（Joseph Betrand）于1883 年提出的，旨在修正古诺模型。在古诺模型中，假定两个寡头的决策是联合定产，即厂商选择其产量，而让市场来决定商品价格。伯特兰则认为，在市场竞争中，寡头往往使用价格竞争而非产量竞争，这样，在模型中便设定两个寡头的决策是联合定价而非联合定产，即厂商选择价格，而让市场来决定销售量。

在古诺模型中，假定厂商在选择各自的产量时，事先必须预测对手的产量，并认为对手的产量会固定不变。与此相类似，在伯特兰模型中，假定各厂商在制定自己的价格时，必须对市场中其他厂商制定的价格做出预测，并认为对手将这个价格水平保持不变。古诺模型中的其他假设在伯特兰模型中依然保留。

由于厂商销售的是同质商品，因此不论市场价格水平如何，只要任一厂商降低价格，而其他对手保持价格不变，那么这一厂商便能占有全部市场需求。这是伯特兰均衡形成的关键。下面我们仍用古诺模型中的零边际成本的矿泉水市场为例，来说明伯特兰均衡的形成。

假设一开始只有厂商 A 在市场内经营。根据 MR=MC=0 的利润最大化原则，厂商 A 在 F 点处经营，此时价格为 $P_1$，产量为 $Q_{A1}=\frac{1}{2}Q$，其中 Q 表示矿泉水为免费时市场的总需求量（如图 8-25 所示）。

现在有另一厂商 B 进入了该市场，同样以零边际成本生产同质的矿泉水。在制定价格时，厂商 B 认为厂商 A 的价格将会保持在 $P_1$ 不变，于是为了占领整个市场，它便会将价格制定在略低于 $P_1$ 的水平。

到了第二阶段，厂商 A 也会同样认为厂商 B 一旦制定价格之后，就不会再改变，于是便将自己商品的价格调整到略低于厂商 B 的水平，以夺回市场。这样的调整过程一直要持续到两个厂商的价格均等于边际成本 MC 为止。当然价格是决不会低于 MC 的，如果那样的话，则任何一个厂商减少产量都会使利润增加。在我们的例子中，因为是零边际成本，因此最后的均衡价格为 $P_A=P_{B'}=0$，厂商的销售量同是市场总容量的一半，为 $\frac{1}{2}Q$。

图 8-27 说明了伯特兰均衡点的形成过程。在图 8-27 中，OA、OB 分别代表厂商 A 和厂商 B 的反应曲线。图中的箭头表示了两个厂商的价格调整过程。假定一开始市场内只有厂商 A，其价格定为 $P_{A1}$。然后，厂商 B 进入了该市场，厂商 B 观察到了厂商 A 的价格 $P_{A1}$，并认为厂商 A 将不会改变自己的价格。于是，厂商 B 为了争夺市场，将自己的价格定为 $P_{B1}<P_{A1}$。到了第二阶段，厂商 A 发现厂商 B 的价格比自己低，于是为了夺回市场，便将自己的价格降低到 $P_{A2}$。这样，价格竞争使得最后的均衡到达 O 点，厂商 A 和厂商 B 的价格均为零。注意，这里的反应曲线不像古诺模型那样可以严格得到，因为厂商做出的反应是只要将价格定在低于对手的任何水平都可以。

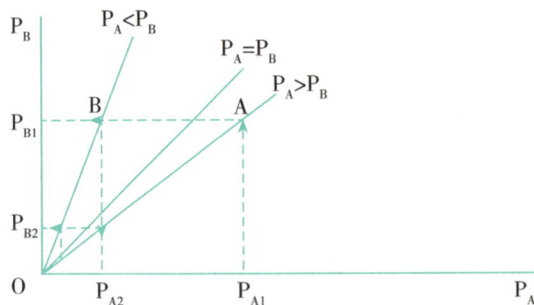

图 8-27　伯特兰均衡点的形成

显然，伯特兰模型最后的均衡非常简单，变成了完全竞争均衡，此时均衡价格等于边际成本。因此，伯特兰模型又称伯特兰均衡模型。在案例窗 8-7 中，假设厂商遵循伯特兰模型进行价格竞争，那么根据伯特兰模型的均衡条件 $P=MC_i$，可以求得市场均衡价格和厂商各自的均衡产量与利润分别为：$Q_1=185$，$Q_2=5$，$P=5$，$\pi_1=0$，$\pi_2=12.5$。

### 8.5.4　斯塔克尔伯格模型

斯塔克尔伯格模型（Stackelberg Model）是由德国经济学家斯塔克尔伯格（H. von

Stackelberg）于1934年提出的。在古诺模型和伯特兰模型中，寡头间的反应是一种联合决策，即每个寡头都将对手的行为视为给定，然后根据自己的预测做出决策。然而，联合决策只适用于势均力敌的寡头之间；对实力悬殊的寡头，往往采取连续决策，这便是斯塔克尔伯格模型所要分析的情形。在连续决策中，只有一个寡头将对手的反应视为给定，于是这个寡头将对手给定的反应考虑到自己的利润函数中，然后做出决策，而其他寡头随后根据已经给定的反应做出决策。

在古诺模型和伯特兰模型中，由于是联合决策，因此每个厂商都是追随者。而在斯塔克尔伯格模型中，由于是连续决策，因此既有领导者又有追随者。如果厂商都是追随者，那么每个厂商都将在对手产量或价格的约束下追求利润最大；如果一个厂商为领导者，那么它将在对手反应函数的约束下追求利润最大。

为分析斯塔克尔伯格模型的均衡解，我们假定：市场中只有两个以利润最大化为目标的厂商1和厂商2；厂商1为领导者，厂商2为追随者；两个厂商销售一种同质产品，独立行动，且只进行产量竞争；领导者把追随者的反应函数视为给定。这样，领导者厂商1的目标函数便可写成：

$$\max\pi_1(Q_1)=P(Q_1+Q_2(Q_1))\cdot Q_1-C_1(Q_1) \tag{8-31}$$

式中：$Q_2(Q_1)$为厂商2对厂商1的反应函数，由式（8-30）所给定。

式（8-31）的一阶条件为：

$$d\pi_1/dQ_1=P(Q_1+Q_2)+Q_1\cdot dP/dQ_1-MC_1(Q_1)=0 \tag{8-32}$$

式中：$dP/dQ_1=dP/dQ\cdot dQ/dQ_1=dP/dQ(1+dQ_2/dQ_1)$，$Q=Q_1+Q_2$为行业总产量。这样，式（8-32）可以写成：

$$P(Q_1+Q_2)+Q_1\cdot dP/dQ_1\cdot(1+dQ_2/dQ_1)=MC_1(Q_1) \tag{8-33}$$

式（8-33）就是斯塔克尔伯格模型的均衡条件。对斯塔克尔伯格均衡点的形成，我们还可以通过图8-28来认识。图中，曲线AB、CD分别代表厂商1和厂商2的反应曲线，两者相交于$E_c$点，形成古诺均衡点。在斯塔克尔伯格情况下，厂商2作为追随者，仍将沿其反应曲线选择产量，而作为领导者的厂商1，在厂商2的反应曲线约束下，选择其利润最大的产量。这样，斯塔克尔伯格均衡点必然出现在厂商2的反应曲线和厂商1的等利润曲线相切处的$E_s$点。注意图中厂商1的等利润曲线所代表的利润沿着箭头方向增大。

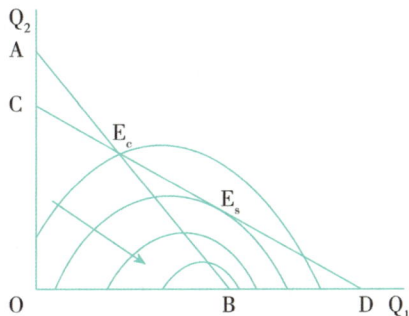

图8-28　斯塔克尔伯格均衡

案例窗 8-8

### 寡头垄断的斯塔克尔伯格解

根据案例窗 8-7 所给出的条件，现在假定厂商1为领导者，厂商2为追随者。厂商1的利润函数仍为：

$$\pi_1 = [100 - 0.5(Q_1 + Q_2)]Q_1 - 5Q_1$$

而厂商2对厂商1有反应函数：

$$Q_2 = 50 - 0.25Q_1$$

代入上式得到：

$$\pi_1 = [100 - 0.5(Q_1 + 50 - 0.25Q_1)]Q_1 - 5Q_1$$
$$= 70Q_1 - 0.375Q_1^2$$

由一阶条件求得：

$$Q_1 = 93.33$$

代入厂商2的反应函数得：

$$Q_2 = 26.67$$

由此解出市场均衡价格和各厂商的利润分别为：

$$P = 40$$
$$\pi_1 = 3\ 266.67$$
$$\pi_2 = 711.11$$

反之，如果厂商2为领导者，厂商1为追随者，同样可以求得各自的利润，分别为：

$$\pi_1 = 3\ 003.125$$
$$\pi_2 = 918.75$$

比较案例窗 8-7 和案例窗 8-8，可以看出，作为领导者的厂商，其产量和利润都大于古诺解；作为追随者的厂商，其产量和利润都小于古诺解。同样，对同一个厂商而言，领导者的利润大于追随者的利润。如果两个厂商都想成为领导者，就达不到均衡。

最后，应该指出，连续决策与联合决策一样，也有两种情形：产量领导和价格领导。斯塔克尔伯格模型属于产量领导。至于价格领导，就是指追随者将领导者确定的价格视为给定价格接受，然后选择利润最大化产量；领导者则根据追随者给定的供给量$S(P)$，结合市场需求，选择利润最大化的价格和产量。

### 8.5.5　卡特尔模型

前面几个模型都假定厂商的行动是独立的，而事实上，独立行动所造就的竞争往往会使寡头厂商都受到损失。寡头厂商在意识到这一点的时候，便会放弃竞争，采取不同的形式相互勾结，以争取比独立行动更大的利润。寡头厂商正式进行公开勾结，并以协议的形式共同确定价格和产量，这样所形成的组织便被称作卡特尔（Cartel）。如19世纪美国的联合执行委员会，它控制着当时整个美国的铁路货运价格以及各铁路公司的市场份额。再如国际上当前存在的石油输出国组织，它控制着11个主要石油输出国的石油输出价格和各自的产量。卡特尔组织的行为完全类同于一个垄断者的行为，造成了市场的无效率，因此，很多国家都制定反托拉斯法来阻止寡头之间的勾结。但尽管如此，寡头厂商之间一些非正式的协议、口头上的协议总是难以被取缔的。在实际经济生活中，寡头厂商不采取独立行动，而采取互相勾结的卡特尔组织，是非常多见的。

在卡特尔勾结模型中，假定市场中有两个追求利润最大化的寡头——厂商1和厂商2；两个厂商生产和销售一种同质产品；两个厂商联合决定，选择使整个行业利润最大化的产量和价格；按协议分配各自的产量和利润。根据这些假定，行业的利润最大化问题便可写成：

$$\max\pi=TR(Q_1+Q_2)-C_1(Q_1)-C_2(Q_2) \tag{8-34}$$

式中：$Q_1$、$Q_2$分别表示厂商1、厂商2经分配后的产量；$C_1(Q_1)$和$C_2(Q_2)$分别表示它们各自的成本；$TR(Q_1+Q_2)=P(Q_1+Q_2)\cdot(Q_1+Q_2)$表示行业的总收益。与多工厂垄断的利润最大化问题即式（8-13）相比较可知，卡特尔问题与一个拥有多家不同生产成本工厂的完全垄断厂商问题是一致的。

式（8-34）的一阶条件为：

$$d\pi/dQ_1=MR(Q_1+Q_2)-MC_1(Q_1)=0$$

$$d\pi/dQ_2=MR(Q_1+Q_2)-MC_2(Q_2)=0$$

从上述两式中可以看出，欲使行业利润达到最大，就必须有$MR(Q_1+Q_2)=MC_1(Q_1)=MC_2(Q_2)$。如果两个厂商具有相同的成本函数，那么它们会有相同的均衡产量；如果成本函数各不相同，那么具有成本优势的厂商会生产更多的产品。

---

**案例窗 8-9**

### 寡头垄断的卡特尔解

假设在案例窗8-7中，两个厂商放弃独立行动，互相进行勾结，并通过协议确定彼此的关系，以获得最大的行业利润。这时，行业的利润最大化问题为：

$$\max\pi=[100-0.5(Q_1+Q_2)]\cdot(Q_1+Q_2)-5Q_1-0.5Q_2^2$$

一阶条件分别为：

$$100-(Q_1+Q_2)-5=0$$

$$100-(Q_1+Q_2)-Q_2=0$$

求得：

$$Q_1=90$$

$$Q_2=5$$

代入市场需求函数及两个厂商各自的利润函数，得到：

$$P=52.5$$

$$\pi_1=4\,275$$

$$\pi_2=250$$

　　比较上述例子中各模型的解可知，卡特尔条件下市场均衡价格最高，行业的总产量最小，而行业所获得的利润最高。可见，寡头厂商彼此的勾结与独立行动相比之下，损失的效率更大。比较案例窗8-8和案例窗8-9，当厂商2独立行动成为领导者时，利润能够达到918.75，远远高于卡特尔条件下的250。因此，要使这两个寡头的勾结能够成立，厂商1必须向厂商2转移利润，使厂商2的利润超过918.75，当然厂商1的利润也不能低于其作为领导者时的利润。由于寡头之间总是存在利润分配上的分歧，某些寡头就会因此而背叛协议，从而使得卡特尔均衡不稳定。

### 8.5.6　斯威齐模型

　　斯威齐模型（Sweezy Model）是由美国经济学家斯威齐（P. D. Sweezy）于1939年提出的。在模型中，他运用折弯的需求曲线来分析寡头垄断市场的价格刚性问题，因此，该模型又被称为折弯的需求曲线模型。

　　斯威齐模型假定：

　　（1）寡头厂商独立行动，并进行价格竞争；

　　（2）当一个寡头厂商提高价格时，其他寡头厂商不会相应提高价格，这样该厂商的销售量会明显减少；

　　（3）当一个寡头厂商降低价格时，其他寡头厂商为了维持原有的顾客，也跟着降低价格，这样该厂商的销售量就不会明显增加。

　　借助图8-29来说明斯威齐模型。图中，某一寡头厂商面临着两条需求曲线：主观需求曲线d和比例需求曲线D，它们的含义与垄断竞争厂商所面临的两条需求曲线相同。假定一开始，该厂商在主观需求曲线和比例需求曲线的交点E处经营，其价格和产量分别为$P_0$和$Q_0$。现在该厂商决定通过改变价格来扩大自己的销售量和利润，它有两种选择：提价和降价。如果该厂商选择提高自己商品的价格，那么根据模型假定，其他厂商不会相应提高价格，于是该厂商便在主观需求曲线的上半段dE上进行价格和产量的选择。如果该厂商选择降低自己商品的价格，那么根据模型假定，其他厂商也会随之降低价格，于是该厂商便在比例需求曲线上选择价格和产量，图中反映为比例需求曲线的下半段ED。综合这两方面的结论，可以看出，该厂商最终所面临的需求曲线为一条折弯的曲线，即图中的线段dED。

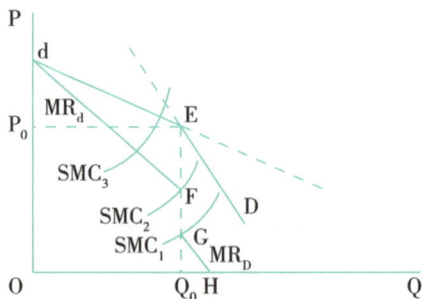

图8-29　斯威齐模型

　　由数学知识我们知道，一条折线的折点处的导数是不存在的。因此，与折弯的需求曲线 dED 所对应的边际收益曲线也是两段式的，为一条间断的边际收益曲线。如图 8-29 所示，dE 段对应 MR$_d$，ED 段对应 MR$_D$，总的边际收益曲线为 dFGH，且在产量 Q$_0$ 处形成间断，其间断部分为 FG。

这种间断的边际收益曲线 dFGH 表明，边际成本在一定范围内的变动不会影响产品的价格和产量。如图 8-29 所示，只要寡头厂商的边际成本曲线 SMC 与边际收益曲线 dFGH 的交点落在 FG 中间，那么厂商便会选择在 E 点进行生产，其价格和产量保持 P$_0$ 和 Q$_0$ 不变。

尽管斯威齐模型能够很好地解释寡头垄断市场中的价格刚性问题，但对刚性价格是如何形成的这个问题不能做出解释。

## 8.6　各类市场比较

前面我们已经分别研究了完全竞争、完全垄断、垄断竞争和寡头垄断 4 种基本市场组织类型各自的基本特点、均衡条件、均衡价格和均衡产量的决定及经济效率等。一般来说，完全竞争市场是一个有效率的市场组织形式，优于其他几种市场形式，但在产品多样化、技术进步等方面，其他几种市场形式又有一定的优势。下面，我们将通过需求曲线、垄断力度和经济效率 3 个方面的比较，对这 4 类市场做公正的评价。

### 8.6.1　需求曲线

厂商所面临的市场需求曲线集中体现了该市场的基本特征，包括市场内厂商数目、商品品质、厂商进入市场的难易程度，以及厂商对市场价格的影响能力等。

在完全竞争市场中，厂商作为市场价格的接受者，只能在市场给定的价格下调整其产量，以实现自己的利润最大化。因此，完全竞争厂商所面临的市场需求曲线是一条水平线，斜率为 0，如图 8-30 中的 d$_1$ 曲线。

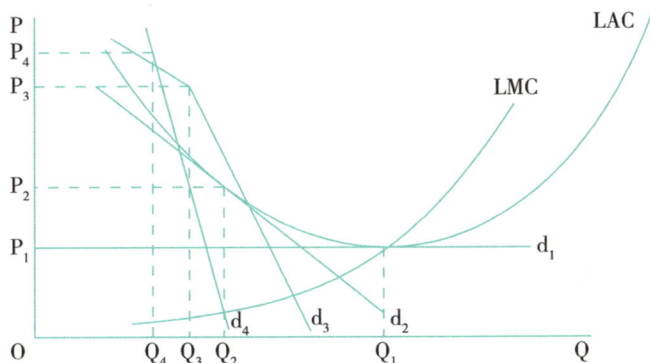

图 8-30　各类市场中厂商的长期需求曲线

在不完全竞争市场中，厂商不仅可以通过调整产量追求最大的利润，还可以通过调整市场价格来达到这个目的，这是因为不完全竞争厂商都能够在不同程度上影响市场价格，它们或者是市场价格的制定者，或者是市场价格的影响者，或者是市场价格的搜寻者。因此，不完全竞争厂商所面临的市场需求曲线都是一条向右下方倾斜的曲线。一般来说，需求曲线的斜率（绝对值）与市场的垄断程度正相关，垄断程度越高，斜率越大，需求曲线也就表现为越陡。

在图8-30中，曲线$d_2$、$d_3$、$d_4$分别代表了垄断竞争厂商、寡头垄断厂商和完全垄断厂商的市场需求曲线。可以看出，完全垄断厂商的需求曲线最陡，寡头垄断厂商的其次，垄断竞争厂商的则比较平坦。注意，尽管寡头垄断市场情况比较复杂，而且不同的模型对厂商需求曲线的理解又各不相同，但有一点是基本一致的，那就是需求曲线的取向和倾斜程度。因此，在这里我们引用了斯威齐模型中折弯的需求曲线，作为寡头垄断厂商的长期需求曲线。

## 8.6.2  垄断力度

当不完全竞争厂商在一定程度上控制和操纵市场价格，并通过索取高于边际成本的价格获利时，我们称该市场存在垄断。前面已经讲到，完全垄断市场的垄断程度最高，寡头垄断市场的其次，垄断竞争市场的则较低。但在那里我们都只是优质做了一些定性的描述，并没有通过对垄断力度的测定进行定量分析。对垄断力度的衡量有多种测定标准，如产业集中指数、勒纳指数、贝恩指数等。在这里我们主要介绍用勒纳指数来测定市场的垄断力度。

勒纳指数又叫勒纳的垄断力度，是由美国经济学家阿巴·勒纳（Abba Lerner）在1934年首先提出的。我们知道，完全竞争厂商与具有垄断性的厂商之间的一个重大的区别是：完全竞争厂商的价格等于边际成本；具有垄断性的厂商，则是价格大于边际成本，如图8-30所示。因此，按照这个思路，可以通过计算利润最大化价格超过边际成本的程度来测定垄断力度。勒纳指数（L）就是这种方法，用公式表示为：

$$L=(P-MC)/P \tag{8-35}$$

勒纳指数的值总是在0~1之间。对完全竞争厂商，价格等于边际成本，因此L=0；对具有垄断性的厂商，价格大于边际成本，因此L>0。L越大，表示厂商的垄断力度越大。

由于式（8-35）中的P是指利润最大化时的均衡价格，因此，根据式（8-10），勒纳指数也可以用厂商所面临的市场需求曲线的弹性来表示，有：

$$L=(P-MC)/P=1/e_d \tag{8-36}$$

由此可见，厂商对市场的垄断力度与需求价格弹性互为倒数。需求价格弹性越大，垄断力度越小。注意这里所指的需求价格弹性，是指厂商所面临的需求曲线的弹性，而不是市场需求曲线的弹性。在完全竞争条件下，厂商的需求价格弹性无穷大，L→0。而在不完全竞争条件下，厂商总是选择在需求价格弹性大于1的地方进行生产，因此有0<L<1。

由图8-30可知，完全垄断厂商的需求价格弹性最小，寡头垄断厂商的其次，垄断竞争厂商的较大。这就表明，完全垄断厂商的垄断力度最大，寡头垄断厂商的其次，垄断竞争厂商的较小，完全竞争厂商则没有垄断。

### 8.6.3　经济效率

经济效率是指资源配置的优劣情况。经济效率高表示资源利用充分，经济效率低表示资源利用不充分。不同的市场类型，其经济效率是各不相同的。一般来说，市场竞争程度越高，经济效率越高；市场垄断程度越高，则经济效率越低。因此，对这 4 类市场组织而言，在长期均衡条件下有这样一个结论：完全竞争市场效率最高，垄断竞争市场的较高，寡头垄断市场的较低，完全垄断市场的最低（见表 8-3）。

表 8-3　　　　　　　　　　　　　长期均衡时各类市场比较

| 市场类型 | 完全竞争 | 垄断竞争 | 寡头垄断 | 完全垄断 |
|---|---|---|---|---|
| 需求曲线 | 水平 | 略斜 | 较斜 | 最斜 |
| 均衡价格 | 最低 | 较低 | 较高 | 最高 |
| 均衡产量 | 最大 | 较大 | 较小 | 最小 |
| 长期利润 | 无 | 无 | 有 | 有 |
| 经济效率 | 最高 | 较高 | 较低 | 最低 |
| 规模经济 | 缺乏 | 存在 | 存在 | 存在 |
| 技术进步 | 较快 | 最快 | 较慢 | 最慢 |

对经济效率的判断，第 13 章将会有具体讨论。在这里，我们主要介绍两个判断条件。

首先，在长期均衡条件下，价格是否等于长期平均成本。如果 P=LAC，则表示厂商现有的生产规模得到了充分利用；如果 P>LAC，则表示厂商的生产规模没有得到充分利用。如图 8-30 所示，完全竞争厂商在长期均衡时，水平的需求曲线相切于 LAC 曲线的最低点，满足 P=LAC，说明此时厂商的生产规模得到了充分利用，厂商长期利润为零，均衡价格最低，均衡产量最高。垄断竞争厂商在长期均衡时，向右下方倾斜且相对比较平坦的主观需求曲线相切于 LAC 曲线的左边，同样满足 P=LAC 的条件，厂商的长期利润也为零，且均衡价格较低，均衡产量较高。而寡头厂商和完全垄断厂商在长期均衡时，都是 P>LAC，存在不为零的长期利润，因此它们都没有充分利用生产规模，且两者相比，完全垄断厂商的均衡价格更高，均衡产量则更低。

其次，在长期均衡条件下，价格是否等于长期边际成本。商品的价格 P 通常被看成商品的社会边际价值，商品的长期边际成本 LMC 通常被看成商品的社会边际成本。如果 P=LMC，则表示商品的社会边际价值等于商品的社会边际成本，说明资源得到充分利用，得到了最有效的配置。如果 P>LMC，则表示商品的社会边际价值大于商品的社会边际成本，这意味着厂商扩大生产对增加社会福利是有益的，或者说相对消费者的需求而言，厂商目前的供给是不足的。在这种情况下，社会资源没有得到最优配置，经济是没有效率的，而且 P 与 LMC 之间的差距越大，经济无效率的程度也就越高。如图 8-30 所示，长期均衡时，完全竞争市场满足 P=LMC 的条件，而垄断竞争市场、寡头垄断市场和完全垄断市场均是P>LMC。至于P与LMC之间的差距，完全垄断市场最大，寡头垄断市场其次，垄断竞争市场最小。显然，依据这个条件，完全竞争市场的经济效率最高，垄断竞争市场其次，寡头垄断市场较低，完全垄断市场最低。

尽管以上的分析得出了垄断无效率这样一个结论，但对垄断是否真的"一无是处"这个问题，经济学家们又有不同的观点。这主要涉及以下几个方面：

**1.垄断与规模经济**

有些行业在客观上要求大规模的生产，如钢铁、汽车、石油炼制等。这些行业只有大规模地生产，才能获得规模经济的好处。一般来说，垄断厂商都是大型企业，基本存在规模经济，因而价格和成本都较低；完全竞争厂商则往往是小型企业，缺乏规模经济，因而价格和成本都较高。

**2.垄断与技术进步**

一般认为，垄断厂商可以通过垄断力量获得长期利润，从而缺乏技术创新的动力，甚至还有可能为了防止潜在的竞争对手利用新技术或新产品威胁自己的垄断地位，而通过各种方式拒绝和压制技术进步。但事实上，大部分垄断厂商往往在研发部门投入大量的人力和财力，以鼓励技术进步。一方面是因为垄断拥有高额的长期利润，因此有条件进行技术创新；另一方面，垄断厂商为了长期保持自己的垄断地位，必须在技术上领先于其他厂商。

**3.垄断与商品差异**

在垄断竞争中，我们已经提到，多样化的商品可以给消费者带来非常大的利益，这是因为多样化的商品使得消费者有更多的选择自由，可以满足他们不同的偏好。而在完全竞争市场条件下，所有厂商的商品都是完全相同的，消费者没有选择的可能，这样也就无法满足消费者的各种偏好。

# 本章小结

在完全竞争市场中，厂商只是市场价格的接受者；在不完全竞争市场中，厂商不再是价格接受者，它们总在一定程度上控制着价格。如果市场中出现价格控制的情况，那么说明该市场存在垄断。根据厂商对市场价格的控制程度不同，不完全竞争市场可以分为完全垄断、寡头垄断和垄断竞争3种类型。

如果在市场中，某种商品的销售者仅有一个，而这个单一的销售者又是该行业内唯一的生产者，那么这种市场就是完全垄断市场。完全垄断市场与完全竞争市场一样，都是市场结构的极端情况。垄断厂商的需求曲线就是市场需求曲线，为一条向右下方倾斜的曲线。与完全竞争厂商一样，垄断厂商也是在边际收益等于边际成本处达到市场均衡；但不同的是，前者无长期利润，后者拥有长期的垄断利润。

由于垄断厂商可以较大程度地控制市场价格，因此，如果法律允许，垄断厂商便可以采取价格歧视策略，对不同的购买量、不同的消费者或者在不同的购买时间收取不同的价格，以获取更大的垄断利润。一般来说，由于垄断是一种效率损失较大的市场组织，因此，各国政府往往会通过价格管制、征税等政策对垄断行业和市场进行管制。

垄断竞争和寡头垄断介于完全竞争和完全垄断之间，都是竞争和垄断的混合体。两者的区别在于各自竞争和垄断的相对比重有所不同，垄断竞争市场更接近完全竞争市场，而寡头垄断市场更接近完全垄断市场。在垄断竞争市场中，厂商拥有两条需求曲线：主观需求曲线和比例需求曲线，只有在这两条曲线的交点，而且满足产品的边际收益等于边际成本时，垄断竞争厂商才达到了市场均衡。在长期均衡下，垄断竞争厂商也是没有利润的。至于寡头垄断市场，寡头垄断厂商的行为比较复杂，在理论上没有一个理想的模型可以用来解释所有寡头的行为。事实上，只存在一些从不同角度解释寡头垄断市场的模型。

由于不完全竞争厂商不仅可以通过产量调整来达到利润最大化的均衡，也可以通过价格调整来满足均衡条件，因此，不完全竞争厂商的供给曲线都是不存在的。

根据经济学对经济效率的定义，一般认为，完全竞争市场的经济效率最高，垄断竞争市场的较高，寡头垄断市场的较低，而完全垄断市场的最低。但是，在现实经济生活中，垄断厂商在规模经济、技术进步以及商品差异方面很有贡献，因此，对垄断是否无效率的观点一直是有不同意见的。

## 本章基本概念

完全垄断市场　　价格歧视　　一级价格歧视　　二级价格歧视　　三级价格歧视　　时间价格歧视　　高峰负荷定价　　主观需求曲线　　比例需求曲线　　联合决策　　连续决策　　勾结　　经济效率

## 复习思考题

### 一、简答题

1.为什么完全垄断厂商的需求曲线是向右下方倾斜的？

2.分别用图说明完全垄断厂商短期均衡和长期均衡的形成和条件。

3.垄断条件下的厂商为什么不存在供给曲线？

4.分别说明3类价格歧视的含义。

5.垄断厂商实行三级价格歧视需要哪些条件？

6.垄断竞争厂商的比例需求曲线是如何形成的？

7.分别说明垄断竞争厂商的两条需求曲线的含义和相互关系。

8.用图说明垄断竞争厂商的剩余生产能力。

9.简述古诺模型的主要内容和结论。

10.折弯的需求曲线模型有哪些假定？

11.厂商对市场的垄断力度与需求价格弹性之间有什么关系？

### 二、计算题

1.某垄断厂商的市场需求函数和成本函数分别为：$P=208-2Q$；$TC=500+8Q+8Q^2$。要求：分别计算此厂商利润最大时的产品价格、产量以及利润。

2.一个垄断厂商的成本函数为$TC=Q^2$，其面临的需求为$P=120-Q$。要求：

（1）该厂商的垄断价格和产量各为多少？

（2）若政府向该厂商征收总量税100元，此时，该厂商的产量为多少？

（3）若政府改为对该厂商的每单位产品征税20元，此时垄断价格和产量又各为多少？

（4）政府如果改用价格管制，那么若要使得消费者剩余和生产者剩余的总和为最大，此时价格的上限应为多少？

3.某垄断厂商面临两个不同的市场，其中一个需求为$P_1=Q^{-1/2}$，另一个需求为$P_2=Q^{-1/3}$。厂商的边际生产成本如果为常数1，那么该厂商在两个市场上的售价应该各为多少？

4.某地区一雪糕厂具有自然垄断地位。该厂商的生产函数是$Q=100L$，其中$Q$是每月的雪糕产量，$L$是投入的劳动量，假设其成本全部来自工人工资。当地的劳动供给函数为$W=40+0.1L$，其中$W$是工人的工资，且当地的雪糕市场需求函数为$P=40.8-Q/1\,000$。要求：

（1）雪糕厂的垄断价格和垄断产量各为多少？

（2）该厂商应该雇用多少劳动力？工资为多少？

（3）该厂商每月的利润是多少？

5.某垄断厂商面临的市场需求为$P=100-2Q$，且其边际成本为常数20。要求：

（1）该厂商的垄断价格和产量各是多少？

（2）社会最优的价格和产量各为多少？

（3）垄断造成的效率损失为多少？

（4）假如该垄断厂商能够区别任一位顾客，并对每一位顾客收取最高可能的价格，这时产量为多少？效率损失又为多少？

## 三、论述题

1.借助图说明垄断竞争厂商的短期均衡和长期均衡是如何形成的。

2.政府对垄断厂商征收从量税、从价税和总量税，它们对社会福利分别有什么影响？

3.比较寡头垄断下不同模型均衡解的特点。

4.试比较不同市场组织形式的经济效率。

# 第9章 博弈论

## 学习目标

通过本章的学习，你应该能够：

- 了解博弈论的基本概念，以及博弈中参与人的策略决定和博弈表述。
- 掌握完全信息静态博弈下的占优策略和纳什均衡，以及不完全信息静态博弈下的贝叶斯纳什均衡。

对寡头厂商的策略决定问题，现代经济学家运用了一种研究利益冲突的决策主体的现代数学方法来加以分析，这就是博弈论。博弈论的应用是微观经济学的一个重要发展。近些年来，经济学家越来越多地应用博弈论分析各种行为主体的经济行为，而对寡头厂商行为的博弈分析，为研究寡头模型提供了一个全新的思路，因此又被称为现代的寡头垄断分析方法。本章我们将对博弈论的一些基本知识做一简要介绍，并应用博弈工具对寡头垄断市场做出分析。

## 9.1 基本描述

博弈论最早出现于1944年由冯·诺伊曼和摩根斯坦合著的《博弈论和经济行为》一书中。自此以后，许多西方学者致力于将博弈论的研究方法应用于对经济、军事、外交、法律、公共选择等各种领域的分析，取得了一定的成果。到了20世纪50年代，纳什、劳埃德·夏普里（Lloyd S. Shapley）、阿尔伯特·塔克（Albert Tucker）等人将合作博弈推到了顶峰，并开创了非合作博弈的研究。60年代之后，泽尔腾、海萨尼、克雷普斯和威尔逊等人将动态分析和不完全信息引入博弈分析，极大地丰富了博弈论，并最终使博弈论能够成为主流经济学的一部分。

在这一节，我们将从介绍囚徒困境入手，引入博弈论的一些基本概念，并在此基础上说明如何描述一个博弈问题。

### 9.1.1 囚徒困境

囚徒困境是由图克在20世纪40年代首先提出的，之后作为博弈论的经典案例被广泛引用。囚徒困境反映了个人的理性追求，并不一定都能达到最后集体理性的结果，而从个人理性达到集体理性的论断一直是主流经济学的主要思想，因此囚徒困境也经常被公共选择学派作为反对自由主义的证据来引用。

囚徒困境刻画了这样一个博弈故事：有两个囚徒因涉嫌一桩盗窃案而被拘捕。地方法官找不到任何证据来证明他们的犯罪事实，但又急于获得他们的供认，于是法官将两人隔离在两个房间里进行审讯。每个囚徒都有两个选择：坦白和不坦白。如果只有一个囚徒坦白，那么这个囚徒就可以免予起诉而被无罪释放，另一个囚徒则会承担所有责任而被从严发落，被判处6年徒刑；如果两个囚徒都不坦白犯罪事实，那么根据法规将都被判处1年徒刑；如果两个囚徒都坦白交代犯罪事实，那么两人都将从轻发落，各自被判处3年徒刑。图9-1给出了这两个囚徒的支付矩阵。矩阵中，左边的数字代表了囚徒A在不同策略组合下的支付水平，右边的数字则代表了囚徒B在不同策略组合下的支付水平。

囚徒 B

|  | | 坦白 | 不坦白 |
|---|---|---|---|
| 囚徒 A | 坦白 | -3, -3 | 0, -6 |
|  | 不坦白 | -6, 0 | -1, -1 |

图9-1　囚徒困境

我们先来看囚徒A的决策情况。假定囚徒B选择"坦白"，那么囚徒A选择"坦白"将被判处3年徒刑，而如果选择"不坦白"，将被判处6年徒刑，于是理性的囚徒A同样会选择"坦白"；假定囚徒B选择"不坦白"，那么囚徒A选择"坦白"将被无罪释放，而如果选择"不坦白"，他就将被判处1年徒刑，于是理性的囚徒A便会选择"坦白"。这样，总的来说，无论囚徒B选择"坦白"还是"不坦白"，囚徒A的最优策略都是"坦白"。

囚徒B的决策情况与囚徒A的完全相同。无论囚徒A选择"坦白"还是"不坦白"，囚徒B选择"坦白"总是要比选择"不坦白"的状况要好。于是，这个案例最后的结果是两个囚徒都选择了"坦白"，交代了犯罪事实，法官也就根据规则各判处他们3年徒刑。图9-1中，支付组合（-3，-3）便为该博弈的均衡解。

下面，我们再来仔细观察一下这两个囚徒的支付矩阵。显然我们可以看出，如果这两个囚徒都不坦白的话，他们最后的状况在这4种情形里应该是最优的，这也是集体理性的结果。但在这两个囚徒的决策过程中，他们都做了理性的追求，选择了自己最优的决策，这就说明个人的理性行为不一定能得到集体理性的结果。至于为什么这两个囚徒没有选择对他们来说实际上是最优的行动——不坦白，主要是由于这两个囚徒被隔离而无法协调彼此的行动，因此也就既不能确信另一方会不坦白，也不能向另一方承诺自己不坦白。

囚徒困境类型的问题在实际经济生活中是很常见的。如在前一章寡头垄断的卡特尔模型中，我们就曾经指出，寡头间虽然可以合作达到卡特尔均衡，但由于彼此间的利润分配不公，从而导致均衡的不稳定。在这里我们只要将囚徒困境中的"坦白"和"不坦白"分别改为"不合作"和"合作"，就可得到类似两个寡头的支付矩阵。显然，如果两个寡头都选择"合作",其总利润是最大的,但最终寡头总是会选择"不合作"的。这是因为如果寡头 1 认为寡头 2 会选择"合作",那么寡头 1 就会选择"不合作",在限定产量之上生产就会获得比选择合作更大的利润;如果寡头 1 认为寡头 2 会选择"不合作",那其唯一的办法也就是"不合作"。这样,最后的结果也就是卡特尔组织中寡头间的相互欺骗。

## 9.1.2 基本概念

从囚徒困境模型中可以认识到,博弈论用高度简化的数学工具来描述复杂的决策问题,是在抽象掉了大部分与问题相关的细节之后所得到的高度抽象结果。一般来说,博弈是指任何一种由一人、两人或多人参与竞争的情形。在这种情形下,每个人都必须做出策略选择,而最终的结果又取决于每个人所做的选择。因此,任何一个博弈都必须至少具备以下 3 个基本要素:参与人、策略和支付。除此之外,行动、信息等也都是博弈的要素。要想准确地描述一个博弈问题,首先就必须清楚这些要素的基本概念。

参与人是指博弈中每个策略的决策者,他的目的是通过自己个人的理性决策来最大化自己的支付水平。参与人可以是个人、厂商、组织,甚至是一个国家,但每个参与人都必须有能力在一组可供选择的行动集合中做出选择。他们都具有自己的目标函数,是理性的、平等的。在囚徒困境模型中,囚徒 A 和囚徒 B 就是该博弈的两个参与人,他们都必须做出"坦白"和"不坦白"的决策,其目的是最优化自己的状态,也就是被判处最轻的刑罚。

一般来说,一个博弈的参与人可以是一人、两人或者是多人。如果只有一人参与,就叫作单人博弈,这就是个体经济人的最大化问题,如完全垄断厂商的决策;如果两人参与,就叫作两人博弈;如果多人参与,则叫作多人博弈。除此之外,为了便于分析,博弈论中往往引入"虚拟参与人"的概念。它是指一种外生的"自然状态",是决定外生随机变量的概率分布的机制。尽管"虚拟参与人"没有自己的支付和目标函数,但参与人决策的后果依赖它的选择。

行动是参与人在博弈的某个时点上的决策变量。我们令 $a_i$ 为第 i 个参与人的某一特定行动,那么 $A_i=\{a_i\}$ 就表示这个人的行动集合。在囚徒困境模型中,每个参与人都有两种可供选择的行动,$A_i=\{$坦白,不坦白$\}$,这是一种离散的行动集合。参与人的行动集合也可以是连续的,如寡头垄断中寡头厂商的产量或价格选择。

在有 n 个参与人的博弈中,参与人的行动集合 $a=\{a_1,\cdots,a_i,\cdots,a_n\}$ 被称为行动组合。在囚徒困境模型中,共有 4 个行动组合,它们分别是{坦白,坦白}、{坦白,不坦白}、{不坦白,坦白}、{不坦白,不坦白}。

在参与人的行动中,另一个重要概念是行动顺序。在囚徒困境模型中,两个参与人同时选择"坦白"或者"不坦白"。另外还有两种可能的行动顺序,即囚徒 A 可以在囚徒 B 做出选择之后再进行选择,或者囚徒 B 在囚徒 A 做出选择之后再进行选择。事实上,行动顺序问题关系到静态博弈和动态博弈的区分,在后面的分析中我们将会进一步指出。

信息是参与人掌握的关于博弈的知识，包括"虚拟参与人"的选择、所有参与人的特征和行动知识等。信息集是指参与人在特定时刻对有关博弈变量值的知识。一个参与人无法全部准确知道的变量的全体属于一个信息集。例如，在囚徒困境模型中，囚徒 A 和囚徒 B 都有两个行动选择，如果 A、B 同时行动，那么 B 在行动前关于 A 的信息集为 {坦白，不坦白}；如果 A 先行动，B 又能获知 A 的行动，那么囚徒 B 在行动前关于 A 的信息集为 {坦白} 或 {不坦白}。

在博弈论中，完全信息和完美信息是两个重要的概念。完全信息是指所有参与人在事先都知道各种行动下的支付，反之就叫不完全信息。在囚徒困境模型中，法官在审问时，将两个囚徒每个行动最后的结果都交代清楚了，因此，该博弈属于完全信息博弈。完美信息是一个动态博弈概念，指每个参与人对博弈的进程完全了解，反之就叫不完美信息。显然，不完全信息意味着不完美信息，但逆命题不成立。博弈论中的共同知识是指所有参与人彼此之间都相互知道的知识。如在囚徒困境模型中，每个囚徒的行动集合都是共同知识，即囚徒 A 知道 B 的行动集合，囚徒 B 也知道 A 的行动集合，B 知道 A 知道自己的行动集合，A 知道 B 知道自己的行动集合，如此反复。

策略是参与人在给定信息集情况下的行动规则，也称相机行动方案。如果用 $s_i$ 表示第 i 个参与人的某个特定策略，那么 $S_i=\{s_i\}$ 就表示该参与人可供选择的策略集合。如果有 n 个人参加博弈，那么 $s=(s_1,\cdots,s_i,\cdots,s_n)$ 就称为一个策略组合。

在囚徒困境模型中，如果囚徒 A 和囚徒 B 同时行动，那么这里的策略和行动是一样的。如果 A 先行动，B 后行动，那么策略和行动就不一样。其中，A 有两个策略：$S_A=$（坦白，不坦白），而 B 有 4 个策略：$S_B=$（{坦白，坦白}，{坦白，不坦白}，{不坦白，坦白}，{不坦白，不坦白}），其中每个策略的第一个元素代表 A 选择"坦白"时 B 的选择，第二个元素代表 A 选择"不坦白"时 B 的选择。如策略 {不坦白，坦白} 表示 A 选择"坦白"时 B 也选择"不坦白"，A 选择"不坦白"时 B 选择"坦白"。$s=$（坦白，{坦白，不坦白}）即表示一个策略组合，根据前面关于 B 的策略分析，可以推出该策略组合的结果为 $s=$（坦白，坦白）。

支付是指在一个特定的策略组合下，各个参与人所获得的利益。支付可以是效用、收益等。在一般情况下，我们假定各个参与人都能够对博弈的支付根据偏好程度由高到低进行排序，以寻求可达到最高序列的支付。在 n 个人参与的博弈中，$u=(u_1,\cdots,u_i,\cdots,u_n)$ 被称为支付组合。其中 $u_i$ 表示第 i 个参与人的支付，它又可表示为 $u_i=u_i(s_1,\cdots,s_i,\cdots,s_n)$，这说明每个参与人的支付不仅取决于自己的策略，也依赖于其他参与人的策略。如在囚徒困境模型中，$u_A$（坦白，坦白）$=-3$，$u_A$（坦白，不坦白）$=0$，$u_A$（不坦白，坦白）$=-6$，$u_A$（不坦白，不坦白）$=-1$。囚徒 B 的支付同样可以得到。

根据参与人支付总和的不同，我们将博弈又分为三种：零和博弈、常和博弈与非常和博弈。零和博弈是指参与双方彼此对抗，一方所得为另一方所失。常和博弈是指在每种可能的结果下，各参与人的支付之和为非零的常数。非常和博弈是指在每种可能的结果下，各参与人的支付总和各不相同。

均衡是一个策略组合。在这个策略组合中，所有参与人的策略都是最优的，一般记为 $s^*=(s_1^*,\cdots,s_i^*,\cdots,s_n^*)$。其中 $s_i^*$ 表示第 i 个参与人在均衡情况下的最优策略，它意味着此时该参与人的支付在所有可能的策略中是最优的。在给定其他人的策略组合 $s_{-i}=(s_1,\cdots,s_{i-1},s_{i+1},\cdots,s_n)$ 的情况下，第 i 个参与人的最优策略意味着有下式成立：

$$U_i(s_i^*,s_{-i})\geq u_i(s_i',s_{-i}) \qquad (s_i^*\neq s_i') \tag{9-1}$$

当对所有的 i=1，2，…，n，上式都成立时，所组成的策略集便是均衡。

在囚徒困境模型中，因为 $u_A$（坦白，坦白）$\geq u_A$（不坦白，坦白），$u_A$（坦白，不坦白）$\geq u_A$（不坦白，不坦白），所以对囚徒 A 来说，"坦白"是他的最优策略。而对囚徒 B 来说，$u_B$（坦白，坦白）$\geq u_B$（不坦白，坦白），$u_B$（坦白，不坦白）$\geq u_B$（不坦白，不坦白），因此"坦白"也是囚徒 B 的最优策略。这样，该博弈的均衡便是（坦白，坦白）。

## 9.1.3　参与人的策略决定与博弈表述

### 1.参与人的策略决定

前面已经讲到，博弈中每个参与人的支付不仅取决于参与人自己的策略选择，还取决于其他参与人的策略选择，因此博弈论中最关键的一个问题就是参与人的策略决定。在博弈中，策略决定往往是多样化的，参与人既可以合作决策，又可以不合作决策；既可以同时决策，又可以先后决策；既可以一次性决策，又可以重复决策。

根据参与人之间是否能够通过某种具有约束力的合同而进行决策的形式，我们将博弈分为：

（1）合作博弈，是指在博弈中，各参与人可以谈定能使他们设计联合策略的、具有约束力的、能够执行的合同。如寡头垄断中的卡特尔便是一种合作博弈。

（2）非合作博弈，是指在博弈中，各参与人之间不可能谈定并执行有约束力的合同。如古诺模型中的两个寡头相互考虑到对方可能的行为，并独立确定产量和价格以夺取市场份额的情况就是一种非合作博弈。

可见，合作博弈和非合作博弈之间的基本差别就在于签订合同的可能性是否存在。在本章以下内容中，如果不是明确指出，我们所讲的都是非合作博弈。

根据各参与人的策略决定是否同时，博弈又可被分为：

（1）静态博弈，是指在博弈中，各参与人同时进行策略决定，又称同时行动的博弈。如囚徒困境、古诺模型中的双寡头博弈都是静态博弈。

（2）动态博弈，是指在博弈中，各参与人先后进行重复的策略决定，又称相继行动的博弈或序贯行动的博弈。如斯塔克尔伯格模型中的领导者和追随者之间的博弈便是一种动态博弈。

应当指出，静态博弈中所说的各参与人同时选择策略，并不意味着各参与人的行动必须是同时的，只要每个参与人在选择行动时不知道其他参与人的选择就是满足了静态博弈的条件。如在囚徒困境中，两个被隔离的囚徒可以在任何时间做出他们的选择，但均属于静态博弈。

### 2.博弈的标准式表述

在一个 n 个人参与的博弈中，令 $S_i$（i=1，…，n）为每个参与人的策略集合，令 $u_i(s_1,\cdots,s_i,\cdots,s_n)$（i=1，…，n）为参与人在选择策略组合 $(s_1,\cdots,s_i,\cdots,s_n)$ 时各个参与人的

支付函数，那么该博弈就可以用下式来表述：

$$G=\{S_1,\cdots,S_n;u_1,\cdots,u_n\} \tag{9-2}$$

在博弈论中，一个博弈一般可以用两种不同的方式来表述：战略式表述和扩展式表述。战略式表述又称为标准式表述，在这种表述中，每个参与人同时选择一个策略，而所有参与人的策略组合又决定了每个参与人的支付。在扩展式表述中，各参与人是先后或重复选择各自的策略。因此，一般来说标准式表述用于静态博弈，扩展式表述用于动态博弈。但由于这两种表述方法在理论上是完全等价的，所以标准式表述也可以用于动态博弈，而扩展式表述也可以用于静态博弈。在这里我们先介绍标准式表述，扩展式表述将在动态博弈中给大家介绍。

前面在介绍囚徒困境时，我们曾经用一个双变量的支付矩阵来表述该博弈，这种表述方法就是标准式表述，在这里我们不再赘述。标准式表述必须包含的3个要素是：

（1）博弈参与人；

（2）每个参与人可供选择的策略集；

（3）针对所有参与人可能的策略组合，各参与人所获得的支付。

## 9.2　占优策略

根据博弈中参与人信息是否完全、决策是否同时发生以及博弈是否重复出现等情况，现代博弈理论将博弈分为以下4种形式：完全信息静态博弈、不完全信息静态博弈、完全信息动态博弈和不完全信息动态博弈。完全信息静态博弈是指博弈中每个参与人在对所有其他参与人的特征以及各种策略组合的支付完全了解的情况下，同时做出策略选择且只选择一次。完全信息静态博弈是一种最简单的博弈，由于每个参与人都是在不知道其他参与人行动的情况下选择自己行动的，因此，在这里策略和行动是一致的。在本节和下一节，我们将集中分析非合作的完全信息静态博弈。

### 9.2.1　占优策略和占优策略均衡

先考虑以下这样一个博弈。有两个手机生产商A、B在同一个城市销售手机，现在它们都考虑是否在该城市采取降价策略以获取更大的收益。由于这两个品牌手机的性能、价格、信誉以及售后服务等各方面在消费者心中基本上是无差异的，因此各个厂商如果采取降价策略必然会对自己以及对手厂商的收益造成非常大的影响。该博弈可能的结果由图9-2中的支付矩阵给出。从这个收益矩阵中可以看到，如果两个厂商都决定维持原来状态而不降价，那么厂商A有2个单位的利润，厂商B有1个单位的利润；如果厂商A决定降价，而厂商B没有跟着降价，那么厂商A的利润就会扩大到3个单位，厂商B亏损2个单位；如果厂商B决定降价而厂商A没有降价，那么厂商A亏损3个单位，厂商B获利2个单位；如果两个厂商都决定降价，那么厂商A亏损1个单位，厂商B正好保本。

厂商 B

| | | 不降价 | 降价 |
|---|---|---|---|
| 厂商 A | 不降价 | 2，1 | -3，2 |
| | 降价 | 3，-2 | -1，0 |

图 9-2 降价博弈的收益矩阵

那么这两个厂商究竟应该选择哪个策略呢？最后可能出现的均衡结果又会是哪一个呢？让我们首先考虑厂商 A。无论厂商 B 选择什么策略，对厂商 A 来说，选择"降价"总是最有利的。因为厂商 B 如果选择"不降价"，那么厂商 A 选择"不降价"的利润为 2 个单位，而选择"降价"的利润为 3 个单位，显然选择"降价"是有利的；如果厂商 B 选择"降价"，那么厂商 A 选择"不降价"亏损 3 个单位，选择"降价"只亏损 1 个单位，因此，选择"降价"也是有利的。类似地，对厂商 B 来说，无论厂商 A 选择什么策略，自己选择"降价"也总是最优的。这样，这个降价博弈最后的均衡结果便是（降价，降价）。这就是现实经济生活中各种价格战时有发生的原因所在。

从上面的博弈中可以看出，在一些特殊的博弈中，参与人存在这样一个策略：无论其他参与人选择什么策略，他选择这个策略总是要优于选择其他策略，这个策略就被称为占优策略。如降价博弈中的"降价"策略对这两个厂商来说，就都是占优策略；再如囚徒困境中的"坦白"策略，也是两个囚徒共同的占优策略。对每个参与人来说，占优策略总是不依赖其他参与人的策略选择的；如果占优策略存在，那么它也一定是唯一的。

一般地，在一个有 n 个人参与的博弈 $G=\{S_1,\cdots,S_n;u_1,\cdots,u_n\}$ 中，称 $s_i^*$ 是第 i 个参与人的（严格）占优策略，如果它满足：

$$U_i(s_i^*,s_{-i})>u_i(s_i',s_{-i}) \qquad \forall s_{-i},s_i'\neq s_i^* \tag{9-3}$$

式中：$s_{-i}=(s_i,\cdots,s_{i-1},s_{i+1},\cdots,s_n)$，表示除 i 之外其他所有参与人的策略组合；相应地，所有满足 $s_i'\neq s_i^*$ 的 $s_i'$ 称为劣策略。

另外，由博弈各参与人的占优策略所组成的均衡，被称为占优策略均衡。在一个有 n 个人参与的博弈中，如果对所有参与人 i，$s_i^*$ 都是 i 的占优策略，那么策略组合 $(s_i^*,\cdots,s_i^*,\cdots,s_n^*)$ 就是该博弈的占优策略均衡。可以推定，如果在一个博弈中，所有参与人都存在占优策略，那么该博弈必定存在唯一的均衡，它就是占优策略均衡，因为任何一个理性的参与人都会选择自己的占优策略，而不会选择劣策略。在上面的降价博弈中，（降价，降价）是该博弈的占优策略均衡；在囚徒困境模型中，（坦白，坦白）也是占优策略均衡。

### 9.2.2　重复剔除的占优策略均衡

占优策略和占优策略均衡是一种特殊形式，只有在少数一博弈中才会出现，而对大部分博弈来说，并不是每个参与人都存在占优策略，这样，占优策略均衡也就不存在。但应用占优策略的推断思路，我们仍然可以预测有些博弈的均衡结果。

考察这样一个写字游戏：有 A、B 两个参与人，A 有两个可以选择的策略，在白纸上写"上"或"下"；B 也有两个策略，在白纸上写"左"或"右"。假定 A、B 都是理性的，而且 A、B 都彼此知道对方是理性的。参与人对各策略选择的收益由图 9-3 的收益矩阵给出。

|  |  | 参与人 B | |
|---|---|---|---|
|  |  | 左 | 右 |
| 参与人 A | 上 | 2，-1 | 2，-1 |
|  | 下 | 1，-1 | 3，-3 |

图 9-3　写字博弈的收益矩阵

从该博弈的收益矩阵中可以看出，参与人 A、B 都不存在占优策略。对参与人 A 来说，如果 B 选择"左"，那么他应该选择"上"；如果 B 选择"右"，那么他应该选择"下"。对参与人 B 来说，如果 A 选择"上"，那么他选择"左"或"右"是无差异的；如果 A 选择"下"，那么他就应该选择"左"。因此，该博弈不存在占优策略均衡。

如果进一步分析该写字博弈，我们可以发现，对参与人 B 来说，选择"左"总是不会比选择"右"来得差，要么好，要么无差异。由于假定 B 是理性的，因此 B 必定会选择"左"。而又假定 A 知道 B 是理性的，所以 A 就能够预测出 B 必定会选择"左"。而在 B 选择"左"的情况下，A 会选择"上"，这样该写字博弈就有一个均衡结果：（上，左）。这个均衡就称为重复剔除的占优策略均衡，下面我们将对这个概念做精确的描述。

在上一部分中，我们曾定义劣策略为除占优策略之外的其他所有可供选择的策略，但如果博弈中不存在占优策略，那么该定义就失去意义。由于劣策略是一个相对的概念，因此，没有占优策略的情况同样可以存在劣策略。以下是劣策略的一般性定义：

在一个有 n 个人参与的博弈 $G=\{S_1,\cdots,S_n;u_1,\cdots,u_n\}$ 中，令 $s_i'$ 和 $s_i''$ 是第 i 个参与人可选择的两个策略，如果对其他所有参与人任意的策略组合 $s_{-i}$，总有

$$U_i(s_i',s_{-i})<u_i(s_i'',s_{-i})s_{-i} \tag{9-4}$$

成立，那么就称 $s_i'$ 为 $s_i''$ 的严格劣策略。如果对以上所定义的任意 $s_{-i}$，总有

$$u_i(s_i',s_{-i})\leq u_i(s_i'',s_{-i})s_{-i} \tag{9-5}$$

成立，且对某些 $s_{-i}$，上式的严格不等式成立，那么就称 $s_i'$ 为 $s_i''$ 的弱劣策略。在以上的写字博弈中，对参与人 B 来说，策略"右"就是策略"左"的弱劣策略。

在确定弱劣策略之后，我们就可以采用重复剔除的方法将劣策略不断地排除，最后

留下的博弈均衡被称为重复剔除的占优策略均衡，它是指在重复剔除劣策略后剩下的唯一的策略组合 $s^* = (s_1^*, \cdots, s_i^*, \cdots, s_n^*)$。在写字博弈中，策略组合（上，左）便是一个在一次性剔除了弱劣策略之后的重复剔除的占优策略均衡。注意，在这里我们强调了重复剔除的占优策略均衡的唯一性；如果在剔除劣策略之后剩下的策略组合不是唯一的，那么就不存在重复剔除的占优策略均衡。事实上，很多博弈都是不能用重复剔除劣策略的方法找到均衡的。

案例窗 9-1

### 新产品开发博弈

某行业中有两个厂商 A 和 B，它们经营某种同质产品，但由于该产品的生命周期已经进入了衰退期，于是这两个厂商都正在考虑是否应该引进新产品，以取代老产品。每个厂商都有 3 个可供选择的策略：开发、模仿、维持原状。其中，"模仿"是指模仿国外同类产品，"维持原状"是指既不自行开发也不模仿。这两个厂商的支付矩阵由图 9-4 给出。

厂商 B

|  |  | 开发 | 模仿 | 维持原状 |
|---|---|---|---|---|
| 厂商 A | 开发 | 2，2 | 2，3 | 3，-2 |
|  | 模仿 | 2，2 | 1，1 | 4，0 |
|  | 维持原状 | -1，3 | 1，4 | 0，0 |

图 9-4　新产品开发博弈

很显然，这两个厂商都没有占优策略。对厂商 A 来说，如果厂商 B 选择"开发"，那么它应该选择"开发"或"模仿"；如果 B 选择模仿，那么它应该选择"开发"；如果 B 选择"维持原状"，那么它应该选择"模仿"，因此"维持原状"是 A 的劣策略，理性的 A 不会选择"维持原状"。而因为 B 知道 A 是理性的，所以 B 就可以预测 A 不会选择"维持原状"。对 B 来说，如果 A 选择"开发"，那么它应该选择"模仿"；如果 A 选择"模仿"，那么它应该选择"开发"，因此"维持原状"同样是 B 的劣策略，理性的 B 也不会选择"维持原状"。

因为 A 知道 B 知道自己是理性的，所以它也能预测到 B 不会选择"维持原状"，这样该博弈便只留下两个决策："开发"和"模仿"。再来看 A，如果 B 选择"开发"，那么它选择"开发"和"模仿"是无差异的；如果 B 选择"模仿"，那么它应该选择"开发"。因此策略"模仿"对 A 来说，又是策略"开发"的劣策略，于是理性的 A 便只会选择"开发"。因为 B 知道 A 知道自己知道 A 是理性的，所以 B 便能预测到 A 不会选择"模仿"。这样 A 最后选择的策略就只能是"开发"。如果 A 选择"开发"，那么 B 就应该选择"模仿"。

最后的结果（开发，模仿）是经过几次剔除劣策略后剩下的唯一均衡，因此它就是重复剔除的占优策略均衡。注意，在寻求重复剔除的占优策略均衡过程中，剔除严格劣策略的先后顺序对最后的均衡无关，而如果剔除的不是严格劣策略，则可能与先后顺序有关。有兴趣的同学不妨先剔除厂商 B 的严格劣策略一试。

通过比较占优策略均衡和重复剔除的占优策略均衡中参与人的策略选择，可以发现，在占优策略均衡中，只要求博弈参与人是理性的，但在重复剔除的占优策略均衡中，不仅要求每个参与人是理性的，还要求所有参与人都知道所有参与人是理性的，所有参与人都知道所有参与人知道所有参与人是理性的，如此反复，即"理性"在所有参与人中间是一种共同知识。

## 9.3　纳什均衡

占优策略均衡和重复剔除的占优策略均衡都是完全信息静态博弈的特殊形式，而纳什均衡是一般形式。纳什均衡是指这样一种策略集，在这一策略集中，每个参与人都确信，在给定其他参与人策略的情况下，他选择了最优的策略。纳什均衡的应用非常广泛，在寡头间的古诺模型、伯特兰模型和公共产品问题都存在这种情形。

### 9.3.1　纳什均衡

纳什均衡是由经济学家纳什于 1950 年在他的一篇论文中首先提出的。在论文中他在一般意义上定义了非合作博弈及其均衡解，并证明了均衡的存在。此后，经济学家们就将纳什所定义的均衡称为纳什均衡。

在前一节我们已经指出，在相当多的博弈中，用占优策略和重复剔除劣策略的方法是不能找出均衡解的，如图 9-5 中的营销博弈。有两个商场正在销售同一品牌的某种商品，为了吸引更多潜在的顾客来本商场购买，它们各自开始策划营销计划。在直接的营销手段中，不外乎做广告和降价两种方式，因此这两个商场都有这两种策略可以选择。当然，它们在制订自己的营销计划时必须考虑对手的营销计划。这两个商场不同营销策略的收益由图 9-5 的支付矩阵给出。

商场 B

|  |  | 做广告 | 降价 |
|---|---|---|---|
| 商场 A | 做广告 | 1，1 | 3，4 |
|  | 降价 | 4，3 | 1，1 |

图 9-5　营销博弈的支付矩阵

从图 9-5 中可以看出，无论商场 A 还是商场 B，都没有任何一种策略优于另一种策略，每个商场的最优策略都依赖另一个商场的策略：如果 B 选择"做广告"，那么 A 的最优策略是"降价"；如果 B 选择"降价"，那么 A 的最优策略是"做广告"；如果 A 选择

"做广告"，那么 B 的最优策略是"降价"；如果 A 选择"降价"，那么 B 的最优策略是"做广告"。因此，用占优策略和重复剔除劣策略的方法不能找到该博弈的均衡结果。

然而该营销博弈是有均衡解的。事实上，总是会存在这两个商场营销策划的均衡结果：要么 A 做广告、B 降价，要么 A 降价、B 做广告，因为理性的商场是绝不会针锋相对的。我们将这种均衡定义为纳什均衡，它是指这样一对策略组合：如果给定 B 的策略，那么 A 的选择是最优的；如果给定 A 的策略，那么 B 的选择也是最优的。在营销博弈中，（做广告，降价）就是一个纳什均衡，因为商场 A 选择"做广告"，那么 B 的最优策略是"降价"；如果 B 选择"降价"，那么 A 的最优策略是"做广告"。类似地，（降价，做广告）也是一个纳什均衡。下面我们给出纳什均衡的一般定义：

在一个有 n 个人参与的博弈 $G=\{S_1,\cdots,S_n;u_1,\cdots,u_n\}$ 中，如果对每个参与人 i 来说，$s_i^*$ 是在给定其他参与人的选择 $s_{-i}^*=(s_1^*,\cdots,s_{i-1}^*,s_{i+1}^*,\cdots,s_n^*)$ 的情况下的最优策略，即满足

$$U_i(s_i^*,s_{-i}^*)\geq u_i(s_i,s_{-i}^*) \qquad \forall s_i, \quad i=1,2,\cdots n \tag{9-6}$$

那么称策略组合 $s^*=(s_1^*,\cdots,s_i^*,\cdots,s_n^*)$ 是一个纳什均衡。

占优策略均衡和纳什均衡的区别关键在于：占优策略均衡是无论其他参与人做什么选择，每个参与人的某一策略总是最优的；在纳什均衡中，则是给定其他参与人策略选择的情况下，每个参与人的策略选择是最优的。因此，占优策略均衡是一个比纳什均衡强的概念，或者说纳什均衡比占优策略均衡更加一般。占优策略均衡必定是纳什均衡，而纳什均衡不一定是占优策略均衡。如囚徒困境中的（坦白，坦白）、降价博弈中的（降价，降价）、写字博弈中的（上，左）都是纳什均衡；营销博弈中的（做广告，降价）和（降价，做广告）仅仅是纳什均衡，而不是占优均衡。另外，占优策略均衡和重复剔除的占优策略均衡是唯一的，而纳什均衡不是唯一的。

与占优策略均衡一样，纳什均衡也要求每个参与人都是理性的。如果理性是有限的，那么在一些极端的情况下，会使参与人最后不选择纳什均衡，而选择其他的均衡结果。如在图 9-6 的博弈中，按一般情况考虑，A 会选择策略 D，而 B 会选择策略 L，最后的均衡结果（D，L）是一个纳什均衡。在这里我们隐含了一个假定，即参与人 A 确信参与人 B 是理性的，而且 B 也确实是理性的。但是我们考虑到，如果理性的 A 并不一定能够确信 B 是理性的，那么 A 就会认为非理性的 B 有可能放弃策略 L，而选择策略 R，这样，A 如果仍然选择策略 D，那他就有可能蒙受-1 000 的巨大损失，于是理性的 A 就会主动放弃策略 D，而选择策略 U。这样，最后的均衡结果就应该是（U，L），而不是纳什均衡（D，L）。

参与人 B

|  |  | L | R |
|---|---|---|---|
| 参与人 A | U | 3，2 | 3，1 |
|  | D | 4，3 | -1 000，1 |

图 9-6　某有限理性博弈的支付矩阵

案例窗9-2

**用重复剔除法寻找纳什均衡**

某合作博弈的支付矩阵如图9-7所示。显然，博弈参与人A、B都不存在占优策略，因此该博弈不存在占优策略均衡。但是，该博弈存在纳什均衡，我们可以通过重复剔除劣策略来找到纳什均衡。

参与人B

|  |  | 合作 | 不合作 |
|---|---|---|---|
| 参与人A | 合作 | 2, 2 | 0, 2 |
| | 不合作 | 2, 0 | 1, 1 |

图9-7 某合作博弈的支付矩阵

对A来说，B选择"合作"策略，A选择"合作"和"不合作"无差异；B选择"不合作"策略，A的最优策略是"不合作"。因此，"合作"是A的劣策略。如果A是理性的，那么他必然会选择"不合作"。如果B知道A是理性的，那么他将知道A会选择"不合作"。在给定A选择"不合作"的条件下，B的最优策略为"不合作"，因此，策略组合（不合作，不合作）为该博弈的纳什均衡。

当然，也可以先剔除B的劣策略。对B来说，"合作"是他的劣策略，这样如果B是理性的，那么他必然会选择"不合作"。如果A知道B是理性的，那么他将知道B会选择"不合作"。在给定B选择"不合作"的条件下，A的最优策略为"不合作"。因此，（不合作，不合作）为该博弈的纳什均衡。

### 9.3.2 纳什均衡应用

**1.古诺模型**

在第8章的寡头垄断市场里我们已经介绍了古诺模型，在这里我们将用博弈论的知识解释该模型，也让大家掌握如何将对一个问题的非正式描述转化为一个博弈的标准式表述，以及如何通过计算的方法求解出博弈的纳什均衡。

古诺模型是两个寡头厂商在假定对手产量不变的情况下，选择一个使自己的利润最大的产量。古诺解是一个最早的纳什均衡。在这个双寡头博弈中，博弈参与人就是这两个寡头厂商；可供每个厂商选择的策略就是其可选择的产品产量，策略集合 $S_i=[0,\infty)$[①]，其中一个代表性策略 $s_i$ 为企业选择的产量 $q_i \geq 0$；对每个策略组合参与人的支付便是厂商的利润，即 $u_i(s_i,s_j)=\pi_i(q_i,q_j)$。现在假定寡头厂商所面临的市场需求函数为 $q=f(P)$，写成反函数形式为 $P=P(q)$，其中 $q$ 为市场总产量，等于厂商 $i$ 的产量 $q_i$ 和厂商 $j$ 的产量 $q_j$ 之和。这样在一个有两个参与人的博弈中，参与人 $i$ 的收益 $u_i(s_i,s_j)$ 就可写成：

---

① 在前几个部分的博弈中，策略集合是离散的，在这里，我们假定策略集合是连续的。

$$u_i(s_i, s_j)=\pi_i(q_i, q_j)=q_i \cdot P(q_i+q_j)-C_i \tag{9-7}$$

式中：$C_i$ 为厂商 $i$ 的总成本。根据式（9-6）对纳什均衡的定义，如果一对策略组合 $(s_i^*, s_j^*)$ 是纳什均衡，那么对每个参与人 $i$，$s_i^*$ 应该满足 $u_i(s_i^*, s_{-i}^*) \geq u_i(s_i, s_{-i}^*)$。该条件等价于 $s_i^*$ 是最优化问题 $\max u_i(s_i, s_{-i}^*)$ 的解。在古诺模型中，该最优化条件又可具体表述为：一对产出组合 $(q_1^*, q_2^*)$ 是古诺模型解，对每一个厂商 $i(i=1, 2)$，$q_i^*$ 应是下面最大化问题的解：

$$\max \pi_i(q_i, q_{-i}^*)=\max q_i \cdot P(q_i+q_{-i}^*)-C_i \tag{9-8}$$

上式的一阶条件可写成：

$$q_i=f_i(q_j^*) \tag{9-9}$$

式（9-9）便是两个厂商各自的反应函数。如果产量组合 $(q_1^*, q_2^*)$ 是纳什均衡，那么它们必定要满足 $q_1^*=f_1(q_2^*)$ 和 $q_2^*=f_2(q_1^*)$。联立这两个方程，即可求得 $(q_1^*, q_2^*)$。现在我们假定 $P(q)=a-q$，$C_i(q_i)=cq_i$，且 $a>c$，那么 $(q_1^*, q_2^*)$ 必满足：

$$q_1^*=\frac{1}{2}(a-q_2^*-c)$$

$$q_2^*=\frac{1}{2}(a-q_1^*-c)$$

解得：

$$q_1^*=q_2^*=\frac{1}{3}(a-c)$$

古诺模型的纳什均衡也可以用图 9-8 来表示。图中，曲线 $R_1(q_2)=\frac{1}{2}(a-q_2-c)$ 表示厂商 A 在给定厂商 B 的均衡策略 $s_2^*$ 的情况下的最优反应；类似地，曲线 $R_2(q_1)=\frac{1}{2}(a-q_1-c)$ 表示厂商 B 在给定厂商 A 的均衡策略 $s_1^*$ 下的最优反应。两曲线的交点 $(q_1^*, q_2^*)$ 就是最优产量组合，是一个纳什均衡点。

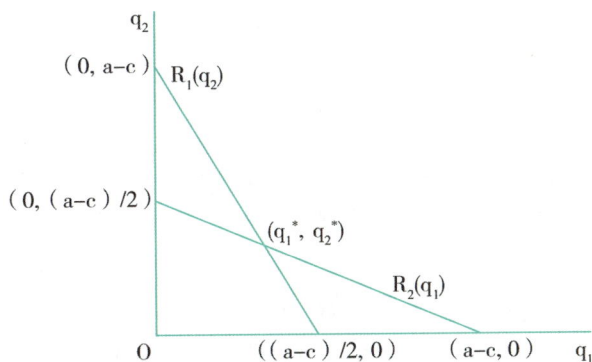

图 9-8　古诺模型的纳什均衡

显然，在古诺模型的纳什均衡时，两个厂商的利润之和要小于这两个厂商勾结为一个垄断厂商时的总利润，也就是说厂商追求各自的利润最大化，并不能使得集体的利润最大化。这一点与囚徒困境是一样的。

**2.伯特兰模型**

伯特兰模型是寡头厂商联合定价博弈。与古诺模型不同，伯特兰模型中厂商同时选择的不是产量，而是产品价格。在第8章已经讲到，如果两个寡头经营同质产品，那么伯特兰模型最后的均衡价格便是它们各自的边际成本，均衡结果也完全等同于完全竞争市场解，这就是所谓的伯特兰悖论（Betrand Paradox）。

解开伯特兰之谜的关键是放松产品同质这个假设，引入产品差异这个条件。如果产品具有差异性，那么该产品的价格就不是唯一决定消费者需求的变量，厂商间的竞争也就不会导致均衡价格等于边际成本。下面我们用博弈论的方法来寻求产品差异下的伯特兰模型的纳什均衡。

在该博弈中，参与人仍是这两个寡头厂商 A、B；可供每个厂商选择的策略就是其可选择的产品价格，策略集合 $S_i=[0,\infty)$，其中一个代表性策略 $s_i$ 为企业选择的价格 $P_i \geq 0$；对每个策略组合参与人的支付便是厂商的利润，即 $u_i(s_i,s_j)=\pi_i(P_i,P_j)$。现假定消费者对厂商 $i$ 的产品需求函数为 $q_i(P_i,P_j)$，总成本为 $C_i$，那么在这个博弈中，参与人 $i$ 的收益 $u_i(s_i,s_j)$ 就可写成：

$$u_i(s_i,\ s_j)=\pi_i(P_i,\ P_j)=P_i \cdot q_i(P_i+P_j^*)-C_i \qquad (9-10)$$

与古诺模型一样，伯特兰模型中如果一对价格组合 $(P_i^*,P_j^*)$ 为纳什均衡，那么对每个厂商 $i$，$P_i^*$ 应是下面这个最大化问题的解：

$$\max\pi_i(P_i,\ P_j^*)=\max P_i \cdot q_i(P_i+P_j^*)-C_i \qquad (9-11)$$

求得一阶条件为：

$$P_i=f_i(P_j^*) \qquad (9-12)$$

该式便是这两个寡头厂商的价格反应函数。如果价格组合 $(P_1^*,P_2^*)$ 是纳什均衡，那么它们必定要满足 $P_1^*=f_1(P_2^*)$ 和 $P_2^*=f_2(P_1^*)$。联立这两个方程，即可求得 $(P_1^*,P_2^*)$。假定 $q_i(P_i,P_j)=a-P_i+bP_j$，$C_i=cq_i$，且 $a>c$，那么可得：

$$P_1^*=\frac{1}{2}(a+bP_2^*+c)$$

$$P_2^*=\frac{1}{2}(a+bP_1^*+c)$$

因此，该伯特兰模型的纳什均衡为 $((a+c)/(2-b),(a+c)/(2-b))$。

### 3.公地的悲剧

公地的悲剧是最早由哈丁（Hardin）于1968年提出，后被新制度经济学家们广为引用的一种经济现象。它反映了那些不具有排他性所有权的公共资源，总是会被过度使用。

考虑一个有 $n$ 个农民的村庄拥有一片共同的草地。每年春天，所有农民都将在这片草地上放羊。用 $g_i$ 表示农民 $i$ 放养羊的数量；$G=g_1+\cdots+g_n$ 代表村庄里的总羊数；$v$ 代表每只羊的平均价值，假设 $v=v(G)$。由于羊必须有一定的草料，因此该草地可以放养羊的总数必定有一个上限 $G_{max}$：当 $G<G_{max}$ 时，$v(G)>0$；当 $G \geq G_{max}$ 时，$v(G)=0$。最初，由于草地上羊的数量较少，因此另外增加一头羊对已放养的羊的价值不会有太大影响，而当草地上羊的数量接近上限时，再增加一头羊就会对那些已放养的羊有极大损害。因此，我们假定对 $G<G_{max}$ 有：$v'(G)<0$，$v''(G)<0$，如图9-9所示。

在这个博弈里，博弈参与人即每个农民可选择的策略是自己养羊的数量，假定羊是连续可分割的，策略集合 $S_i=[0,G_{max})$，其中一个代表性策略 $s_i$ 为农民 $i$ 选择的养羊的数

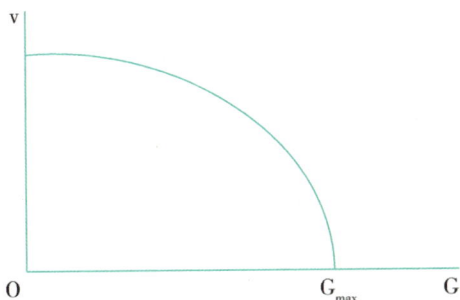

图 9-9 羊的平均价值随着总量的增加而下降

量 $g_i$。假定每头羊需要付出的成本为一固定常数 $c$，那么农民 $i$ 放养 $g_i$ 头羊所获得的收益（支付）为：

$$\pi_i(g_1,\cdots,g_i,\cdots,g_n)=g_i\cdot v(g_1+\cdots+g_n)-cg_i \quad (i=1,2,\cdots,n) \tag{9-13}$$

农民的问题就是追求收益的最大化。这样，若 $(g_1^*,\cdots,g_n^*)$ 是该博弈的纳什均衡，那么对农民 $i$ 来说，当其他农民选择 $g_{-i}=(g_1^*,\cdots,g_{i-1}^*,g_{i+1}^*,\cdots,g_n^*)$ 时，$g_i^*$ 必须使得式（9-13）的收益最大。该最优化问题的一阶条件为：

$$d\pi_i/dg_i=v(g_i+g_{-i}^*)+g_i\cdot v'(g_i+g_{-i}^*)-c=0 \quad (i=1,2,\cdots,n) \tag{9-14}$$

或 $\quad g_i^*=g_i(g_{-i}) \quad (i=1,2,\cdots,n) \tag{9-15}$

上式为 $n$ 个农民的 $n$ 个反应函数，它们共同的交点 $(g_1^*,\cdots,g_i^*,\cdots,g_n^*)$ 就是该博弈的纳什均衡解。

现在我们要证明该纳什均衡解是否是社会最优的。令纳什均衡时的养羊总数为 $G^*=g_1^*+\cdots+g_n^*$，将 $g_i^*$ 代入式（9-14），加总这 $n$ 个一阶条件，并在两边同时除以 $n$，可以得到：

$$v(G^*)+\frac{1}{n}\cdot G^* v'(G^*)=c \tag{9-16}$$

如果是社会最优，那么 $G$ 应该满足以下的最大化问题：

$$\max G\cdot v(G)-G\cdot c \tag{9-17}$$

一阶条件为：

$$v(G^{**})+G^{**}v'(G^{**})=c \tag{9-18}$$

式中：$G^{**}$ 表示社会最优下农民的养羊总数。

由于 $v'(G)<0$，$v''(G)<0$，因此比较式（9-16）和式（9-18）可知，$G^*>G^{**}$[①]，说明个人最优的数量大于社会最优的数量，草地被过度使用。这是因为每个农民在增加自己养羊数量时，只考虑羊的增多对自己的羊所产生的负影响，而不去考虑对所有羊的负影响。这种现象在很多共同资源的使用中都是存在的。

### 9.3.3 混合策略纳什均衡

到目前为止，在我们所介绍的博弈中，博弈参与人的策略选择都是确定的，不是选

---

① 如果我们假定 $G^*\leqslant G^{**}$，那么由于 $v'(G)<0$，于是有 $v(G^*)\geqslant v(G^{**})$；同样，由于 $v''(G)<0$，有 $v'(G^{**})\leqslant v'(G^*)<0$；另外，$\frac{1}{n}G^*<G^{**}$。由这 3 个条件可推得，式（9-16）的左边严格大于式（9-18）的左边，显然这与两式右边都为 $c$ 相矛盾。

择策略 A 就是选择策略 B，这被称为一种纯策略。但事实上，在有些博弈中，参与人的策略选择是一个随机过程，选择策略 A 有一个概率分布，选择策略 B 也有一个概率分布，这被称为一种混合策略。那究竟什么叫混合策略？在这样的博弈中，是否存在纳什均衡？如果存在纳什均衡，那么应该如何求出？在这一部分，我们将回答这些问题。

先来考虑警察与小偷的博弈。警察与小偷都有两个可以选择的策略：行动与不行动。警察如果想抓出小偷就必须行动，但前提必须是小偷也在行动；小偷只有在警察不行动的时候才会行动。该博弈的收益由图 9-10 的支付矩阵给出。

小偷

|  |  | 行动 | 不行动 |
|---|---|---|---|
| 警 | 行动 | 2，-2 | -3，0 |
| 察 | 不行动 | -1，3 | 0，0 |

图 9-10　警察与小偷博弈的支付矩阵

这个博弈不存在前面所定义的纳什均衡。给定警察行动，小偷的最优策略是不行动；给定小偷不行动，警察的最优策略是不行动；给定警察不行动，小偷的最优策略是行动；给定小偷行动，警察的最优策略是行动；如此反复。没有一个策略组合能够构成纳什均衡。

该博弈有一个显著的特点，那就是每个博弈参与人都企图猜透对方的策略，而他们为了自己的利益，又都必须保守秘密而不让对手猜透自己的策略，因此每个参与人的策略选择都不能带有规律性，而应该是一种随机选择。由此可见，纯策略是指一种规定博弈参与人在每个给定的信息情况下只选择一种特定行动的策略；混合策略是指一种规定参与人在给定信息情况下以某种概率分布随机地选择不同行动的策略。下面给出混合策略更一般的定义：

在一个有 n 个人参与的博弈 $G=\{S_1,\cdots,S_n; u_1,\cdots,u_n\}$ 中，假定参与人 i 有 k 个纯策略 $S_i=\{s_{i1},\cdots,s_{ik}\}$，则称概率 $p_i=(p_{i1},\cdots,p_{ik})$ 为 i 的一个混合策略，其中 $p_{ik}=p_{ik}(s_{ik})$ 是 i 选择 $s_{ik}$ 的概率，且有 $0\leq p_{ik}\leq 1$，$\sum p_{ik}=1$，$k=1$，$\cdots$，$k$。

由上述定义可知，混合策略是纯策略集合上的概率分布，而纯策略是混合策略的特例。如纯策略 $s_{i1}$ 就等价于混合策略 $p_i=(1,0,\cdots,0)$，意味着选择 $s_{i1}$ 的概率为 1，选择其他纯策略的概率为 0。

在纯策略博弈中，虽然不存在前面所定义的纳什均衡，但一定存在混合策略纳什均衡。为了弄清楚这个问题，我们首先来说明混合策略博弈中参与人的支付问题。在纯策略博弈中，参与人的支付与其策略选择一样，也是一个确定的值，但在混合策略博弈中，由于每个参与人并不知道其他参与人的实际策略选择，因此支付是不确定的。而此时与参与人的利益直接相关的便是策略选择的期望效用，我们用 $v_i(p_i,p_{-i})$ 来表示。假定在一个由两个人参与的混合策略博弈中，$p_1=(p_{11},\cdots,p_{1k})$为第一个参与人的混合策略，$p_2=(p_{21},\cdots,p_{2k})$为第二个参与人的混合策略，那么当第一个人采取$s_{1k}$的纯策略、第二个人采取混合策略时，第一个人的期望效用可表示为$\sum p_{2j}u_1(s_{1k},s_{2j})$；当两个人都采取混合策略时，第一个人的期望效用为：

$$v_1(p_1,p_2)=\sum p_{1k}\sum p_{2j}u_1(s_{1k},s_{2j})=\sum\sum p_{1k}p_{2j}u_1(s_{1k},s_{2j}) \tag{9-19}$$

第二个人的期望效用为：

$$v_2(p_1,p_2)=\sum p_{1k}\sum p_{2j}u_2(s_{1k},s_{2j})=\sum\sum p_{1k}p_{2j}u_2(s_{1k},s_{2j}) \tag{9-20}$$

根据参与人的期望效用，我们便可定义混合策略纳什均衡。在一个有两个人参与的混合策略博弈中，混合策略纳什均衡是指在给定对方混合策略的情况下，使自己期望效用最大的混合策略，即如果$(p_1^*,p_2^*)$为混合策略纳什均衡，那么它必须同时满足：

$$v_1(p_1^*,p_2^*)\geq v_1(p_1,p_2^*) \tag{9-21}$$

$$v_2(p_1^*,p_2^*)\geq v_2(p_1^*,p_2) \tag{9-22}$$

案例窗9-3

**求解警察与小偷博弈的混合策略纳什均衡**

在前文中的警察与小偷博弈中，假定警察的混合策略$p_p=(r,1-r)$，即警察以$r$的概率选择"行动"，以$(1-r)$的概率选择"不行动"；小偷的混合策略$p_t=(\theta,1-\theta)$，即小偷以$\theta$的概率选择"行动"，以$(1-\theta)$的概率选择"不行动"，那么警察的期望效用为：

$$v_p=r[2\theta+(-3)(1-\theta)]+(1-r)[(-1)\theta+0]$$
$$=r(6\theta-3)-\theta$$

这个期望效用函数最优化的一阶条件为：

$$dv_p/dr=6\theta-3=0$$
$$\theta^*=0.5$$

这表示在混合策略纳什均衡时，警察以0.5的概率分别选择"行动"和"不行动"。

小偷的期望效用为：

$$v_t=\theta[(-2)r+3(1-r)]+(1-\theta)0$$
$$=\theta(3-5r)$$

这个期望效用函数最优化的一阶条件为：

$$dv_t/d\theta=5r-3=0$$
$$r^*=0.6$$

这表示在混合策略纳什均衡时，小偷以0.6的概率选择"行动"，以0.4的概率选择"不行动"。这样，该博弈的混合策略纳什均衡为（0.5，0.6）。

在现实经济生活中，我们经常可以看到许多混合策略博弈的例子。如税收机关与纳税人之间的博弈，税收机关检查，纳税人就不逃税；纳税人不逃税，税收机关就不检查；税收机关不检查，纳税人就逃税；纳税人逃税，税收机关就检查；如此反复。再如雇主与雇员之间的博弈，雇主监督，雇员就不偷懒；雇员不偷懒，雇主就不监督；雇主不监督，雇员就偷懒；雇员偷懒，雇主就监督。像这些博弈，我们都可以通过最大化期望效用而求得纳什均衡。

## 9.4* 贝叶斯纳什均衡

在完全信息静态博弈下，支付函数被假定是所有博弈参与人的共同知识。然而在现实中，并不是所有的博弈参与人都能完全了解博弈的支付，许多博弈并不能满足这个假定。我们称那些不满足完全信息假定的博弈为不完全信息博弈。与完全信息静态博弈一样，如果博弈参与人同时选择策略，那么该不完全信息博弈被称为不完全信息静态博弈或者静态贝叶斯博弈。在本部分，我们将简要介绍静态贝叶斯博弈及其相应的均衡情况。

### 9.4.1 静态贝叶斯博弈表述

在不完全信息博弈中，至少有一个参与人对其他博弈参与人的支付情况是不了解的。为了理解这一点，我们首先来考虑这样一个市场占领博弈：厂商 A 和厂商 B 生产和经营同一种新开发的商品，它们都有意占领城市甲这块空白市场。厂商 A 和厂商 B 都有两个可供选择的策略：占领和不占领。它们是否企图占领市场取决于它们对自己以及对方产量情况的了解。对厂商 B 来说，它对厂商 A 的产量情况完全了解，而厂商 A 不知道厂商 B 的产量情况。假定厂商 B 有两种可能的规模：高产量和低产量，对应这两种情况的支付由图 9-11 给出。

| | | 厂商 B | | | |
|---|---|---|---|---|---|
| | | 高产量 | | 低产量 | |
| | | 占领 | 不占领 | 占领 | 不占领 |
| 厂商 A | 占领 | −1, 3 | 3, 0 | 4, −1 | 3, 0 |
| | 不占领 | 0, 6 | 0, 0 | 0, 1 | 0, 0 |

图 9-11　市场占领博弈的支付矩阵

显然，由于厂商 A 对厂商 B 产量的情况不了解，所以它对该博弈的支付情况不了解。假如厂商 B 是高产量的，那么无论厂商 A 选择什么策略，厂商 B 有最优策略"占领"；假如厂商 B 是低产量的，那么无论厂商 B 选择什么策略，厂商 A 有最优策略"占领"。这样，在完全信息条件下，如果厂商 B 是高产量的，那么有均衡（不占领，占领）；如果厂商 B 是低产量的，那么就有均衡（占领，不占领）。因此，该博弈的均衡结果最终取决于厂商 A 在多大程度上认为厂商 B 是高产量还是低产量。

从市场占领博弈中可以看出，求解不完全信息博弈均衡的关键是如何确定博弈参与人的支付。1967 年，海萨尼提出了处理不完全信息博弈的方法：在引入一个虚拟的参与人——"自然"的基础上，将参与人对支付的不了解转换为对参与人类型的了解。这就是所谓的海萨尼转换（Harsanyi Transformation）。在这里，参与人的类型是指参与人所拥有的所有个人信息，包括策略集、信息集、支付函数等，是对个人特征的一个完备描述。在完全信息博弈中，所有参与人都只有一个类型；在不完全信息博弈中，至少有一个参与人有两个或两个以上的类型。如前文的市场占领博弈中，厂商 A 只有一个类型，厂商 B 却有两个类型：高产量和低产量。

在转换的不完全信息博弈中，虚拟参与人——"自然"首先行动，决定各个参与人的类型，而"自然"对参与人类型的选择又是一种共同知识。一般地，如果我们用 $t_i$ 表示参与人 $i$ 的一个特定类型，用 $T_i$ 表示 $i$ 所有可能类型的集合（$t_i \in T_i$），用类型向量 $(t_1, \cdots, t_n)$ 表示所有参与人的一个类型组合，那么"自然"对参与人类型的选择就可以用分布函数 $P(t_1, \cdots, t_n)$ 来表示。分布函数 $P(t_1, \cdots, t_n)$ 是共同知识，这意味着在前文的市场占领博弈中，如果厂商 A 有一个类型，厂商 B 有两个类型，那么厂商 A 知道厂商 B 是高产量的概率为 $p$，厂商 A 知道厂商 B 知道厂商 A 是高产量的概率为 $p$，如此反复。"自然"对参与人类型的选择使得每个参与人知道了自己的类型，但他并不能知道其他所有参与人的类型，于是参与人便通过推断来获得这个信息，即在知道自己的类型为 $t_i$ 的条件下，其他参与人的类型为 $t_{-i} = (t_1, \cdots, t_{i-1}, t_{i+1}, \cdots, t_n)$ 的概率，我们用条件概率 $p_i(t_{-i}/t_i)$ 来表示。根据概率法则有：

$$p_i(t_{-i}/t_i) = p(t_{-i}, t_i)/p(t_i) = p(t_{-i}, t_i)/\sum p(t_{-i}, t_i) \qquad (9\text{-}23)$$

式中：$(t_{-i}, t_i) = (t_1, \cdots, t_n)$，表示所有参与人的一个类型组合。如果类型服从独立分布，那么 $p_i(t_{-i}/t_i) = p(t_{-i})$。

在定义了参与人的类型和条件概率 $p_i(t_{-i}/t_i)$ 之后，我们就可以用以下的标准式表述来说明静态贝叶斯博弈。

一个 $n$ 个人参加的静态贝叶斯博弈的标准式表述包括：参与人的类型空间为 $(T_1, \cdots, T_n)$，行动空间为 $(A_1, \cdots, A_n)$，条件概率为 $(p_1, \cdots, p_n)$，支付函数为 $(u_1(a_1, \cdots, a_n; t_1), \cdots, u_n(a_1, \cdots, a_n; t_n))$。参与人 $i$ 知道自己的类型 $t_i$，且 $t_i \in T_i$，决定了 $i$ 的支付函数 $u_i(a_1, \cdots, a_n; t_i)$。条件概率 $p_i(t_{-i}/t_i)$ 描述了参与人 $i$ 在给定自己的类型 $t_i$ 的情况下，对其他 $(n-1)$ 个参与人类型 $t_{-i}$ 的不确定性。我们用 $G = \{A_1, \cdots, A_n; T_1, \cdots, T_n; p_1, \cdots, p_n; u_1, \cdots, u_n\}$ 表示这个静态贝叶斯博弈。

在这里我们有必要说明的是，与完全信息静态博弈一样，在静态贝叶斯博弈中，参与人的策略空间 $S_i$ 一样等同于他的行动空间 $A_i$，但不同的是，静态贝叶斯博弈中参与人的行动空间是依赖他的类型 $t_i$，即行动空间是类型依存的（type-contingent）。比如在市场占领博弈中，厂商 B 的行动依赖自己的产量高低。我们用 $A_i(t_i)$ 表示参与人 $i$ 行动的类型依存空间，$a_i(t_i)$ 表示 $i$ 的某一特定行动。类似地，参与人 $i$ 的支付函数也是类型依存的，我们用 $u_i(a_1, \cdots, a_n; t_i)$ 表示。

下面我们再来说明一下静态贝叶斯博弈的过程。根据海萨尼的假定，静态贝叶斯博弈的时间顺序如下：

（1）"自然"选择博弈参与人的类型向量 $(t_1, \cdots, t_n)$，其中 $t_i \in T_i$。

（2）根据"自然"的选择，参与人 $i$ 知道自己的类型 $t_i$，但参与人 $j(j \neq i)$ 不知道参与

人 $i$ 属于类型 $t_i$，只知道 $p_i(t_{-i}/t_i)$。

（3）$n$ 个参与人同时选择行动 $a=(a_1,\cdots,a_n)$，其中 $a_i \in A_i$。

（4）参与人 $i$ 获得支付 $u_i(a_1,\cdots,a_n;t_i)$。

### 9.4.2 贝叶斯纳什均衡

在静态贝叶斯博弈中，参与人 $i$ 知道自己的类型 $t_i$，而其他参与人不知道 $i$ 的类型，只知道 $i$ 的行动空间和支付函数是类型依存的。因此，当我们说在静态贝叶斯博弈中，其他参与人不知道参与人 $i$ 的支付函数时，其实是指其他参与人不知道 $i$ 的支付函数究竟是 $u_i(a_1,\cdots,a_n;t_i)$ 还是 $u_i(a_1,\cdots,a_n;t_i')$。这样，在博弈中，参与人最为关心的就是自己选择行动的期望效用。给定参与人 $i$ 只知道自己的类型 $t_i$ 而不知道其他参与人的类型 $t_{-i}$，那么参与人 $i$ 选择行动 $a_i(t_i)$ 的期望效用函数为：

$$v_i = \sum p_i(t_{-i}/t_i) u_i[a_i(t_i), a_{-i}(t_{-i}); t_i, t_{-i}] \tag{9-24}$$

对每个参与人来说，他都将选择一个在给定自己的类型和其他参与人的类型依存策略 $a_{-i}^*(t_{-i})$ 的情况下，使得自己期望效用最大的行动或策略。因此我们有以下关于贝叶斯纳什均衡（Bayesian Nash Equilibrium）的定义：

在一个有 $n$ 个人参加的静态博弈 $G=\{A_1,\cdots,A_n;T_1,\cdots,T_n;p_1,\cdots,p_n;u_1,\cdots,u_n\}$ 中，类型依存策略组合 $a^*=\{a_1^*(t_1),\cdots,a_n^*(t_n)\}$ 是一个纯策略贝叶斯纳什均衡，如果对所有的 $i$，$a_i^*(t_i) \in A_i(t_i)$ 满足：

$$\max \sum p_i(t_{-i}/t_i) u_i[a_i(t_i), a_{-i}^*(t_{-i}); t_i, t_{-i}] \tag{9-25}$$

式中：$t_{-i}$ 表示除参与人 $i$ 以外的其他参与人的类型。

比较纯策略纳什均衡和纯策略贝叶斯纳什均衡，我们可知，在贝叶斯均衡中，由于参与人 $i$ 只知道其他参与人将选择策略 $a_{-i}(t_{-i})$，而不知道他们各自的类型 $t_{-i}$，因此即使是纯策略，参与人关心的也只能是支付函数的期望值。但与纳什均衡一样，贝叶斯均衡在本质上也是一个一致性预测，即每个参与人都能正确地预测出其他参与人的最优类型策略 $a_{-i}^*(t_{-i})$，因此，对每个参与人来说，是否知道其他参与人对自己的推断（条件概率）并不重要，重要的是知道自己对其他参与人的推断 $p_i$ 以及其他参与人的类型依存策略 $a_{-i}(t_{-i})$。

### 9.4.3 不完全信息古诺模型

假定在古诺模型中，厂商 2 知道自己的成本函数 $c_2$ 和厂商 1 的成本函数 $c_1$，而厂商 1 只知道自己的成本函数而不知道厂商 2 的成本函数，但知道它有两种可能：低成本 $c_2^L$ 和高成本 $c_2^H$，且 $c_2=c_2^L$ 的可能性为 $\mu$，$c_2=c_2^H$ 的可能性为 $(1-\mu)$。这就是不完全信息古诺模型。在这里，参与人的类型是成本函数，厂商 1 只有一个类型，而厂商 2 有两个类型。

现在我们假定市场反需求函数为 $P=a-q_1-q_2$，$c_i$ 为每个厂商不变的单位成本，那么厂商的利润函数为：

$$\pi_i=q_i(a-q_1-q_2-c_i)=q_i(t_i-q_1-q_2) \quad (i=1,2)$$

式中：$t_i=a-c_i$。更进一步假定 $a=2$，$c_1=1$，$c_2^L=3/4$，$c_2^H=5/4$，$\mu=1/2$，那么，在给定厂商 2

知道厂商1的成本的条件下，厂商2选择$q_2$的利润最大化问题为：

$$\max\pi_2=q_2(t_2-q_1{}^*-q_2) \tag{9-26}$$

式中：$t_2=a-3/4=5/4$或$t_2=a-5/4=3/4$，这依赖厂商2的实际成本。

式（9-26）的一阶条件为：

$$q_2{}^*=\frac{1}{2}\times(t_2-q_1) \tag{9-27}$$

这就是厂商2的产量反应函数。当$t_2=\frac{5}{4}$时，$q_2{}^L=\frac{1}{2}\times\left(\frac{5}{4}-q_1\right)$；当$t_2=\frac{3}{4}$时，$q_2{}^H=\frac{1}{2}\times\left(\frac{3}{4}-q_1\right)$，其中$q_2{}^L$、$q_2{}^H$分别表示低成本和高成本时的最优产量。

由于厂商1不知道厂商2的实际成本，因此它只能通过推断来预测自己可能的利润，这样厂商1的期望利润最大化问题为：

$$\max E\pi_1=\mu q_1(t_1-q_1-q_2{}^L)+(1-\mu)q_1(t_1-q_1-q_2{}^H)$$
$$=\frac{1}{2}\times q_1(1-q_1-q_2{}^L)+\frac{1}{2}\times q_1(1-q_1-q_2{}^H) \tag{9-28}$$

式（9-28）的一阶条件为：

$$q_1{}^*=\frac{1}{2}\times\left(1-\frac{1}{2}q_2{}^L-\frac{1}{2}q_2{}^H\right)=\frac{1}{2}\times(1-Eq_2) \tag{9-29}$$

这就是厂商1的产量反应函数，其中$Eq_2=\frac{1}{2}q_2{}^L+\frac{1}{2}q_2{}^H$，表示厂商1对厂商2产量的期望值。

联立两个厂商的反应函数式（9-27）和式（9-29），可得该不完全信息博弈的贝叶斯纳什均衡：

$$q_1{}^*=1/3$$
$$q_2{}^{L^*}=11/24$$
$$q_2{}^{H^*}=5/24$$

这表明，无论厂商2是高成本还是低成本，厂商1选择产量1/3总能使期望利润达到最大；厂商2如果实际成本是低的，那么其最优产量为11/24，如果实际成本是高的，那么最优产量为5/24。

## 本章小结

博弈论是描述、分析多人决策行为的理论，是一种现代的寡头垄断分析方法。博弈论自20世纪40年代产生以来，已被广泛地应用在政治、经济、军事等各种领域。它在经济学上的应用是现代微观经济学的一个重要发展。

囚徒困境刻画了一个简单的博弈过程。由于它反映了个人理性不能导致集体理性的事实，因此，它在很多经济理论中作为经典案例被广泛引用。

根据博弈中参与人信息是否完全、决策是否同时发生等情况，现代博弈理论将博弈分为4种形式：完全信息静态博弈、不完全信息静态博弈、完全信息动态博弈和不完全信息动态博弈。任何一个博弈都可以有两种表述方法：战略式表述和扩展式表述，但一般来说，为分析方便起见，战略式表述往往用于静态博弈，而扩展式表述用于动态博弈。

均衡是博弈论的一个重要概念，博弈分析目的就是要寻找博弈的均衡。占优策略均衡是指无论其他参与人选择什么策略，每个参与人所选择的策略都要优于其他任何策略。纳什均衡是指在给定其他参与人策略选择的情况下，每个参与人的策略都是最优的。纳什均衡是一种稳定的均衡状态，在现实经济中广泛存在，一些经典寡头垄断的均衡如古诺模型、伯特兰模型等都是纳什均衡。

无论占优策略均衡还是纳什均衡，都是完全信息静态博弈下的均衡。如果在同时决策的静态博弈中，并不是所有参与人对博弈的支付完全了解，那么该博弈的均衡就将是一个贝叶斯纳什均衡。其中，分析的关键是如何将参与人对支付的不了解转换为对参与人类型的了解，这就需要海萨尼转换。

## 本章基本概念

参与人　　行动　　信息　　信息集　　完全信息　　不完全信息　　完美信息　　不完美信息　　策略　　支付　　零和博弈　　常和博弈　　非常和博弈　　合作博弈非合作博弈　　静态博弈　　动态博弈　　战略（标准）式表述　　扩展式表述完全信息静态博弈　　占优策略　　纳什均衡　　纯策略　　海萨尼转换

## 复习思考题

### 一、简答题

1.简单描述一下囚徒困境模型。

2.静态博弈与同时行动的博弈有什么区别？

3.战略式表述和扩展式表述分别包含哪些要素？

4.分别用战略式和扩展式表述同一个博弈，并说明两者的联系和区别。

5.比较占优均衡和纳什均衡的联系。

6.列举现实生活中的一些混合策略博弈。

7.在静态贝叶斯博弈中，"自然"起着什么作用？

8.简单说明静态贝叶斯博弈的过程。

### 二、计算题

1.某博弈的支付矩阵如图9-12所示。要求：

（1）如果（上，左）是占优均衡，那么a、b、c、d、e、f、g、h之间的关系如何？

（2）如果（上，左）是纳什均衡，那么a、b、c、d、e、f、g、h之间的关系又将如何？

（3）如果（上，左）是占优均衡，那么它是否必定是纳什均衡？为什么？

|  |  | 乙 | |
|---|---|---|---|
|  |  | 左 | 右 |
| 甲 | 上 | a, b | c, d |
|  | 下 | e, f | g, h |

图9-12　某博弈的支付矩阵

2.假定在古诺模型中，反需求函数为$P(Q)=a-Q$，但两个寡头厂商有不同的边际成本，其中厂商1为$c_1$，厂商2为$c_2$，且均为常数。求出当每个企业的边际成本满足$0<c<a/2$时的纳什均衡。如果$c_1<c_2<a$，但$2c_2>a+c_1$，那么纳什均衡又有什么变化？

3.假定两个寡头生产同质产品，边际成本为0。该产品的市场需求函数为$P=30-Q$。现在假定两个寡头进行的是产量竞争。要求：

（1）如果两个寡头进行一次性博弈，即同时进行产量决策，那么它们各生产多少产量？利润为多少？

（2）假定寡头1先进行产量决策，寡头2再做决策，那么各自的产量和利润又各为多少？

4.假定甲、乙双方各有3个策略可以选择，他们的支付矩阵如图9-13所示。要求：

（1）甲会不会采取策略"上"？为什么？

（2）剔除上述支付矩阵中的劣策略。

（3）剔除劣策略之后的博弈中有没有均衡存在？均衡是什么？它是不是原博弈的均衡？为什么？

乙

| 甲 | | 左 | 中 | 右 |
|---|---|---|---|---|
| | 上 | 3, 7 | 3, 5 | 1, 2 |
| | 中 | 4, 2 | 2, 7 | 6, 4 |
| | 下 | 3, 7 | 4, 8 | 2, 5 |

图9-13 甲和乙的支付矩阵

5.假定甲欲开采一个收益为4单位的金矿，可苦于没有资金，而乙正好有1单位钱。于是甲向乙借钱，并向乙许诺将收益的一半分给乙。这样，乙可以同意借，也可以不借；甲在获得金矿收益之后，可能会选择分与不分。而甲一旦不分，那么乙便可能会与甲打官司；如果乙选择打官司，那么甲将一无所有，而乙可以取回自己借出的1单位钱。要求：

（1）请用博弈树表述该动态博弈。

（2）求出该博弈的均衡。

三、论述题

1.试说明博弈参与人的"理性"假定在决定博弈均衡中的作用。

2.用博弈的思想说明在寡头垄断下为什么合谋往往是不稳定的。

# 第10章　生产要素市场理论

## 学习目标

通过本章的学习，你应该能够：

- 了解生产要素市场的基本特征、厂商使用生产要素的一般性原则、消费者的生产要素供给原则，以及生产要素市场均衡下的一些基本概念。
- 掌握完全竞争市场中厂商的生产要素需求曲线、生产要素的市场需求曲线和供给曲线，以及个人劳动供给曲线的特殊形状及其成因。
- 懂得卖方垄断、买方垄断和双边垄断3种市场结构形式下厂商的生产要素需求决定。
- 应用消费者的无差异曲线，分析和推导生产要素市场的供给曲线。

在前面关于商品价格和产量决定的产品市场分析中，我们假定生产要素的价格是给定的，而没有探讨它是如何决定的。如在推导产品需求曲线时，我们假定消费者的收入水平是既定的；在推导产品的供给曲线时，我们又假定工资和资本的价格是既定的。在这一章以及下一章里，我们将放松该假定，讨论生产要素价格和使用量的决定过程。由于生产要素的价格和使用量决定了消费者的收入水平，因此，生产要素市场理论又被称为收入分配理论。

生产要素市场和产品市场非常类似，其价格和使用量都由市场供求决定。不同的是它们的需求者和供给者正好相反，在产品市场中，消费者是需求者，厂商是供给者；在生产要素市场中，厂商是需求者，消费者是供给者。因此，生产要素市场和产品市场之间是相互依赖的。当厂商在产品市场面临价格和产量波动时，势必调整自己对生产要素的需求。消费者也会由于实际收入水平的变化而调整自己的生产要素供给，这样生产要素的价格和使用量就会变化。同样，当生产要素市场的价格和供求量发生变化时，产品市场也会受到影响。基于生产要素市场和产品市场之间的这种相互依赖的关系，我们在分析生产要素市场的时候，不仅要考虑生产要素市场本身的市场结构，还要考虑所对应的产品市场的市场结构。本章中，我们将分别讨论完全竞争条件和非完全竞争条件下一般意义上的生产要素市场，并详细分析劳动市场中的劳动供给，而在下一章我们将集中讨论资本市场。

## 10.1　生产要素需求

在西方经济学理论上，一般将生产要素分为4类：土地、劳动、资本和企业家才能，它们各自的报酬收入分别被称为地租、工资、利息和利润。其中，企业家才能作为一种创新、冒险意义上的生产要素，它的需求、供给和定价是比较复杂的。因此，在这里我们着重讨论土地、劳动和资本这 3 类生产要素市场。

关于生产要素价格如何决定这个问题，美国经济学家克拉克（J. B. Clark）最先提出了边际生产力分配理论。他认为，在其他条件不变和生产力递减的前提下，一种生产要素的价格取决于其边际生产力。在此基础上，其他西方经济学家做了更加深刻的分析，认为边际生产力只是决定生产要素需求的一个方面，厂商在决定生产要素的使用时还必须考虑生产要素的使用成本，只有当生产要素的边际成本和边际收益相等时，厂商的利润才会达到最大。此外，生产要素的供给与生产要素的需求一样，也是决定生产要素价格的一个重要方面。在本章的 10.1 部分、10.2 部分、10.3 部分，我们主要分析生产要素的需求情况，在 10.4 部分和 10.5 部分中，我们再来讨论生产要素的供给情况。

### 10.1.1　引致需求

尽管生产要素市场和产品市场一样，其价格和使用量都由市场的供求决定，但由于它们各自的需求者和供给者正好相反，因此其需求性质又有所不同。在产品市场，产品需求来自消费者，消费者购买产品是为了直接地满足欲望，因此，对产品的需求属于直接需求。在生产要素市场，生产要素需求来自厂商，而不是消费者。厂商购买生产要素并不是为了满足自己的欲望，而是为了生产和销售产品，通过满足消费者的需求来使自己获得收益。因此，生产要素需求不是直接需求，而是从产品需求引申出来的间接需求，被称为引致需求或派生需求。例如，消费者购买服装，仅仅是为了满足自己，属于直接需求；消费者对服装的需求引致了制衣厂去购买生产要素（如棉花、劳动等）来生产服装，因此，制衣厂对棉花和劳动的需求属于引致需求。

厂商对生产要素的需求有以下两个特征：一方面，由于技术上的原因，厂商对生产要素的需求总是多重的，如制衣厂需要劳动、棉花、机器设备等，面包厂需要劳动、面粉、机器设备等。另一方面，由于生产要素之间一般是可以相互替代的，因此，对同一产品的需求厂商往往可以采用不同的生产要素组合来完成，如同样一件衣服，可以分别由不同的劳动、棉花、机器设备组合得到。生产要素之间的这种相互依赖性，使得厂商对某种生产要素的需求，不仅取决于该生产要素的价格，还取决于其他相关生产要素的价格。因此，厂商对生产要素的引致需求是一种共同使用多种生产要素的需求。

对产品市场的直接需求来说，消费者在给定产品价格和收入的条件下，根据效用最大化的原则来确定自己的需求；对生产要素市场的引致需求来说，厂商所关心的是自己的利润，关心在给定其他所有条件的情况下，使用多少生产要素量才能使自己的利润达到最大。一般地，影响厂商对生产要素需求的因素主要有：生产要素的边际生产力、生产要素的边际成本、生产中其他生产要素的投入量和价格、厂商的生产技术水平等。其中，生产要素的边际生产力和边际成本最为重要，它们直接影响到厂商的利润。下面我们首先就来分析使用生产要素的收益和成本。

### 10.1.2　使用生产要素的收益

由于使用生产要素的收益直接来自厂商在产品市场上销售的产品，因此，要考察生产要素的使用收益必须结合产品市场。在知道产品市场中产品价格和产品边际收益的条件下，我们将生产要素的使用收益分为生产要素的边际收益和生产要素的平均收益来分析。

### 1.生产要素的边际收益

生产要素的边际收益又叫边际生产力，是指在其他条件不变时，厂商每增加一单位生产要素投入所增加的生产力。生产要素的边际生产力有两种表示形式：边际产品价值和边际收益产品。

边际产品价值（VMP）是指在其他条件不变时，厂商每增加一单位生产要素投入所增加产品的价值。其用公式表示为：

$$VMP=P \cdot MP \tag{10-1}$$

式中：P表示产品市场中该产品的价格；MP表示生产要素的边际产量，即增加一单位生产要素投入所增加的产品量。由于MP是生产要素的函数，因此VMP也是生产要素的函数，可写成VMP=VMP(X)，式中X表示某种生产要素。表10-1和图10-1都表示出了厂商的边际产量和边际产品价值。由图10-1可见，边际产量曲线和边际产品价值曲线均向右下方倾斜，而它们的相对位置取决于产品价格是大于、小于或等于1。图10-1中，由于P=2，所以边际产品价值曲线位于边际产量曲线的上方。

边际收益产品（MRP）是指在其他条件不变时，厂商每增加一单位生产要素投入所增加的产品收益。其用公式表示为：

$$MRP=dTR/dX=dTR/dQ \cdot dQ/dX=MR \cdot MP \tag{10-2}$$

式中：TR表示厂商的总收益；MR表示产品的边际收益。同样，MRP是生产要素X的函数，可以写成MRP=MRP(X)。

表10-1　　　　　　　　　　　厂商的边际产量和边际产品价值

| 生产要素数量<br>（X） | 边际产量<br>（MP） | 产品价格<br>（P） | 边际产品价值<br>（VMP=P·MP） |
|---|---|---|---|
| 6 | 5 | 2 | 10 |
| 7 | 4 | 2 | 8 |
| 8 | 3 | 2 | 6 |
| 9 | 2 | 2 | 4 |
| 10 | 1 | 2 | 2 |

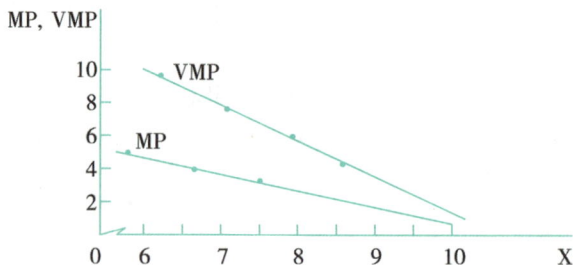

图10-1　厂商的边际产量和边际产品价值

在这里我们强调，应该注意边际产品价值 VMP 和产品的边际收益 MR 之间的区别：MR 通常是对产品的产量而言，而 VMP 是针对生产要素而言的，是生产要素的边际产品价值。显然，在完全竞争的产品市场中，厂商的 MR 总是等于生产价格 P。因此，如果厂商在产品市场上是完全竞争的，那一定有边际产品价值等于边际收益产品，即 VMP=MRP。如果产品市场不是完全竞争的，而是具有一定的垄断力，那么有 P>MR 成立，于是就有 VMP>MRP，这意味着厂商多增加一个单位的生产要素投入，多销售的产品价值必定大于其所增加的收益。

**2.生产要素的平均收益**

生产要素的平均收益（ARP）又叫生产要素的平均收益产品，是指在其他条件不变时，平均每单位生产要素的产品收益。其用公式表示为：

$$ARP=TR/X=P \cdot Q/X=P \cdot AP \tag{10-3}$$

式中：AP 表示平均每单位生产要素的产量。

在第 5 章我们介绍了劳动生产要素的边际产量 $MP_L$ 和平均产量 $AP_L$ 之间的关系。如果我们同时将 $MP_L$ 和 $AP_L$ 乘以产品价格 P，那么便可得到完全竞争产品市场下，在其他条件不变时，生产要素的边际收益产品 $MRP_L$ 和平均收益产品 $ARP_L$ 之间的关系。如图 10-2 所示，$MRP_L$ 通过 $ARP_L$ 的最高点；当 $MRP_L>ARP_L$ 时，$ARP_L$ 递增；当 $MRP_L<ARP_L$ 时，$ARP_L$ 递减。

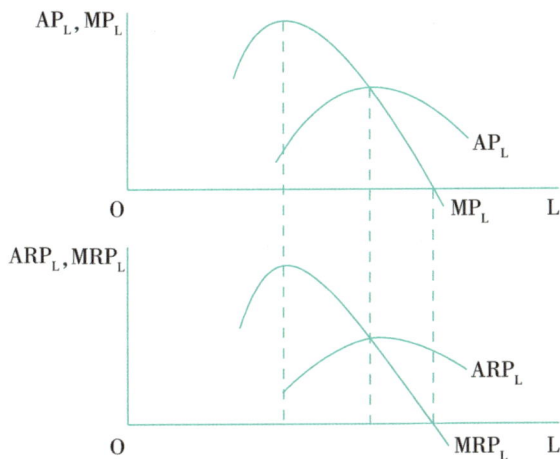

图 10-2　完全竞争产品市场下 $MRP_L$ 与 $ARP_L$ 的关系

## 10.1.3　使用生产要素的成本

前面我们分析了使用生产要素给厂商所带来的各种收益，这是决定生产要素需求的一个方面；同时，厂商在做决策时必须考虑生产要素的使用成本。对厂商来说，生产要素的成本来自在生产要素市场购买生产要素所支付的费用。我们同样分边际要素成本和平均要素成本加以考虑。

**1.边际要素成本**

边际要素成本（MFC）是指在其他条件不变时，厂商每增加一单位生产要素投入所增加的成本。其用公式表示为：

$$MFC=dTC/dX$$
$$=dTC/dQ \cdot dQ/dX$$
$$=MC \cdot MP \tag{10-4}$$

或  $MFC=dTC/dX$
$$=dTVC/dX$$
$$=d(W_x \cdot X)/dX$$
$$=W_x+X \cdot dW_x/dX \tag{10-5}$$

式中：MC表示产品的边际成本；TC表示厂商的总成本；TVC表示厂商的总变动成本；$W_x$表示要素的市场价格。在这里，我们要强调，注意边际要素成本MFC和产品的边际成本MC之间的区别：MC是对产品而言的；MFC则是对生产要素而言，是生产要素的边际成本。

**2.平均要素成本**

平均要素成本（AFC）是指在其他条件不变时，厂商平均投入一单位生产要素所花费的成本。其用公式表示为：

$$AFC=TC_x/X$$
$$=(W_x \cdot X)/X$$
$$=W_x \tag{10-6}$$

即平均要素成本AFC等于生产要素的市场价格，其中$TC_x$是购买生产要素X的总成本。

如果生产要素市场是完全竞争市场，即每个厂商都只是生产要素市场的价格接受者，那么很显然有$dW_x/dX=0$，即$MFC=AFC=W_x$成立。由于$W_x$是由生产要素市场的供求所决定的，为一常数，因此厂商的边际要素成本曲线MFC必为一条水平线，如图10-3所示。如果生产要素市场为不完全竞争市场，即每个厂商对生产要素价格都具有一定的控制力，那么一般来说有$dW_x/dX>0$，即厂商若要多购买生产要素，就必须提高生产要素价格$W_x$，于是有$MFC>AFC=W_x$成立。

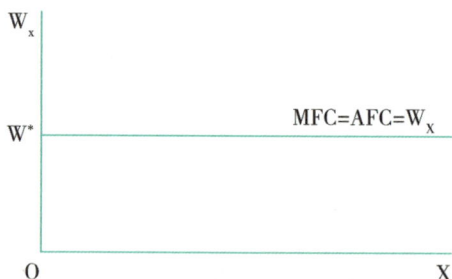

图 10-3  完全竞争要素市场的边际要素成本曲线

### 10.1.4  使用生产要素的原则

假定一个厂商只使用一种生产要素、生产一种单一产品且追求最大限度的利润，根据生产要素使用的收益和成本分析，该厂商使用生产要素的利润最大化问题为：

$$max\pi(X)=TR(X)-TC(X)$$

一阶条件有：

$$\frac{dTR(X)}{dX} - \frac{dTC(X)}{dX} = 0$$

即  MRP=MFC                                                                                        (10-7)

这就表明，厂商到达利润最大化的生产要素使用量必须满足MRP=MFC。因为如果MRP>MFC，那么厂商再多一单位的生产要素投入，所增加的边际收益产品MRP大于其为此所付出的边际要素成本MFC，所以厂商增加生产要素投入可以增加利润，直到MRP=MFC为止。而如果MRP<MFC，那么厂商再多一单位的生产要素投入，所增加的边际收益产品MRP就小于其为此所付出的边际要素成本MFC，所以厂商增加生产要素投入会降低利润，厂商应该减少生产要素投入，直到MRP=MFC为止。

在以上的分析中，我们并没有限定厂商所面临的产品市场和生产要素市场的性质，因此，无论产品市场或生产要素市场是否为完全竞争，MRP=MFC这个生产要素使用原则都是成立的。而在产品市场和生产要素市场都是完全竞争的情况下，即厂商在这两个市场上都是价格接受者，由于MRP=VMP和MFC=$W_x$成立，因此厂商利润最大化的生产要素使用原则又可以写成：

VMP=$W_x$                                                                                        (10-8)

即厂商使用生产要素的边际产品价值应该等于该生产要素的市场价格。

## 案例窗10-1

### 完全竞争条件下生产要素的需求

假定某厂商使用劳动和资本两种生产要素，其生产函数为$f(L,K)=4L^{0.5}K^{0.5}$，其中资本K是固定的，假定为100，L是可以调整的。该厂商所生产的产品需求和供给函数分别为：

需求函数：

P=100-0.05q

供给函数：

P=40+0.01q

同时，该厂商所面临的劳动市场也是完全竞争的，其需求和供给函数分别为：

需求函数：

W=300-0.2L

供给函数：

W=150+0.4L

因为是竞争性产品市场，所以该厂商的产品市场价格为：

P=50

劳动市场价格为：

W=250

根据该厂商的生产函数，我们可以求出劳动的边际产量函数为：

$MP_L=df(L,K)/dL=2L^{-0.5}K^{0.5}$

由于该厂商的资本K固定为100，将它代入劳动的边际产量函数，于是得到：

MP$_L$=20L$^{-0.5}$

根据完全竞争下的厂商生产要素使用原则：P・MP$_L$=W，我们可以得到等式：

50×20L$^{-0.5}$=250

于是求得L=16，即该厂商的劳动需求量为16。

对不完全竞争下的生产要素需求我们将在10.3部分做进一步的讨论。

## 10.2　完全竞争条件下生产要素市场的需求曲线

在10.1部分我们分析了厂商使用单一生产要素的一般原则，并着重指出了完全竞争条件下的情况，本部分我们将在此基础上，进一步分析完全竞争条件下生产要素市场的需求曲线。在第3章的产品市场中我们已经指出，产品市场需求曲线是由个体消费者的需求曲线水平加总得到，同样，生产要素市场需求曲线也应该由个体厂商的需求曲线水平加总得到。因此要推得生产要素市场的需求曲线，首先必须求得单个厂商的生产要素需求曲线。由于单个厂商生产要素需求的多重性以及生产要素之间的可替代性都会影响厂商的生产要素需求曲线，所以我们有必要分别讨论单可变生产要素和多可变生产要素的厂商需求曲线。

### 10.2.1　单可变生产要素下的厂商的生产要素需求曲线

单可变生产要素投入是指厂商只使用一种可变动的生产要素进行生产，而没有其他生产要素投入或者其他生产要素的使用量固定。由于是完全竞争条件，即厂商所面临的产品市场和生产要素市场都是完全竞争的，那么厂商使用生产要素必满足式（10-8）：VMP=W$_x$，即生产要素的边际产品价值应该等于生产要素的市场价格。我们知道，厂商的生产要素需求函数反映的是：在其他条件不变时，厂商对生产要素X的需求量与生产要素价格W$_x$之间的关系。而根据生产要素使用原则，对每一个给定的W$_x$，如果其他条件不变，那么必有一个生产要素需求量X与此相对应。这样便可写出厂商的生产要素需求表（见表10-2）。

表10-2　　　　　　　　　　竞争性厂商的生产要素需求表

| 生产要素需求量<br>（X） | 边际产量<br>（MP） | 产品价格<br>（P） | 边际产品价值<br>（VMP） | 要素价格<br>（W$_x$） |
|---|---|---|---|---|
| 6 | 5 | 2 | 10 | 10 |
| 7 | 4 | 2 | 8 | 8 |
| 8 | 3 | 2 | 6 | 6 |
| 9 | 2 | 2 | 4 | 4 |
| 10 | 1 | 2 | 2 | 2 |

表10-2反映了生产要素价格和生产要素需求量之间的一一对应关系。如给定生产要素价格W$_x$等于10，那么厂商为了实现利润最大化必须使得该生产要素的边际产品价值亦为10，而与边际产品价值10相对应的生产要素数量为6。因此，当生产要素价格为10时，厂商的生产要素需求量6。如此类推其余各行，便可得到该竞争性厂商的生产要素需求曲线。

生产要素需求曲线还可以由式（10-8）的生产要素使用原则变形得到。由于VMP=

P·MP(X)恒成立，因此竞争性厂商生产要素使用原则又可写成：

$$P \cdot MP(X) = W_x \tag{10-9}$$

式中：MP(X)表示边际产量是生产要素的函数。在完全竞争的产品市场中，产品价格 P 是固定的，这样式（10-9）就确定了一个从 $W_x$ 到生产要素使用量 X 的函数关系，即确定了竞争性厂商的生产要素需求函数。

根据表 10-2 给出的生产要素需求表，我们可以相应画出该厂商的生产要素需求曲线，如图 10-4 所示。[①]由图可知，一旦生产要素的价格确定，在技术不变的条件下，厂商对生产要素的需求量也就确定了。例如在图 10-4 中，VMP=P·MP=d 表示某厂商的生产要素需求曲线。当生产要素价格为 $W_0$ 时，对应的该厂商生产要素需求量为 $X_0$；如果生产要素价格上升到 $W_1$，那么生产要素需求量就改变为 $X_1$。

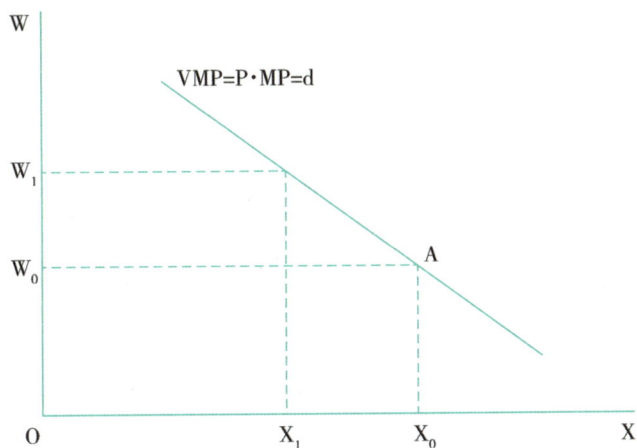

图 10-4　竞争性厂商的生产要素需求曲线

由图 10-4 我们可以推得厂商生产要素需求曲线的两个特点：

第一，厂商的生产要素需求曲线向右下方倾斜。假定一开始厂商的生产要素使用量满足式（10-9），现在由于生产要素价格 $W_x$ 上升，使得 $P \cdot MP(X) < W_x$，生产要素使用量偏离了均衡，于是厂商便要调整使用量，以满足最优条件。由于产品价格 P 是固定的，而厂商的技术水平也是给定的，这样，根据边际生产力递减这个规则，厂商只有减少生产要素使用量 X，才能提高 MP(X) 而达到再一次均衡的目的。因此，可以有这样一个结论，随着生产要素价格的上升，厂商的最优生产要素使用量即需求量将会下降。也就是说，厂商的生产要素需求曲线是向右下方倾斜的。

第二，厂商的生产要素需求曲线与边际产品价值曲线重合。由于生产要素市场是完全竞争的，因此无论厂商如何调整生产要素使用量，生产要素价格 $W_x$ 总是固定的，在图 10-4 中反映为一条水平线。设定生产要素价格为 $W_0$，那么图中 $W_0$ 曲线和 VMP 曲线的交点 A 必满足厂商的生产要素使用原则，且 A 点表明，当生产要素价格为 $W_0$ 时，生产要素需求量为 $X_0$。这就说明，边际产品价值曲线上的 A 点亦是生产要素需求曲线上的点。同样地，如果给定另外任何一个生产要素价格，它与 VMP 曲线的交点必然也是生

---

① 为了讨论方便，在图中我们略去了表中的数据。

产要素需求曲线上的点。因此，在单可变生产要素下，竞争性厂商的生产要素需求曲线和边际产品价值曲线是重合的。

生产要素需求曲线和边际产品价值曲线重合意味着，当生产要素价格发生变化时，生产要素需求量是沿着一条既定的边际产品价值曲线变动的。这就要求，当生产要素价格变化时，生产要素的边际产品价值曲线固定不变。由于式（10-1）VMP=P·MP恒成立，因此上述要求就隐含了两个条件：第一，生产要素的边际产量曲线MP不受生产要素价格变化的影响；第二，产品价格P不受生产要素价格变化的影响。显然，单可变生产要素下的竞争性厂商都满足这两个条件。如果该厂商使用多个可变生产要素，那么条件一不能被满足，在以下的多可变生产要素下的厂商需求曲线中我们将会进一步讨论该种情况。另一方面，如果考虑多个厂商的生产要素使用调整，那么条件二就不予满足，因为多厂商的生产要素调整，必定会影响产品供给，从而产品价格变化。对这种情况，我们将在推导生产要素的市场需求曲线时讨论。

### 10.2.2　多可变生产要素下的厂商的生产要素需求曲线

多可变生产要素投入是指厂商使用两种或两种以上的生产要素进行生产，且这些生产要素都是可变动的。由于生产要素之间存在相互依赖的关系，一种生产要素价格的变化，必然会引起厂商对另一种生产要素使用量的变化。这样在给定技术水平的条件下，价格变化的那种生产要素的边际产量曲线MP就会发生移动，从而破坏了单可变生产要素下厂商的需求曲线和边际产品价值曲线重合的条件一。因此，在多可变生产要素投入下，只要生产要素是相关的，那么厂商对任何一种生产要素的需求曲线就都不再是边际产品价值VMP曲线。下面我们来分析替代条件下两种可变生产要素的厂商需求曲线。

假定厂商投入两种可变生产要素——劳动L和资本K，且劳动和资本可以相互替代。我们现在分析随着劳动价格或工资率W的变化，厂商对劳动的需求会怎样变化。假定劳动价格下降，那么厂商的等成本曲线就会旋转。如图10-5（b）所示，当劳动价格由$W_0$下降到$W_1$时，等成本曲线由原来的AB旋转到AB′，与等产量曲线的切点也由原来的E变化到E′，显然，劳动的使用量上升了，资本的使用量下降了。在生产技术不变时，资本使用量的下降将使得劳动的边际产量$MP_L$的整体水平下降。如图10-5（a）所示，劳动的边际产量曲线由原来的$MP_L(K_0)$下降到$MP_L(K_1)$。

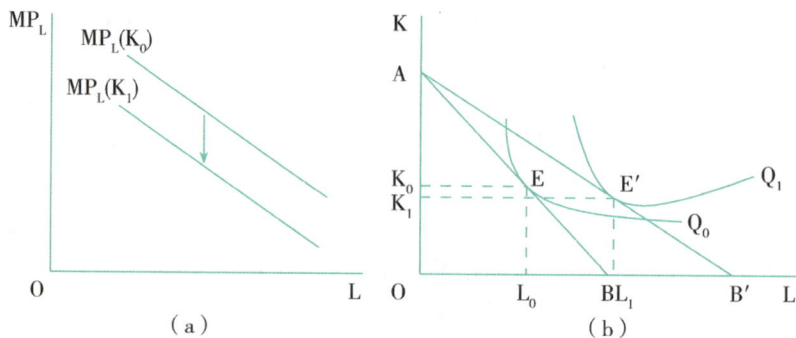

图10-5　劳动价格的变化引起边际产量曲线的移动

在完全竞争的产品市场中，产品价格 P 是固定的，因此劳动的边际产量 $MP_L$ 曲线的移动，势必使得边际产品价值 VMP 曲线同幅度地移动。如图 10-6（a）所示，边际产品价值曲线由 $VMP_0$ 移动到 $VMP_1$。图中，劳动的初始价格 $W_0$ 曲线与 $VMP_0$ 曲线交于 A 点，该点即为 $W_0$ 价格下厂商的生产要素需求点；变化后的价格 $W_1$ 曲线与 $VMP_1$ 曲线交于 B 点，为 $W_1$ 价格下厂商的生产要素需求点；如果劳动价格是连续变化的，那么我们就可以有无数个需求点，将这些点相连，便得到该厂商的生产要素需求曲线，如图 10-6 中的 d 线。

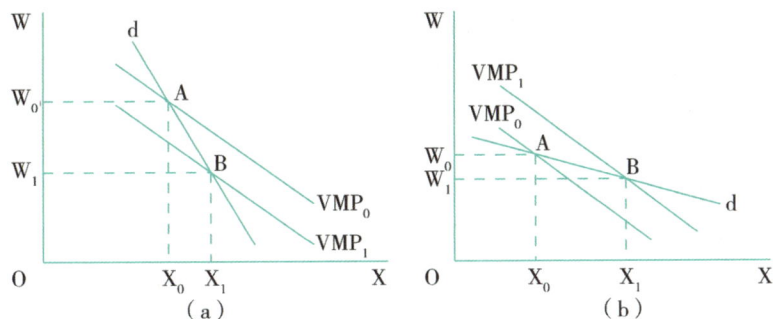

图 10-6　多可变生产要素下的厂商需求曲线

接下来我们进一步讨论，在劳动价格下降的情况下，厂商对资本的使用量从而劳动的边际产量曲线究竟应该是上升还是下降。我们知道，一种生产要素的价格变化将会产生两种效应：替代效应和收入效应，这两种效应都将对厂商的生产要素需求产生影响。

先来分析替代效应。当劳动价格下降后，由于劳动变得相对便宜，于是在其他条件不变时，厂商就会使用更多的劳动来替代资本，因此资本的使用量就会减少。这将使得劳动的边际产量 $MP_L$ 曲线下移，进一步使得 VMP 曲线下移，从而使厂商对劳动的需求量下降。

由于劳动价格的变化，使得既定的成本所能够购买的劳动和资本的数量都会增加，这就是收入效应。显然，收入效应提高了劳动的边际产量，也提高了厂商对劳动的需求量。

总的来说，生产要素价格下降后，替代效应引起该生产要素的边际产量下降，而收入效应引起该生产要素的边际产量上升。那么边际产量最终究竟是上升还是下降，这就需要比较这两个效应的大小。如果替代效应大于收入效应，那么边际产量就会下降，从而生产要素的边际产品价值 VMP 曲线向左下方移动，如图 10-6（a）所示。这时所得到的厂商需求曲线 d 与 VMP 曲线相比显得更陡，斜率更大。如果替代效应小于收入效应，那么边际产量就会上升，VMP 曲线就会向右上方移动，如图 10-6（b）所示。此时的厂商需求曲线 d 与 VMP 曲线相比，更加平坦，斜率更小。如果替代效应等于收入效应，那么边际产量不变，厂商的需求曲线就与 VMP 曲线重合。尽管在多可变生产要素下厂商的需求曲线有这 3 种可能的情形，但有一点是明确的，即无论 VMP 曲线如何移动，所导出的厂商需求曲线都是向右下方倾斜的。

### 10.2.3　生产要素的市场需求曲线

知道了单个厂商的生产要素需求曲线，我们便可以推导出生产要素的市场需求曲线。是不是简单地水平加总呢？不是的。在分析单个厂商的生产要素需求曲线时，我们假定生产要素价格变化时其他厂商不调整生产要素的使用量，因此产品市场中产品的供给也就不会发生变化，从而产品的价格不发生变化。但是，在分析市场需求曲线时，考虑到多个厂商的情况，这个假定就不再成立。因为当生产要素价格变化时，市场中各个厂商都将调整自己的生产要素使用量，那么其在产品市场上的供给就会发生变化，于是产品价格P就会随着生产要素价格的变化而变化，从而厂商的边际产品价值曲线会移动。因此，在多个厂商调整生产要素使用量的情况下，单个厂商的生产要素需求曲线就需要调整。

假定有一个单可变生产要素（劳动）的厂商。初始时，劳动要素的价格为$W_0$，产品市场的产品价格为$P_0$，边际产品价值曲线为$VMP_0$。如图10-7所示，劳动价格曲线$W_0$与边际产品价值曲线$VMP_0$的交点A为$W_0$价格下该厂商的劳动需求点，可见，此时劳动需求量为$L_0$。现在假设劳动价格由$W_0$下降到$W_1$，如果行业内其他厂商没有调整自己的劳动使用量，那么在产品市场上的产品价格不发生变化，仍为$P_0$，这样边际产品价值曲线就不移动，劳动价格$W_1$曲线与$VMP_0$曲线的交点B为$W_1$价格下该厂商的劳动需求点，劳动需求量为$L_2$。但是，现在的情况是行业内其他厂商在劳动价格下降之后，都增加了劳动的使用量，从而增加了产出。这样，产品市场上的产品供给曲线就会向右下方移动，导致产品的均衡价格从$P_0$下降到$P_1$。由于假定该厂商只使用一种可变生产要素且技术水平不变，因此，劳动生产要素价格的变化就不影响劳动的边际产量$MP_L$。于是劳动的边际产品价值曲线就会随着产品价格P的变化而发生移动，如在图10-7中从$VMP_0$移动到$VMP_1$。此时劳动价格$W_1$曲线与$VMP_1$曲线的交点C就为$W_1$价格下该厂商的劳动需求点，劳动需求量是$L_1$，显然$L_1$要小于$L_2$。以此类推，如果劳动价格W连续上升或下降，那么我们就可以得到无数个与W相对应的劳动需求点，连接这些点便得到该厂商经行业调整后的需求曲线，如图10-7中的$d_m$所示。可见，行业调整后的需求曲线也向右下方倾斜，但与原需求曲线相比，更陡峭，斜率更大。

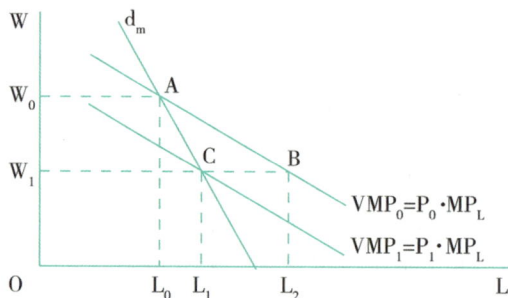

图10-7　多个厂商调整时单可变生产要素下的厂商需求曲线

同样，如果该厂商是一个多可变生产要素的厂商，那么就只要对经MP调整后得到的需求曲线d再进行产品价格P的调整，便可得到行业调整的需求曲线$d_m$。

在求得了每个厂商的行业调整生产要素需求曲线$d_m$后，整个市场的生产要素需求曲线D就只要通过水平叠加$d_m$曲线便可得到。假设一个有n个厂商的完全竞争市场，各厂商经行业调整后的生产要素需求曲线分别为$d_1$，$d_2$，$\cdots$，$d_m$，那么该生产要素的市场需求曲线便为：

$$D = \sum d_m \qquad (10-10)$$

## 10.3* 　不完全竞争条件下生产要素市场的需求曲线

在 10.1 部分中我们已经给出了一般条件下的厂商生产要素使用原则，并在 10.2 部分中详细讨论了完全竞争条件下单个厂商的生产要素需求曲线和市场需求曲线。在这一部分里，我们将转入讨论不完全竞争条件下的生产要素市场，在运用一般条件下的厂商生产要素使用原则的基础上，结合不完全竞争条件，分析单可变生产要素下的厂商需求曲线和市场需求曲线。一般来说，不完全竞争市场可以分为垄断竞争、寡头垄断和完全垄断 3 种类型。为了便于讨论，在这里我们说的不完全竞争市场统一指厂商具有一定垄断力度的市场。根据厂商所面临的产品市场和生产要素市场是否垄断，我们将不完全竞争条件下生产要素市场的需求的讨论分为 3 种情况来进行：卖方垄断、买方垄断和双边垄断。

### 10.3.1 　卖方垄断

卖方垄断是指厂商在产品市场上作为产品的卖方是垄断者，但在生产要素市场上作为生产要素的买方是完全竞争者。由于厂商在产品市场上具有一定的垄断力度，因此它所面临的产品需求曲线是向右下方倾斜的；在生产要素市场上，厂商因为是完全竞争者，所以面临着一条水平的生产要素供给曲线。

一般条件下的厂商生产要素使用原则，即边际收益产品等于边际要素成本（MRP=MFC），仍适用于卖方垄断生产要素市场。我们先来看 MRP。因为 MRP=MR·MP，而在产品市场垄断的条件下，厂商的产品边际收益 MR 曲线与边际产量 MP 曲线都是向右下方倾斜的，这样该垄断厂商的边际收益产品曲线也必然是向右下方倾斜的，如图 10-8 中的 MRP 曲线。至于边际要素成本 MFC，我们在分析完全竞争时已经指出，在完全竞争的生产要素市场中，MFC=$W_x$，其中 $W_x$ 表示了生产要素市场给定的要素价格。这样，卖方垄断厂商的使用生产要素的原则就可以写成：

$$MRP=W_x \tag{10-11}$$

图 10-8 告诉我们在卖方垄断生产要素市场中生产要素的需求量是如何决定的。图中，水平线 $W_x$ 表示某个厂商所面临的生产要素供给曲线，该厂商的边际收益产品曲线为 MRP。于是，在给定的生产要素价格 $W_x=W^*$ 下，厂商根据式（10-11）的生产要素使用原则，在 E 点处达到均衡，此时，生产要素需求量为 $X^*$。

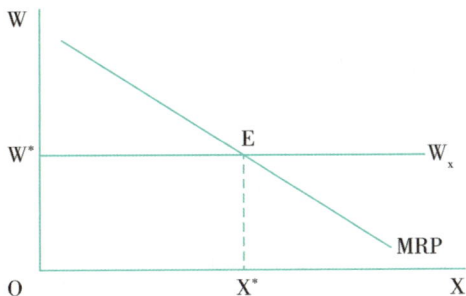

图 10-8　卖方垄断厂商的生产要素需求

由于厂商的边际产量MP由技术决定，而产品的边际收益MR由产品市场决定，因此我们在分析生产要素市场时，对一个特定的厂商来说，在其他条件不变时，边际收益产品MRP曲线是固定的。而根据卖方垄断厂商的生产要素使用原则，我们知道，给定任意一个生产要素价格$W_X$，厂商必有一个最优的生产要素需求量与之相对应，而该需求量又是落在MRP曲线上的。因此，卖方垄断厂商的生产要素需求曲线便是MRP曲线。

知道了单个厂商的生产要素需求曲线后，我们只要将市场内所有厂商的生产要素需求曲线水平叠加，便可得到该生产要素的市场需求曲线。在分析完全竞争下的生产要素市场需求曲线时，我们曾经指出，生产要素价格改变时，由于市场内所有厂商都会调整自己的生产要素使用量，这样必然会导致产品市场中产品价格的变化，因此在叠加厂商的生产要素需求曲线之前，必须先对其进行行业调整。显然，在卖方垄断下，也可能存在这种情况。如果各个厂商在各自的产品市场中都是唯一的垄断者，那么尽管所有厂商都会调整生产要素需求，但这并不影响每个厂商在各自产品市场上的产品价格，这样行业调整曲线就仍然是MRP曲线，市场需求曲线也就是各厂商MRP曲线的水平叠加。如果有一些厂商共同垄断着某个产品市场上，那么它们的行业调整曲线就不再是MRP曲线，这样市场需求曲线就应该是各厂商的行业调整需求曲线$d_m$水平叠加。

## 10.3.2　买方垄断

买方垄断是指厂商在产品市场上作为产品的卖方是完全竞争者，但在生产要素市场上作为生产要素的买方是垄断者。由于厂商在产品市场上是完全竞争的，因此它所面临的产品需求曲线是一条水平线；在生产要素市场上，厂商作为垄断者，则面临着一条向右上方倾斜的生产要素供给曲线。

因为产品市场是完全竞争的，因此必然有MRP=VMP。而在生产要素市场这一边，我们假定市场的生产要素供给曲线是向右上方倾斜的（关于这一点我们将在10.4部分中具体讨论），这样买方垄断厂商所面临的生产要素市场的供给曲线也必定是向右上方倾斜的，如图10-9中的曲线$W(X)$。另外，根据式（10-5）有$MFC=W_X+X \cdot dW_X/dX$，而买方垄断时又有$dW_X/dX>0$，因此，对买方垄断厂商来说，必有$MFC>W_X$，且MFC曲线与$W(X)$曲线一样也是向右上方倾斜的，如图10-9所示。[①]这样，买方垄断厂商的生产要素使用原则就变形为：

$$VMP=MFC \tag{10-12}$$

即生产要素的边际产品价值等于生产要素的边际成本。

图10-9说明了买方垄断厂商的生产要素价格和需求量的决定。根据买方垄断的生产要素使用原则——式（10-12），VMP和MFC这两条曲线的交点E便是该厂商的生产要素需求点，此时生产要素需求量为$X^*$。而生产要素价格$W_X$应该由生产要素供给曲线来确定，因此对应$X^*$的需求量生产要素的价格为$W^*$。

---

① 在图10-9中，我们假定$W(X)$曲线是线性的，这样MFC曲线和$W(X)$曲线在纵轴上的截距相等，且前者的斜率为后者的两倍。

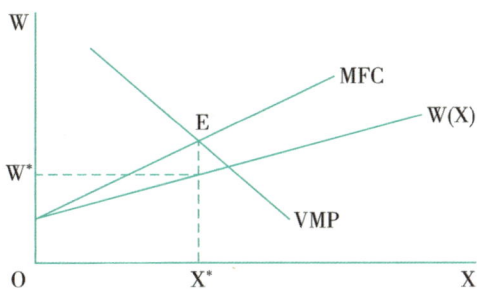

图 10-9　买方垄断厂商的生产要素需求

现在我们已经知道了买方垄断厂商的一个生产要素需求点，接下来要知道的是它的生产要素需求曲线会是怎样的。我们说，买方垄断厂商的生产要素需求曲线是不存在的，这与垄断厂商在产品市场上不存在产品供给曲线的原因是一样的，因为生产要素市场上的垄断厂商对生产要素价格具有一定的控制力。这样，为满足边际产品价值等于生产要素边际成本的均衡条件，它既可以通过生产要素需求量的调整，也可以通过生产要素的价格调整。于是，如图 10-10 所示，在一个给定的边际产品价值 VMP 曲线下，同一个生产要素价格可以对应多种需求量，而同一个需求量又可以对应多种生产要素价格，所以说买方垄断厂商的生产要素需求曲线是不存在的；同样，生产要素的市场需求曲线也不存在。

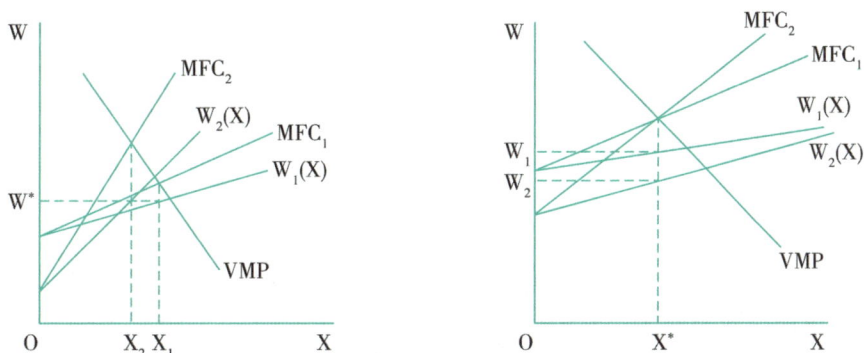

（a）既定生产要素价格下的多种需求量　　　　（b）既定生产需求量下的多种生产要素价格

图 10-10　同一边际产品价值曲线下的不同需求组合

## 案例窗 10-2

### 买方垄断厂商的生产要素价格和需求量的决定

设某厂商所生产的产品在市场上总是以 P=20 的价格出售，而它在劳动市场上是垄断的，且已知该厂商的生产函数为 $f(L, K)=8L^{0.5}K^{0.5}$，其中 K 固定为 100，L 是可以调整的。另外，该厂商所面临的劳动市场供给函数 $S_L$ 为：$W=60+4L^{0.5}$。

由生产函数，我们可以求出劳动的边际产量为 $MP_L=4L^{-0.5}K^{0.5}$，因为 K=100，所以 $MP_L=40L^{-0.5}$。于是得到劳动的边际产品价值 $VMP_L=P \cdot MP_L=800L^{-0.5}$。

因为 $W=60+4L^{0.5}$，所以根据 $MFC_L=W+L \cdot dW/dL$，可得 $MFC=60+6L^{0.5}$。

根据买方垄断厂商的要素使用原则，有 $VMP_L=MFC_L$，即 $800L^{-0.5}=60+6L^{0.5}$，解得 $L=57$，即该厂商的劳动需求量为 57。

将 $L=57$ 代入劳动供给函数 $S_L$，可得 $W=90$，即在该厂商 57 单位的劳动需求量下，劳动的价格被定为 90。

### 10.3.3  双边垄断

双边垄断是指厂商在产品市场上作为产品的卖方，以及在生产要素市场上作为生产要素的买方都是垄断者。由于厂商在产品市场上是垄断者，因此它所面临的产品需求曲线是向右下方倾斜的；在生产要素市场上，厂商作为垄断者，则又面临着一条向右上方倾斜的生产要素供给曲线。

显然，双边垄断是卖方垄断与买方垄断的综合。根据上面的分析，我们可以知道，双边垄断厂商的生产要素使用原则与一般条件下的使用原则一样，仍然为 MRP=MFC，即生产要素的边际收益产品等于生产要素的边际成本。图 10-11 说明了双边垄断厂商的生产要素价格和需求量的决定。MRP 曲线和 MFC 曲线的交点决定了该厂商的生产要素需求量为 $X^*$，而根据生产要素供给曲线 W(X)，对应 $X^*$ 需求量的生产要素价格为 $W^*$。

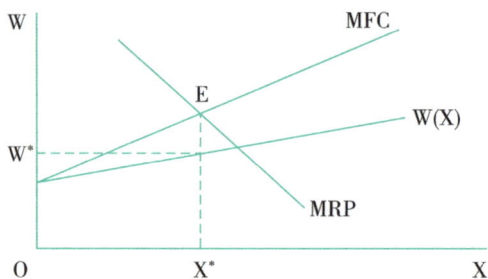

图 10-11  双边垄断厂商的生产要素需求

与买方垄断生产要素市场一样的原因，双边垄断厂商的生产要素需求曲线和市场的生产要素需求曲线也都是不存在的。

## 10.4  生产要素市场的供给曲线

为了求得生产要素市场的市场均衡，我们在给出了生产要素市场需求曲线之后，接下来就应该导出生产要素市场的供给曲线。在讨论厂商的生产要素需求决定时，我们已经分析了单个厂商所面临的生产要素供给曲线。当生产要素市场是完全竞争时，厂商面临的是一条完全弹性的水平生产要素供给曲线；当生产要素市场是买方垄断时，厂商面临的是一条向右上方倾斜的生产要素供给曲线。但是生产要素市场的供给曲线又是怎样得到的呢？这一部分首先解决这个问题。在分析生产要素需求时，我们从生产要素使用者利润最大化的角度来讨论；同样，在分析生产要素供给时，我们也应该从生产要素所有者行为最大化的角度来讨论。本部分就从这个角度来讨论一般意义上的生产要素市场供给，并同时给出土地的供给曲线，而在下个部分中我们将详细讨论劳动这一特定生产要素的供给情况。

### 10.4.1　生产要素供给原则

对厂商来说，生产要素往往可以被区分为中间生产要素和原始生产要素两种。中间生产要素是指那些由厂商拥有并被再次投入市场过程的中间产品，如厂商所使用的各种原材料。原始生产要素则是指由消费者拥有并向生产要素市场提供的诸如劳动、资本、土地等生产要素。在这里，我们所要讨论的是后一种生产要素，即原始生产要素。

就消费者来说，对自己所拥有的生产要素可以有两种用途：在市场上出售或留为自用。如果在市场上出售，那么消费者就可以获得收入，从而获得间接效用；如果留为自用，那么它可以给消费者带来直接或间接的效用。例如，某消费者将自己拥有的时间资源用于做家务和休息，若是休息，那就直接增加了消费者的效用；若做家务，那就节约了请人做家务的开支，这与出售生产要素一样，间接给消费者带来了效用。由于消费者拥有的生产要素资源总是有限的，因此，理性的消费者必定会在这两种用途上做一个分配，以获得最大的效用。这样，生产要素供给问题就可以看作：消费者在一定的生产要素价格水平下，将其全部既定生产要素资源在"出售"和"留为自用"两种用途上进行分配，以获得最大效用。

我们假定某消费者拥有一种单一的生产要素资源，其总量既定为 $\overline{L}$，且在生产要素市场上该生产要素价格为 W。设该消费者留为自用的生产要素量为 l，那么他在生产要素市场上出售的生产要素量就为 $(\overline{L}-l)$，这样该消费者所获得的收入就为：

$$Y=W\cdot(\overline{L}-l) \tag{10-13}$$

式（10-13）可变形为：

$$Y+W\cdot l=W\cdot\overline{L} \tag{10-14}$$

该式表明消费者在分配生产要素时，必须受资源数量既定条件的约束。由于消费者的效用来自两个方面：生产要素出售的收入和自用生产要素，因此，消费者的效用函数就可写成 $U=U(Y,l)$。这样，该消费者的生产要素供给问题就可转化为以下的效用最大化问题：

max　$U=U(Y,l)$

s.t. $Y+W\cdot l=W\cdot\overline{L}$

用拉格朗日方法求得上述最大化问题的一阶条件有：

$$dU/dl=dU/dY\cdot W \qquad\qquad\qquad 生产 \tag{10-15}$$

显然，式（10-15）左边 $dU/dl$ 的经济含义是消费者留为自用生产要素资源的边际效用。再来看等式右边，$dU/dY$ 表示消费者收入的边际效用。因为消费者的收入 Y 是生产要素供给量 L 的函数，因此效用函数 $U(Y)=U(Y(L))$，在该式两边对 L 求导得到：

$$dU/dL=dU/dY\cdot dY/dL \tag{10-16}$$

式中：$dU/dL$ 表示生产要素供给的边际效用；$dY/dL$ 表示生产要素供给的边际收入。一般来说，单个消费者在生产要素市场上所面临的生产要素需求曲线，与单个厂商所面临的生产要素供给曲线一样，都是水平线，这样生产要素供给的边际收入就等于生产要素价格，即 $dY/dL=W$。于是，式（10-15）的右边便可以写成：

$$dU/dY\cdot W=dU/dL \tag{10-17}$$

这就表示式（10-15）右边 $dU/dY\cdot W$ 的经济含义是消费者生产要素供给的边际效

用。因此，式（10-15）的经济含义是：消费者为获得最大的效用，必须满足作为留为自用的生产要素资源的边际效用与作为供给的生产要素资源的边际效用相等。这就是消费者的生产要素供给原则。

### 10.4.2　无差异曲线分析

在第3章分析消费者的产品需求时，我们曾经引入了无差异曲线的概念，并利用无差异曲线的分析方法来推导消费者的产品需求曲线。在这里，我们同样可以利用无差异曲线的分析方法来推导单个消费者的生产要素供给曲线。

消费者的产品需求是给定收入的约束下，在两种产品之间选择求得效用最大；消费者的生产要素供给则是给定生产要素资源总量的约束下，在生产要素收入和自用资源之间选择求得效用最大。这样，我们只要将分析消费者效用最大化时的无差异曲线图中表示两种商品数量的纵坐标和横坐标分别换成生产要素收入 Y 和自用资源 l 的数量，就可得到消费者生产要素供给的无差异曲线图，如图 10-12 所示。其中，这里的无差异曲线 U 表示的是给消费者带来同等效用水平的生产要素收入和自用资源的不同数量的各种组合，它一样具有前面提到的几个无差异曲线的特点。

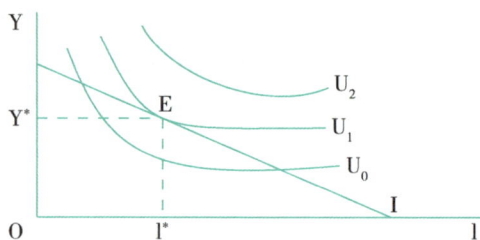

图 10-12　生产要素供给的无差异曲线分析

我们假定消费者最初拥有的生产要素资源总量为 $\overline{L}$，那么他最大的总收入就是他出售全部生产要素的收入，即 $I = L \cdot W$，这里我们假定消费者无非生产要素收入。于是，该消费者的预算约束线就可表示为 $I = Y + W \cdot l$，即图 10-12 中的 I 线，其中 I 代表该消费者可能的最大收入，Y 代表该消费者实际所得到的收入，l 代表消费者自用资源。我们知道，在预算约束下选择效用最大化的组合，必然是预算约束线与无差异曲线的切点，在图 10-12 中为 I 线与 $U_1$ 线的切点 E。此时，消费者自用的要素量为 $l^*$，出售的要素量为 $(\overline{L} - l^*)$，这样获得的收入就为 $Y^* = W \cdot (\overline{L} - l^*)$。

由几何知识我们知道，如果两条曲线相切，那么它们在切点的斜率一定相等。在这里，预算约束线的斜率恒为 $-W$，而无差异曲线 $U_1$ 在 E 点的斜率可以表示为 $dY/dl$，于是就有：

$$dY/dl = -W$$

或者变形为：

$$-dY/dl = W \tag{10-18}$$

式（10-18）的左边是资源供给的边际替代率，表示消费者为增加一单位自用资源所愿意减少的收入；式右边的生产要素价格表示消费者为增加一单位自用资源实际所必须减少的收入。因此，该式的经济含义是：在消费者的效用达到最大时，消费者为增加一单位自用资源自己所愿意减少的收入必须等于他实际所必须减少的收入。这也是消费者的生产要素供给原则，与式（10-15）是等同的。

### 10.4.3 生产要素市场的供给曲线

从消费者的无差异曲线我们可以推导出单个消费者的产品需求曲线，也可以通过上述的无差异曲线分析推导出单个消费者的生产要素供给曲线。从图10-12可以看出，如果给定一个生产要素价格 W，那么消费者便有一个最优的自用生产要素量 $l^*$。由于消费者拥有的生产要素总量固定为 $\overline{L}$，因此他便有一个最优的生产要素供给量（$\overline{L}-l^*$）。在其他条件不变时，给定一个生产要素价格，对应一个生产要素供给量，这就是我们所要导出的生产要素供给曲线。

我们可以通过图10-13推导出单个消费者的生产要素供给曲线。假定生产要素的初始价格为 $W_0$，某个消费者的自用生产要素量为 $l_0$，生产要素供给量就为（$\overline{L}-l_0$），在图 10-13（b）中反映为点 A。现在生产要素市场上生产要素的价格上升到 $W_1$，这样该消费者总的可能收入 I 就上升，这就表示该消费者的预算约束线发生旋转，由 $I_0$ 旋转到 $I_1$。于是，得到在 $W_1$ 下该消费者的生产要素自用量为 $l_1$，生产要素供给量为（$\overline{L}-l_1$），在图 10-13（b）中反映为 B 点。同样，如果生产要素价格上升到 $W_2$，那么所对应的生产要素自用量就为 $l_2$，生产要素供给量为（$\overline{L}-l_2$），在图 10-13（b）中反映为 C 点。如果生产要素价格是连续变化的，那么我们就可以在图 10-13（b）中得到无数个犹如 A、B、C 这样的生产要素供给点，连接这些点便得到单个消费者的生产要素供给曲线 s。图 10-13（a）中的PEP曲线被称为价格扩展线，反映了自用生产要素数量 l 如何随着生产要素价格的变化而变化，从而间接地反映了生产要素供给量与生产要素价格之间的关系。

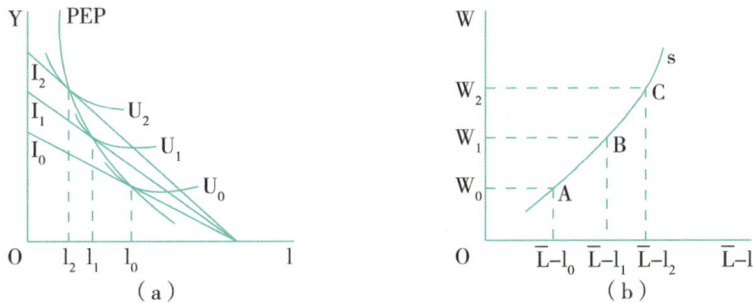

**图 10-13 从无差异曲线到要素供给曲线**

将市场内所有消费者的生产要素供给曲线水平相加，就可以得到市场生产要素供给曲线。假设市场内有 n 个消费者，且第 i 个消费者的生产要素供给曲线为 $s_i$，那么该生产要素的市场供给曲线就可以写成：

$$S = \sum_{i=1}^{n} s_i \tag{10-19}$$

在这里我们特别要强调的是，在此我们通过分析所导出的单个消费者的生产要素供给曲线是生产要素供给曲线的一般形式。至于一种特定的生产要素，它的供给曲线是否一定如图10-13（b）那样向右上方倾斜？我们说这取决于该生产要素的性质。由于不同性质的生产要素对消费者留为自用的效用是不一样的，有些能增加效用，有些却不能，这样消费者的效用函数 U(Y,l) 也就各不相同，从而生产要素供给曲线的形状各不相同。所以，我们有必要对土地、劳动、资本这 3 类生产要素分别加以考察。在这部分的余下部分，我们将简单地介绍土地供给曲线，在下一个部分我们将详细讨论劳动生产要素，而资本生产要素我们留到第 11 章分析。

### 10.4.4　土地供给曲线

土地作为一种自然赋予的特定资源，消费者所拥有的总量是固定的，不会随着土地价格即地租的变化而变化。现在的问题是随着地租的变化，消费者在土地市场上出售土地的数量会不会变化？

同样，我们通过考察消费者的效用函数来分析其土地供给。与其他生产要素一样，土地对消费者来说也有两种用途：出租土地以获取收入和留为自用。因此，土地所有者的效用函数可以表示为：

$$U=U(Y,q)$$

式中：q 代表消费者留为自用的土地。但我们注意到，消费者留为自用作为自己消费的土地在其所拥有的土地总量中只占很小一部分，也即土地所有者的效用绝大部分来自出租土地所获得的收入。因此，如果我们忽略土地的自用数量，而假定土地对消费者来说，只有一种用途即出租并获取收入，那么土地所有者的效用函数便可表示为：

$$U=U(Y) \tag{10-20}$$

即土地所有者的效用只与土地收入有关。对消费者来说，收入越大效用也就越大，这样无论土地市场上土地的价格如何，他总是会把自己所拥有的固定土地量 $\overline{Q}$ 全部出售，以获得最大的收入从而最大的效用。因此，这就表明消费者的供给曲线在 $\overline{Q}$ 处是垂直的，如图 10-14 所示。这个结论我们一样可以通过土地使用的无差异曲线分析来得到。

由于土地所有者的效用只与土地收入有关，因此其效用曲线是一条水平线，如图 10-15 中的 $U_0$、$U_1$。另外，因为收入越大效用也就越大，所以有 $U_1>U_0$。当土地价格为 $R_0$ 时，预算约束线为 $I_0$，它与水平的效用曲线相交，所能够达到的最大效用点必然在纵轴上，即图中的 $E_0$ 点，显然此时最优的自用土地量为 0，土地供给量为 $\overline{Q}$。同样，当土地价格上升为 $R_1$ 时，预算约束线变为 $I_1$，但最大的效用组合点依然在纵轴上，即最优的自用土地量仍为 0，土地供给量仍为 $\overline{Q}$。因此土地供给曲线是垂直的，与土地价格的高低无关。

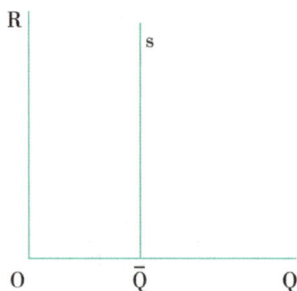

图 10-14　土地供给曲线

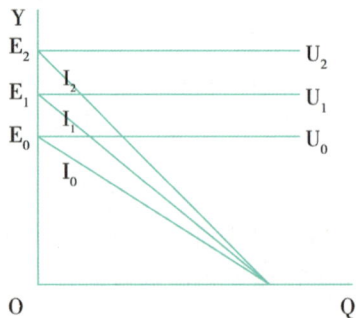

图 10-15　土地供给的无差异曲线分析

将所有土地拥有者的土地供给曲线水平叠加，便可以得到土地的市场供给曲线，显然，它也是一条垂直的直线。在这里，有一点我们需要特别强调，土地供给曲线之所以是垂直的，并不是因为它的总量固定不变，而是因为我们假定了它只有一种用途；如果我们考虑了土地的自用价值，那么土地的供给曲线就不再垂直，而是略向右上方倾斜的曲线。对土地供给曲线为垂直的这个结论，我们可以推广到其他任何一种生产要素资源：如果该生产要素只能用于某种用途，而除此之外没有其他任何用途，那么该生产要素对这个特定用途的供给曲线一定是垂直的。

## 10.5　劳动供给

劳动作为一种特定的生产要素资源有着特殊的供给曲线。与土地资源一样，每个消费者所拥有的时间资源总是固定不变的。在分析土地供给时，我们假定土地只有一种用途即生产性用途，因此土地所有者的效用全部来自出租土地所获得的收入，然而，这个假定在劳动供给上是不成立的。每个消费者都会将自己的时间用于劳动和闲暇，这两者是并重的。在本部分，我们将利用消费者使用时间的无差异曲线来分析个人的劳动供给曲线，并在此基础上推导市场的劳动供给曲线。

### 10.5.1　劳动与闲暇的分配

我们知道，每个消费者都拥有每天 24 小时的时间资源，这是固定的。同时，与其他生产要素一样，时间资源对消费者来说，也有两种用途：在市场上出售获取收入和留为自用。其中，在市场上出售就是指劳动供给；留为自用，我们称之为个人闲暇，如睡觉、吃喝、娱乐等。对每个消费者来说，这两种用途都是非常重要的。在市场上出售劳动可以获得收入，有了收入便可以购买各种商品以满足需要。而从生理角度来看，消费者每天都必须给自己留出必要的时间睡觉、吃喝等，另外消费者购买其他各种商品进行消费也是需要时间投入的，如休闲、旅游等。由于消费者拥有的时间是固定的，所以用于劳动供给的时间越多，闲暇的时间就越少；同样，用于闲暇的时间越多，劳动供给的时间就会越少。因此，消费者的劳动供给问题就可以看成如何决定其每天 24 小时的时间资源在闲暇和劳动供给两种用途上进行分配。

消费者选择一部分时间作为劳动供给以获取收入，选择其余时间作为闲暇进行享受。闲暇直接增加了消费者的效用，而劳动供给是通过将获取的收入用于消费间接增加消费者的效用。因此，消费者的劳动供给问题实质上并非消费者在劳动和闲暇之间的选择，而是在劳动收入和闲暇之间的选择。假定消费者的闲暇为 H、劳动收入为 Y，那么该消费者的效用函数便可写成 $U=U(Y,H)$。下面我们就通过 10.4 部分所使用的无差异曲线分析方法来推导个人的劳动供给曲线。

### 10.5.2　个人的劳动供给曲线

图 10-16 描述了从消费者的无差异曲线到劳动供给曲线的推导过程。在图 10-16（a）中，横轴 H 表示闲暇，纵轴 Y 表示劳动收入，$U_0$、$U_1$、$U_2$ 是一组无差异曲线，它们表示

了给消费者带来同等效用水平的劳动收入和闲暇的不同数量的各种组合。假定初始时劳动价格即工资率为$W_0$，那么消费者可能获得的全部收入$I_0=24W_0$，于是得到$W_0$下消费者的预算约束线为：$I_0=Y+W_0 \cdot H$。该预算约束线$I_0$与无差异曲线族$U$中的某一条曲线相切，切点便是消费者选择闲暇和劳动收入的均衡点，图中假设为A点，此时消费者的闲暇为$H_0$。现在假定工资率从$W_0$上升到$W_1$，于是，消费者便只有调整时间分配才能再次达到效用最大化的均衡。由于工资上升，消费者同样的劳动时间所获得的收入就上升，因此，其预算约束线就会顺时针旋转至$I_1=Y+W_1 \cdot H$，其中$I_1=24W_1$。预算约束线$I_1$与$U_1$相切于B点，该点就是$W_1$下消费者的均衡点，此时消费者的闲暇为$H_1$。同样，当工资率再次上升到$W_2$时，消费者的选择就会移动到均衡点C，此时消费者的闲暇变为$H_2$。如果工资率W是连续变化的，那么我们就可以有无数个像A、B、C这样的均衡点，连接这些点得到一条曲线，即劳动的价格扩展线$PEP_L$。它反映了闲暇H如何随着劳动价格W的变化而变化，从而也间接地反映了劳动供给时间（24-H）如何随着劳动价格W的变化而变化。

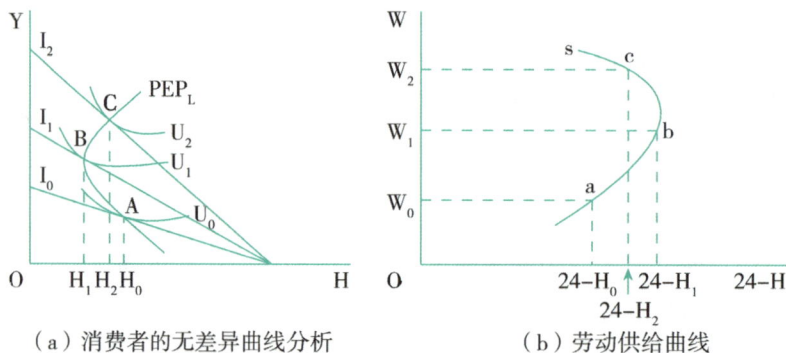

（a）消费者的无差异曲线分析　　（b）劳动供给曲线

**图 10-16　劳动供给曲线的无差异曲线分析**

接下来我们将无差异曲线分析所得出的结果转移到图10-16（b）中。在图10-16（b）中，横轴（24-H）表示消费者的劳动供给时间，纵轴W表示劳动价格即工资率。前面已经得出，在工资率为$W_0$时，消费者的最优闲暇为$H_0$，这样，最优的劳动时间就为（$24-H_0$），于是，图10-16（a）中的均衡点A在图10-16（b）中就对应点a（$W_0$，$24-H_0$）。同样，点B、C分别对应点b（$W_1$，$24-H_1$）和点c（$W_2$，$24-H_2$）。如果价格是连续变化的，那么就可以有无数个犹如a、b、c这样的均衡点，连接这些点即得到该消费者的劳动供给曲线s，它直接反映了消费者的劳动供给时间如何随着劳动价格W的变化而变化。

由图10-16可知，与一般的生产要素供给曲线不同，消费者的劳动供给曲线后半段是向后弯曲的。这说明：当工资水平较低时，随着工资水平的上升消费者将减少闲暇，增加劳动供给量，在这个阶段，劳动供给曲线是向右上方倾斜的。当工资上升到较高水平时，随着工资水平的上升消费者反而会增加闲暇，而减少劳动供给量，在这个阶段，劳动供给曲线开始向后弯曲。这是因为，当工资水平较低时，消费者的收入较少，所以增加收入对消费者的吸引力要大于增加闲暇的吸引力；当工资水平较高时，消费者相应的劳动收入较多，所以增加闲暇的吸引力要大于增加收入的吸引力。下面我们进一步通过收入效应和替代效应的理论来解释为什么消费者的劳动供给曲线会向后弯曲。

### 10.5.3　收入效应与替代效应

在第 3 章分析消费者的产品需求曲线时，我们曾对收入效应与替代效应的定义做了详细的说明，在这里我们就不再赘述了。我们知道，劳动和闲暇是相反的两个方面，一个消费者在时间资源固定的情况下，要增加劳动投入必须放弃一定的闲暇，要增加闲暇就必须放弃一定的劳动收入。因此可以说，消费者闲暇的机会成本就是所放弃的劳动收入，即消费者若增加一单位时间的闲暇，就意味着要失去本来可以得到的一单位劳动的收入。同样，我们也可以说闲暇作为一种特殊的商品，其价格就是工资率 W。

工资率 W 上升，表明闲暇的价格变得更高，即闲暇商品相对来讲变得更加昂贵，那么消费者就理所当然会减少闲暇，因此，W 的上升对闲暇有一个负的替代效应。由于闲暇对消费者来说是一种正常品，因此，W 提高所带来更高的收入将增加消费者对闲暇的需求。这样，W 的上升对闲暇就又具有一个正的收入效应。于是，总的来说，随着 W 的上升，负的替代效应使得消费者减少闲暇，而正的收入效应使得消费者增加闲暇。究竟消费者是增加还是减少闲暇需求量，取决于这两种效应的相对大小。如果替代效应大于收入效应，那么闲暇需求量就会随着工资率的上升而下降；如果收入效应大于替代效应，那么闲暇需求量就会随着工资率的上升而上升，这就意味着劳动供给曲线是向后弯曲的。

图 10-17 表示了 W 变化后闲暇变化的两种可能。我们假定图 10-17 中最初的工资率为 $W_0$，这时消费者的最优选择为 $Y_0$、$H_0$。当工资率上升到 $W_1$ 时，消费者的最优选择都移动到 $Y_1$、$H_1$。从图 10-17 中可以看到，在这个变化过程中，替代效应为 $-H_1'H_0$，收入效应为 $H_1'H_1$。显然，在图 10-17（a）中，闲暇的替代效应绝对值大于收入效应的绝对值，因此随着工资率的上升，消费者的闲暇减少了（$H_1<H_0$），劳动时间增加了；在图 10-17（b）中，替代效应的绝对值小于收入效应的绝对值，所以随着工资率的上升，消费者的闲暇增加了（$H_1>H_0$），劳动时间减少了。

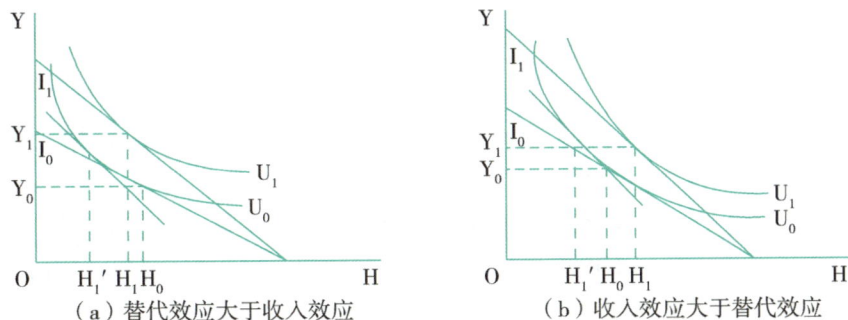

（a）替代效应大于收入效应　　（b）收入效应大于替代效应

图 10-17　工资变化导致的收入效应与替代效应

一般来说，当工资水平较低时，替代效应总是大于收入效应，这就表明在这一阶段消费者的劳动供给曲线是向右上方倾斜的。当工资的提高使人们富足到一定程度之后，人们就会更加珍惜闲暇，此时，总是收入效应大于替代效应。因此，在该阶段劳动供给曲线开始向后弯曲，表明随着工资的上升，劳动供给量是减少的。

### 10.5.4  市场的劳动供给曲线

通过将所有单个劳动者的劳动供给曲线水平相加，我们便可以得到整个市场的劳动供给曲线。但在加总过程中，有一个问题我们必须注意，即市场内提供劳动的劳动者数量是不是一定的？一般来说，随着工资率的提高，更多的劳动者进入劳动市场，也就是市场内提供劳动的劳动者将会随着工资率的提高而增加。图10-18表明了在两人情况下的这种结果。当工资率低于 $W_0$ 时，没有人愿意提供劳动，市场供给量为0；当工资率处于 $W_0$ 与 $W_1$ 之间时，劳动者1愿意提供劳动，并随着工资率的上升所愿意提供的劳动数量也增加，而劳动者2还是不愿意提供劳动，因此市场的劳动供给曲线就是劳动者1的供给曲线；当工资率超过 $W_1$ 时，劳动者1继续提供更多的劳动，而劳动者2也加入到劳动队伍中来，开始提供劳动，这样劳动市场的供给曲线就不再是劳动者1的供给曲线了，而是这两个劳动者供给曲线的水平叠加。

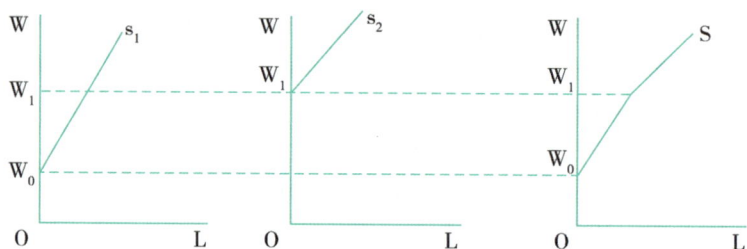

图10-18  市场的劳动供给曲线

我们知道，单个劳动者的劳动供给曲线是向后弯曲的，即当工资率上升到一定程度之后，劳动者所愿意提供的劳动会减少。那么市场的劳动供给曲线是否也是向后弯曲的呢？我们说市场的劳动供给曲线仍然是向右上方倾斜的。这是因为，尽管在较高的工资水平下，现已提供劳动的劳动者会减少劳动的供给量，但随着工资率的上升，会有更多市场外的劳动者被吸引到劳动市场内，这就抵消了原有的个人劳动供给量的减少，使得市场供给量依然是增加的。

## 10.6  生产要素市场均衡

综合生产要素市场的需求曲线和供给曲线，我们便可以得到生产要素市场的均衡情况。生产要素市场的均衡点决定了生产要素的市场均衡价格和均衡产量。在劳动市场上，该均衡价格为工人的工资；在土地市场上为土地的地租；在资本市场上为资本的利率。在分析了劳动市场和土地市场的均衡之后，我们将向大家介绍几个有关"租"的概念，然后在分析完全竞争条件下的产品分配的基础上，引进洛伦茨曲线和基尼系数，用以衡量全社会收入分配的平等程度。

### 10.6.1  市场均衡

当生产要素的市场价格使得该生产要素需求的数量等于其供给的数量时，我们称该生产要素市场实现了均衡。结合生产要素的市场供给曲线和市场需求曲线，我们便可以分析各个生产要素的均衡价格和均衡产量的决定情况。由于在买方垄断和双边垄断条件下，生产要素市场的需求曲线是不存在的，因此在这里我们所讨论的生产要素市场均衡是仅指完全竞争和卖方垄断条件下的市场均衡。下面我们分别来讨论劳动市场和土地市场的均衡，而对资本市场的均衡则留到第 11 章进行讨论。

**1.劳动市场均衡**

前面我们已经指出，由于生产要素的边际生产力递减和产品的边际收益递减，生产要素的市场需求曲线总是向右下方倾斜的。劳动市场需求曲线也不例外。在 10.5 部分，我们通过对消费者劳动时间和闲暇的选择，也已经得出了一条向右上方倾斜的劳动市场供给曲线。综合劳动的市场需求曲线和供给曲线，便可决定劳动的市场均衡价格即工资水平以及劳动的市场均衡量，如图 10-19 所示。

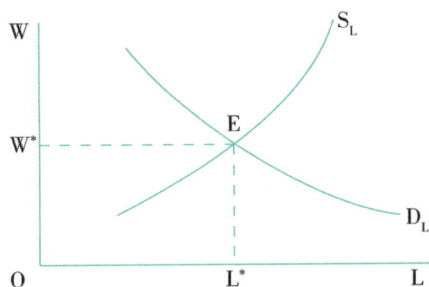

图 10-19　劳动市场均衡

图 10-19 中，$S_L$ 表示劳动的市场供给曲线，$D_L$ 表示劳动的市场需求曲线。如果是完全竞争条件，那么 $D_L$ 就表示所有厂商经行业调整后的边际产品价值曲线的水平叠加；如果是买方垄断，那么 $D_L$ 就表示所有厂商经行业调整后的边际收益产品曲线的水平叠加。图 10-19 中，曲线 $S_L$ 和 $D_L$ 的交点为 E，这就是劳动市场的均衡点。此时，劳动的均衡价格为 $W^*$，劳动的均衡产量为 $L^*$。可见，均衡的工资水平是由劳动市场的供求曲线所决定的，并随着供求曲线的变化而变化。

**2.土地市场均衡**

土地市场与劳动市场的需求曲线形状一样，都是向右下方倾斜的。不同的是，劳动市场的供给曲线向右上方倾斜，而土地市场的供给曲线是垂直的（我们仍假定土地只有生产性用途）。我们将土地市场的需求曲线和供给曲线结合起来，即可得到土地的服务价格，如图 10-20 所示。图中，垂直的土地供给曲线与需求曲线交于均衡点 E，它决定了均衡条件下土地的服务价格 $R^*$。我们往往把土地的服务价格称为地租。

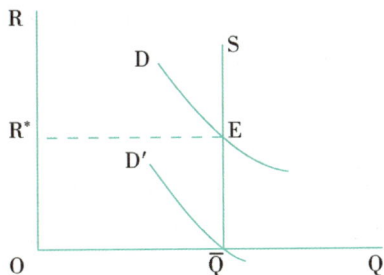

图 10-20　土地市场均衡

由于土地总量是给定的，因此土地的供给曲线不仅是垂直的，还是固定不变的，地租的大小完全取决于土地需求曲线的变化。当需求曲线上升时，地租就随之上升；当需求曲线下降时，地租就随之下降。如图10-20所示，当需求曲线为D'时，地租为0；当需求曲线上升到D时，就产生了$R^*$的地租。因此可以说，地租产生的直接原因就是土地需求曲线的上移。当然，其根本原因还在于土地资源的稀缺，供给不能随需求的增加而增加。

### 10.6.2 租金、准租金与经济租金

我们在分析土地市场均衡时，已经介绍了地租的概念。下面我们再向大家介绍几个有关"租"的重要概念。

**1. 租金**

按照前面对地租的定义，我们知道，地租是一个只与土地供给量固定不变相关的概念，是土地供给固定时的土地服务价格。我们可以将这个概念推广到一般情况，因为在很多情况下，有许多其他生产资源与土地一样是固定不变的，如企业家才能等。显然，这些固定不变的生产资源所应该得到的服务价格与地租非常相似，因此，我们统一将这种供给固定不变的资源的服务价格叫作租金。可见，地租是租金的一个特例，租金则是地租的一般化。

租金的概念还往往被用来讨论人为地寻求某种垄断的行为，如寻租行为。寻租是指个人或团体所进行的，以占有或获取具有固定供给量的生产要素为目的，向生产要素供给者游说、付费等努力。寻租行为非常普遍，如进口商向对外贸易部门努力，以获取进口配额。寻租行为是一种非生产性活动，尽管在活动中耗费了大量的资源，但它并不能创造出任何财富，它只会改变社会财富的分配。

最后我们要强调，这里所说的固定不变是针对所有时间内的，即无论在短期中还是在长期中，这些资源的供给都是固定不变的。然而，在实际经济中，更多的生产资源是短期内固定、长期内可变，如生产厂商的固定生产要素投入。下面我们就利用准租金和经济租金的概念来分析这类情况。

**2. 准租金**

由于厂商在短期内无法调整生产规模，因此，如厂房、机器等一些耐久性设备固定性很强，它们基本不能在短期内从现有用途中转移到其他收益较高的用途中。这样，对厂商来说，这些生产要素在短期内是固定供给的。这些生产要素的价格在某种程度上类似于租金，但由于它们只是在短期内固定，因此我们称之为准租金。总的来说，准租金是指那些供给量暂时固定的生产要素的服务价格，即固定生产要素的收益。

厂商利用固定生产要素进行生产，如果其总成本较低，那么就可以获得经济利润。我们将厂商所获得的总收入减去总可变成本，就可以得到固定生产要素的收益，即准租金，如图10-21（a）所示。图中SMC、AC、AVC分别表示厂商的短期边际成本、平均成本和平均可变成本曲线。假定完全竞争条件下产品价格为$P_0$，那么厂商的最优产量就为$Q_0$。此时，该厂商的总收入为$OP_0EQ_0$，总可变成本为$OP_2GQ_0$，那么准租金就为这两者的差，即$P_2P_0EG$。

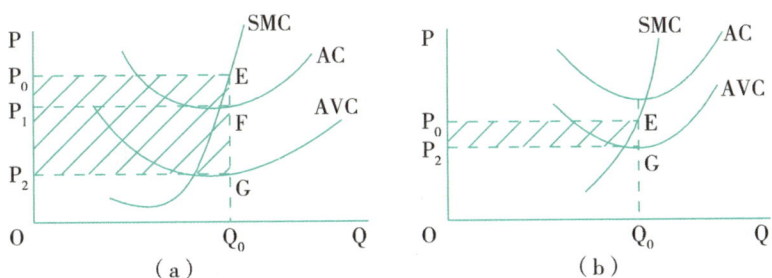

图 10-21 准租金

从图 10-21 中我们还可以看出，准租金包括两个部分：固定生产要素的总成本和厂商的经济利润，在图 10-21（a）中分别为 $P_2P_1FG$ 和 $P_1P_0EF$。如果厂商没有经济利润，那么准租金就小于或等于固定成本，如图 10-21（b）所示，此时，厂商有经济损失。显然，准租金为 0 的点正好是完全竞争厂商的关闭点，因此，如果厂商要继续生产经营，其准租金总是要求大于 0 的。

### 3.经济租金

在长期内，一切生产要素都是可以流动的。如果要使得这些生产要素能够继续留在行业内，那就必须使它们的收益大于它们转移到其他行业所可能获得的最大收益，两者之间的差额被称为经济租金或经济租。经济租是针对单种生产要素而言的。经济租金也可以这样理解：它是指为某生产要素所支付的金额和为能得到该生产要素的使用所必须支付的最低报酬之间的差额。对经济租金的几何解释类似于生产者剩余，下面我们利用图 10-22 中关于竞争性劳动市场的均衡来解释经济租金。

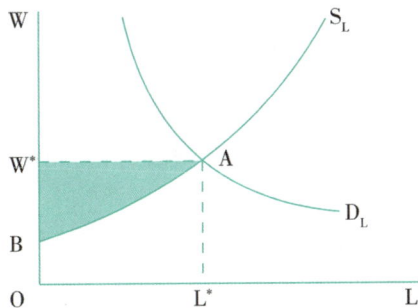

图 10-22 经济租金

图 10-22 中，劳动市场的均衡价格和均衡产量分别为 $W^*$ 和 $L^*$。由劳动市场供给曲线的经济含义我们知道，厂商雇用 $L^*$ 的劳动量所需要的最小支付为面积 $OBAL^*$。而在完全竞争条件下，所有工人都可以获得 $W^*$ 的工资，这样数量为 $L^*$ 的劳动的总收入就为 $OW^*AL^*$，于是得到劳动的经济租金为 $BW^*A$，即图中的阴影部分面积。

显然，经济租金的大小取决于生产要素供给曲线的形状，如果供给曲线的弹性无穷大，为一条水平线，那么经济租金就为 0；如果供给曲线完全无弹性，为一条垂线，那么经济租金就为全部的生产要素收入，此时，它正好等于租金。例如，地租就是经济租金的一种具体形式，因为土地的供给曲线是一条垂直线。由此可见，经济租金是租金的一般形式，租金则是经济租金的一个特例，是生产要素供给曲线垂直时的经济租金。

对经济租金的理解，我们还可以运用机会成本的概念来解释。经济租金是生产要素当前使用的收益与转移到其他使用所可能获得的最大收益之间的差距，即生产要素收入与机会成本之间的差距。如果经济租金大于0，那么这些生产要素就会留在原来的使用中；如果经济租金小于0，那么这些生产要素就会流出转移到其他的使用中去。

### 10.6.3　欧拉定理

如果产品市场和生产要素市场都是完全竞争的，而且厂商的生产是规模报酬不变，那么在市场均衡的条件下，所有生产要素实际所取得的报酬总量正好等于社会所生产的全部产品。这一结论被称为产品耗尽定理（Product-Exhaustion Theorem），也叫边际生产力分配理论。由于该定理可以被数学上的欧拉定理证明，因此，它又被称为欧拉定理。

我们知道，生产要素的报酬的价格是由市场供求曲线的交点所决定的，而根据厂商的生产要素使用原则我们又可以写出生产要素实际报酬的形式。假定整个社会只有两种生产要素：劳动 L 和资本 K。在完全竞争条件下，厂商的生产要素使用原则为生产要素的边际产品价值等于生产要素价格，即 $VMP = P \cdot MP = W_x$，因此，我们分别有：

$$MP_L = W/P \tag{10-21}$$

$$MP_K = r/P \tag{10-22}$$

式中：$MP_L$ 和 $MP_K$ 分别表示劳动和资本的边际产量；W、r 分别表示劳动的价格（工资）和资本的价格（利率）；P 表示产品市场的产品价格；W/P、r/P 分别表示劳动和资本的实际报酬。因此，式（10-21）和式（10-22）分别说明了在完全竞争条件下，单位劳动的实际报酬等于劳动的边际产量，以及单位资本的实际报酬等于资本的边际产量。

假定整个社会的劳动总量和资本总量分别为 L 和 K，而社会产品总量为 Q，那么欧拉定理就可以表示为：

$$Q = L \cdot MP_L + K \cdot MP_K \tag{10-23}$$

式中：$L \cdot MP_L$ 表示所有劳动生产要素的实际报酬；$K \cdot MP_K$ 表示所有资本生产要素的实际报酬。

下面我们来证明欧拉定理。假设生产函数为：

$$Q = f(L, K)$$

又假设该生产函数是规模报酬不变的，或者说该生产函数是一次齐次的，那么在上式两边同除以 L 后，就应该有下式成立：

$$Q/L = \frac{1}{L} \cdot f(L, K) = f(L/L, K/L) = f(1, k) = v(k)$$

式中：k=K/L 表示人均资本量。于是得到：

$$Q = L \cdot v(k) \tag{10-24}$$

对上式关于 L 求偏导，可得：

$$\partial Q/\partial L = \partial[L \cdot v(k)]/\partial L = v(k) + L \cdot v'(k) \cdot dk/dL \tag{10-25}$$

而根据 k=K/L，又可以得到：

$$dk/dL = -K/L^2$$

将上式代入式（10-25）可得：

$$\partial Q/\partial L=v(k)-kv'(k) \tag{10-26}$$

同样，对式（10-24）关于 K 求偏导，可得：

$$\partial Q/\partial K=v'(k) \tag{10-27}$$

将式（10-26）和式（10-27）分别乘以 L 和 K，并将两式相加得到：

$$L\cdot\partial Q/\partial L+K\cdot\partial Q/\partial K=L\cdot[v(k)-k\cdot v'(k)]+K\cdot v'(k)$$
$$=L\cdot v(k)-K\cdot v'(k)+K\cdot v'(k)$$
$$=Q$$

即　$$Q=L\cdot\dfrac{\partial Q}{\partial L}+K\cdot\dfrac{\partial Q}{\partial K} \tag{10-28}$$

式中：$\partial Q/\partial L$、$\partial Q/\partial K$ 分别表示劳动的边际产量 $MP_L$ 和资本的边际产量 $MP_K$。该式便是欧拉定理，表明在给定条件下，社会产品总量 Q 正好足够按生产要素的边际生产力分配给所有劳动 L 和资本 K。

## 10.7　洛伦茨曲线与基尼系数

边际生产力分配理论说明了生产要素价格是如何决定的，但它并没有说明社会收入分配的平等程度如何，而洛伦茨曲线解决了这个问题。洛伦茨曲线是由美国统计学家洛伦茨（M. O. Lorenz）于 1905 年提出的，用以比较和分析一个国家在不同时代或者不同国家在同一时代的收入与财富的平等情况。洛伦茨把社会人口按收入由低到高分为 10 个等级，每个等级有 10% 的人口，再将这 10% 人口的收入除以国民收入，得出每一等级人口收入在国民收入中所占的比重。然后，以累计的人口百分比为横轴，以累计的国民收入百分比为纵轴，画出一个正方形图。最后，根据一国每一等级人口的收入在国民收入中所占比重的具体数字，描绘出一条实际收入分配曲线，这就是洛伦茨曲线（如图 10-23 所示）。

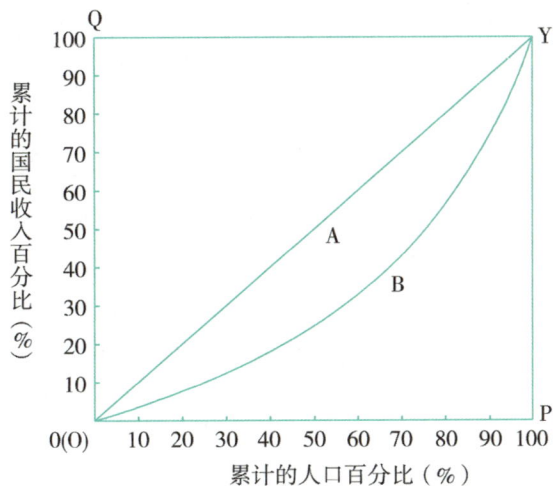

图 10-23　洛伦茨曲线

由图 10-23 可知，洛伦茨曲线的弯曲程度反映了收入分配的平等程度：弯曲程度越大，收入分配越不平等；反之，亦然。图中，OY 是正方形的对角线，在这条线上，每

10%的人口所占的国民收入也为10%，这表明收入分配是完全平等的，因此，该曲线又被称为完全平等曲线。而折线OPY是一条完全不平等曲线，它表明社会的全部收入都集中在少数几个人的手中，社会的其余人口却是一无所获。一般来说，一个国家的洛伦茨曲线总是位于OY与OPY之间，洛伦茨曲线与OY越接近，说明收入分配越平等；与OPY越接近，说明收入分配越不平等。

由于洛伦茨曲线反映了每一等级人口的实际收入同完全平等的收入之间的偏离，因此，可以说它在某种意义上抓住了收入分配不平等的本质。为了更好地用指数来反映社会收入分配的平等状况，意大利经济学家基尼（C. Gini）根据洛伦茨曲线计算出了一个反映国家贫富差距的指标，这就是基尼系数。我们把洛伦茨曲线与完全平等曲线OY之间的面积用A来表示，将洛伦茨曲线与完全不平等曲线OPY之间的面积用B来表示，那么基尼系数就可以表示为：

$$G=\frac{A}{A+B} \tag{10-29}$$

显然，当A=0时，基尼系数等于0，这时收入分配完全平等，国家没有贫富差距；当B=0时，基尼系数等于1，这时收入分配完全不平等，国家贫富差距极端严重。因此，基尼系数通常是大于0而小于1的。基尼系数越小，表明收入分配越平等；基尼系数越大，表明收入分配越不平等。

# 本章小结

与产品市场不同，在生产要素市场中，消费者是生产要素的供给者，而厂商是生产要素的需求者。生产要素的均衡价格和均衡使用量由生产要素市场的需求曲线和供给曲线决定，这与产品市场的分析方法一样。但由于产品市场和生产要素市场是紧密相联的，因此在分析生产要素市场的需求、供给情况时，必须考虑到相关产品的市场类型。

厂商对生产要素的需求取决于生产要素的边际收益和边际成本。不同的产品市场类型带给厂商不同的生产要素边际收益，而不同的生产要素市场类型又向厂商索取不同的生产要素边际成本。无论产品市场和生产要素市场如何组合，厂商的最优生产要素使用点都位于生产要素边际收益等于边际成本的那个位置。

消费者拥有生产要素，他是否愿意将自己的这些资源在市场上出售或者出售多少，这取决于他在"留为自用"和"获取收入"之间的选择。"留为自用"能直接或间接地给消费者带来效用，而"获取收入"通过个人消费间接给消费者带来效用。因此，消费者的生产要素供给问题实质上是在给定生产要素资源约束下，如何最大化自己的效用水平。

不同的生产要素对消费者来说会有不同的用途，而不同的用途会造成不同的生产要素供给曲线。如土地，消费者若是把它留为自用，一般不能引起效用的增加，因此其供给曲线是一条垂直线。而时间对消费者的闲暇来说是不可忽视的，且收入越高，消费者越需要留出更多的时间给自己。因此，消费者的劳动供给曲线是一条向右上方倾斜且向后弯曲的曲线。

生产要素市场的均衡决定了生产要素的市场均衡价格和均衡产量。如果产品市场和生产要素市场都是完全竞争的，且生产规模报酬不变，那么在均衡条件下，劳动得到工资、土地得到地租、资本得到利息，所有生产要素正好把社会的全部产品分配完毕。

## 本章基本概念

引致需求　　生产要素的边际收益　　边际产品价值　　边际收益产品　　生产要素的平均收益　　边际要素成本　　平均要素成本　　单可变生产要素投入　　多可变生产要素投入　　中间生产要素　　原始生产要素　　消费者的生产要素供给原则　　租金　　寻租　　准租金　　经济租金　　边际生产力分配理论

## 复习思考题

### 一、简答题

1.决定厂商对生产要素需求的因素有哪些？

2.边际产品价值和边际收益产品之间有什么关系？

3.简述厂商的生产要素使用原则。

4.单可变生产要素下的厂商需求曲线有哪些特点？

5.为什么在买方垄断的情况下，生产要素的需求曲线不存在？

6.简述消费者的生产要素供给原则。

7.为什么土地供给曲线是一条垂直线？

8.市场的劳动供给曲线为什么不向后弯曲？

9.经济租金的大小与生产要素供给曲线之间存在什么关系？

### 二、计算题

1.某厂商生产一种玩具，该玩具的市场需求是 $P=100-4Q$，厂商的生产函数为 $Q=2L$，且劳动市场的供给函数为 $W=40+2L$。要求：求出在以下各种情况下，产品的产量、价格、厂商雇用的劳动量以及工资。

（1）产品市场和劳动市场都是完全竞争市场。

（2）产品市场是完全竞争市场，劳动市场是买方垄断市场。

（3）产品市场是卖方垄断市场，劳动市场是完全竞争市场。

（4）产品市场和劳动市场都为垄断市场。

2.假定某劳动市场为完全竞争市场，其供给和需求函数分别为：$W=120+2L$，$W=240-L$。已知某厂商的生产函数为 $f(L,K)=2L^{0.5}K^{0.5}$，且资本 K 固定为 25。市场对该产品的需求函数为 $P=800-2Q$。如果该厂商在产品市场是垄断的，那么：

（1）该厂商将会生产多少该产品？产品价格为多少？

（2）该厂商的 $AC_L$、$MC_L$、$MRP_L$、$VMP_L$ 各为多少？

（3）该厂商将雇用多少工人？工资又为多少？

3.某厂商为一双边垄断厂商，即在产品市场上是卖方垄断，在生产要素市场上是买方垄断。该厂商的产品需求函数为 $P=800-2Q$，厂商的生产函数为 $f(L,K)=2L^{0.5}K^{0.5}$，且资本 K 固定为 25。另外，在劳动市场上劳动的供给函数为 $W=200+2L^{0.5}$。要求：

（1）该厂商的产品价格和产量各为多少？

（2）该厂商的 $AC_L$、$MC_L$、$MRP_L$、$VMP_L$ 各为多少？

（3）该厂商将雇用多少工人？工资又为多少？

4.某地方政府为救济穷人，现考虑以下两个方案：（1）给穷人每人每天20元钱补贴；（2）给每个穷人其所挣收入的20%。现在假定每个穷人可以找到每小时5元的工作，要求：

（1）这两个救济方案将如何影响每个穷人每天的工作预算？

（2）哪个方案比较有可能导致穷人减少工作时间？

5.某学生除去必要的学习和休息时间之外，每周约有t小时的空闲可以用来打工和休闲，其中，如果打工的话，每小时可以获得W元工资。另外，该学生的效用函数为U(C,L)=CL，其中C代表消费，单位为元；L代表闲暇，单位为小时。要求：

（1）如果该学生的生活费用全部来自自己打工所得，那么他每周会打多少小时的工？

（2）如果该学生每周可以获得m元的生活费用，那么他每周会打多少小时的工？

三、论述题

1.分析厂商在完全竞争和垄断、行业调整存在和不存在等各种情况下的要素需求曲线。

2.用无差异曲线推导生产要素的供给曲线。

3.用收入效应和替代效应说明为什么劳动供给曲线是向后弯曲的。

# 第11章　利率与资本市场

## 学习目标

通过本章的学习，你应该能够：

- 了解资本市场的基本情况、基本概念、市场均衡，以及均衡利率的影响因素。
- 掌握消费者的时间选择和跨时期消费决策理论，以及单个消费者资本供给的无差异曲线分析。
- 懂得如何通过厂商的投资决策来决定资本市场的需求曲线，以及厂商如何在投资过程中进行风险调整。
- 应用现值、报酬率和净现值的计算方法，解决厂商的投资决策问题。

前面我们分别分析了土地和劳动两种生产要素。在这一章，我们将考察另外一种与土地和劳动并列的生产要素，即资本。资本作为一种可变动、可积累的生产要素，在经济生活中占据着重要的地位。而西方经济学家们对资本理论的研究也非常重视：资本积累在传统经济增长理论中有着特殊的意义；投资作为总需求的一部分在凯恩斯经济理论中有着重要的作用。可以说，资本理论是现代宏观经济学的中心一环。

资本作为一种特殊的生产要素，其需求和供给与其他生产要素有很大不同。尽管厂商对资本的需求同样取决于对资本的边际产出与边际成本之间的比较，但不同的是，厂商对劳动、原料等生产资料的使用是在即期完成的，而对资本的使用是一个比较长期的过程，因为作为耐用品的资本，将会在一个较长的时间里为厂商的产出服务，而它带给厂商的也将是未来的、不确定的收入。这样，在分析厂商的资本需求时，我们必须把时间价值、风险因素等考虑进来。而在供给方面，消费者之所以在资本市场上提供资本，并不是为了获取收入，而是为了使资本能够获得增值。因此，对消费者来说，提供多少单位资本的决策并不来自"收入"与"留为自用"之间的选择，而是来自"现在消费"与"未来消费"之间的选择。在本章，我们将结合资本的这些特殊情况，分别来分析其需求、供给和市场均衡。

## 11.1　资本、储蓄与投资

### 11.1.1　资本

在经济生活中，厂商为从事生产而投入的生产要素，除土地和劳动之外的厂房、机器、工具等物品，被统称为资本。作为与土地和劳动相并列的一种生产要素，资本拥有一个明显不同于其他生产要素的特征，即资本是唯一的劳动的产品。

土地和劳动作为初级生产要素，在生产过程中，仅是一种投入量；资本则不同，它既是一种投入量，又是一种产出量。土地和劳动是自然的产物；资本却是一种人造资源。土地和劳动的总量是给定的，它们绝对不能由经济活动所创造；资本却可以通过人们的经济活动生产出来，其数量是变动的。

同样，资本与消费品之间也存在明显的差异。资本是厂商用于生产投入的，且在生产过程中得到了增值；消费品是消费者用于消费的，在消费过程中，它不能给消费者带来更多的商品和服务，其价值仅等于自身，而不能增值。资本不仅是一种产品，而且是一种生产要素；消费品则仅仅以产品的形式出现。因此，总的来说，资本是一种由经济活动生产出来，并被作为生产要素投入生产，以进一步生产更多商品和服务的物品。

一般来说，我们对资本的衡量总是通过存量来计算的，即以在某一时点上厂商所拥有的工厂、机器和设备的数量来衡量。如一家厂商拥有价值为500万美元的机电设备，我们就说它有500万美元的资本存量。当然，厂商所拥有的银行存款以及各种有价证券也属于资本存量。而对消费者来说，在其收入中除去用于消费的那一部分就是资本。一般地，我们认为消费者所拥有的资本总是以储蓄的形式存在的。当然，单纯的储蓄是不同于社会资本的，因为储蓄要成为社会资本，必须被用于生产过程，而在消费者的储蓄中，总是有一部分资金不被贷出去，从而也就不能增值；即使能够被贷出去，也得到了增值，但如果不被用于生产，也不能被称为社会资本。

资本作为一种可积累的生产要素，在促进一个国家的经济增长中起着极其重要的作用。所有社会，无论是原始的还是现代的，都在致力于资本的积累。原始人利用狩猎的空余时间制造弓箭，现代人用自己的部分收入购买房子，政府通过征税建造学校、邮局、医院等公共设施等。尽管这些资本积累在形式上有很大差异，但其实质都是一样的，那就是它们把当前产出的一部分用于未来的产出生产，从而进一步促进未来收益的增长。下面，我们首先来介绍一下资本积累的起因和形成过程。

### 11.1.2　时间选择

我们在分析一般生产要素的供给时曾经指出，对消费者来说，他所拥有的每种生产要素都有两种用途：在市场上"出售"或"留为自用"，因此，消费者的生产要素供给决策来自自己在这两种用途上的选择。更进一步讲，消费者在生产要素市场上"出售"生产要素，是为了能够获取收入，从而得到间接的效用增加，所以，消费者的生产要素供给的实质是消费者在"收入"和"留为自用"之间选择的结果。然而，消费者对资本的提供是一个特例。

每个消费者都会拥有自己的财富或者收入。这些财富与土地、劳动等生产要素一样，也有两种用途，即在市场上"出售"和"留为自用"。如果是"留为自用"，那就是现在消费；如果是"出售"，那就是形成资本进行积累。注意，在这里，消费者之所以要在市场上"出售"自己的财富，并不完全是为了获取收入，更主要地是为了使这部分财富能够得到保值，以便以后消费。而消费者之所以要留到以后来消费自己的财富，其目的与"出售"生产要素获得收入是一样的，那就是为提高自己的总体效用水平。因此，可以说，消费者的个人资本的形成和提供，其实质是他对自己的财富在"现在消费"和"未来消费"之间选择的结果。这就是消费者的不同消费时间选择。我们利用图 11-1 来说明消费者的时间选择决策。

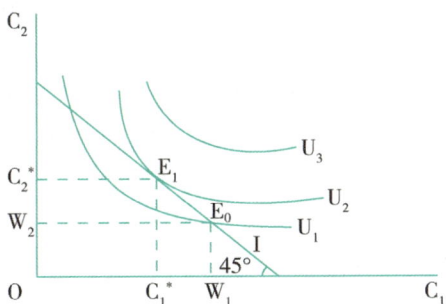

图 11-1  消费者的时间选择

消费者对不同时间消费水平的选择与他在同一时间选择多种不同商品一样，取决于他的偏好以及他所面临的预算约束线。假定在一个没有借贷的经济中，有一消费者要做两个时期的消费决策。其初始财富设定为 $(W_1, W_2)$，其中 $W_1$ 表示该消费者在第 1 期获得的收入，$W_2$ 表示在第 2 期获得的收入，且 $W_1 > W_2$。由于没有借贷，因此消费者两期的消费水平就只受初始财富的约束。该预算约束用公式表示为：

$$C_1 + C_2 \leq W_1 + W_2 \qquad\qquad (11-1)$$

式中：$C_1$ 表示该消费者第 1 期的消费水平；$C_2$ 表示第 2 期的消费水平。注意，在这里我们假设了财富和消费水平是用相同单位来计量的，如货币单位。

图 11-1 中，直线 I 为该消费者的预算约束线。因为我们只考虑两期的情况，这样理性的消费者就会将所有的收入都在这两期内消费完毕，因此，消费者所有可能的消费组合都将落在 I 线上。$U_1$、$U_2$、$U_3$ 曲线代表了该消费者对两个时期消费的无差异曲线，表明在这上面的任意点即两期的消费组合，给该消费者带来的效用是相同的。该无差异曲线与普通无差异曲线一样，也向右下方倾斜，向原点凸出，且较高位的无差异曲线代表较高的效用。

如果该消费者决定不形成个人资本，而是将全部的初始收入都用于两期消费，即第 1 期消费 $W_1$、第 2 期消费 $W_2$，如图 11-1 中的 $E_0$ 点所示，此时该消费者的效用水平为 $U_1$。现在假定该消费者调整这两期的消费水平，在第 1 期消费 $C_1^*$，而将多余的财富 $(W_1 - C_1^*)$ 积存下来留到下一期消费，这样，在第 2 期该消费者便拥有了 $(W_2 + W_1 - C_1^*)$ 的财富，于是该期的消费就为 $C_2^* = W_2 + W_1 - C_1^*$。由图可知，消费组合 $(C_1^*, C_2^*)$ 为预算约束线 I 和无差异曲线 $U_2$ 的切点 $E_1$，此时该消费者的效用水平为 $U_2$。显然，$U_2 > U_1$，这说明消费者通过调整各期的消费水平，将当期的部分财富积存到以后消费，可以提高自己的总体效用水平。这就是消费者形成资本和积累资本的起因。

### 11.1.3  储蓄与投资

个人保留其收入的一部分不用于当前的消费，这就是储蓄。当一个人进行储蓄而非消费时，他就增加了自己拥有的资本数量。我们说资本是用于进一步生产且得到更多商品和服务的物品，在前面对时间选择的分析中，我们忽略了资本的生产功能，在这一部分将考察资本由于被投入生产而提高消费者总体效用水平的情况。对消费者来说，如何将自己的资本投入于生产可以有两种选择：自己作为生产者投入或购买资本所有权让别人来生产劳动产品。自己生产，如鲁滨孙在荒岛上放弃一些当前的消费，用于织网、造弓等。这类活动由于受个人储蓄能力的限制，在当前的经济生活中已不多见，更为常见的是消费者将自己未消费的收入购买资本所有权，如股票、债权等，让别人进行生产。

我们先来考虑在没有借贷市场时，消费者将自己的资本投入生产的情况。假定有一消费者，其收入全部来自自己的生产，生产函数被设定为 $F(X_1, X_2)=0$，其中 $X_1$、$X_2$ 分别代表两期的产出。如图 11-2 所示，曲线 PP 为该消费者的生产可能性曲线，该曲线上的产出组合 $(X_1, X_2)$ 表示该消费者都可以实现的产出。在 PP 线以内的区域，被称为该消费者的投资机会集。假设消费者初始的产出组合为 $(W_1, W_2)$，$W_1$ 代表第 1 期的自然产出，$W_2$ 代表在第 1 期没有投资下第 2 期的自然产出。由于没有资本积累，因此，产出组合 $(W_1, W_2)$ 也为该消费者的消费组合，这样，他的总体效用水平就为图中的 $U_1$。现在，该消费者决定通过节省第 1 期的消费来从事投资。如图 11-2 所示，该消费者第 1 期只消费 $C_1^*$，将收入的一部分 $(W_1-C_1^*)$ 用于投资，这样他第 2 期的产出就由原来的 $W_2$ 提高到 $C_2^*$，于是他第 2 期的消费也就为 $C_2^*$。从图中可以看出，该消费者在生产可能性曲线约束下的最优消费组合点 $(C_1^*, C_2^*)$ 为生产可能性曲线 PP 与无差异曲线 $U_2$ 的切点，此时的总体效用水平为 $U_2$，显然要大于未做投资时的总体效用水平 $U_1$。

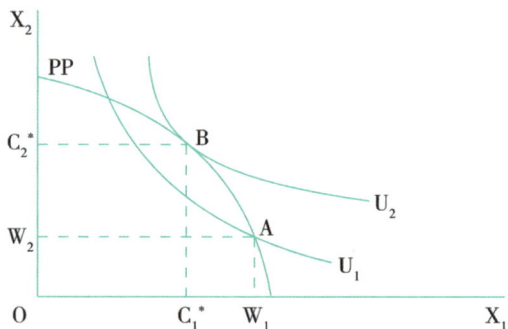

图 11-2　无借贷市场下的消费和投资决策

在没有借贷市场的经济里，生产者只能依靠自己的储蓄来投资。而在有借贷市场的经济里，投资所需要的资金可以通过借贷来筹集。下面我们就来分析存在借贷市场条件下，消费者的消费（储蓄）和投资决策。我们假定该借贷市场是完全竞争的，且无交易成本；消费者对未来消费是完全信息的；没有政府税收。

我们知道，在借贷市场中必须考虑时间价值的问题。如果你第 1 期借入 X 单位的资本，那么你就应该在第 2 期偿还 $(1+R)X$ 单位的资本，其中 R 表示利率，关于利率的情况我们将在下一节详细讨论。这样，我们就可以有一条斜率为 $-(1+R)$ 的时间交换的预算约束线，或称交易线，如图 11-3 中的 KK 线，它表明在该线上的各点的投资价值相等。由图 11-3 可知，该消费者的最优生产点为生产可能性曲线 PP 与交易线 KK 的切点

C，此时产出组合为（$q_1,q_2$）；最优消费点为交易线 KK 与无差异曲线 $U_2$ 的切点 B，此时消费组合为（$C_1^*,C_2^*$），总体效用水平为 $U_2$，显然它高于自然状态下的消费组合（$W_1$，$W_2$）所产生的总体效用水平 $U_1$。

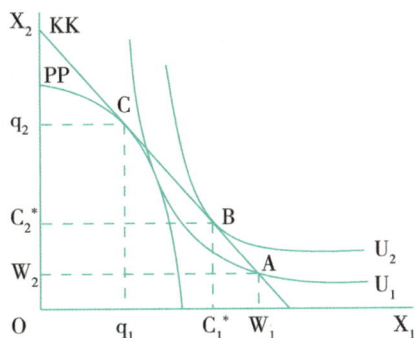

图 11-3　存在借贷市场下的消费和投资决策

在第 1 期，该消费者产出为 $W_1$，消费为 $C_1^*$，因此他节省了产出中的（$W_1-C_1^*$）部分进行投资，但他实际投资了（$W_1-q_1$）的资本，这说明该消费者在资本市场上借入了（$C_1^*-q_1$）的资本用于生产。在第 2 期，该消费者必须还债。他的产出为 $q_2$，而只消费 $C_2^*$，两者的差（$q_2-C_2^*$）等于（$1+R$）（$C_1^*-q_1$），正好用于还债。

比较无借贷市场和存在借贷市场的两种情况，我们可以有这样一个结论：

（1）在没有借贷市场时，消费者的最优消费决策和最优投资决策是密不可分的；

（2）在存在借贷市场时，消费者的个人投资决策独立于其消费决策，他总是首先选择最优的投资决策，在此基础上选择最优的消费决策。

## 11.2　利　率

资本作为一种特殊的生产要素，本身具有一个市场价格，即所谓资本价值[①]。而另一方面，资本与土地一样，可以在市场上被租借出去，通过转让它的使用权而被投入生产。因此，为生产服务，资本也有一个价格，即使用资本或资本服务价格，这个价格通常被称为利率。作为一种生产要素的服务价格，利率与工资、地租一样，是由资本的供需关系所决定的。在这一节，我们将先讨论几个与利率相关的概念，接下来在以后几节，再分别来分析决定利率的资本需求、供给及两者的均衡情况。

### 11.2.1　现　值

我们知道，作为一项耐用品的资本，会在一个较长的时间里为厂商服务，因此，它将在每一生产期为厂商带来收益。而对厂商来说，它更加关心的是这项资本能够带来多大的总收益。是否只要把各期的收益简单加总就可以得到总收益？我们说事实上并不是这样的，因为这里有一个时间价值的因素必须考虑。

我们知道，今年的 1 美元与明年的 1 美元是不一样的，它们之间的差额就是所谓的

---

① 关于资本价值的讨论不属于本章范围，可将它归入产品市场。

时间价值。为了比较不同时期的收入，我们必须找到一个共同的价值尺度，这就是现值，它表示一笔未来的收入流现在值多少。比如，你当期有 $Y_0$ 的收入，下一期有 $Y_1$ 的收入，那么下一期的收入 $Y_1$ 就相当于当期的 $Y_1/(1+R)$，或者说你下一期收入的现值为 $Y_1/(1+R)$，其中 R 一般表示资本市场的无风险利率。这个求现值的过程，叫作贴现。假如在第 n 期有一个 $Y_n$ 的收入，而且在这 n 期内，无风险利率没有变化，都为 R，那么该收入贴现到当期的现值就可以用公式表示为：

$$Y_0 = Y_n/(1+R)^n \tag{11-2}$$

如果每期的无风险利率是变化的，那么该收入的现值就为：

$$Y_0 = \frac{Y_n}{(1+R_1)(1+R_2)\cdots(1+R_n)} \tag{11-3}$$

式中：$R_1$，$\cdots$，$R_n$ 分别表示第 1 期到第 n 期的无风险利率。

有了现值的概念，我们就可以求总收益了。假定有一个可以延续 t 期的项目，从第 1 期开始每期的收入流分别为 $Y_1$，$\cdots$，$Y_t$，那么该项目总收入的现值就为：

$$V_0 = Y_0 + Y_1/(1+R_1) + \cdots + Y_t/(1+R_t)^t \tag{11-4}$$

式中：收入流 $Y_t > 0$ 表示收入，$Y_t < 0$ 表示支出。

---

**案例窗 11-1**

### 两种支付的选择

假定你现在要偿还银行一笔资金，银行给出两个方案让你选择。方案 1：现在支付 1 000 美元，1 年后再支付 1 000 美元。方案 2：现在支付 200 美元，1 年后支付 1 000 美元，2 年后再支付 1 000 美元。又假定现在的无风险利率为 5%，且在 1 年和 2 年后都将维持这个水平。

要比较这两个方案，关键是要求出这两种支付的现值：

方案 1：$V_{01} = 1\,000 + 1\,000 \div (1+5\%) = 1\,952$（美元）

方案 2：$V_{02} = 200 + 1\,000 \div (1+5\%) + 1\,000 \div (1+5\%)2 = 2\,059$（美元）

显然，选择方案 1 对你来说是比较有利的。但如果 1 年后利率上升到了 15%，且此后一直维持在这个水平，那么这两种支付的现值就应该调整为：

方案 1：$V_{01}' = 1\,000 + 1\,000 \div (1+15\%) = 1\,870$（美元）

方案 2：$V_{02}' = 200 + 1\,000 \div (1+15\%) + 1\,000 \div (1+15\%)2 = 1\,826$（美元）

可见，当利率上升到 15% 时，如果选择方案 2 的话，你的支付就相对少一些。

---

从案例窗 11-1 中可以获知，通过将不同时间里的收入或支出折算成现值，我们就可以对不同方案进行比较，以选择一个最佳方案。同时，我们注意到，究竟选择哪一个方案，利率在其中起到了决定性的作用。

## 11.2.2　报酬率

我们知道，在多期中每期的利率都可能是变动的，变动情况又是不确定的，因此，计算一个收入流的现值就变得非常困难。下面我们介绍如何利用计算报酬率的方法来比较在不知道利率时的收益大小。

先来看单期的情况。假定某消费者将自己当期未消费部分用来投资一个单期项目，当期投入资本为 s，第 2 年该项目便到期，总共收入 x，那么该项目的单期报酬率就可以表示为：

$$R=\frac{x-s}{s}\times100\% \tag{11-5}$$

如果是一个多期收入流的投资项目，那么又该如何计算报酬率？假定某消费者将自己的资本投资于一个 n 期的项目，当期投入资本为 s，从第 2 期开始有收入，每期的收入流分别为 $x_1$，$x_2$，$\cdots$，$x_n$，那么该项目的报酬率 R 就一定满足下式：

$$s=x_1/(1+R)+x_2/(1+R)^2+\cdots+x_n/(1+R)^n \tag{11-6}$$

因此，报酬率可以定义为使各期收入流的现值之和等于初期投入成本的贴现率，或定义为使所有期（包括初期）支付的现值之和为零的贴现率。通过比较各投资项目的报酬率，我们便可以判断各项目孰优孰劣。计算多期下的投资报酬率比较困难，一般地，我们总是利用内插法来计算。

---

**案例窗 11-2**

### 计算一个 5 年期项目的报酬率

某 5 年期项目当年投入资本 100 万美元，之后每年的收入流如表 11-1 所示。要求：该项目的报酬率为多少？

表 11-1　　　　　　　　　某投资项目的收入流　　　　　　　单位：万美元

| 时期 | 第 1 期 | 第 2 期 | 第 3 期 | 第 4 期 | 第 5 期 |
|------|--------|--------|--------|--------|--------|
| 收入流 | 20 | 20 | 20 | 40 | 40 |

分别计算贴现率为 10%、15% 时所有期的现值和：

贴现率为 10% 时：

$V_{01}=-100+20\div(1+10\%)+20\div(1+10\%)^2+20\div(1+10\%)^3+40\div(1+10\%)^4+40\div(1+10\%)^5$

$=1.90$（万美元）

贴现率为 15% 时：

$V_{02}=-100+20\div(1+15\%)+20\div(1+15\%)^2+20\div(1+15\%)^3+40\div(1+15\%)^4+40\div(1+15\%)^5$

$=-11.58$（万美元）

由内插法求得该项目的报酬率为：

$R=10\%+(15\%-10\%)\times1.90\div(1.90+11.58)=10.70\%$

注：内插法又叫线性插值法，是一元高次方程的一种近似解法。首先估计方程的近似根，并在根的两边分别选定一个小于近似根的数 $X_1$ 和大于近似根的数 $X_2$，然后将这两个数代入方程，得到 $Y_1$ 和 $Y_2$。这样，该方程的根 X 便可通过以下公式得到：$X=X_1+(X_2-X_1)\cdot|Y_1|/(|Y_1|+|Y_2|)$。为了控制误差，$X_2$ 与 $X_1$ 之差（$X_2-X_1$）一般不应超过 0.05。

---

如果消费者并非将自己的资本直接投入生产，而是通过购买各种有价证券如债券、股票等间接投入生产，那么对消费者来说，其资本的报酬率一样可以通过式（11-6）

的方法来求出。

### 11.2.3 实际利率与名义利率

前面我们讲到利率作为资本要素的价格，都是指资本要素的实际所得，即在剔除了价格因素之外的实际服务报酬，这就是所谓的实际利率。假定今年某人向你借入100美元，1年后仍归还100美元。从表面上看，这100美元资本的服务价格即利率为零，但由于这两年商品的货币价格发生了变化，因此，这两个不同时期的100美元的购买力是不同的，即它们各自所代表的实物资本量不同，这样实际利率也就不为零。当然，如果这两年的价格水平没有发生变化，那么实际利率就显然为零。

一般地，我们将包含商品价格变化并由货币所表示的利率称为名义利率或货币利率；将剔除了商品价格变化，由实物资本或货币的实际购买力所表示的利率称为实际利率。如果商品价格没有发生变化，那么名义利率就等于实际利率；如果价格发生了变化，那么名义利率就不等于实际利率。它们之间究竟是怎样的关系？假定某消费者今年借 m 单位的货币资本，明年还 m′ 单位的货币资本，那么名义利率 R′ 就可以表示为：

$$R'=\frac{m'-m}{m}\times100\% \tag{11-7}$$

现在考虑价格的变化。假定今年的商品价格水平为 P，明年的商品价格水平变为 P′，因此，该消费者实际在第1年借了 m/P 的实物资本，而在第2年归还了 m′/P′ 的实物资本。这样，实际利率 R 就可以用公式表示为：

$$R=\frac{\frac{m'}{P'}-\frac{m}{P}}{\frac{m}{P}}\times100\% \tag{11-8}$$

将上式变形，并将式（11-7）代入可以得到：

$$1+R'=(1+R)\cdot P'/P$$

式中：P′/P 反映了商品一般价格水平的变化程度，亦即通货膨胀程度。一般地，我们用 q 来表示通货膨胀率，那么就有 P′/P=1+q，于是上式改写为：

$$1+R'=(1+R)(1+q)$$
$$=1+R+q+Rq$$

一般来说，由于 Rq 在数值上比较小，因此往往可以忽略不计。这样，实际利率和名义利率的关系就有：

$$R'=R+q \tag{11-9}$$

可见，名义利率包含了通货膨胀率，在数值上它约等于实际利率和通货膨胀率之和。

## 11.3 资本需求

在资本市场中，对资本的需求来自消费者和厂商两个方面。消费者之所以要借入资本，去消费比当前收入更多的财产，要么是因为预期未来的收入会增加，要么是因为企图大笔购买，如购买汽车、房产等。厂商却不一样，其之所以借入资本并不是为了消费，而是要将借入资本投入生产，从而获取利润。对厂商来说，向资本供给者支付利息，是其投资成本，在各个生产期内获得的净产出则是它的投资收益。因此，我们只要对厂商的投资成本和收益进行分析，便可以知道其投资决策和资本需求。在本部分，我们将重点介绍厂商投资的净现值标准，以及在有不可分散风险的情况下厂商调整风险的资本资产定价模型。

### 11.3.1　厂商的投资决策

厂商如何决定是否应该投资一个特定的项目呢？一般来说，厂商在事前总是会对该投资项目进行核算，通过预算项目的投资总额、服务年限、每年的利润等来计算所有期间内各个收入流的现值之和，以此作为判断是否投资的标准。这就是所谓的净现值标准。

假定有一项资本投资，其当期需要投入的资本总量为 C，厂商预期该项目的服务期为 n 年，且在未来的 n 年内其每年可以产出 $\pi_1$，$\pi_2$，$\cdots$，$\pi_n$ 的利润，该项目的净现值则可以表示为：

$$NPV = -C + \pi_1/(1+R) + \pi_2/(1+R)^2 + \cdots + \pi_n/(1+R)^n \tag{11-10}$$

式中：R 为贴现率，一般可以看作厂商投资的机会成本，即厂商如果不投资这个项目而投资于其他项目所得到的投资回报率。在没有风险（该项目未来的利润 $\pi_1$，$\pi_2$，$\cdots$，$\pi_n$ 确定）的情况下，投资的机会成本就是无风险的回报。因此，我们一般将无风险利率 $R_0$ 作为求净现值的贴现率。

如果净现值 NPV 大于 0，就说明该项目的投资收益大于机会成本，那么厂商应当投资；如果 NPV 等于 0，就说明投资收益正好等于机会成本，那么厂商投资与否是无差异的；如果 NPV 小于 0，就说明投资收益小于机会成本，那么厂商就应当不投资。

#### 案例窗 11-3

#### 利用净现值标准选择项目

假定某个厂商在资本市场能够以 10% 的利率借入 250 万美元资本。现有两个可以投资的项目 A 和 B，每个项目当期的投入都是 250 万美元，生产期都是 5 年，不同的只是这两个项目投资后每期的收入流有所差异（见表 11-2）。

表 11-2　　　　　　　　　　项目 A 和 B 的收入流　　　　　　　　　　单位：万美元

| 项目 | 当期 | 第 1 期 | 第 2 期 | 第 3 期 | 第 4 期 | 第 5 期 |
|------|------|---------|---------|---------|---------|---------|
| A | -250 | 100 | 100 | 100 | 50 | 50 |
| B | -250 | 55 | 55 | 110 | 110 | 110 |

因为总共只有 250 万美元资本，所以只能投资一个项目。该厂商准备通过计算这两个项目的净现值来做取舍。

项目 A：

$$NPV_A=-250+100\div(1+10\%)+100\div(1+10\%)^2+100\div(1+10\%)^3+50\div(1+10\%)^4+50\div(1+10\%)^5$$

$$=63.88（万美元）$$

项目 B：

$$NPV_B=-250+55\div(1+10\%)+55\div(1+10\%)^2+110\div(1+10\%)^3+110\div(1+10\%)^4+110\div(1+10\%)^5$$

$$=71.53（万美元）$$

显然，这两个项目净现值都大于0，表明它们都具有投资价值。如果该厂商可以在资本市场上借入足够的资本，那么这两个项目就都应该投资，但由于该厂商只获得了250万美元的资本，因此，它就只能选择项目B进行投资。

在案例窗11-3中，如果无风险利率变化为15%，那么该厂商就会改变选择方案。有兴趣的读者不妨自己计算一下结果。另外，如果在案例窗11-3中A、B两个项目初期的投入资本规模不同，那么仅仅通过比较净现值的大小，就无法判断出哪个项目占优势。像这种情况，我们可以通过计算各项目的报酬率来比较。一般地，投资项目的报酬率 $R_t$ 代表了厂商投资该项目的收益，市场的无风险利率 $R_0$ 代表了厂商投资该项目必须支付的成本。因此，如果 $R_t>R_0$，说明收益大于成本，那么该项目是可以投资的；如果 $R_t=R_0$，说明收益和成本相当，那么厂商就无所谓是否投资；如果 $R_t<R_0$，说明收益小于成本，那么该项目就不应该投资。

从以上分析我们可以看出，无论是净现值标准还是报酬率标准，厂商投资与否和市场利率有很大关系。随着利率升高，项目的净现值会降低，某些原本是正净现值的项目就会变成负净现值，厂商也就会取消投资这些项目；利率越高，厂商投资的成本也就越高，这样原本有利可图的项目就会变得无利可图。总之，当利率上升时，厂商的投资意愿会下降，其对资本的需求也就会下降。因此，厂商对资本的需求对利率来说，是一条向右下方倾斜的曲线，如图11-4所示。

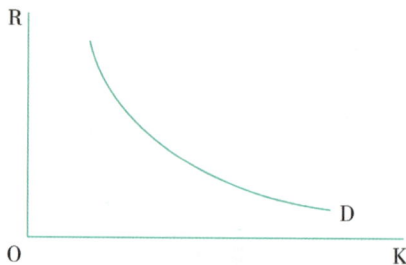

图11-4　厂商的资本需求曲线

## 11.3.2　投资风险调整

在净现值标准的投资决策中，我们假定厂商对未来利润的预期是确定的，即不存在投资风险，这样，我们就可以利用无风险利率作为净现值的贴现率。然而，在实际经济生活中，投资往往是存在风险的，因为未来的商品价格、其他生产要素成本等是不确定的，因此，未来该项目的利润也总是不确定的。可以说，不确定性增加了厂商的投资成本，厂商在做投资决策时，必须将它考虑在内，即对投资决策做风险调整。那么如何将不确定性因素考虑进来呢？一般的方法是在无风险利率上加一个风险贴水（risk premium），以提高净现值的贴现率，这样就使得风险条件下的未来利润现值要低于无风险的未来利润现值。

现在关键的问题是如何确定风险贴水的值。我们首先简单地讨论一下风险的分类。风险一般可以分为两种类型：可分散风险和不可分散风险。可分散风险又叫非系统风险，它是指投资者能够通过投资种类的选择而消除的风险，如投资许多项目或者持有多家公司的股票等。不可分散风险又叫系统风险，它是一种整体性的风险，且依赖经济总体的情况，投资者一般无法通过选择多种投资组合而消除这种风险。当未来宏观经济高涨时，厂商的投资项目就会有更大的利润；当经济衰退时，厂商的投资利润就会下降。

我们知道，一个投资项目的贴现率是指投资于该项目的机会成本，而不是投资于其他具有相同风险的项目的机会成本。如果投资者自己能够消除风险，那么其就不能要求承担这些无须承担的风险，而得到高于无风险利率的报酬率。因此，如果一个投资项目只拥有可分散风险，那么它的机会成本就只能是无风险利率，贴现率也就无须加任何风险贴水。然而，不可分散风险不同，厂商由于无法消除风险，因此它就应当为承担这个风险而得到较高的报酬率。如果一个投资项目只有不可分散风险，那么该项目的机会成本会高于无风险利率，其贴现率也就应该包含一个不为零的风险贴水。

至于不可分散风险下的风险贴水，我们一般可以用资本资产定价模型来获得。

### 11.3.3* 资本资产定价模型

资本资产定价模型（Capital Asset Pricing Model，CAPM）模型是由美国经济学家威廉·夏普（William F. Sharpe）于20世纪60年代首先提出来的，其目的是要解决现代证券组合理论在实际应用中的困难。CAPM通过比较一项资本投资的报酬率与投资于整个股票市场的报酬率来测度该投资的风险贴水。

CAPM首先是立足于证券市场的，夏普给出了该模型有关证券市场的一系列假设：

第一，任何证券投资者都只考虑证券的收益与风险；

第二，任何投资者都掌握相同的信息，他们对证券市场的未来前景保持一致看法；

第三，无交易成本；

第四，任何投资者都能够以无风险利率借入或贷出资本；

第五，税收对证券市场不产生明显的影响。

现假定某人有两种投资方案可以选择：一是投资于整个股票市场，如共同基金；二是投资于某个与股票市场相关的特定股票A。

我们首先来分析第一种选择。投资于整个股票市场，就相当于把投资完全分散了，这样，该投资者就无须承担可分散风险。但因为股票市场总是和整个经济的波动紧密相联的，因此，该投资者将承担不可分散风险，股票市场的报酬率也就会大于无风险利率。令股票市场的预期报酬率为 $R_m$，无风险利率为 $R_f$，那么两者的差额（$R_m-R_f$）就为股票市场的风险贴水，它表明由于承担股票市场的不可分散风险而得到的额外报酬。

接下来分析第二种选择。因为股票 A 与股票市场是相关的，所以它的价格变化依赖整个股票市场的波动，该股票也就存在比较大的不可分散风险（如果不相关，即该股票是独立的，那么它就不存在不可分散风险）。这样，投资于股票 A 的预期报酬率 $R_i$ 就要大于股票市场的预期报酬率 $R_m$，它们之间的关系由 CAPM 给出，可以写成：

$$R_i-R_f=\beta \cdot (R_m-R_f) \tag{11-11}$$

式中：$\beta$ 为一常数，称为资产 $\beta$（asset Beta），用以衡量某种特定资产价格变化对市场的敏感程度，从而衡量该资产的不可分散风险。尽管 CAPM 出自对证券市场的分析，但它对任何资本资产都是适用的。

如果整体市场价格变化，而特定资产价格不发生变化，那么就表明该资产是独立的，$\beta$ 等于 0。如果整体市场价格变化，特定资产的价格也随着变化，那么 $\beta$ 就大于 0，且特定资产的相对价格变化幅度越大，$\beta$ 值也就越大。而 $\beta$ 值越大，根据式（11-11）可得，该资产的预期报酬率 $R_i$ 就越大，表明它所承担的不可分散风险也就越大。一般来说，如果该资产是股票，那么它的 $\beta$ 值就可以用统计数据估算出来；如果是一个新投资项目，那么确定 $\beta$ 值就会困难一些。

给定了 $\beta$ 值，我们就可以确定用于计算一项资本净现值的贴现率，它就是该资产的预期报酬率。由式（11-11）变形得到该资产的贴现率 $R_i$ 为：

$$R_i=R_f+\beta \cdot (R_m-R_f) \tag{11-12}$$

该式表明，某一风险资产的贴现率应该等于无风险利率 $R_f$ 加上反映不可分散风险的风险贴水 $\beta \cdot (R_m-R_f)$。

尽管我们用 CAPM 对风险资产进行调整后，它的净现值与调整前相比是减少了的，有可能一些原本是正净现值的投资项目会变为负净现值，从而退出可投资项目的范围，但这并不影响厂商投资意愿与利率之间的关系。对厂商来说，利率上升意味着投资成本的上升，因此，无论是无风险资产还是风险资产，厂商的投资意愿都会降低，这样它在资本市场上的资本需求也就会随之减少。总的来说，风险调整后的厂商资本需求曲线仍是一条向右下方倾斜的曲线，它可以由调整前的需求曲线向下移动得到。

## 11.4 资本供给

资本所有者拥有多少资本的问题可以归结为如何将既定收入在消费和储蓄两方面进行分配的问题，更进一步讲，可以看成消费者在现在消费和未来消费之间选择的结果。这就是消费者的跨时期消费决策，其目的是要选择一个最优的资本拥有量，以使自己的总体效用水平最大化。资本作为一种已经被积累下来的生产资源，其用途在于投入生产从而产出更多的商品。一般来说，在现代经济生活中，消费者将资本投入生产最普遍的方式就是在资本市场上将资本借贷出去，以获得资本的服务价格。因此，资本的供给曲线就应该等同于消费者的资本拥有曲线。

### 11.4.1　消费者的跨时期消费决策

在 11.1 部分我们已经讲到，资本与土地、劳动等生产要素不同，它的数量是可以变动的。因此，确定消费者愿意在资本市场上提供多少资本数量之前，我们首先应该确定消费者所愿意拥有的最优资本数量及其变动情况。一般来说，消费者总是可以通过将当期收入中的一部分转化为储蓄，而增加自己拥有的资本数量；也可以通过负储蓄，即将原储蓄中的一部分加上当前收入作为当前消费，从而减少资本拥有量。因此，消费者的资本拥有问题的实质是将既定收入在消费和储蓄之间进行分配的问题。

那么消费者究竟是如何在这两者之间做最优选择的呢？我们已经讲过，消费者之所以要将当前收入的一部分留作资本保存下来，其目的是将来能够有更多的收入用于消费，从而使他的总效用水平（当期和未来的效用之和）能够达到最大，这是因为对每个消费者来说，同样一笔收入，"现在消费"和"未来消费"给他带来的效用是不同的。因此，消费者如何选择消费和储蓄的问题，就可以归结为如何选择"现在消费"和"未来消费"的问题，即在给定收入的预算约束下，选择最优的现在消费量和未来消费量，以最大化自己的总效用水平。这就是 11.1 部分所讨论的时间选择问题，在这里我们称之为消费者的跨时期消费决策。

在 11.1 部分讨论时间选择时，我们假设消费者将当前收入的一部分以实物资本的形式储存下来，因此在分析收入约束时，就略去了这些资本的增值可能。然而，在实际经济生活中，消费者总是将未消费的那部分收入以银行存款、有价证券等形式保存下来，这样，这些资本就会以实际利率的报酬增值，从而增加了消费者总的收入，于是收入的预算约束就需要调整。假定一项两期的消费决策，消费者可以以实际利率为 $R$ 的水平将资本在资本市场上借贷出去，消费者两期的收入分别为 $W_1$ 和 $W_2$，而两期的实际消费量又分别为 $C_1$ 和 $C_2$，那么该消费者的收入预算约束可以用公式表示为：

$$C_2 - W_2 = (1+R) \cdot (W_1 - C_1) \tag{11-13}$$

这表明消费者在第 1 期积存了 $(W_1 - C_1)$ 的资本，并在资本市场上将它们全部以 $R$ 的利率借贷出去，到了第 2 期，这些资本增值为 $(1+R)(W_1 - C_1)$，于是加上第 2 期的收入 $W_2$，该消费者在第 2 期可以消费的总量就为 $C_2 = W_2 + (1+R)(W_1 - C_1)$。如图 11-5 所示，预算约束线 I 由式（11-13）得到，这是一条向右下方倾斜的直线，其斜率为 $-(1+R)$。图中，横轴 $C_1$ 代表第 1 期消费的商品量；纵轴 $C_2$ 代表第 2 期消费的商品量。曲线族 U 代表消费者的两期消费的无差异曲线，它的形状取决于各个消费者的时间偏好。收入预算曲线 I 上一点 A $(W_1, W_2)$ 代表没有资本积累情况下的消费点，我们称之为消费者的初始状态。此时，消费者将每期的收入全部用于当期的消费，同时获得 $U_1$ 的总体效用水平。

显然，从图 11-5 中可以看到，使消费者总体效用水平最大化的均衡位置必然是在预算约束线 I 与无差异曲线 $U_2$ 的切点上，如图中的 B 点，即消费者的跨时期消费决策是：第 1 期消费 $C_1^*$，第 2 期消费 $C_2^*$。这表明，该消费者在第 1 期积累了 $(W_1 - C_1^*)$ 的资本，并在资本市场上全部借贷出去，使得在第 2 期能够消费数量为 $C_2^*$（$W_2 + (1+R)(W_1 - C_1^*)$）的消费品，从而获得 $U_2$ 的总体效用水平。

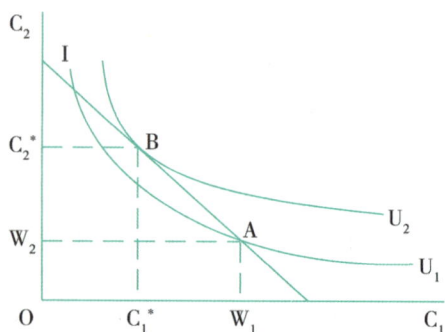

图 11-5  跨时期消费决策

比较该消费者的初始状态点 A 与均衡状态点 B 可知，在利率水平为 R 的条件下，消费者为了获得最大的总体效用水平，在第 1 期的最优资本拥有量应该为（$W_1-C_1^*$）。

### 11.4.2  资本供给曲线

由消费者的跨时期消费决策可以推出其最优资本拥有曲线。我们知道，消费者的最优资本拥有曲线就是指市场利率与消费者的最优资本拥有量之间的一一对应关系。为了推导出它们之间的关系，我们首先来分析一下消费者的预算约束线 I。从图 11-5 可以看出，消费者的预算约束线有两个特点：第一，它必须经过初始状态点 A；第二，它的斜率完全取决于市场利率 R，R 越大它就越陡峭。综合这两个特点，可以得出这样一个结论：随着市场利率 R 的上升，预算约束线 I 将围绕着初始状态点 A 顺时针旋转；反之，随着市场利率 R 下降，I 将围绕着 A 点逆时针旋转。

利率的变化使得预算约束线围绕 A 点发生旋转，进一步导致消费者改变自己的跨时期消费决策，从而改变自己的最优资本拥有量。图 11-6 描述了该过程。假设一开始市场利率水平为 $R_0$，预算约束线为 $I_0$，消费者的跨时期消费决策均衡点为 A。此时，消费者两期的消费量分别为 $C_1^0$ 和 $C_2^0$，总体效用水平为 $U_0$，且该消费者在第 1 期的最优资本拥有量为（$W_1-C_1^0$）。现在假定市场利率从 $R_0$ 上升到 $R_1$，于是预算约束线从 $I_0$ 顺时针旋转到 $I_1$，这样，原来的跨时期消费决策点 A 已不再能最大化消费者的总体效用水平了，消费者必须调整他第 1 期的最优资本拥有量，直至 $I_1$ 与无差异曲线相切于点 B。此时，该消费者两期的消费量分别为 $C_1^1$ 和 $C_2^1$，总体效用水平为 $U_1$，最优资本拥有量为（$W_1-C_1^1$）。

同样，当市场利率由 $R_1$ 上升到 $R_2$ 时，消费者的跨时期消费决策均衡点移动到 C 点，此时，该消费者的最优资本拥有量为（$W_1-C_1^2$）。如果市场利率是连续变化的，那么我们便可以得到无数个如 A、B、C 这样的均衡点，连接这些点即可得到一条消费者的跨时期消费决策线。该曲线间接地反映了市场利率与消费者的最优资本拥有量之间的关系。

接下来我们将无差异曲线分析所得出的结果转移到图 11-6（b）中。在图 11-6（b）中，横轴为（$W_1-C_1$），表示消费者的最优资本拥有量，纵轴 R 为市场利率。在前面的分析中，我们已经得出，当市场利率为 $R_0$ 时，消费者的最优资本拥有量就为（$W_1-C_1^0$），于

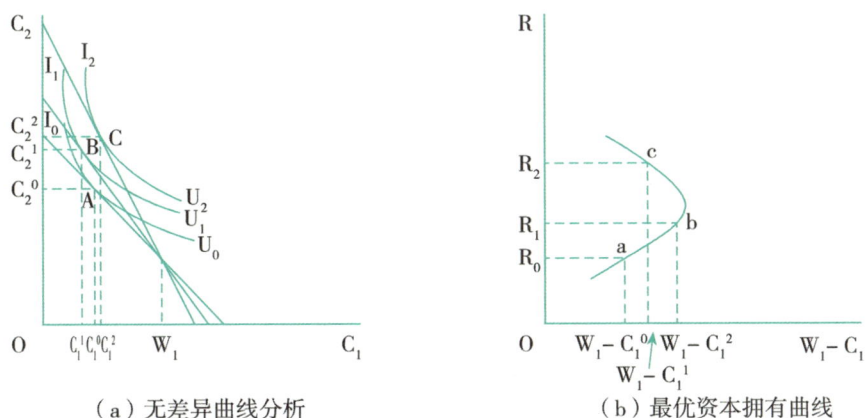

（a）无差异曲线分析　　　　　　　（b）最优资本拥有曲线

图 11-6　消费者最优资本拥有曲线的无差异分析

是图 11-6（a）中的均衡点 A 在图 11-6（b）中就对应为点 a（$R_0$，$W_1-C_1^0$）；同样，点 B、C 分别对应点 b（$R_1$，$W_1-C_1^1$）和点 c（$R_2$，$W_1-C_1^2$）。如果利率的变化是连续的，那么我们就可以有无数个如 a、b、c 这样的均衡点，连接这些点即得到该消费者的最优资本拥有曲线。它直接反映了消费者的最优资本拥有量如何随着市场利率的变化而变化。

从图 11-6（b）中可以看到，在利率水平较低的时候，随着利率的上升，人们会增加自己的资本拥有量。这是因为利率可以被看作"现在消费"的成本，利率上升，也就是"现在消费"的成本上升，于是，人们就会减少消费，增加资本积累，因此，消费者的最优资本拥有曲线向右上方倾斜。然而，当利率上升到一定程度时，由于消费者预期未来的资本增值会比较大，所以他就会增加现在的消费量，从而减少了资本积累。因此，与劳动供给曲线一样，当市场利率处于一个较高水平时，消费者的最优资本拥有曲线亦会出现向后弯曲的现象。

消费者通过跨时期消费决策选择了自己的最优资本拥有量，而为了使这些资本能够获得等于实际利率 R 的报酬，他们都会将这些资本在资本市场上全部借贷出去。因此，消费者的最优资本拥有曲线也就是其资本供给曲线。而另一方面，在现实经济生活中，资本市场的利率都是比较低的，一般都不会大到足以使得最优资本拥有曲线向后弯曲的现象出现。综合这两方面的情况，我们可以推得消费者的资本供给曲线一般是一条向右上方倾斜的曲线，如图 11-7 所示。这说明消费者的资本供给与市场利率是同方向变动的：市场利率越高，消费者提供的资本量就越多；反之，市场利率越低，消费者提供的资本量就越少。如果我们将市场中所有消费者的资本供给曲线简单地水平相加，便可以得到市场的资本供给曲线。可见，市场的资本供给曲线与消费者的资本供给曲线一样，都是向右上方倾斜的。

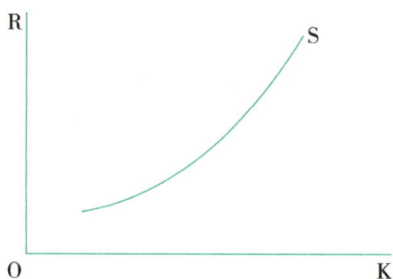

图 11-7　消费者的资本供给曲线

# 11.5　资本市场均衡

前面我们已经分析了资本市场的需求和供给情况，并得出了相应的需求曲线和供给曲线。在这一部分，我们将综合这两方面的因素，分析资本市场的均衡情况。资本市场的均衡点决定了资本的均衡服务价格和均衡产量。而事实上，资本的均衡服务价格就是市场利率。在分析了均衡利率的决定之后，本部分我们还将讨论影响利率变动的一些具体因素。

## 11.5.1　均衡利率的决定

作为资本的服务价格，利率与产品价格和其他生产要素价格一样，都是由市场的供给与需求决定的。在资本市场中，利率取决于资本的供给和需求。

在 11.4 部分我们已经讲到，资本供给来自消费者的跨时期消费决策，由此所得到的资本市场供给曲线是一条向右上方倾斜的曲线，如图 11-8 中的 S。它表明随着利率的上升，消费者将会逐渐减少当期消费，而增加收入中的未消费部分，从而使得资本供给量上升。而对资本的需求则来自两个方面：

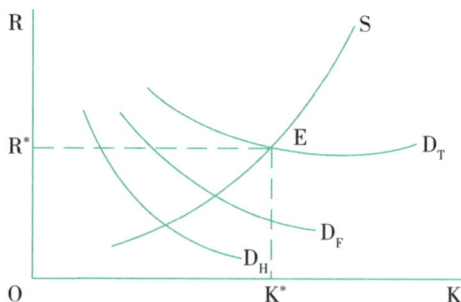

图 11-8　均衡利率的决定

**1.家庭消费者**

如果一个家庭预期未来的收入会增加很多，那么其就有兴趣将未来的收入提前消费，于是在当期就会借入资本；如果一个家庭在当期要有数量较大的消费，而依靠当期的收入及自己个人的资本积累又不能满足该消费，那么其就会求助于资本市场。消费者在资本市场上借入资本，必须支付利息。如果他愿意支付该利息，那么他可以提前进行消费。因此，利息就可以被看作消费者提前消费的成本。利率越高，消费者提前消费的成本也就越高，于是消费者借入资本的意愿就会降低。这就表明消费者的资本需求是市场利率的减函数，如图 11-8 中的 $D_H$ 曲线所示。

**2.厂商**

与消费者不同，厂商借入资本的目的并不是消费，而是获取利润。由于投资项目往往需要大量的投入，而且这些投入又都必须在当期完成而项目的产出是一个未来的收入流，于是厂商必须在资本市场借入这部分当期投入的资本。一般来说，厂商总是根据净现值标准来判断一个项目是不是值得投资。而当市场利率上升时，项目的净现值就会降低，一些原来是正净现值的项目就有可能变为负净现值，厂商的投资意愿也就随之降低。这就表明，当利率上升时，厂商在资本市场上的资本需求会下降。因此，厂商的资本需求也是市场利率的减函数，其需求曲线为一条向右下方倾斜的曲线，如图 11-8 中的 $D_F$ 曲线所示。

将消费者的资本需求曲线和厂商的资本需求曲线加总，便可以得到市场的总资本需求曲线，如图 11-8 中的 $D_T$ 曲线所示。在图 11-8 中，资本市场的总需求曲线 $D_T$ 和供给曲线 S 相交于 E 点，该点就是资本市场的均衡点，它决定了市场的均衡利率。此时，均衡利率为 $R^*$，均衡资本量为 $K^*$。

我们知道，由图 11-8 所得出的市场均衡利率是一个理论抽象的结果，在实际经济生活中，市场利率并不是唯一的，所有借贷者也并不是都按照均衡利率进行资本借贷的。市场利率是多种多样的，消费者、厂商和政府进行资本借贷的利率会因条件的不同而各不相同。不同的借贷品种具有不同的利率，如政府债券、国债、公司债券、商业票据利率等都是不同的。不同的借贷期限也具有不同的利率。例如同是国债，因时间期限不同，短期国债和长期国债就会有不同的利率。尽管如此，均衡利率的变化趋势还是能够反映具体实际利率的变动的。

## 11.5.2 均衡利率的影响因素

在不同国家、不同地区以及不同的历史时期，资本市场的利率总是高低不同的。前面我们已经指出，资本市场的均衡利率取决于资本的供给和需求情况。在图 11-8 中，资本供给曲线或资本需求曲线的移动都会导致利率的变动。那么究竟是什么因素在影响资本的供给和需求从而影响市场利率呢？我们将其具体归结为以下几个因素：

**1.消费者的时间偏好**

消费者的时间偏好直接决定了他的跨时期消费决策。不同的消费者具有不同的时间偏好。在相同收入下，一个偏好未来消费的消费者将会比一个偏好现在消费的消费者积累更多的资本。如果一个社会的消费者群体普遍偏好未来消费而轻视现在消费，那么其资本曲线就会向右移动。当资本需求曲线不变时，资本市场的均衡利率就会下降。

**2.消费者的未来收入预期**

消费者的未来收入预期不仅影响资本供给，也影响资本需求。如果一个消费者对未来有比较高的收入预期，他就会消费较多的当期收入，而留下较少一部分作为资本积累。同时，一个高收入预期的消费者，总是愿意支付利息而提前进行消费。于是，他就会在当期资本市场上借入资本，而等未来收入实现之后再来偿还这部分资本。如果一个社会的消费者普遍对未来有高的收入预期，那么在资本市场上反映为资本供给曲线向左移动，资本需求曲线向右平移。这样，资本市场的均衡利率就会上升。

### 3.生产率

生产率水平决定了厂商投资项目的报酬率，生产率越高，报酬率也就越高。厂商在做投资决策时，往往会比较报酬率与市场利率。报酬率可以看作项目的投资收益，而利率可以看作投资成本。当报酬率大于利率，也就是收益大于成本时，厂商就会投资该项目。这样，随着生产率的提高，厂商的投资意愿就会增大，从而在资本市场上的资本需求会上升，反映为资本需求曲线向右移动，均衡利率上升。

### 4.宏观经济

宏观经济形势好坏对厂商的利润有着重大影响。在经济衰退时期，厂商预期利润下降，投资项目的净现值下跌，厂商的投资意愿降低，于是厂商将减少对资本的需求，资本需求曲线向左移动，在资本供给曲线不变的条件下，资本市场均衡利率就会下降；反之，在经济高涨时期，市场均衡利率就会上升。

## 本章小结

资本是由经济活动生产出来的，并被作为生产要素投入生产，以获得更多商品和服务的物品。作为一种唯一的劳动产品，资本具有总量可变动、可积累的特征。与其他生产要素不同，资本的收入是未来的、不确定的，因此，时间价值和风险因素在分析资本收入时就非常重要。

资本总量的变动取决于消费者对当前收入的分配。消费者将一部分收入用于当前消费，以满足当前的需要，将另一部分收入以储蓄的形式保存下来，以满足未来的消费。这就是所谓的时间选择，也叫消费者的跨时期消费决策。消费者这样做的目的是使自己的总体效用水平最大化。在存在资本市场的情况下，消费者总是将自己拥有的资本借贷出去，从而获得利息报酬。利息可以被看作消费者当前消费的成本。利率越高，成本越高，于是消费者就会放弃一些当前消费而增加自己的资本拥有量，从而使得资本供给增加。

在资本市场上，消费者和厂商是资本需求的两个来源。消费者借入资本是为了消费，而厂商是为了生产，为了获取利润。在给定的利率水平下，消费者的资本需求取决于自己的未来收入预期，而厂商取决于投资项目的净现值或报酬率。一般来说，随着利率水平的上升，无论是消费者还是厂商，对资本的需求都会下降。

利率是资本的服务价格。与其他价格一样，均衡利率位于市场的资本供给曲线和需求曲线的交点上。所有影响资本供给和需求的因素都会使得均衡利率发生变化，如消费者的时间偏好、消费者的未来收入预期、生产率以及宏观经济等。

## 本章基本概念

资本　　储蓄　　利率　　现值　　报酬率　　名义利率　　实际利率　　可分散风险
不可分散风险

# 复习思考题

## 一、简答题

1.简要说明消费者的时间选择过程。

2.画图说明利率提高对当期消费的影响。

3.什么是投资的净现值标准？如何计算一项投资的净现值？

4.如何在计算投资的净现值时考虑投资的风险溢价？

5.怎样用资本资产定价模型来获取不可分散风险的风险贴水？

6.消费者的预算约束线有哪些特点？

7.资本市场上的均衡利率是如何决定的？

8.影响均衡利率的因素有哪些？它们是如何影响的？

## 二、计算题

1.假定你现在面临两种支付流：（1）1年后支付1 000美元以及两年后支付1 000美元；（2）1年后支付800美元以及两年后支付1 220美元。如果当前利率是5%，且在两年中都将不变，那么你会选择哪种支付流？如果利率是15%呢？

2.一种3年期的有息债券，在未来3年内每年支付50美元，并在第3年年末偿还本金1 000美元。要求：

（1）假定现在的市场利率为8%，那么该债券的价值是多少？

（2）若利率是10%、15%，该债券的价值又分别是多少？

## 三、论述题

1.画图说明消费者是如何决定资本积累的。如果存在借贷，市场又将如何？

2.在存在不可分散的风险条件下，厂商应如何做投资决策？

# 第12章　一般均衡理论

## 学习目标

通过本章的学习，你应该能够：

- 了解一般均衡分析的基本思路及证明的大致过程。
- 掌握一般均衡和局部均衡的区别和联系。
- 懂得一般均衡理论在整个微观经济学体系中的重要地位，以及它和"看不见的手"的原理之间的联系。
- 运用一般均衡原理分析现实经济中的各个市场之间的关系，并能利用本章的知识解决一些相关的实际经济问题。

到目前为止，本书所讨论的内容都是单个市场的均衡问题。当我们考虑到整个市场体系的均衡问题时，我们的分析也就从局部均衡（partial equilibrium）分析扩展成了一般均衡（general equilibrium）分析。

本章最基本的要点包括一般均衡的确切含义，它与局部均衡有什么区别和联系，以及瓦尔拉斯[①]早期对一般均衡存在性的证明；还将简要地介绍一下现代一般均衡理论的发展。

## 12.1　一般均衡理论概述

古典的一般均衡理论的起源最早可以追溯到魁奈（Quesnay）的"经济表"，现代一般均衡理论的创造人公认是列昂·瓦尔拉斯，他也是洛桑学派的代表人物之一。瓦尔拉斯把经济中决策个体追求最大化的行为和市场供求相等的原理结合起来，运用联立方程的形式对整个市场体系进行模拟，研究了一般均衡的存在性、唯一性、稳定性等问题。其后一般均衡理论又经过帕累托、希克斯、阿罗、德布鲁等人的研究而得到进一步的改进、发展和完善。

---

① 瓦尔拉斯于1834年12月16日出生在法国埃夫勒，1910年1月5日在瑞士克拉伦斯去世。他早年就读于巴黎矿业学院，获文学学士和理学学士学位；青年时期从事过多种职业，做过记者和杂志编辑，与人合伙创办过银行，并曾在铁路等企业中任职。19世纪50年代后期，他致力于政治经济学的研究，与帕累托共同创建了洛桑学派（Lausanne School）。瓦尔拉斯的主要著作包括《纯粹政治经济学要义》（1874）、《社会经济学研究》（1896）、《应用政治经济学研究》（1898）等。其中，《纯粹政治经济学要义》为其代表作。

### 12.1.1　一般均衡与局部均衡

假定其他一切市场的价格都是外生给定的，仅仅分析所研究的单个或多个市场上的供求关系和均衡价格的决定问题，这就是局部均衡的分析方法。一般均衡则是研究一个经济社会中所有相关联的单个市场价格和数量的同时决定问题。这样，我们可以看出一般均衡的概念和分析是建立在局部均衡理论之上的。

两者之间的区别也是显而易见的。局部均衡理论只是研究单个市场或几个相关联的市场的均衡问题，而一般均衡研究一个经济社会中所有市场的整个价格体系的相互依存、相互影响和所有单个市场均衡价格同时决定的问题。

### 12.1.2　一般均衡的具体含义

完全竞争市场一般均衡的严格定义是指满足以下 3 个条件的一组价格体系：

（1）在该组价格体系下，每个消费者提供自己所拥有的生产要素，并在各自的预算约束下实现其效用最大化；

（2）每个厂商在该组价格体系下，在给定的技术水平下决定生产要素的投入和产出量，以最大化其利润水平；

（3）在该组价格体系下，每个生产要素市场和产品市场上总需求都等于总供给，此时就称该经济处于一般均衡状态。

### 12.1.3　一般均衡的例子

假设在经济中只有两个市场：啤酒市场和葡萄酒市场。选择两个市场而不是多个市场来作为一般均衡的例子是为了既突出一般均衡与单个市场均衡的不同，又可以使论述不至于冗长。现在我们来分析这个简化的经济是如何达到一般均衡的。

最初，我们假定两个市场都处于均衡状态，如图 12-1 所示，两个市场的供求曲线都相交。我们还假定啤酒和葡萄酒互为替代品。由于种种原因（比如说其投入品大麦减产），啤酒的产出下降，那么供给曲线就从 S 左移到了 S′，此时，变化后的供给曲线与原需求曲线相交于 E 点，变化后的啤酒市场在新的价格 $P_1$ 和新的数量 $Q_1$ 组合之下又回复到了均衡状态。至此，以局部均衡的角度来看，故事也就结束了。但是一旦引入一般均衡分析，其他市场（葡萄酒市场）的价格和数量就不能再假定为外生给定，它们会受到啤酒市场波动的影响而产生变动，并且会将这种变化反馈给啤酒市场。

首先，啤酒价格大幅度提高，势必引起一部分人的消费转向葡萄酒，消费者对葡萄酒的需求随之上升，如图 12-1（b）中的葡萄酒需求曲线向右移动（为简便起见，我们假定葡萄酒的供给曲线不变）。此时，葡萄酒市场的局部均衡价格和数量也都有所上升。葡萄酒价格的上升又会引起其替代品啤酒的市场需求上涨，如图 12-1（a）所示，啤酒的市场价格又变成 $P_2$。因此，只要此时两个市场的价格组合没有使两个市场达到一般均衡，这两个市场之间的相互反馈就还会继续下去。

此时读者可以仔细体会局部均衡和一般均衡的区别。从图 12-1（a）中可以看到，啤酒市场受到葡萄酒市场的反馈影响后，供需在价格和数量组合（$P_2$，$Q_2$）处达到了局

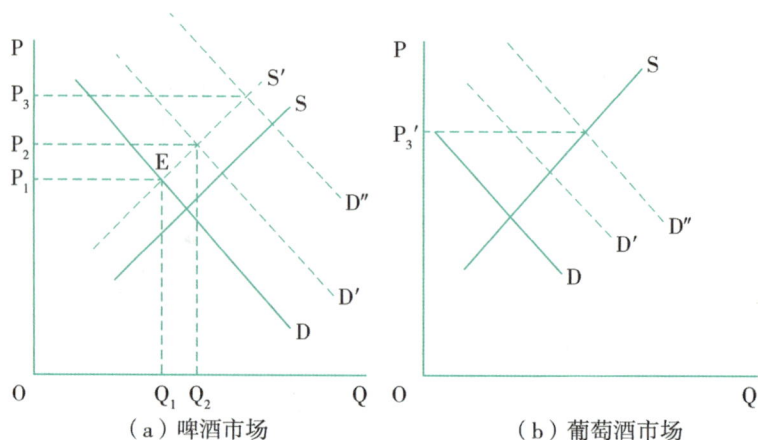

图 12-1　局部均衡和一般均衡

部均衡，但是整个市场（包括啤酒和葡萄酒两个市场）还没有达到一般均衡。换言之，此时两个市场之间虽然都会出现瞬间的局部均衡，但是局部均衡马上就会被市场之间的相互影响打破。只有当两个市场最终的价格组合是（$P_3$，$P_3{'}$）时，整个市场才完成一般均衡。[①]

尽管这个例子非常简单，只包含了两个市场，但我们已经十分清楚地看到了市场之间价格波动的互相传递与影响。最终价格体系会综合所有的相互反馈影响后形成一组均衡价格，在这组均衡价格中，所有的市场同时达到均衡。12.2部分就是考虑不止两个市场的整个经济体系，并探讨其一般均衡状态。

## 12.2　瓦尔拉斯一般均衡理论

瓦尔拉斯最早认识到了一般均衡理论的重要性，一般均衡理论发展到现在已经是主流微观经济学中的重要组成部分。本部分的主要内容就是详细介绍瓦尔拉斯一般均衡模型，并且探讨该模型中一般均衡价格的存在性。

### 12.2.1　模型假定

整个经济分为两类市场：商品市场和生产要素市场。假设商品市场上有m种商品交易，各种商品的数量用 $Q_1$，…，$Q_m$ 表示，价格用 $P_1$，…，$P_m$ 表示；假设生产要素市场上有（n-m）种生产要素，生产要素的数量用 $Q_{m+1}$，…，$Q_n$，其价格用 $P_{m+1}$，…，$P_n$ 表示。模型还进一步假定所有的生产要素市场和商品市场都是完全竞争市场，也就是说瓦尔拉斯考察的是完全竞争下的一般均衡。

经济中的决策个体分为两类：h个居民户和k个厂商。每个居民户既是商品的需求者又是生产要素的供给者，是理性的经济人，从自身的生产要素供给中得到报酬，并在生产要素收入的预算约束下购买消费品使自己的效用达到最大。同样，每个厂商既是产品的提供者又是生产要素的需求者，也是理性的经济人，在自身生产技术水平（生产函

---

[①]　事实上，我们在该例子中隐含了一个假设，即认为啤酒和葡萄酒两个市场的一般均衡是会达到的或者说是存在的，在后面我们将正式地证明一般均衡的存在性。

数）的约束下生产各种产品使其利润最大化。

## 12.2.2　居民户经济行为的模型

根据前述的模型假定，我们知道居民户是生产要素的供给者和商品的需求者。每个居民户都是在其提供生产要素所得收入的基础上消费商品（假设居民户不进行储蓄行为），使其效用达到最大化。

我们可以从一个典型居民户 h 的经济行为分析开始，模型是：

$$\max \quad U_h(Q_{1h}, \cdots, Q_{nh})$$
$$\text{s.t.} \quad P_1 Q_{1h} + \cdots + P_m Q_{mh} = P_{m+1} Q_{(m+1)h} + \cdots + P_n Q_{nh} \tag{12-1}$$

式中：$U_h(Q_{1h}, \cdots, Q_{nh})$ 是一个典型居民户 h 的效用函数。显然，效用总水平由该居民户所提供的生产要素数量（$Q_{(m+1)h}, \cdots, Q_{nh}$）和其消费的商品数量（$Q_{1h}, \cdots, Q_{mh}$）决定。

式（12-1）中的约束条件式的含义是，居民户 h 在其全部生产要素收入的约束之下选择消费品数量。

那么对这个问题的解就是居民户 h 对生产要素的供给函数和对产品的需求函数。

居民户 h 对生产要素的供给函数为：

$$Q_{(m+1)h} = Q_{(m+1)h}(P_1, \cdots, P_n)$$
$$\cdots$$
$$Q_{nh} = Q_{nh}(P_1, \cdots, P_n) \tag{12-2}$$

居民户 h 对商品的需求函数为：

$$Q_{1h} = Q_{1h}(P_1, \cdots, P_n)$$
$$\cdots$$
$$Q_{mh} = Q_{mh}(P_1, \cdots, P_n) \tag{12-3}$$

这说明居民户 h 对商品的需求以及生产要素的供给都是整个价格体系（$P_1, \cdots, P_n$）的函数，我们加总所有 u 个居民户对商品的需求以及对生产要素的供给，就可以得到每种商品总的需求量和每种生产要素的供给量，h 即可得对第 i 种商品的市场总需求为：

$$Q_i^d = \sum_{h=1}^u Q_{ih} \qquad (i = 1, \cdots, m)$$

式中：$Q_{ih}$ 是单个居民户 h 对第 i 种商品的需求。

同理，第 j 种生产要素的市场总供给为：

$$Q_j^s = \sum_{h=1}^u Q_{jh} \qquad (j = m+1, \cdots, n)$$

式中：$Q_{jh}$ 是单个居民户 h 对第 j 种生产要素的供给。

## 12.2.3　厂商经济行为的模型

类似于对居民户 h 经济行为的模型化，我们对厂商经济行为的考察也从对一个典型厂商 k 的经济行为分析开始。

在模型的基本假设里，我们已经知道厂商是商品的供给者和生产要素的需求者。作为理性的经济人，厂商在当时生产技术水平（生产函数形式）的约束下，决定生产要素的需求和商品的供给，以期使其利润最大化。该模型是：

$$\max \quad \pi_k = P_1 Q_{1k} + \cdots + P_m Q_{mk} - (P_{m+1} Q_{(m+1)k} + \cdots + P_n Q_{nk})$$

$$\text{s.t.} \quad Q_{1k} = F_{1k}(Q_{(m+1)k}, \cdots, Q_{nk})$$

$$\cdots$$

$$Q_{mk} = F_{mk}(Q_{(m+1)k}, \cdots, Q_{nk}) \tag{12-4}$$

式中：$\pi_k$ 是典型厂商 k 的利润函数，其利润水平由该厂商所生产的产品数量和投入的生产要素数量决定。而约束条件是指，当厂商的技术水平固定，也就是说给定一个生产要素投入组合（$Q_{(m+1)k}, \cdots, Q_{nk}$）时，厂商最多只能产出 $Q_{ik}$（$i=1, \cdots, m$）的产量，亦即厂商不可能以一定的生产要素投入来不断增加产量并且增大利润。求解这个最大化问题，即可得该厂商对产品的供给和生产要素的需求，显然它们也是价格体系的函数。

厂商 k 对商品的供给函数是：

$$Q_{1k} = Q_{1k}(P_1, \cdots, P_n)$$

$$\cdots$$

$$Q_{mk} = Q_{mk}(P_1, \cdots, P_n) \tag{12-5}$$

厂商 k 对各种生产要素的需求函数是：

$$Q_{(m+1)k} = Q_{(m+1)k}(P_1, \cdots, P_n)$$

$$\cdots$$

$$Q_{nk} = Q_{nk}(P_1, \cdots, P_n) \tag{12-6}$$

我们可以加总所有 v 个厂商对商品的供给以及加总所有 v 个厂商对各种生产要素的需求。第 i 种商品的市场总供给为：

$$Q_i^s = \sum_{k=1}^{v} Q_{ik} \quad (i = 1, \cdots, m)$$

式中：$Q_{ik}$ 是单个厂商 k 对第 i 种商品的供给。

同理，第 j 种生产要素的市场总需求是：

$$Q_j^d = \sum_{k=1}^{v} Q_{jk} \quad (j = m+1, \cdots, n)$$

式中：$Q_{jk}$ 是单个厂商 k 对第 j 种生产要素的需求。

### 12.2.4 产品市场与生产要素市场的一般均衡

上面分别讨论了居民户和厂商的经济行为，现在我们可以综合上面的讨论结果来考察所有产品市场和生产要素市场的一般均衡问题。

**1. 市场的需求**

对居民户的讨论，我们已经知道所有 m 种商品的需求函数都是整个价格体系的函数，即

$$Q_1^d = Q_1^d(P)$$

$$\cdots$$

$$Q_m^d = Q_m^d(P) \tag{12-7}$$

式中：$P = (P_1, \cdots, P_n)$。

对厂商的讨论，我们又知道了所有（n-m）种生产要素的需求函数也是整个价格体系的函数，即

$$Q_{(m+1)}{}^d = Q_{(m+1)}{}^d(P)$$

…

$$Q_n{}^d = Q_n{}^d(P) \tag{12-8}$$

现在我们不区分产品和生产要素，则整个经济共有 n 种商品（m 种产品，（n-m）种生产要素）、n 个价格，那么经济中的需求函数就可以十分方便地表示为：

$$Q_i{}^d = Q_i{}^d(P) \qquad (i=1,\cdots,n)$$

**2.市场的供给**

通过对厂商的讨论，我们已知道所有 m 种产品的供给是整个价格体系的函数，即

$$Q_1{}^s = Q_1{}^s(P)$$

…

$$Q_m{}^s = Q_m{}^s(P) \tag{12-9}$$

通过对居民户的讨论，我们知道所有（n-m）种生产要素的供给是整个价格体系的函数，即

$$Q_{(m+1)}{}^s = Q_{(m+1)}{}^s(P)$$

…

$$Q_n{}^s = Q_n{}^s(P) \tag{12-10}$$

同样，不加区别产品和生产要素后，经济中的供给情况可简单地表示为：

$$Q_i{}^s = Q_i{}^s(P) \qquad (i=1,\cdots,n)$$

**3.一般均衡的要求**

根据一般均衡的具体含义可知，要使整个经济体系达到一般均衡状态，必须有一组均衡价格体系 $P^* = (P_1^*,\cdots,P_n^*)$，使得 n 个商品（m 种产品，（n-m）种生产要素）市场的供求同时处于均衡状态，即

$$Q_i{}^d(P^*) = Q_i{}^s(P^*) \qquad (i=1,\cdots,n)$$

那么是否存在这样一组均衡价格体系 $P^* = (P_1^*,\cdots,P_n^*)$ 呢？也就是说上述的 n 个市场在该价格体系下能否全部达到供求平衡？瓦尔拉斯做出了解释。

**4.瓦尔拉斯对一般均衡存在性的证明**

首先看一下一般均衡的要求条件，即

$$Q_i{}^d(P^*) = Q_i{}^s(P^*) \qquad (i=1,\cdots,n) \tag{12-11}$$

在上式中共有 n 个方程和 n 个未知价格，瓦尔拉斯认为在这 n 个商品中可以取一个一般等价物，它可以衡量其他商品的价格。不妨假定第 1 种商品就是所取的一般等价物，其价格可以为单位价格 1，即 $P_1=1$，那么所有其他商品的价格也就是它同第 1 种商品的交换比率。这样，未知数的个数就减少了一个，变为（n-1）种未知价格。

瓦尔拉斯同时认为 n 个方程也并不是相互独立的，其中有一个可以由其他（n-1）个方程完全导出。为此，我们先定义超额需求函数为：

$$Z_i(P) = Q_i{}^d(P) - Q_i{}^s(P) \qquad (i=1,\cdots,n)$$

即用第 i 种商品的市场需求减去它的市场供给，就得到该种商品的超额需求函数。

瓦尔拉斯法则：任给一组价格体系 P，存在 P·Z(P)=0。该法则的含义是如果 n 个市场中有（n-1）个市场的供求决定后，那么剩下的那个市场的供求也就确定了。

根据瓦尔拉斯法则，我们可以得到直接的结论：n 个方程中有效的个数是（n-1）个。这样，在一般均衡模型中，未知数个数是（n-1）个，独立方程数是（n-1）个。瓦尔拉斯因此断言由一般均衡模型中的（n-1）个独立方程可以唯一决定（n-1）个未知价格，从而一般均衡的存在性问题得到了解决。细心的读者可能已经发现了问题，即瓦尔拉斯所谓的（n-1）个独立方程决定（n-1）个未知量的断言并不准确，对此，后面我们还将予以论述。

**5.一般均衡的搜寻过程**

现在剩下的问题是，在实际经济中这组均衡价格是如何逐步实现的。因为经济当事人都不了解具体的均衡价格体系，这样交易就很可能在非均衡的一组价格下发生，一旦发生了错误的交易，一般均衡体系就不一定成立了。

为了走出这个困境，假设存在一个瓦尔拉斯拍卖人，他在经济体系中唯一的职能就是通过"喊价"和逐步调整，寻找出一组能使全部市场出清的价格体系。这种过程也被称为搜寻过程。搜寻具体过程是这样的：首先由瓦尔拉斯拍卖人喊出一组价格，然后经济中所有的行为个体根据这一组价格提出自己对各种商品的需求量和供给量；拍卖人汇总所有的需求量和供给量，根据所有商品之间供求的缺口方向调整拍卖价格，再进行第二轮喊价，然后调整，再喊价……直到找到均衡价格体系为止。此时交易才可以进行，均衡得以完成。

## 本章小结

所谓一般均衡理论又称阿罗-德布鲁范式，20世纪50年代这两位经济学家用高深的数学工具严格地证明了一般均衡的存在性。存在性的证明对微观经济学的意义是很重大的。一般均衡的存在有力地支持了很多西方经济学者的市场信条，即"看不见的手"会自动地调节市场并且使所有的市场达到均衡。尽管如此，一般均衡理论也没有征服所有的经济学家，因为有一部分经济学家认为一般均衡的假设条件过于严峻，脱离现实，这样带来的代价是一般均衡模型解释现实的能力不足。

## 本章基本概念

局部均衡　　一般均衡　　瓦尔拉斯法则　　搜寻过程

## 复习思考题

**一、简答题**

1.请比较一般均衡和局部均衡的异同。

2.举出一个一般均衡的例子，并画图说明。

**二、论述题**

评述瓦尔拉斯拍卖人的假定。

# 第13章 福利经济学

## 学习目标

通过本章的学习，你应该能够：

- 了解规范分析的特点以及公平和效率之间的冲突。
- 掌握帕累托标准以及福利经济学第一定理和第二定理的含义。
- 懂得完全竞争市场的运行是有效的，即其结果是帕累托最优的。
- 能够运用帕累托标准分析现实经济问题。

本书一直到现在讨论的都是所谓的实证经济学的内容，而福利经济学所涉及的内容是另外一个领域——规范经济学。本书的导论已经谈到了实证经济学和规范经济学的概念。从本章开始，我们将接触到规范经济学的内容，这样我们就可以比较真切地感受实证经济学和规范经济学之间的区别。从大体上讲，实证经济学回答"是什么"的问题，即它是在一系列的假设条件之下通过分析和推理，来解释和预测一定的经济行为及其后果。实证分析是微观经济学的中心问题，本书前面的内容都是属于实证经济学的范围。所谓规范经济学就是从一定的社会价值判断标准出发，对经济体系运行的结果做出相应的判断和评价，并且提出政策建议。可以看出，规范经济学不是以经济运行过程中的因果关系为其中心内容，而是以对经济过程的好和坏的价值判断以及改善社会福利的途径和条件为中心内容。一般说来，实证分析是规范分析的基础。

本章的主要内容有福利判断的帕累托标准以及福利经济学的两个基本定理和社会福利函数等。本章还引入一种很有用的分析工具——艾奇沃斯盒状图（Edgeworth Box）。

## 13.1 帕累托标准

### 13.1.1 帕累托标准、帕累托改进与帕累托最优

福利经济学判断经济是否有效率的标准是帕累托标准，后面我们会专门讨论这个问题，但是现在我们先通过一个通俗的例子来初步了解经济效率的含义。作为一个消费者，我们时常有这样一种亲身的体会：自己手里有一些从前买的商品（如某些老歌专辑唱片），而别人（邻居或室友）手里有一些自己感兴趣的书籍，凑巧两个人都对对方拥有的物品的偏好大于对自己手里已有的物品的偏好，于是两人用自己的一部分物品去交换对方的部分物品，并且交换以后两人都觉得比以前更加满意。显然，对上述的例子我

们完全可以这样说：在交换之前，商品在两个人之间的配置并不是有效率的。不错，对经济效率，这种直觉理解是对的，但是我们的目的是用规范的经济学语言来讨论经济效率。

本部分我们从交换的角度考察经济效率，并借此引出帕累托最优。假定资源的配置有 A 和 B 两种状态，如果在一个经济社会里至少有一个人认为 A 优于 B，而没有人认为 A 劣于 B，那么就说从整个社会的角度看 A 是好于 B 的。这就是帕累托标准。

利用帕累托标准考察前面的例子，我们来讨论所谓的帕累托改进这一概念。一个人手里有较多的唱片和较少的书籍，而另一个人手里有较多的书籍和较少的唱片，那么用前者的一部分唱片交换后者的一部分书籍，两个人的福利（如不加特别说明，福利的增减都以消费者个人效用水平的增减或生产者产量水平的增减来衡量）都会增加。这时可以说两者之间资源的重新配置使得两个人的境况都变得更好。其实，可以用帕累托标准分析更加一般的情况。显然，我们可以很自然地将两个人推广到整个经济社会，并且将资源的配置推广到整个经济社会。帕累托改进是指对一种既定的资源配置进行改变，改变的结果使得至少有一个人的境况变得更好，而没有任何一个人的境况变得更差。显然，帕累托改进的概念是对帕累托标准的自然延伸。

更进一步，应用帕累托标准和帕累托改进两个概念可以定义帕累托最优。如果对某种既定的资源配置状态，不存在任何帕累托改进的余地，那么这种资源配置状态就被称为帕累托最优。对帕累托最优还有另外一种表述：如果对某种既定的资源配置不可能在不使任何一个人的境况变差的情况下，改善某些人的境况，则称此时的资源配置已处于帕累托最优。读者可以体会到这两个说法是等价的。

### 13.1.2  帕累托改进的一个例子

两个学生 A 和 B 共有 10 本书和 6 张唱片，其中 A 有 7 本书和 1 张唱片，而 B 有 3 本书和 5 张唱片，假定两人之间的交易不存在交易成本（transaction cost），并且两个人的偏好已知（无差异曲线已知）。如果我们设 A 在现在的资源配置状态下 1 张唱片对书的边际替代率为 3，也就是说 A 愿意放弃 3 本书来换取 1 张唱片；B 的 1 张唱片对 1 本书的边际替代率为 1，即 B 愿意放弃 1 本书来换取 1 张唱片。这样，A 对唱片的评价较高，B 对书的评价较高，两者之间进行交换对双方都有利可图。试想 A 用 3 本书交换了 B 的 1 张唱片，A 的商品组合就变为 4 本书和 2 张唱片，而 B 的商品组合变为 6 本书和 4 张唱片。交换后，A 的效用水平仍然和交换之前一样，但是 B 的效用水平大于交换之前的，因为 B 其实只需要 1 本书就可以放弃 1 张唱片，并且维持效用水平不变，而事实上 B 得到了 3 本书，这比他想得到的数量多出了 2 本，效用肯定就会更高。在这个具体的例子中，商品的重新配置就是两个人之间的一个帕累托改进的方案。其实两个人之间的帕累托改进方案不止一种，读者可以思考一下，如果书和唱片可以无限细分并且不限定 A 和 B 之间谈判能力的差别，那么在两个人之间存在多少种帕累托改进的方案？请设计具体的方案来实现帕累托改进。

## 13.2 交换的帕累托最优

13.2部分和13.3部分的内容都是考察帕累托最优的必要条件。这两部分内容较多，概念也较多，是本章应该重点掌握的知识。

在13.1部分，我们讨论帕累托标准时以商品交换为例给出了一个帕累托改进的例子，但也留下了一个相关的问题：帕累托改进的过程会不会结束，即有没有一种资源配置的状态，对它来讲不存在任何帕累托改进的余地，就像13.1部分中定义的帕累托最优那样。更进一步地，如果存在这么一种交换的帕累托最优，其必须满足的条件又是什么？

为了突出本部分的基本内容，我们先考虑很简单的交换经济，然后将所得到的结论推广到一般情况。假定考虑两种数量给定的商品在两个人之间的分配和再分配问题（2×2经济）：两种商品分别为X和Y，X的数量总共是$\overline{X}$，Y的数量总共是$\overline{Y}$；两个消费者分别是A和B。首先来认识一种重要的分析工具——艾奇沃斯盒状图。如图13-1所示，艾奇沃斯盒是一个矩形盒，它的水平方向表示X的数量，水平轴的总长度表示X的总数量是$\overline{X}$。矩形盒的垂直方向表示另外一种商品Y，垂直轴的总长度表示Y的总数量是$\overline{Y}$。$O_A$表示消费者A的原点，$O_B$表示消费者B的原点。从图13-1中可以看到，对消费者A，水平方向从左到右表示该消费者拥有的商品X的数量逐渐增加，垂直方向从下到上表示该消费者拥有的商品Y的数量逐渐增加。对消费者B，情况就正好相反，水平方向从右到左表示该消费者拥有的商品X的数量逐渐增加，垂直方向从上到下表示该消费者拥有的商品Y的数量逐渐增加。

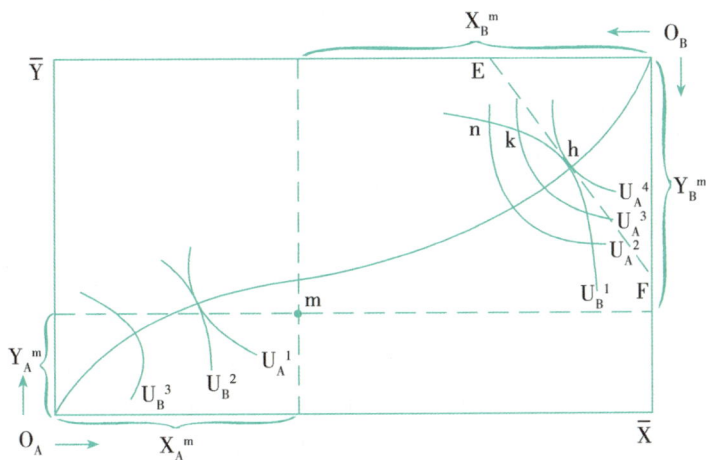

图13-1 交换的帕累托最优

事实上艾奇沃斯盒状图包含了两个消费者A和B之间对既定的商品资源X和Y进行分配的所有可能的情形。比如对艾奇沃斯盒状图中的任意一点m，资源的分配情况是这样的：消费者A拥有商品X的数量是$X_A^m$，拥有商品Y的数量是$Y_A^m$；消费者B拥有商品X的数量是$X_B^m$，拥有商品Y的数量是$Y_B^m$，$X_A^m$与$X_B^m$之和是$\overline{X}$，$Y_A^m$与$Y_B^m$之和是$\overline{Y}$。当然，如果资源配置的组合点在水平轴上，就表明两个消费者中有一个人不拥有 Y 商品；如果资源的最初配置在垂直轴上，则表明两个消费者中有一个人不拥有 X 商品。

借助艾奇沃斯盒状图，我们仔细分析消费者 A 和 B 的情况。在艾奇沃斯盒状图中画出 A 和 B 两个人的无差异曲线（如图 13-1 所示）。消费者 A 的效用增加的方向是斜向上的，即 $U_A^1 < U_A^2 < U_A^3$；消费者 B 的效用增加的方向是斜向下的，即 $U_B^1 < U_B^2 < U_B^3$。由于无差异曲线的性质之一是其布满整个坐标空间，即无差异曲线具有连续性，因此可以假定点 n 正好就是两条无差异曲线 $U_A^2$ 和 $U_B^1$ 的一个交点。显然，n 点的资源配置绝不是帕累托最优，因为此时可以很容易地找到一点 k，其是无差异曲线 $U_A^3$ 和 $U_B^1$ 的交点，从 n 点到 k 点的资源重新配置是资源配置的帕累托改进。因为虽然消费者 B 的效用水平没有改进（没有变），但是消费者 A 的效用水平提高了。由于 n 点存在帕累托改进的余地，所以它必然不处于帕累托最优。

如果找到一点 h，它是两条无差异曲线 $U_A^4$ 和 $U_B^1$ 的公切点，此点就是我们要找的资源配置的帕累托最优状态（后面会看到还有其他的帕累托最优状态）。回顾帕累托最优的定义，即如果对某种既定的资源配置，不存在任何帕累托改进的余地。我们用这个定义来检验 h 点的资源配置状态是否符合其含义。如图 13-1 所示，两条无差异曲线 $U_A^4$ 和 $U_B^1$ 的公切线 EF 将艾奇沃斯盒状图之中的空间分为 3 个部分：EF 线段的左下部分、EF 线段的右上部分和 EF 线段本身。对 h 点的重新配置，无非 3 种情况：改变后的点处于 EF 线段的左下部分或 EF 线段的右上部分或 EF 线段本身上。如果改变之后的资源配置处于 EF 线段的左下部分，那么对消费者 B 来说，其效用固然增加了，但是消费者 A 的效用水平下降了，这样的改变方案是不符合帕累托最优的定义的。同理，如果改变之后的资源配置处于 EF 线段的右上部分，那么对消费者 A 来说，其效用水平固然增加了，但是消费者 B 的效用水平下降了，这也不符合帕累托最优的定义。如果改变之后的资源配置处于 EF 线段本身（h 点除外）上，这样的配置效果更差，它使得消费者 A 和 B 的效用水平都下降了。综上所述，可知对 h 点来讲不存在任何帕累托改进的方法，由此可以断定 h 点的配置处于交换的帕累托最优状态。

细心的读者可能已经发现，如果在艾奇沃斯盒状图中画上更多的无差异曲线，就会得到更多的无差异曲线之间的公切点，我们同样可以论证这些公切点都是处于交换的帕累托最优状态。事实上在图 13-1 中，所有的无差异曲线之间的公切点构成的曲线被称为交换的契约曲线（contract curve），在图中就是曲线 $O_A O_B$。在本部分所讨论的简单的 2×2 经济中，代表所有的帕累托最优状态的点都在契约曲线 $O_A O_B$ 上。

当采用另外一种非直观的看法看待帕累托最优时，就可以得出关于帕累托最优的更深刻的含义，即满足怎样的条件就算是交换的帕累托最优。回忆 13.1.2 部分中的例子，有 A 和 B 两个学生，初始的物品配置是 A 有 7 本书和 1 张唱片，B 有 3 本书和 5 张唱片，关于唱片对书的边际替代率，A 为 3，B 为 1，那么 A 只要 B 的 1 张唱片的要价少于 3 本书，而 B 只要自己的 1 张唱片能换回不止 1 本书，两个人的福利就会同时增加。显而易见，只要两个学生对相同的某种物品的评价不同，即两个人的边际替代率不相等，就一定会有其他的物品分配方案可以使得两个人得到帕累托改进（读者可以想一想原因）。

那么，交换会在什么时候结束？答案大家都能够猜出来，交换在两个人的边际替代率相等时结束，因为此时的状态就是帕累托最优。回到图13-1中，n点处于两条无差异曲线的交点上，这说明两条无差异曲线在n点处的切线也相交，因为无差异曲线的斜率就是该点的边际替代率，所以n点处于两条无差异曲线的交点上的经济含义是，在这点上，A和B两个人的边际替代率不相等。而h点正好是两条无差异曲线的公切点，这时A和B两个人的边际替代率相等，处于帕累托最优。因此，将交换的帕累托最优的条件表示为：

$$MRS_{XY}^A = MRS_{XY}^B \qquad\qquad (13-1)$$

式（13-1）就是交换的帕累托最优的必要条件，13.3部分考察生产的帕累托最优的必要条件。

## 13.3　生产的帕累托最优

对生产的帕累托最优，我们仍然在简单的2×2经济中讨论，但其含义有所不同。本部分所讨论的经济是两种既定数量的生产要素在两个生产者之间的分配问题。我们假设两种生产要素分别为L和K，其总的数量分别为$\overline{L}$、$\overline{K}$；两个生产者分别是C和D。仍然使用本章基本的分析工具——艾奇沃斯盒状图。如图13-2所示，矩形盒的水平轴表示生产要素L，水平轴的总长度表示生产要素L的总数量是$\overline{L}$；矩形盒的垂直轴表示生产要素K，垂直轴的总长度表示生产要素K的总数量是$\overline{K}$。对生产者C来说，水平方向从左向右表示其拥有的生产要素L的数量逐渐增加，垂直方向从下到上表示其拥有的生产要素K的数量逐渐增加。对生产者D来讲，情况正好相反，不再赘述。

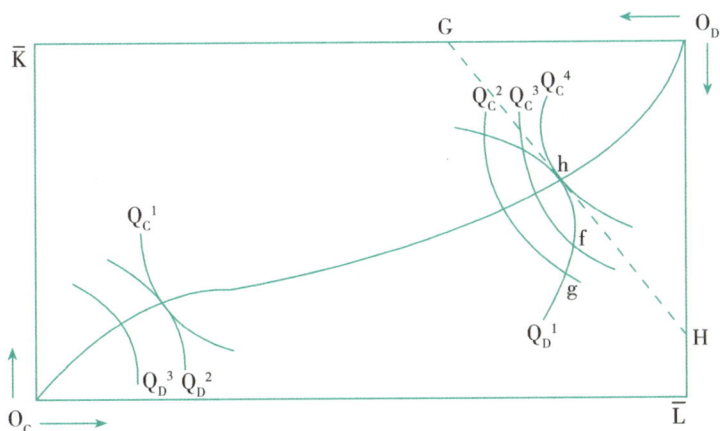

**图13-2　生产的帕累托最优**

由于13.2部分的详细探讨，我们已经对艾奇沃斯盒状图比较熟悉了，所以本部分的讨论会简单一些。图13-2中的艾奇沃斯盒状图实际上包括了生产要素在两个生产者之间的所有分配状态。为了讨论生产要素的帕累托最优，我们在艾奇沃斯盒状图中画出两个生产者的几条等产量曲线，其中，$Q_C^1 < Q_C^2 < Q_C^3$，$Q_D^1 < Q_D^2 < Q_D^3$。图中的g点是两条等产量曲线$Q_C^2$和$Q_D^1$的交点，其肯定不是生产要素的帕累托最优。因为图中f点是$Q_C^3$和$Q_D^1$

的交点，读者可以清楚地看出，当生产要素的组合由g点变为f点时，虽然生产者D的产量没有变化，但是生产者C的产量有所提高。f点是g点的一个帕累托改进方案。

再看图13-2中的h点。它是等产量曲线$Q_C^4$和$Q_D^1$的公切点，通过比较h点、g点和f点的生产要素分配的情况很容易得出h点是3点之中的最佳点。事实上，h点的配置情况不仅优于g点和f点，而且不存在比h点更优越的配置状态。其理由是，图13-2中的两条等产量曲线$Q_C^4$和$Q_D^1$的公切线GH将图中的艾奇沃斯盒状图的空间分为3个部分：GH线段的左下部分、GH线段的右上部分和GH线段本身。那么针对h点，资源配置的改变也只有3种情况：位于GH线段的左下部分或者GH线段的右上部分或者GH线段本身上。如果资源配置变化之后，配置点位于GH线段的左下部分，那么对生产者D来说，其产量提高了，同时生产者C的产量却下降了。换言之，这种改变方案并不优于h点的生产要素配置状态。同理，读者可以自己完成另外两种改变（GH线段的右上部分或者GH线段本身）配置的方案，其结果仍然是无法实现帕累托改进。由此，我们可以得出结论：h点的生产要素配置状态处于帕累托最优。

同样，如果在图13-2中的艾奇沃斯盒状图中画出更多的等产量曲线，就可以得到更多的等产量曲线之间的公切点，事实上这些公切点组成了生产要素所有可能的最优配置状态，它们所组成的轨迹线$O_CO_D$就是生产的契约曲线。

类似于13.2部分的分析，如果我们用边际技术替代率来看生产的帕累托最优问题，就可以得出其条件。比如说，在生产要素配置的初始阶段，生产者C的边际技术替代率（L对K替代）为4，而生产者D的边际技术替代率为1。对生产者C，只要生产者D对1个单位的生产要素L的要价少于4个单位的生产要素K，生产者C就会同意，因为交换生产要素之后生产者C的产量会提高。而对生产者D，只要生产者C愿意以大于1个单位的生产要素K来交换自己1个单位的生产要素L，那么两者之间就会重新配置生产要素，并且重新配置后生产者D的产量有所提高。只要两个生产者的边际技术替代率不同，就一定存在某种改进的方案。只有到两个生产者的边际技术替代率相等时，生产要素的配置才处于帕累托最优。生产的帕累托最优的必要条件为：

$$MRTS_{LK}^C = MRTS_{LK}^D \tag{13-2}$$

## 13.4　生产可能性曲线与生产和交换的帕累托最优

### 13.4.1　生产可能性曲线

在13.3部分我们讨论了生产的契约曲线，因为生产契约曲线上的各点都是生产要素的帕累托最优配置，所以以该契约曲线上的生产要素投入组合进行生产就可以得出各种最优产量。以此为基本思路，我们通过生产契约曲线就可以推导出所谓的生产可能性曲线。需要强调的是，生产可能性曲线上的产出水平都是帕累托意义上的最优。为了分析的方便，仍然考察简单的经济情况，只是现在不仅考虑两个生产者和两种生产要素，还要考虑两种产品。

用图形来考察比较方便。图 13-3（a）实际上就是生产的艾奇沃斯盒状图。假定生产者 C 只生产一种产品 X，而生产者 D 只生产另外一种产品 Y。图中的点 j 是生产契约曲线上的一点，也是等产量曲线 $X_1$ 和等产量曲线 $Y_1$ 的公切点，在 j 点处，生产者 C 生产 X 产品的产量是 $X_1$，生产者 D 生产 Y 产品的产量是 $Y_1$。现在将 j 点所包含的两种产品的产量信息转换到图 13-3（b）中，该图的横轴表示 X 产品的产量，纵轴表示 Y 产品的产量。我们在图 13-3（b）上绘出点 j′，其横坐标是 $X_1$，纵坐标是 $Y_1$，可以看出现在 X 产品的产量较小，而 Y 产品的产量较大。对图 13-3（a）中的生产契约曲线上的点 k，也可以做同样的处理，即将该点处的两种产品 X 和 Y 的产量标出来，设为 $X_2$ 和 $Y_2$，然后将点 k 所包含的产量信息转换到图 13-3（b）中的点 k′ 上，其横坐标是 $X_2$，纵坐标是 $Y_2$，此时的产量组合是 X 产品的产量较大，而 Y 产品的产量较小。理论上可以将图 13-3（a）中生产契约曲线上的每一个点都用相同的方法转换到图 13-3（b）中，转换后所有的点的轨迹就是最优产出量的轨迹，这条通过转换生产契约曲线得来的曲线被称为生产可能性曲线，也称产品转换曲线。

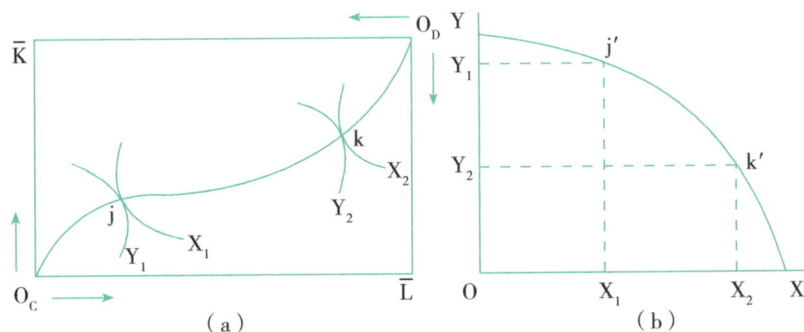

图 13-3　由生产契约曲线到生产可能性曲线

## 13.4.2　生产可能性曲线的形状

从图 13-3（b）中可以很直观地看到，生产可能性曲线向右下方倾斜，并且凹向原点。生产可能性曲线向右下方倾斜，说明两种产品之间的最优产量存在替代关系，一种产品产量的增加必然伴随着另外一种产品产量的减少。两种产品产量此消彼长的关系可以从图 13-3（a）中的生产契约曲线中看得十分清楚。由于生产要素 L 和 K 的供给总量是给定的，对任何一种生产要素来说，一个生产者（比如 C）所拥有的生产要素的增加必然伴随着另外一个生产者（比如 D）所拥有的生产要素的减少，换一个说法就是一种产品产出量的增加必然伴随着另外一种产品产出量的减少。

图 13-3（b）中的生产可能性曲线还有一个显著的特征是凹向原点。其经济含义是指，不仅一种产品产出量的增加必然伴随着另外一种产品产出量的减少，而且在某种产品产出量增加的过程中，每单位该产品的产出量的增加所伴随的另外一种产品产出量的减少量是递增的。

下面举一个具体的例子来讨论生产可能性曲线凹向原点这一性质。如图 13-3（b）所示，假设生产可能性曲线在 j′ 点处的斜率的绝对值是 0.5，也就是说在总的生产要素投入固定情况下增加 1 个单位的 X 产品的产出，就必须以减少 0.5 个单位的 Y 产品的产出量为代价。如果我们不断地增加产品 X 的产出量，比如将 X 产品的产出量由 $X_1$ 提高到 $X_2$，此时对应着生产可能性曲线上的 k′ 点，曲线在 k′ 点处的斜率的绝对值变成 2，即在总的生产要素投入固定情况下增加 1 个单位的产品 X 的产出，就必须以减少 2 个单位的 Y 产品的产出量为代价。这就是说，以顺时针方向沿着生产可能性曲线移动时，增加产品 X 的产出所付出的代价越来越大。事实上，我们定义生产可能性曲线斜率的绝对值为 MRT（商品的边际转换率），其公式为：

$$MRT_{XY} = -\frac{dY}{dX} \tag{13-3}$$

显然，根据前面的讨论，可以知道 $MRT_{XY}$ 的值是随着 X 的值递增的。对商品的边际转换率还有一个重要的等式：

$$MRT_{XY} = \frac{MC_X}{MC_Y} \tag{13-4}^{①}$$

利用式（13-4），读者可以加深对商品的边际转换率递增规律的理解。生产可能性曲线背后有一个十分重要的假定，即生产要素的总投入是固定的。当生产可能性曲线靠近纵轴时，Y 产品的产量很大，而 X 产品的产量相对来说很小，此时生产要素绝大部分都投向了 Y 产品的生产，只有很少量的一部分生产要素用来生产 X 产品。回忆生产者理论的内容我们知道，生产要素的投入超过了一定的数额后，其边际报酬是递减的。由此可知，当生产可能性曲线上的点靠近纵轴时，由于 Y 产品的产量相对 X 产品来讲很大，所以生产要素大部分都投向了 Y 产品的生产。由边际报酬递减规律可知，此时生产 Y 产品的边际成本很大（相对生产 X 产品），而生产 X 产品的边际成本肯定很小。这时将用来生产 Y 产品的生产要素转移一部分到 X 产品的生产中，Y 产品的产量减少很少，而 X 产品的产量增加很多，即 X 产品对 Y 产品的边际转换率很小。随着生产要素不断从 Y 产品的生产转移到 X 产品，形式会发生逆转，即生产 X 产品的生产要素投入的边际报酬越来越少（对应地就是生产 X 产品的边际成本越来越大），而生产 Y 产品的生产要素投入的边际报酬越来越多（对应地就是生产 Y 产品的边际成本越来越小），同时 X 产品对 Y 产品的边际转换率也就越来越大。

### 13.4.3　生产和交换的帕累托最优

对交换的帕累托最优以及生产的帕累托最优，前面都已经分别讨论过了。本部分的目的是综合考察交换和生产两方面的帕累托最优，即生产和交换都达到帕累托最优。在讨论交换的帕累托最优时，我们考虑的经济是一个纯粹的交换经济，没有涉及生产的问题，也就是交换的帕累托最优并不能保证生产的帕累托最优，或者说两者之间没有必然的联系。而我们在讨论生产的帕累托最优时，考虑的经济中又完全抽象掉了商品交换，生产的帕累托最优也不能保证交换的帕累托最优。在前面的讨论中，我们实际上是将交换和生产分开来独立地进行分析。学习了生产可能性曲线后，可以将两者综合起来考

---

① 考虑到成本函数 $C(X,Y) = C_0$，取全微分有 $MC_X dX + MC_Y dY = 0$，即 $\frac{MC_X}{MC_Y} = -\frac{dY}{dX}$，联系式（13-3）可得证式（13-4）。

虑，即交换和生产的帕累托最优。

我们仍然借助几何图形的帮助来讨论。图13-4是一张生产可能性曲线图，横轴表示 X 产品的产量，纵轴表示 Y 产品的产量，TT′曲线就是生产可能性曲线。任取生产可能性曲线上的一点 $O_B$，点 $O_B$ 处的产品产量组合是（$X_0$，$Y_0$）。因为生产可能性曲线上的任何一点都是从生产的契约曲线上得来的，所以可以断言 $O_B$ 处的产量组合达到了生产的帕累托最优。由于现在经济中的产品产量组合是（$X_0$，$Y_0$），于是可以进一步考虑这样的组合在两个消费者 A 和 B 之间的分配。实际上也就是在产品数量既定的条件下，来找出两个消费者之间所有的帕累托最优配置。根据我们在本章"交换的帕累托最优"中的详细论述，我们取一个生产的最优点 $O_B$，以 $O_AO_B$ 线段为对角线在生产可能性曲线所围的区域中画出一个交换的艾奇沃斯盒状图，并且画出该艾奇沃斯盒状图内的交换的契约曲线。现在由于有生产可能性曲线为桥梁，交换的帕累托最优和生产的帕累托最优两种独立的状态之间已经有了一种对应关系，即任给生产的契约曲线上的一点（代表一种生产的帕累托最优），便可以在生产的可能性曲线上找到对应的一点，再以生产可能性曲线上对应的这一点的产量组合为经济中的产品总量，便又可以构造出交换的艾奇沃斯盒状图并且可以描出相应的交换的契约曲线（代表所有可能的交换的帕累托最优）。但此时，故事还没有结束，因为我们只是知道了任意一个生产的帕累托最优状态可以有无数个交换的帕累托最优状态与之相对应，而对生产和交换的综合最优[①]我们还是一无所知。所以，现在的任务就是找出生产和交换的综合最优，也就是在无数个交换的帕累托最优中筛选出一个状态，使它和所对应的生产的帕累托最优联合起来表示综合的帕累托最优。

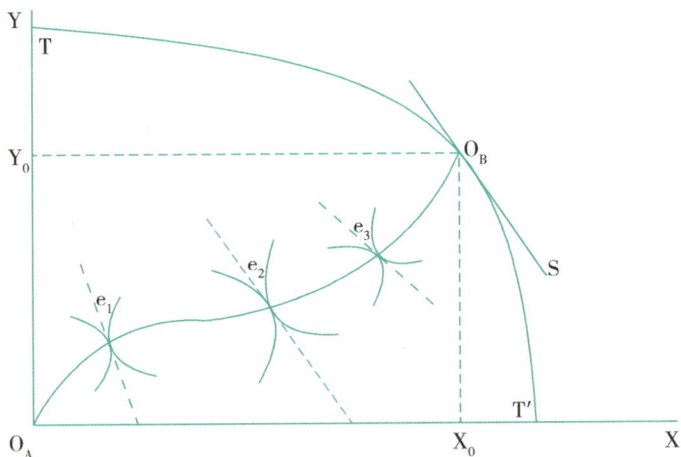

图13-4　生产和交换的帕累托最优

借助图形来寻找生产和交换的帕累托最优，如图13-4所示。交换的契约曲线由无数条无差异曲线的公切点所构成，对应于该契约曲线上的任何一点，比如说 $e_1$ 点，都有两条无差异曲线在此相切。所有的公切线的斜率只有两种情况：一是与 $O_B$ 点处生产可能性曲线的斜率相等；二是与 $O_B$ 点处生产可能性曲线的斜率不相等。而无差异曲线的斜率正是商品的边际替代率，生产可能性曲线的斜率是两种商品的边际转换率，显然两

_____

①　本书为了方便起见，以后将生产和交换同时达到最优的状态称为综合最优。

者之间有可能相等，也有可能不等。当边际替代率与边际转换率不等时，经济中还存在帕累托改进的余地；只有边际替代率与边际转换率相等时，才达到交换和生产的帕累托最优。

对这个结论可以用很简单的数字例子加以阐述。首先回忆一个结论，即凡是竞争经济中的一种帕累托最优状态，它都必须满足一个条件：边际收益等于边际成本。[①]这个条件有很多种变形，其中边际替代率等于边际转换率就是变形之一。我们将两个消费者、两个生产者和两种产品（2×2×2经济）组成一个简单的经济社会，正如图13-4所描述的经济。假设在 $e_1$ 点处，X产品对Y产品的边际替代率是3，即消费者愿意放弃3个单位的Y产品来换取1个单位的X产品，其效用水平保持不变。也就是从消费者的主观评价来看，1个单位的X产品带来的效用价值相当于3个单位的Y产品。那么从整个经济的角度看，增加消费者1个单位的X产品的消费，带来的边际收益相当于3个单位的Y产品。假定生产可能性曲线在 $O_B$ 点的斜率是2，即边际转换率是2，这表示从生产的客观约束角度来看，增加1个单位的X产品的生产，Y产品会减少2个单位，这就是增加1个单位X产品的边际成本。细心的读者可能已经从边际替代率和边际转换率的差异之中（边际收益大于边际成本）发现了帕累托改进的余地：因为边际替代率大于边际转换率，也就是边际收益大于边际成本，那么在整个经济的范围内做出安排，即生产者增加生产1个单位的X产品并且减少2个单位的Y产品，此时仍然可以维持生产者的帕累托最优；但从消费者的角度来看，消费者增加1个单位的X产品的消费，从其主观心理评价上讲可以放弃3个单位的Y产品而维持效用程度不变，可是客观上消费者只是减少了2个单位的Y产品的消费，那么就多出了1个单位的Y产品，这个经济的整体福利显然是增加了。

如果边际替代率小于边际转换率，是否也存在帕累托改进的余地？如图13-4中的点 $e_3$，该点处的X产品对Y产品的边际替代率设为1，消费者这时愿意放弃1个单位的Y产品来增加1个单位的X产品。由于生产可能性曲线在 $O_B$ 点处的斜率是2，即边际转换率是2，此时边际替代率小于边际转换率，即增加1个单位X产品的边际收益小于增加1个单位X产品的边际成本，所以帕累托改进的方案应该是减少X产品的生产。减少1个单位X产品的生产，可以增加2个单位Y产品的生产。而对消费者来说，减少1个单位的X产品，只需要补偿其1个单位的Y产品就可维持效用水平不变，仍然多出了1个单位的Y产品。

通过上面对边际替代率和边际转换率不相等的两种情形的分析，可以得出只要两者不等就存在帕累托改进的方法。只有在交换的契约曲线上的某一点的边际替代率等于边际转换率，即边际收益等于边际成本时，才不仅生产处于帕累托最优、交换处于帕累托最优，而且从整个经济的角度讲生产和交换联合起来同时达到帕累托最优（综合最优）。从图13-4看，$e_2$ 点处的公切线和 $O_B$ 点处生产可能性曲线的切线S平行，我们称这个状态为生产和交换的帕累托最优。其必须满足的条件用公式表达如下：

$$MRS_{XY}=MRT_{XY} \tag{13-5}$$

---

[①] 或者称为等边际原理。

# 13.5　福利经济学的两个基本定理

第 12 章讨论了在一定的条件下，完全竞争经济可以达到一般均衡。本章又探讨了竞争经济条件下的交换和生产的帕累托最优情形。实际上在完全竞争经济的条件下，市场的一般均衡状态和帕累托最优状态之间有着十分紧密的关系。本部分的内容就是详细地讨论这两者间的关系。福利经济学有两个经典的结论或定理很好地概括了市场的一般均衡和帕累托最优之间的联系。

## 13.5.1　福利经济学第一定理

福利经济学第一定理要回答的问题是：一个完全竞争的市场达到了一般均衡时，是否实现了帕累托最优。对此，福利经济学第一定理做出了肯定的回答：完全竞争市场经济的一般均衡是帕累托最优的。

下面来详细地论证这个命题。我们已经知道整个经济的帕累托最优是由交换的帕累托最优、生产的帕累托最优及交换和生产的帕累托最优 3 个条件组成的。可以通过检查市场达到一般均衡后的 3 个帕累托最优条件是否得到了满足来证明福利经济学第一定理。

首先，在完全竞争市场中，每个消费者达到效用最大化的条件是任意两种商品的边际替代率等于这两种商品在市场上的竞争均衡价格的比率；同时，在完全竞争经济下，任意一个消费者都只是价格的接受者，对同一种商品来说，每个消费者面对的价格也就是一样的。也不失一般性，假定经济中任意两个消费者 A 和 B 以及任意两种产品 X 和 Y，用式子表示则是：

$$MRS_{XY}{}^{A} = \frac{P_X}{P_Y} = MRS_{XY}{}^{B} \tag{13-6}$$

显然，由式（13-6）可以得到消费者 A 和 B 的边际替代率相等。这意味着在完全竞争市场中，消费者的均衡实现了交换的帕累托最优。

其次，在完全竞争经济中，当市场达到均衡时，每个厂商都实现了利润最大化或成本最小化。而对任意一个生产者来说，利润最大化必须满足的条件之一是：任意两种生产要素之间的边际技术替代率等于这两种生产要素均衡价格的比率。也不失一般性，假定经济中有两个生产者 C 和 D 以及两种生产要素 L 和 K。又由于每个厂商面对的生产要素市场价格是统一的，用式子表示利润最大化的条件为：

$$MRTS_{LK}{}^{C} = \frac{P_L}{P_K} = MRTS_{LK}{}^{D} \tag{13-7}$$

从式（13-7）同样可以得到生产者 C 和 D 的边际技术替代率相等。也就是说，在完全竞争经济中，当生产者达到均衡时，生产的帕累托最优条件自动满足。

最后，完全竞争市场上厂商均衡，即利润最大化的另一个条件是产品的市场价格等于其边际成本：$P_X = MC_X$；$P_Y = MC_Y$。回忆式（13-4）：$MRT_{XY} = \frac{MC_X}{MC_Y}$，便可得到 $MRT_{XY} =$

$P_X/P_Y$，结合式（13-6）又得到 $MRS_{XY}=MRT_{XY}$。而这就是生产和交换的帕累托最优条件。

因此，通过上面的证明知道在完全竞争市场达到一般均衡时，帕累托最优的 3 个条件也得到满足，福利经济学第一定理成立。

我们一般把实现了帕累托最优的经济状态称为有经济效率。福利经济学第一定理的证明过程实际上说明了完全竞争经济达到均衡时是有效率的。人们曾一度担心市场经济以利己为基础，每个人都追求自己的效用最大化，每个生产者都追求自己的利润最大化，那么这个各自为政的经济可能会陷入混乱之中，造成巨大的浪费。福利经济学第一定理消除了人们的担心，它保证了完全竞争的市场机制能通过价格有效率地配置稀缺的资源。亚当·斯密在《国富论》中指出，市场经济中每个人在追求自身利益的同时受到一只"看不见的手"的引导，其结果是促进了社会的利益。对自由派经济学家的这个信念，福利经济学第一定理给予了明确的内容。

### 13.5.2 福利经济学第二定理

福利经济学第一定理指出完全竞争均衡是有效率的，那么反过来，给定资源的一个帕累托最优的配置，它能否由完全竞争的市场机制来达到？福利经济学第二定理认为：在所有消费者的偏好为凸性（无差异曲线凸向原点）和其他的一些条件下，任何一个帕累托最优配置都可以从适当的初始配置出发，通过完全竞争的市场均衡来达到。

对福利经济学第二定理，我们通过交换的艾奇沃斯盒状图给予阐明。图 13-5 与图 13-1 的含义相同，即经济中有数量既定的两种商品 X 和 Y，纵轴的长度表示商品 Y 的既定数量，横轴的长度表示商品 X 的既定数量。这两种既定数量的商品在两个消费者 A 和 B 之间分配，并且假定初始的分配点是 $W_1$。显然初始的分配点不一定恰好就是帕累托最优分配点，福利经济学第二定理要说明的是给定一个帕累托最优配置点 e，它能否通过市场机制从初始的分配点 $W_1$ 达到。

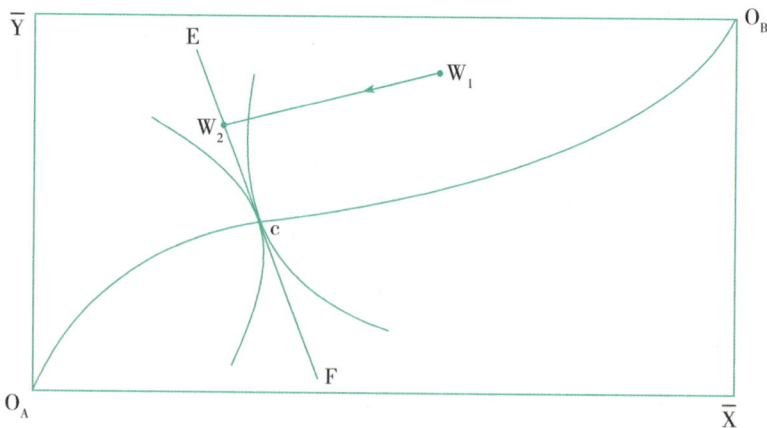

图 13-5　福利经济学第二定理

我们知道，给定消费者的偏好（无差异曲线），帕累托最优点 e 位于某两条无差异曲线的公切点处（如图 13-5 所示），此时边际替代率等于两种商品的价格（相对价格）比，两种商品的相对价格就是图 13-5 中公切线 EF 的斜率。无疑，从点 $W_1$ 引出任何一条线（除了和 EF 线段平行的线外）都会和图中的无差异曲线相交，也就是说除了某一个相对价格外，其他的相对价格都不可能达到帕累托最优。如果通过再分配将初始分配点 $W_1$ 变为 EF 线段上的某一点 $W_2$，那么市场会选择 EF 线段的斜率为两种商品的相对价格。理由如下，当政府将资源重新配置为点 $W_2$ 时，无论相对价格如何，消费者的预算约束线必须满足 3 个条件：

（1）通过点 $W_2$；

（2）与两条无差异曲线公切；

（3）满足式（13-5）。

图 13-5 中的 EF 线段是满足这 3 个条件的。读者可以自己由点 $W_2$ 引出其他的线段，从图中可以比较直观地发现，引出的其他线段不会同时满足上述 3 个条件。确定了预算约束线 EF 后，两个消费者根据效用最大化的原则都会选择预算约束线与无差异曲线的切点，在图 13-5 中就是点 e。

综上所述，首先任意给定一个资源的初始配置（$W_1$），然后通过资源的再分配将初始配置点置于某两条无差异曲线的公切线上（注意该公切线应该满足上述 3 个条件），最后市场机制选择一个和该公切线斜率相等的相对均衡价格就可以最终达到要求。

福利经济学第二定理表明市场可以实现任意一种帕累托最优配置，无需政府采取税收或价格等形式的干预。

## 13.6　公平、效率与社会福利函数

迄今为止，我们详细地讨论了帕累托最优标准，并且明确地说明了经济上有效率的含义就是指在经济中实现了帕累托最优。但是，在前面的讨论中一直忽略了一个问题，即实现帕累托最优后，这种有效率的经济配置状态对社会来说是否公平。事实上，对怎样定义公平，经济学家之间存在分歧。简而言之，经济学家基本上都认可采用帕累托标准来判定经济是否有效率，但是对如何判断资源配置的公平没有达成共识。在接下来的内容里我们将讨论效率和公平的问题。

### 13.6.1　效用可能性曲线

我们曾经通过挖掘生产的契约曲线背后所包含的产量信息，描绘出了生产可能性曲线。同样，我们可以通过利用交换的契约曲线背后所包含的效用水平的信息画出效用可能性曲线。如图 13-6 所示，假设经济中只有两个消费者 A 和 B、两种产品 X 和 Y。任取生产可能性曲线上的一点 C，这时经济中的产量组合是（$X_c$，$Y_c$），以此我们构造一个艾奇沃斯盒状图。注意图中的交换的契约曲线背后隐藏着一个有用的信息，即契约曲线上的每一点都是某两条无差异曲线的公切点。由于每一条无差异曲线的位置就是一个确定的效用水平，那么将交换契约曲线上每一点所代表的效用组合转换到图 13-7 中就可以得到效用可能性曲线。图 13-7 的横轴表示消费者 A 的效用水平，纵轴表示消费者 B 的效用水平。对生产可能性曲线上的任一点 C，可以得到交换的契约曲线 OC，根据契约曲线 OC 所包含的效用水平信息，可以在图 13-7 中绘出对应的效用可能性曲线 $U_c$。同

理可知，对图13-6中的生产可能性曲线的其他各点都可以用相同的办法绘出各自的效用可能性曲线。如生产可能性曲线上的D点就对应图13-7中的效用可能性曲线$U_D$。对所有的效用可能性曲线（如$U_C$、$U_D$等），绘出它们的包络线，这条包络线就被称为最优效用可能性曲线。我们知道契约曲线OC上仅有一点满足帕累托最优的3个条件，也就是在效用可能性曲线$U_C$上只有一点满足所有的帕累托最优条件，该点就是效用可能性曲线$U_C$与最优效用可能性曲线的切点$C^*$。以后，如不特别指出，我们将最优效用可能性曲线简称为效用可能性曲线。

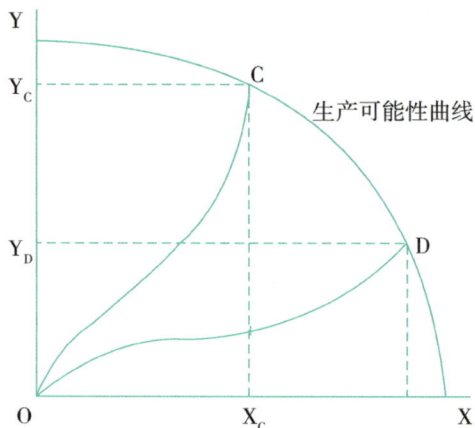

图 13-6　由生产可能性曲线到交换契约曲线

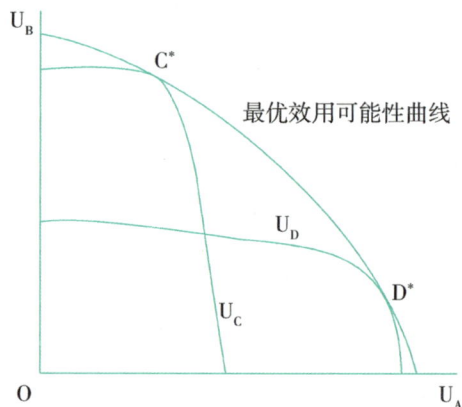

图 13-7　效用可能性曲线

在效用可能性曲线上，很容易看出消费者A和B之间的效用水平组合是此消彼长的关系。如果消费者A的效用水平提高了，那么一定伴随着消费者B的效用水平的降低。为什么效用水平之间存在这样确定的反向关系呢？因为效用可能性曲线是一条包络线，其上的效用组合点都满足帕累托最优的3个条件，所以如果在效用可能性曲线上两个消费者的效用水平可以同方向变化，就意味着存在帕累托改进的余地，而这显然不符合效用可能性曲线的含义。

不难发现，在效用可能性曲线上存在很不公平的组合。比如，在图13-7中效用可能性曲线靠近纵轴的地方，两个消费者之间的效用组合很悬殊，其中消费者B的效用水平很高，而消费者 A 的效用水平很低；在靠近横轴的地方，情况正好相反，消费者 A 的效用水平很高，而消费者 B 的效用水平很低。那么现在存在的问题就是，怎样在效用可能性曲线上选择一点，使该点从社会的角度来看是福利最大化。

### 13.6.2  社会福利函数

事实上，经济学家关于社会的整体福利函数并没有达成共识。尽管如此，我们还是先假定存在一种公认的社会福利函数，并借此来探讨如何在效用可能性曲线上寻找社会福利最大化点。

社会福利函数把社会福利看成个人福利的总和，以效用水平表示单个人的福利水平，那么社会福利函数可以表示为：$W=W(U_1, U_2, \cdots, U_i)$，其中 $U_i$ 表示第 $i$ 个人的效用水平。我们考察两个人组成的经济社会，此时社会福利函数就只包括两个人的效用水平，即 $W=W(U_A, U_B)$。在效用水平空间里取一对效用组合，然后通过社会福利函数就可以得到一个确定的社会福利水平。

若用横轴表示消费者 A 的效用水平，纵轴表示消费者 B 的效用水平，社会福利函数可以用一组等福利曲线表示，也可以称这些等福利曲线为社会无差异曲线。如图 13-8 所示的等福利曲线 $W_1$、$W_2$、$W_3$ 中的每一条等福利曲线都代表同样的社会福利水平，不同的等福利曲线则代表不同的社会福利水平，与消费者的无差异曲线相似，等福利曲线离开坐标原点的距离越远就代表越高的社会福利水平，在图 13-8 中社会福利水平的大小顺序就是 $W_1 < W_2 < W_3$。

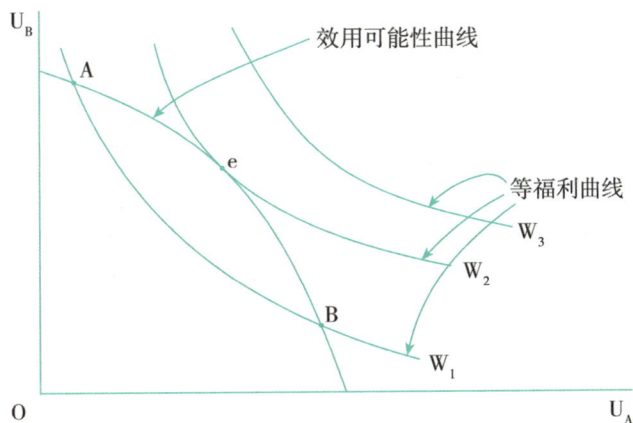

图 13-8  社会福利最大化

现在，图 13-8 中有了等福利曲线，又有了效用可能性曲线，利用这两个工具很容易发现既有效率又使福利达到最大的资源配置方案。显然要找的点就是社会无差异曲线 $W_2$ 与效用可能性曲线的公切点 e。社会无差异曲线 $W_1$ 与效用可能性曲线相交，有 A 和 B 两个交点，如果这时社会的资源配置选择 A 和 B 点中的任一点，资源配置在经济上都是有效率的（因为效用可能性曲线上的点都是帕累托最优），但是若考虑到分配的公平或者说考虑到符合全社会认可的福利最大化，那么 A 和 B 点的资源配置方案就达不到要求。因为在社会无差异曲线 $W_2$ 与效用可能性曲线的公切点 e 上，配置不仅是有效率的，还比 A 和 B 点显得更加公平（需要注意的是，在这里，我们判断公平与否的标准是默认存在社会无差异曲线，并且以无差异曲线位置的高低来决定公平的程度）。当然，如果资源配置在社会无差异曲线 $W_3$ 上，那么这个社会的福利更加好，但是我们可以清楚地看到以既定的资源数量和技术水平还无法达到如此高的福利水平。

到此为止，资源配置问题似乎得到了全面的解决。但遗憾的是，解决资源配置问题的工具——社会福利函数本身就存在两个主要的问题：一是所谓的存在性；二是公平观的分歧。经济学家阿罗的论断明确指出社会福利函数的存在性方面很有疑问（后面会详细论述该问题）。即使我们撇开社会福利函数的存在性不谈，由于公平观的不同，社会福利函数的形式也不同。下面举几种有代表性的公平观：

第一种是平均主义者（egalitarian）社会福利函数。该种观点认为，应该将社会所有的产品在社会全体成员之间做绝对平均的分配，也就是每个社会成员拥有同等数量的产品。

第二种是功利主义（utilitarian）社会福利函数。这种观点最初由杰里米·边沁（Jeremy Bentham）提出，认为社会福利就是所有社会成员个人效用的加权平均。

第三种是罗尔斯社会福利函数，也称作最大最小（maximin）社会福利函数。罗尔斯是哈佛大学的伦理学家，他提出社会福利最大化的标准是使社会中境况最差的成员的效用达到最大化。

从以上列举的几种有代表性的公平观中可以看出，学者们对公平的理解是有很大分歧的。公平观的分歧表现到社会福利函数上就是大家关于社会福利函数并没有一个统一的看法。由此可见，想在效用可能性曲线（该曲线上的点都是有效率的）上找到一个公认的社会福利最大化的点是不可能的。这意味着，在无数有效率的状态下找到一个所有人都认可的公平的世界是很难的。

### 13.6.3* 阿罗不可能性定理

社会福利函数明确表明，社会福利建立在个人的效用函数基础之上，而个人的效用水平又取决于不同的个体的价值判断。这就意味着社会的偏好顺序取决于不同个体的偏好顺序。那么能否通过一种社会机制把不同的个人偏好顺序综合为一种社会偏好顺序，从而编制出一个统一的全体社会成员都可以接受的社会福利函数呢？阿罗对此给出了否定的回答。

阿罗首先假定社会中的每一个人都能够根据自己的偏好标准对一切可能的社会经济安排做出优劣排序，社会福利函数就是综合所有个人的排序信息，将其综合成全社会的排序。为了保证社会福利函数能被普遍接受，它必须满足以下 5 个条件：

（1）与个人的偏好一样，社会的偏好也必须能用无差异曲线或直接用偏好来排定其顺序，并且排列的原则始终一致。

（2）如果情况是社会偏好 A，不偏好 B，那么当一个人或更多的人将其对 A 的偏好置于对 B 的偏好之上时，社会必须保持对 A 的偏好胜于对 B 的偏好。

（3）假定某人对 A 的偏好胜于对 B 的偏好，对 B 的偏好胜于对 C 的偏好，并且 A 是社会的最大偏好。如果该人的偏好发生了一定的变化，认为 A 胜于 C，C 胜于 B，那么不管社会对 C 和 B 的偏好是否变化，A 仍然是社会的最大偏好。

（4）对任意两种 A 和 B，如果所有的个人对 A 的偏好都胜于对 B 的偏好，那么社会对 A 的偏好就胜于对 B 的偏好。

（5）社会对 A 的偏好胜于对 B 的偏好，不能只是因为一个人对 A 的偏好胜于对 B 的偏好，即不存在独裁。任何一个人的偏好都不能自动地占据统治地位而成为社会的偏好。

阿罗证明，如果一个社会满足以上所有的条件，就有可能无法从个人偏好顺序得到社会偏好顺序。换一种说法就是，在某些条件下，社会福利函数的形成必然要违反以上 5 个条件中的某几个。阿罗的严格证明用到了较高深的数学知识，本书不予介绍，但是其基本思想可以由案例窗 13-1 加以阐述。

案例窗 13-1

案例窗 13-1 说明按照民主投票的方式，依少数服从多数的原则无法得出社会的偏好顺序，也就是无法得到公认的社会福利函数。该案例选取了一种相互冲突的个人偏好顺序，故无法得到社会的偏好顺序，除非采取独裁的方法即以某一个人的偏好代表社会的偏好。

阿罗不可能性定理：在满足前述的 5 个条件下，有可能不存在适用于所有个人偏好类型的社会福利函数。

# 本章小结

福利经济学属于典型的规范经济学范畴，它考虑的是如何评价社会的各种资源配置之间的优劣。帕累托标准是福利经济学普遍采用的一种评判准绳，利用该标准经济学家就可以意见一致地分析比较不同的资源配置效率。除经济效率问题外，福利经济学还十分关注资源配置是否公平。尽管公平的问题至关重要，政府在征税时也不可能回避这个问题，但是经济学家在何谓公平方面并没有统一的意见。换言之，各种关于公平的看法实际上都存在一定的争议，不同的公平观，其关心的人群也不一样。也许正是因为福利经济学领域中存在各种不同的声音，这个领域一直是经济学家最感兴趣的领域之一。

福利经济学的两个基本定理揭示了完全竞争市场的均衡与帕累托最优之间存在内在的密切联系。但是就像一般均衡理论那样，这两个定理的前提条件要求太严格，所以我们在现实生活中很少看到它们起作用的情形。

福利经济学的两个基本定理虽然有一定的局限性，但是丝毫没有影响它们成为现代经济理论的著名结论之一。其原因主要在于它证明的完全竞争市场经济的均衡是帕累托有效的这一结论，支持了市场机制是配置资源的一种很不错的手段的观点。

## 本章基本概念

帕累托标准　　　帕累托改进　　　帕累托最优　　　福利经济学第一定理　　　福利经济学第二定理

## 复习思考题

### 一、简答题

1.怎样由生产的契约曲线得到生产可能性曲线？

2.举例说明当边际转换率与边际替代率不相等时，怎样调整达到帕累托最优。

3.你认为（生产或交换）契约曲线上的不同点之间存在某一点比另一点更优这种情况吗？为什么？

4.一般均衡的结果是帕累托最优吗？

5.效用可能性曲线上的点是不是帕累托最优？为什么？

### 二、计算题

A 和 B 两个消费者都消费苹果和核桃。假设 A 和 B 的效用函数相同，都是 $U=Q_1Q_2$，其中 $Q_1$ 是苹果的消费量，$Q_2$ 是核桃的消费量。假定 A 初始的拥有量是（苹果，核桃）=（80，50），B 初始的拥有量是（苹果，核桃）=（120，200）。要求：

（1）消费者 A、B 初始的边际替代率（苹果对核桃）各是多少？初始的配置有效吗？

（2）达到交换的帕累托最优时，相对价格 $P_1/P_2$ 是多少？

（3）画出契约曲线。

### 三、论述题

1.证明福利经济学第一定理。

2.对我国的经济来讲，生产资料的价格双轨制（相对于计划经济）改革是不是帕累托改进？请详细解释。

# 第14章  信息经济学

## 学习目标

通过本章的学习，你应该能够：

- 了解信息不对称对经济行为有很重要的影响。
- 掌握一些关键的概念，如信息不对称、逆向选择、道德风险。
- 懂得委托–代理理论主要是用来分析道德风险行为。

在本书的前面部分，我们总是假设交易的双方当事人关于市场上的信息是完全的。具体地说，就是价格可以根据供求之间的对比力量的变化自由浮动，市场中有无数的卖者和买者，任何一个交易者对产品的质量、性能、价格都有充分的了解。总之，在以上一系列的假设条件下，再加上不考虑"交易成本""外部性""公共产品"，认为市场是有效的。

本书第8章不完全竞争市场理论涉及了一些市场失灵的现象。本章和第15章的内容都是关于市场失灵的。一般说来，市场失灵的原因主要有4个：市场上存在垄断、不完全信息、外部性和公共产品。关于垄断引起的市场失灵在第8章已有论述，本章和第15章将主要集中在后3个因素上，即不完全信息、外部性和公共产品。

本章集中探讨不完全信息下经济交易当事人的行为和后果，并试图矫正信息不对称下的市场行为。其主要内容有逆向选择、市场信号发送、道德风险以及委托–代理理论。可以这样说，这些内容都是信息经济学中最为经典和基本的内容。自从1959年马夏克（Marschak）首次使用了"信息经济学"一词后，信息经济学就迅猛发展。1996年的诺贝尔经济学奖就授予了两位经济学家：美国哥伦比亚大学的威廉·维克里（William Vickrey）和英国牛津大学的詹姆士·米尔利斯（James A. Mirrlees），用以表彰他们在信息经济学的两个领域——拍卖理论和最优税制设计中做出的贡献。2001年，诺贝尔委员会宣布将当年的经济学奖授予3位美国经济学家——加利福尼亚大学伯克利分校经济系的乔治·阿克尔洛夫（George Akerlof）、斯坦福大学商学院的迈克尔·斯宾塞（Michael Spence），以及哥伦比亚大学经济系、商学院和国际关系学院的约瑟夫·斯蒂格利茨（Joseph Stiglitz），以表彰他们为现代信息经济学做出的奠基性贡献。

## 14.1  逆向选择

本章所涉及的概念都是基本概念，其后都隐藏着深刻的含义，所以本章试图以许多例子来帮助读者了解这些概念。

### 14.1.1　信息不对称

其实，市场中经常存在信息不对称的现象。所谓信息不对称（information asymmetry）就是指经济交易的双方之间，一方掌握了另一方所没有掌握的关于交易方面的信息。换而言之，交易的一方相对另一方来说具有信息优势。

一般说来，某种商品的销售者对其所售商品的性能和质量比消费者要了解得更多；员工对自己将会以怎样的努力程度和责任心来工作比其雇主要清楚得多；投资借款者对将要投入的项目的盈利状况和风险要比银行了解得多等。这些例子都可以在每个人的身边找到，它们都是信息不对称的例子。信息不对称的情况既可以是卖者比买者具有信息优势，也可以是买者比卖者具有信息优势。

### 14.1.2　逆向选择

逆向选择（adverse selection）是指在信息不对称的情况下，由于交易的一方无法观察到另一方的重要外生特征，交易市场上出现劣币驱逐良币或劣质品驱逐优质品的现象。我们都有这样一种亲身体会，在"闲鱼"App上买东西，特别是一些贵重的物品，我们都不愿意出高价，对二手货的质量总存在疑虑或担心，觉得二手货市场上的商品没有好货。那么为什么消费者普遍对二手货的质量没有信心呢？因为买卖的双方对质量的了解具有不对称的信息，也就是卖者对所售二手货质量的了解要远远多于买者。关于产品质量信息不对称的分析首先是由美国经济学家乔治·阿克尔洛夫[①]做出的，他讲述了一个非常经典的例子——旧车市场，该例子可以在很多微观经济学的书籍中找到。现在我们通过这个例子来考察由信息不对称所引起的逆向选择如何干扰市场的有效运转。

假定在旧车市场上有两种不同质量的汽车：一种是高质量的旧车；另一种是低质量的旧车。如果此时交易的双方对产品的质量都有足够的了解，或者说买卖双方对任何一辆旧车都知道该车的质量到底是高还是低，那么根据供给和需求之间的关系，高质量旧车的市场和低质量旧车的市场都会达到均衡。设高质量旧车市场的均衡价格是20万元，均衡产量为500辆；低质量旧车市场的均衡价格是10万元，均衡产量也是500辆。这个时候的故事与前面完全信息下的市场均衡没有任何区别，市场的运转也很有效。但是实际上旧车市场上的情况并非如此，因为旧车的卖者比潜在的买者更加了解旧车的质量，我们可以极端地假设买者对旧车的质量几乎一无所知，那么买者很自然会根据平均品质对车进行评价，即愿意出15万元买一辆旧车。显然15万元的出价比一部分低质量旧车的实际价值要高，但比一部分高质量旧车的实际价值要低，也就是说一部分旧车的价格被高估了，而另一部分旧车的价格被低估了。当然，这时只有卖者了解哪些车被高估、哪些车被低估了。拥有高质量旧车的卖者肯定不愿意以平均价格

---

① 阿克尔洛夫在1970年的《经济学季刊》上发表了《次品市场——质量不确定性与市场机制》一文，主要分析了充斥次品的旧车市场，但是他关于产品质量信息不对称的分析的意义远远超过了旧车市场。这种分析可以扩展到很多具有不对称信息的市场上去，如信贷市场、保险市场、劳动力市场等。

15万元出售他的车，那么他此时唯一的选择就是从旧车市场交易中退出，也就是说劣车将好车逐出了市场。

我们还可以考虑更加一般的情况，即市场上的旧车质量从高到低有A、B、C、D、E等很多档次。根据上面的例子可知，当消费者以平均出价买车时，一部分价格被低估的车会退出市场，其结果则是旧车市场中好车的比例更加低了。当消费者开始明白市场上的这种变化后，他对旧车的平均评价就会调整得更低，那么又有另一部分价格被低估的车退出市场，消费者将评价再一次调低，再有一部分车退出市场，那么经过很多个回合后，有可能旧车市场上只存在最次质量的车了，稍好一点的车都不会在市场上出现。

该例子十分生动地描述了存在信息不对称时，市场上有些商品的交易将受到很大的干扰，也就是市场失灵了。在旧车市场上如果信息是完全的、对称的，消费者本来是可以根据自己的预算约束自由地在不同质量因而不同价格的旧车之间进行挑选的，可是只要存在信息的不对称，消费者就无法在市场上买到质量较好的商品。

信息不对称不仅存在于旧货市场，在稍后的例子中还可以看到。事实上，将信息不对称引入经济分析，极大地开阔了经济学者的视野，丰富了经济分析的内容，并且使经济理论对某些现实的解释尤为有力。下面关于保险的例子也是一个非常经典的逆向选择的例子。

在美国，年龄超过65岁的老年人很难买到医疗保险。此时有的读者可能会疑惑了，因为根据正常的市场供求规律，超过65岁年龄段的老年人对医疗保险的需求很强，为什么不提高医疗保险的价格来反映这一需求呢？其原因就是信息不对称情况下出现了逆向选择的情况。具体的分析就是：保险公司预计该年龄段的老年人生病的概率比较大，因而制定一个较高的保费率，那么一些平时比较健康的老年人经过权衡后一般就不会投保。保险公司了解到这种情况后就会调高保费率，更高的保费率又会将另外一部分老年人（虽然生病但不算经常）拒于医疗保险之外，如此调整下去，保险公司意识到剩下来投保的老年人肯定是经常生病的，此时保险公司几乎已经无利可图。因此，最终的结果是很多保险公司都不经营65岁以上老年人的医疗保险业务。

其实现实生活中还有很多逆向选择的例子。比如，信贷市场上银行对所有借款人都制定统一的贷款利率，这样就会吸引一些低质量的借款人排挤走一些高质量的借款人，由此引发利率的上升，又进一步驱逐了高质量的借款人。这是一个借款人处于信息优势的例子。

### 14.1.3　商誉和标准化的重要性

我们已经熟悉前面的几个例子，肯定为旧车市场上交易的双方感到惋惜。那么有没有一些办法来改善信息不对称造成的逆向选择和市场失灵呢？答案不仅是肯定的，而且就在我们身边。

当我们购买某种商品，特别是自己还不太了解的商品时，很少会买那些品牌不响亮的商品，而会购买那些名牌货（尽管这些货的价格一般较高昂）。为什么？因为如果没有品牌标志，信息的不对称很可能会引起逆向选择，"劣品驱逐良品"。但如果卖者能以某种公认的方式向消费者保证高价一定买到高质量的商品，逆向选择就会得到一定程度的克服，显然商誉是一种理想的保证书。这样，我们也就不难理解为什么世界上有一些企业的无形资产可以高达几十亿美元，如可口可乐、西门子等企业。这说明厂家的商誉的确是一种高质量的承诺。

除了商誉外，标准化或国际标准认证也可以从某种程度上避免逆向选择。现在人们的收入提高了，对生活质量有了更高的要求，对食品卫生非常重视，比如绿色食品（无污染食品）很受欢迎就是一个例证。显然，对箱装的水果，有些水果没有撒过农药，而有些水果撒过农药，两种水果应该标价不同（前者应更高）。但是由于信息不对称，消费者无从判断究竟哪一种没有撒过农药，于是逆向选择又会发生，消费者也许吃不到无农药水果。现在有了绿色食品认证标志，消费者就可以比较放心地以较高的价格买到无农药水果了。类似的例子还有国际认证的纯羊毛标志，它就可以让真正纯羊毛的羊毛衫留在市场上，而不被劣货逐出。

### 14.1.4　市场信号发送

回顾前面所讲的旧车市场模型，可以知道信息的不对称会引起市场失灵。克服市场失灵的办法除了商誉和标准化外，还有一种重要的方法——市场信号发送。在旧车市场上，好车的所有者一定很想向购买者传送某种信号表明他们的车的确是好车，值得卖一个高于平均价的价格，那么对好车的所有者来说，向购买者提供质量保证书将是一种行之有效的方法。卖方在交易时可以向买方保证，如果所卖出的旧车是次一等级的车，那么卖者将根据保证书的条款向消费者补偿若干赔款。一般来讲，好车的销售者是有激励来提供这样一份保证书的，因为他们对自己车的质量和性能十分了解。但是，次品车的销售者没有这种底气来提供一份内容相似的保证书，即次品车的车主无法将自己的车充好车来卖。原因很简单，次品车的车主同样对自己的车很了解，知道车的质量有问题，所以他自然不可能向消费者提供一份质量保证书。

下面我们将通过一个有名的例子来仔细考察市场信号发送的作用。市场信号的概念首先是由斯宾塞[1]提出的。该模型讲述了这样一个故事：有一个厂商想要招聘一些员工，但是该厂商对员工的工作能力几乎一无所知，仅知道市场上等待雇用的人有两种类型：一种是能干者；另一种是不能干者。厂商现在面临着一个困境，即如果按照平均薪金来付给工人报酬，逆向选择的情况一定会发生。因为能干的人肯定会认为薪金太低，只好放弃应聘，但是不能干的人会潮水般地涌来。我们又一次遗憾地看到了劣品驱逐良品情况的发生。现在厂商的选择有3种：放弃招聘、忍受逆向选择的后果或设计一种机制来从人群中分辨出两种类型的人。无疑第三种办法是上策，更为幸运的是，斯宾塞找到了一种机制来分辨员工的类型。[2]

设计的主要思路是找到一个信号，并且这个信号对招聘者来说十分易于获得，即获取信号是无成本的。招聘者通过选择的信号来判断应聘者的类型。考虑一个简单的以受

---

① 斯宾塞在1973年《经济学季刊》上发表的《劳动市场信号》（Job Market Signaling）一文中提出"市场信号"概念。
② 我们这里介绍的模型与原模型略有差别，但是包含了原模型的主要内容，且更易于理解。

教育程度为辨别信号的模型。高效率工人的边际产品是 $a_2$，低效率工人的边际产品是 $a_1$，其中 $a_2 > a_1$。进一步假定人群中高效率工人所占的比例为 $\beta$，低效率工人所占的比例就是（$1-\beta$），生产函数采用最简单的线性形式：$y = a_1 l_1 + a_2 l_2$，其中 $l_1$、$l_2$ 分别是低效率工人投入的劳动时间和高效率工人投入的劳动时间。

显然，如果厂商拥有充分信息，那么问题变得很简单，他只需要按不同的边际产量付给不同类型的工人工资。但是厂商无法观察到工人的能力类别，其将选择受教育程度作为鉴别的信号。假设一个人获得教育是需要成本的，我们以 $e_1$ 表示低效率工人接受的教育程度（可以理解为受教育的年限），以 $c_1 e_1$ 表示接受教育的总成本；以 $e_2$ 表示高效率工人接受的教育程度，接受教育的总成本是 $c_2 e_2$。其中 $c_2 < c_1$，该假设对机制设计的成功与否至关重要（这一点我们将在后面马上看到）。该假设是指高效率工人接受教育的单位成本低于低效率工人的。为了抓住模型的关键，我们还假设教育对提高生产效率没有任何作用，它唯一的作用是作为厂商辨别工人类型的信号。

现在厂商这样来设计辨别机制：选择一个特定的受教育程度 $e^*$，如果某个工人所受的教育程度达到或高于 $e^*$，则享受 $a_2$ 的工资；如果低于 $e^*$，则只能拿到 $a_1$ 的工资。我们来证明在上述一切假定都满足的情况下，厂商的确可以运用该规则成功地分辨出工人的类型。

首先考虑低效率工人面临该条规则的反应。他会比较接受教育的成本与收益之间的关系，即选择 $a_2 - a_1 > c_1 e^*$，换言之，只要 $e^* < \dfrac{a_2 - a_1}{c_1}$，低效率工人都会选择接受 $e^*$ 教育程度从而获得 $a_2$ 的工资。同理，考虑高效率工人可知，只要 $e^* < \dfrac{a_2 - a_1}{c_2}$，高效率工人选择接受 $e^*$ 教育程度的收益也大于成本。现在考虑这样 3 个区间：$\left[0, \dfrac{a_2 - a_1}{c_1}\right]$，$\left(\dfrac{a_2 - a_1}{c_1}, \dfrac{a_2 - a_1}{c_2}\right)$，$\left[\dfrac{a_2 - a_1}{c_2}, +\infty\right)$，可以清楚地发现，将 $e^*$ 定于第 2 个区间，厂商就可以成功地分辨出不同类型的工人。原因十分明显，当 $\dfrac{a_2 - a_1}{c_1} < e^* < \dfrac{a_2 - a_1}{c_2}$ 时，低效率工人会发现如果他选择这种水平的受教育程度时，其成本大于收益，那么更加理性的选择是不接受教育，并且心安理得地接受较低的薪酬；高效率工人选择这种水平的受教育程度，其收益大于成本，所以只要将受教育程度定在第 2 个区间，两类工人就可以通过该信号分辨出来。读者可以自己验算一下，厂商肯定不会选择第 1 个区间（$e^* < \dfrac{a_2 - a_1}{c_1}$），因为这样它还是无法过滤两种不同类型的工人。同样，厂商也不会选择第 3 个区间，原因还是无法分辨两类工人。

总而言之，当厂商选择适当的信号时（上例是将受教育程度定在第 2 个区间），它就可以通过该信号分辨出具有不同能力的人，从而可以有效解决信息不对称带来的问题。

## 14.2　道德风险

逆向选择其实只是信息不对称情况下的一种现象，现在考虑信息不对称情况下的另一种情况——道德风险。道德风险（moral hazard）是指当信息不对称时，交易的一方无法观察到另一方所采取的行动，由此所发生的具有私人信息或信息优势的一方故意不采取谨慎行动的情况。

我们可以通过例子来消化这个烦琐的概念，但是在举例之前，先看看道德风险和逆向选择的区别。逆向选择是属于事前信息不对称下的情况。所谓事前信息不对称，是指信息不对称发生在市场交易双方签约之前。比如，就业市场上当工资为平均值时，那么在招聘实际完成之前就已经发生了逆向选择（能力低的工人留在招聘市场，能力高的人却不得不离开）的情况。本部分将要讨论的道德风险问题是属于事后信息不对称下的情况，即当交易双方订立合约后拥有私人信息的一方（信息优势方）的损人利己行为。为了深刻理解道德风险的含义，我们仍将采用许多例子来说明。

考虑在某一个城市，自行车时常被盗。如果某个车主不希望自行车被盗，白白蒙受损失，那么为自行车买保险不失为一种好办法。现在我们假设，当车主没有为自行车保险时，他会为防盗采取一些小心翼翼的措施，比如说买防盗锁、每天都将车扛到家里放着等。当然，任何措施也不可能使自行车不被盗，只能使其被盗的概率降低。假设当车主谨慎看护自行车时，车的被盗率是0.01。保险公司根据历史资料也知道该车主的自行车的被盗率是0.01，那么保险公司索要的保费是1.5元（假设一辆车值150元）。但是当车主（投保人）和保险公司签订了保险合同后，车主意识到自行车在被盗后有了足额保险赔偿，车主的行为就会与投保前不一样了。既然投了保险，自行车被盗后会得到补偿，投保人就不一定会兢兢业业地守护自行车了，何况为了防止被盗情况的发生还得忍受每天扛车上楼、提心吊胆。总而言之，投保人在投保后，其行为就会倾向不谨慎。假设如果车主投保后对自行车的看护放松了，被盗率上升为0.05。保险公司的利益实际上就受到了侵害。因为保险公司在签约时根据0.01的被盗率收取保费，而签约后保险公司由于无法监督投保人的行为致使投保人放松了警惕，被盗率上升为0.05，即保险公司的收取的保费事后来看偏低。

我们再来考虑一个贷款的例子，并联系一下我国四大国有商业银行的呆账、坏账问题。一般地讲，一个贷款人总要面对很多借款人，显然其不可能对每个借款人进行监督，看借款人是否谨慎地使用贷款。即使贷款人能够监督一部分借款人，也可能由于对借款人的投资项目不了解，监督也只是形同虚设。这就说明，贷款人很难监督借款人的行为，因此这种借贷关系实际上就是道德风险行为滋生的一个好环境。根据中国银保监会的数据，2020年第四季度末，商业银行不良贷款余额为2.7万亿元，商业银行不良贷款率为1.84%。虽然其原因有很多，但是借款人的道德风险行为带来的损失不可小视。一部分企业在贷到款项后，并没有谨慎地使用借款（道德风险行为发生了）。

# 14.3　委托-代理理论

14.2部分已经探讨了道德风险问题，现在来考虑一个企业里的道德风险行为。由于企业主无法观测到经理和工人的努力程度，那么经理或工人就有可能消极怠工。对信息不对称下的逆向选择问题，我们已经讲述了商誉和市场信号发送等解决方法。本部分将向读者介绍委托-代理理论。这个理论框架实际上也是一种机制的设计，主要用来解决或回避信息不对称情况下的道德风险情况。

委托-代理关系广泛地存在于经济中。一般我们将拥有信息优势或私人信息的一方称为代理人，而另一方自然就被称为委托人。经济中经常谈到的委托-代理关系中有股东和经理之间的关系。股东是企业的真正所有者，并且全身心地关心企业的盈利，但经理不是企业的所有者，他只是一个高级"打工仔"，他最关心的不一定是企业的利润最大化，而是其他一些方面。[①]常见的委托-代理关系还有医生和医院之间的关系。医生作为代理人，他可以根据自己的心情和兴趣（比如他正在钻研心血管方面的疾病，而对其他病症不感兴趣）挑选病人，对那些患自己感兴趣病症的病人就细心治疗，而对患了自己不感兴趣的病症的病人就敷衍了事。换言之，医生的这些行为违反了基本医德，也会对医院的声誉带来坏的影响，显然医生（代理人）的行为违背了医院（委托人）的目标（良好的声誉）。

我们先了解一下委托-代理理论的基本分析思路。委托-代理理论的中心问题就是解决在信息不对称的情况下对代理人的适当激励问题，即设计一个激励方案用以刺激代理人，使其行为符合委托人的利益。委托-代理理论一般假设代理人是私人信息拥有者而具有信息优势，委托人无法直接观察到代理人的行为。比如考虑这样一个例子，企业主的目标显然是企业利润的最大化，而企业的利润情况与代理人（工人）工作的努力程度息息相关。如果工人工作并不卖力，那么企业的盈利肯定不会达到企业主的理想要求。企业主如何在无法监督工人工作（或监督成本很高）的情况下让工人能够努力工作，就显得十分重要。委托-代理理论的解决思路从两方面看待这个问题。从企业主的角度来看，企业主根据利润最大化的目标希望工人的努力达到一定程度。但是，由于无法监督工人的工作，企业主只能靠与工人签订一份激励合同，尽量做到使工人的努力程度达到要求。换言之，其实这就是说从工人的角度来看，工人根据激励合同自愿付出最佳努力程度（工人在合同的约束下，最大化自己的效用的结果正好满足企业主的要求）。下面我们将把上述的过程用形式化的语言表述出来，即将委托-代理的基本思路模型化。

以工人和厂商之间的关系为例。在这对关系中，厂商是委托人，工人是代理人，我们对厂商和工人的风险态度分别假设为：厂商是风险中立者，而工人是风险规避者。工人的努力程度用$e$表示，工人努力程度的大小对厂商的盈利$\Pi \in [\underline{\Pi}, \overline{\Pi}]$有着重要的影响，

---

①　有的观点认为经理更加关心企业销售额的增长和对市场份额的占领，因为销售额的大幅增长可以带来较多的现金流量，使经理能够获得更多的额外津贴。还有的观点认为经理的效用不仅来自收入，还有同事的尊敬以及认可，甚至来自对公司控制的满足感。

但是不能完全决定厂商的盈利。[①]用数学式子表示则是努力程度决定着厂商盈利的分布，即厂商盈利的分布密度函数可以写成 $f(\Pi|e)$。值得指出的是，在这种不确定的条件下，如何表示努力程度越高厂商的盈利越好？对此，委托-代理理论往往做这样的假设：如果 $e_1 > e_2$，那么有 $F(\Pi|e_1) < F(\Pi|e_2)$，其中 $F$ 是对应的累积分布函数。[②]事实上这个假设的直观意义不难理解，$F(\Pi|e_1) < F(\Pi|e_2)$ 是指对任何一种厂商盈利水平 $\Pi$ 来说，工人的努力程度越高，厂商的盈利小于 $\Pi$ 的概率就越小，因为累积分布函数的本质就是概率。

为简单起见，我们假设努力程度只有两种：高水平 $e_1$ 和低水平 $e_2$。厂商通过选择一定的激励合同（或者说工资合同）$w$ 来促使工人采取高的努力程度。但是由于信息不对称，工人的努力程度是不可观测的，厂商激励合同的设计就必须满足激励相容的条件，即工人采取高努力程度时的期望效用要不小于低努力程度时的期望效用。用数学式子表示如下：

$$\int_{\underline{\Pi}}^{\overline{\Pi}} u(w(\Pi))f(\Pi|e_1)d\Pi - c(e_1) \geq \int_{\underline{\Pi}}^{\overline{\Pi}} u(w(\Pi))f(\Pi|e_2)d\Pi - c(e_2)$$

上式中，工人的效用为 $u(w) - c(e)$，这意味着工资给工人带来正效用，努力带来负效用。（严格地说，应假设努力的负效用 $c(e)$ 为递增的凸函数，而 $u(w)$ 为递增的凹函数）

除了满足上面的激励相容的条件外，厂商的激励合同还必须保证工人的参与约束条件。换言之，工人在激励合同的条件下，其期望效用应该至少不小于保留效用 $u_0$。参与约束用式子表示如下：

$$\int_{\underline{\Pi}}^{\overline{\Pi}} u(w(\Pi))f(\Pi|e_1)d\Pi - c(e_1) \geq u_0$$

剩下来的问题是，厂商选择怎样的合同在保证工人自愿提供高努力程度的工作的同时使得厂商本身的期望利润最大化。实际上，有了前面的讨论后，这个问题已经变得很简单了，厂商只要在同时满足激励相容和参与约束的条件下，最大化下面的式子即可：

$$\int_{\underline{\Pi}}^{\overline{\Pi}} (\Pi - w)f(\Pi|e_1)d\Pi$$

以上模型就是委托-代理理论的一个简单版本。该模型的求解涉及的具体技术细节超出了本书的范围，我们不再深入探讨。[③]

## 14.4 效率工资理论

本部分的内容是一个委托-代理理论运用的例子。按照传统的完全竞争理论可知就业市场的常态就是处于出清状态，即失业只是一种偶然的状态。经济中的实际现象却是在很多国家，失业并不是一种偶然的状态。很多人长期无事可做，甚至是很多失业者情愿以非常低的工资来获取一个工作岗位。奇怪的是，人们观察不到有厂商愿意削减工资

---

[①] 这里所描述的工人的努力程度与厂商盈利之间的关系比前面所探讨的情况更为一般化，事实上委托-代理理论的构建通常都是做这样的假设。
[②] 这个假设就是所谓的"一阶随机占优"条件。
[③] 感兴趣的读者可以参考：张维迎. 博弈论与信息经济学［M］. 上海：格致出版社，上海三联书店，上海人民书店，2019.

水平用以吸纳这些潜在的廉价劳动力，因此失业人口仍然找不到工作，这种现象让传统的理论陷入了困境。为了解释这种失业现象，有的经济学家[1]转换了视角，鉴于引入的劳动市场上存在信息不对称，利用效率工资模型做出了比较有力的解释。

效率工资理论认为，厂商对工人的工作具有不完全的信息，那么厂商和工人之间实际上也就是一种委托-代理关系。工人被雇用后，有可能出现道德风险的问题，在工作中作风散漫。因为任何一个厂商都不希望其工人偷懒，所以厂商总是想方设法地激励工人努力工作。最简单适用的办法就是增加工资。

我们可以首先假设厂商付给工人的薪酬是使劳动力市场出清的工资率 $W_0$，这个工资率没有激励作用，即工人们会怠工。因为工人们即使偷懒被发现而遭到解雇也不用担心，他们能够马上以相同的工资率找到另外一份工作。这就是说在工资率 $W_0$ 下，解雇不会对工人造成多大威胁。要想使工人珍惜工作机会，就必须抬高工资率。我们一般称使工人不偷懒的工资率为效率工资（efficient wage）。

下面将通过图 14-1 来阐述效率工资理论。图中的垂线 $S_L$ 是充分就业曲线，$D_L$ 是劳动的需求曲线。$S_0$ 曲线的含义可以这样解释：相对各种失业水平，工人们工作时不偷懒所需要的最低工资率。曲线 $S_L$ 与 $D_L$ 的交点确定了一个均衡的工资率 $W_0$，我们知道这个工资率就是就业市场出清的水平，此时经济处于充分就业的状况。很明显，在该工资率水平上，工人们有偷懒的激励，因为工人们偷懒被发现后遭到解雇，他们很快就可以以相同的工资率获得另外一份工作。这就是说解雇对工人在充分就业的工资率水平下并不会是一种严重的惩罚。那么厂商为了使工人偷懒的成本变高，就不得不提高工资率。

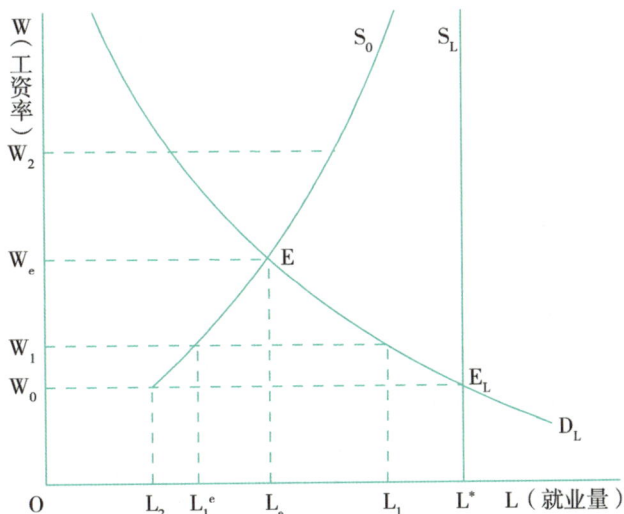

图 14-1 效率工资

如图 14-1 所示，当工资率是均衡的水平 $W_e$（这个工资率水平比 $W_0$ 要高）时，工人们此时如果偷懒被发现且被解雇后，就不会很快找到相同待遇的另外一份工作。解雇在

---

① 约瑟夫·斯蒂格利茨是最早研究效率工资的学者之一，相关内容见其 1974 年发表在《经济学季刊》上的文章《Alternative Theories of Wage Determination and Unemployment in L.D.C's: The Labor Turnover Model》。其他在这方面做出贡献的学者还有耶伦（J. Yellen），相关文章是其 1984 年发表在《美国经济评论》上的《Efficient Wage Model of Unemployment》。

这个时候就显得很有威胁，因为遭到解雇的工人很可能会面临失业或忍受收入水平下降（找一份低薪酬的工作）。那么为什么当工资率提高到 $W_e$ 后，工人们寻觅工作比充分就业时显得困难？这从图中可以很清楚地给予回答：观察劳动需求曲线 $D_L$ 和曲线 $S_0$ 的交点 E 所对应的就业水平 $L_e$，该就业水平和充分就业的水平 $L^*$ 之间有一段差距（$L^*-L_e$），实际上这段差距就是对应于工资率 $W_e$ 所存在的失业情况。那么当经济中有很多失业人口时，工作岗位的竞争一定十分激烈。试想一下，这个时候有谁会冒着丢掉工作的风险来图一时之快——偷懒呢？

通过上面厂商防止工人偷懒现象的推理逻辑，有的读者可能会产生这样一个疑问：既然只要经济中有失业人员存在，就会使得遭到解雇后的人难以很快找到工作，那么厂商其实只需将工资率稍稍提高到 $W_0$ 之上（如图 14-1 中的 $W_1$，这时就可以造成一定的失业人口）不就可以了吗？为什么还要把工资率提到更高的 $W_e$？解释如下：先来回忆曲线 $S_0$ 的含义，它是指相对于各种失业水平，工人们工作时不偷懒所需要的最低工资率，即给定的某一工资率所对应的不愿在工作中偷懒的劳动人口量[①]。对图 14-1 中的工资水平 $W_1$，实际就业的人口为 $L_1$，愿意努力工作的人口为 $L_1^e$，充分就业的人口为 $L^*$。我们可以发现在这个工资率下，消极怠工的劳动人员有（$L_1-L_1^e$），也就是实际就业的人员中仍有一部分采取怠工偷懒态度。厂商为了进一步防止工人偷懒，就只能再提高工资率，直到工资率提高到均衡点处。同样，读者可以自己分析并排除图中过高的工资率水平 $W_2$。

由此可见，效率工资理论认为，由于厂商和工人之间存在信息不对称，所以工人在充分就业的工资率水平上有偷懒的动机（道德风险）。为了激励工人努力工作，厂商将会把工资率提高到一定的程度。此时，失业将不可避免。当然，厂商不愿意降低工资去吸纳处于失业中的廉价劳动力。

最后，我们将以一个经常被引用的有关效率工资的实际例子结束本部分的内容。20世纪初，美国的汽车工人工作态度懒散，工资率约是 2.2 美元/天，并且工人被解雇后几乎在一天之内就又能找到另外一家汽车厂的工作。1914 年，亨利·福特提出将工人的工资率涨到 5 美元/天，此提案遭到很多董事的嘲笑，但最终亨利·福特还是于当年 1 月 12 日宣布福特汽车公司工人的薪酬涨到 5 美元/天，工作时间从 9 小时/天降到 8 小时/天。结果表明，亨利·福特的此举大获成功：工人的工作效率更高，对公司更忠诚。两年后，福特公司的盈利就达到了 6 000 万美元，是 1914 年盈利的两倍。

## 本章小结

本章的内容包含 4 个部分，前 3 个部分，即逆向选择、道德风险和委托-代理理论都是有关信息不对称的理论，最后一个部分实际上是信息不对称的一个应用问题。本章的讨论主要集中在信息不对称方面，这与本书前面的内容相比有很大的不同。本书前面的内容基本上都是假设交易的双方当事人有关市场上的信息是完全的，本章则假定交易

---

① 对某一工资率的工作，总会存在这样的现象，即一部分人珍惜这份工作，另一部分人不珍惜这份工作。原因主要是，前者对闲暇的评价较后者低，并且比起后者来讲他们更不愿意忍受暂时失业的痛苦。故存在给定一个工资率，总有一部分人愿意努力工作，而另外有一部分人偷懒。

双方的信息不对称，并进一步考察这种不对称的信息结构对交易双方的经济行为带来怎样的影响。

## 本章基本概念

信息不对称　　　逆向选择　　　道德风险　　　效率工资

## 复习思考题

### 一、简答题

1. 自行车修理铺的人员修理漏气的车胎时，总是提议换车胎，而不是仔细检查后补胎。你能说明一下这里的信息结构吗？并解释这种现象。

2. 阐述市场信号发送的基本原理，并用此理论解释为什么有著名人士推荐信的求职者更容易获取职位。

3. 在一个国有企业里，如果总经理是上级行政部门委派的，而且不拥有企业的股份，那么这里的委托人是谁？代理人是谁？从长远上看，这种委托-代理关系有没有要改进的地方？

4. 请用效率工资的基本思路解释20世纪90年代国有企业职工的下岗问题。

5. 现在很多家庭主妇在农贸市场买菜时，反而喜欢买有虫吃过的青菜，不买没有任何虫眼的蔬菜。你能用本章所学的内容解释一下这个现象吗？

6. 对假冒伪劣商品比较盛行的地方，请你结合本章的知识提供一些治理的方法。

### 二、计算题

一个企业主（委托人）雇用一个经理（代理人）为其工作，设经理有两种努力程度：高努力程度e=1，低努力程度e=0。如果经理高努力地投入工作，企业得到高收益20的可能性是0.75，得到低收益10的可能性是0.25；如果经理低努力地投入工作，企业得到高收益20的可能性是0.25，得到低收益10的可能性是0.75。企业主的目标是最大化期望净收益（收益减去付给经理的报酬）。经理的效用函数是$U(W,e)=\sqrt{W}-e^2$，W是企业主给经理的报酬。假定报酬合同规定：如果R=10（低收益），付给经理x；如果R=20（高收益），付给经理y。要求：

（1）写出经理的参与约束条件。

（2）写出经理的激励相容约束条件。

（3）在满足上述两个条件的情况下下，企业主应选择怎样的x和y来最大化其期望净收益？此时，企业主最大的期望净收益值是多少？经理的期望净收益是多少？

### 三、论述题

1. 很多房地产开发商都申请贷款买地皮、造楼房。如果你是某银行信贷部的主管，你认为房地产开发后面有没有道德风险的可能性？请仔细讨论，并根据本章的知识给出相应的对策。

2. 请详细论述传统型国企的委托-代理关系，并分析这种委托-代理关系对国企的业绩有哪些影响。同时，请提出一些政策建议改善原有的委托-代理关系。

# 第15章　外部性与公共产品

## 学习目标

通过本章的学习，你应该能够：

- 了解外部经济或不经济如何带来市场失灵的问题。
- 掌握克服外部性的两条基本的思路：引入政府的干预和利用市场机制自身的运行。
- 懂得什么是公共产品，什么行为是免费搭车。
- 运用外部性以及公共产品和免费搭车者的概念，分析现实经济中的相关现象，并能给出解释。

通常我们总是设想一个没有"市场失灵"的理想的经济社会。本书的绝大部分内容也是论证在理想的经济中，价格机制如何调节和配置资源。福利经济学第一定理就是讲述在没有外部性的完全竞争市场条件下，价格机制的调节可以使资源配置达到有效。但是，在实际经济中存在价格机制无法充分发挥作用的领域，一般称这些情况为"市场失灵"。对引起市场失灵的信息不对称方面的原因也在第14章讨论过了，本章着重探讨这些原因中的外部性和公共产品。

本章的内容主要是什么是外部性、如何克服外部性，还将考察什么样的产品是公共产品、公共产品有效供给的确定，以及在公共产品的消费中存在的免费搭车者问题及其解决方法。通过了解这些概念，本章还将引出著名的科斯定理。

## 15.1　外部性

### 15.1.1　外部性、私人成本与社会成本

外部性是指没有直接反映在市场中的生产和消费的效应，也就是说一个人或一个厂商的行为对另外一个人或另外一个厂商的福利产生了直接的影响，但是产生影响的渠道不是通过价格机制来完成的。事实上经济中外部性的例子比比皆是，既有正的外部性，也有负的外部性。

首先来看一个著名的负的外部性的例子。某地区有一条河流，河流的上游建有一家钢厂，河流的下游居住着一些靠打鱼为生的渔民。钢厂的生产废水排入河中，造成鱼的数量减少，由此可供渔民打捞的鱼就减少了，渔民的福利因此受到钢厂倾倒废水的负面影响。可以看到，钢厂的行为使得渔民的福利变差。换言之，钢厂排放废水的行为对另

外的经济个体的福利带来损失，而该钢厂无须对此付出任何代价。钢厂对其外部的经济个体造成的影响就是外部性的一种。值得强调的是，该例子虽然讲述的是负的外部性，但是外部性的经济含义在本例中完全得到了体现，即该例完全符合外部性的概念（请读者验证）。

再来看一个正的外部性的例子。某个居民区有一个住户在自己的院子里种植花草树木，该户主不仅需要投资金钱来买这些植物，还要时时照看它们。这些都算是这个住户为种植花草树木投入的成本。显然，他的这种行为使其左邻右舍受益。因为邻居们不仅可以欣赏花草树木，还可以享受更加新鲜的空气。该住户的每个邻居都得到了某种程度的受益，可是没有一个邻居需要为此分担住户付出的成本。虽然本例和上例讲述的是不同的外部效应，但两个例子本质上是一样的，都涉及市场力量无法发生作用的领域。

那么，外部性会带来怎样的经济后果呢？后面对此将会详细论述。现在先引一个大家都知道的故事，简单地看看其到底会造成怎样的经济后果。"两个和尚抬水喝，三个和尚没水喝。"这个故事就是讲庙里只有两个和尚时，他们会合作去抬水，然后大家一起享用。其经济学含义是为了享受有水喝的利益，两个和尚都应该负担抬水的成本，这也是市场经济的特点。但是当庙里又多出一个和尚以后，情况就会不同了。在这个故事里，我们假设水只需要两个人抬，并且无论谁抬来的水，大家都可以享用。如果和尚A和B去抬水，那么和尚C也可以喝到水，即和尚C不需付出任何代价也有收益，这种情况就是正的外部性。但是三个和尚都寻思坐享其成的好事，结果三个和尚就缺水喝了。用经济学的语言来表述这个故事就是：正的外部性会造成产品（本例就是水）的供给不足。下面我们将用两个例子来仔细分析外部性带来的经济后果，并引出与之相关的两个重要概念：私人成本和社会成本。

在钢厂的例子中，钢厂的生产决策不会考虑到倾倒废水的行为对渔民造成的损失。这样就引发了私人成本和社会成本的问题。钢厂在做生产决策时，它对成本的考虑仅限于自己生产的投入成本，而不考虑其行为对渔民造成的损失。对钢厂来讲，其私人成本就是生产的各种投入成本，而社会成本是钢厂的投入成本与渔民所受的损失之和。

下面通过图15-1来说明钢厂的例子，并讨论外部性及其带来的损失。图15-1中的横轴表示钢厂的产量，纵轴表示总价格。供给曲线S就是生产者在每一个产量水平上的边际成本PMC。曲线MD衡量每一个产量水平下渔民所蒙受的边际损失。曲线SMC表示边际社会成本，其高度等于供给曲线S和曲线MD的高度之和。从钢厂的角度看，它将会生产$e_1$点对应的产量水平$Q_1$。但是从社会的角度看，生产应该定在$Q_2$的水平上。因为从社会的角度考虑，成本就不仅是各种投入的费用，还要包括废水污染带来的负的外部性，从图上看即供给曲线S上移到SMC。而社会的边际收益可以用需求曲线D表示。[①]

一般说来，资源的有效配置一定要满足边际收益等于边际成本。从社会的角度看，在点$e_1$处曲线SMC高于需求曲线D，即边际成本大于边际收益，显然此时的产量偏大。

---

① 需求曲线表示的是消费者的边际收益，我们在此认为消费者的边际收益代表社会的边际收益。

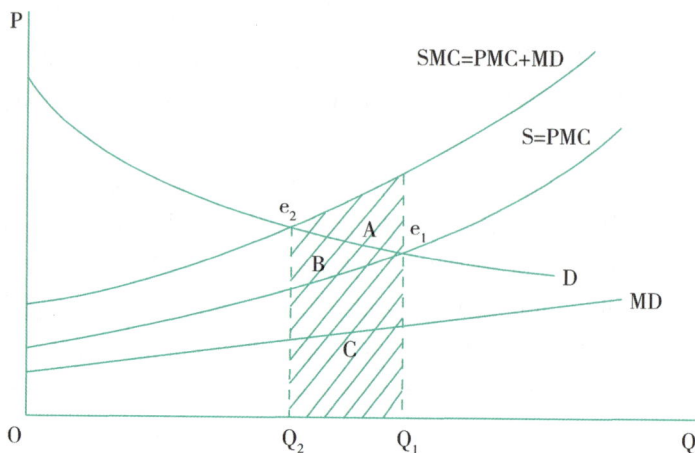

图 15-1　负的外部性

那么应将产量消减至点 $e_2$ 处，SMC 曲线与 D 曲线相交，此时的产量才是最佳。我们可以通过具体分析得出这个结论。当产量从 $Q_1$ 减少到 $Q_2$ 时，同时带来成本和收益，其成本是由于产量减少，价格上升，消费者的总福利减少，在图中就是阴影部分（B+C）的面积，也就是曲线 D 与 $Q_1$ 和 $Q_2$ 曲线围成的面积。那么产量从 $Q_1$ 减少到 $Q_2$ 所带来的收益有哪些呢？总体的收益可以从这两个方面来衡量：

（1）从厂商的角度看，由于产量减少，其投入也相应减少，投入的减少数量可以用图中的阴影部分 C 的面积表示[①]。

（2）从外部的角度来看，即从消减产量对河流的污染减少这方面看，污染减少了也就是一种收益。根据曲线 MD 的含义可知，由于污染减少带来的总收益是曲线 MD 与 $Q_1$ 和 $Q_2$ 曲线围成的面积，显然这一块面积等于阴影部分（A+B）的面积。由此，我们可以对比当产量从 $Q_1$ 减少到 $Q_2$ 时成本与收益之间的差距。其中成本是（B+C）部分的面积，总收益是（A+B+C）部分的面积，两者的差距是阴影部分 A 的面积。这就是说，社会整体福利得到了改善，改善的程度可以由阴影部分 A 的面积衡量。

从上例可以看出，外部性的经济后果是钢产品的过量供给。而当我们考虑到社会成本，按照社会边际收益等于社会边际成本的原则（等边际原则）安排生产时，产量应从 $Q_1$ 压缩到 $Q_2$。从上一段的分析可知压缩产量使得社会的总体福利增加了，换言之，产量从 $Q_1$ 压缩到 $Q_2$ 的行为是帕累托改进。

既然负的外部性造成的后果是产品的过量供给，那么我们猜想正的外部性造成的经济后果就是产品的供给不足了。下面用图 15-2 来分析某住户在自家院子里种植花草树木的例子，并用该例子证实我们的猜想。图中横轴表示花草树木种植的面积，纵轴表示价格。假定该住户雇用园艺工人来种植，双方谈定按每单位面积 $P_1$ 元计酬。换言之，该住户的私人边际成本曲线是图中的水平线 MC=$P_1$。需求曲线 D 也是该住户的私人收益曲线。MEB 表示边际外在收益曲线（表示邻居们从中得到的边际收益），它向下方倾斜，其含义是花草树木的种植面积从无到有、从小到大的过程中邻居们所得到的边际收益会

①　因为曲线 S 实际上就是钢厂的边际成本曲线，那么产量从 $Q_1$ 减少到 $Q_2$，厂商投入的减少就应该是阴影部分 C 的面积。

越来越小。MSB表示社会边际收益曲线，它由私人边际收益曲线D和边际外在收益曲线MEB垂直相加得到。住户根据私人边际成本等于私人边际收益的原则，选择种植面积大小为$A_1$。从社区的角度来讲，根据社会边际收益等于社会边际成本（此时就是私人边际成本）的原则，种植面积应该扩大为$A_2$。这说明正的外部性导致了产品的供给不足。对该例，我们可以像上例一样分析当种植面积从$A_1$增加到$A_2$时全社会福利的增加量（该问题请读者自行思考）。

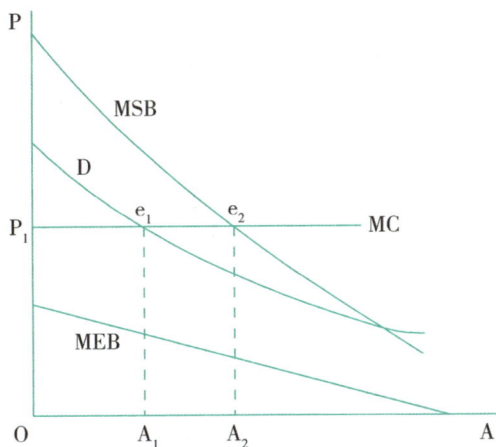

图 15-2 正的外部性

## 15.1.2 克服外部性的方法

前面已经举了很多例子来考察外部性对经济社会的各种影响。无论外部性给经济带来怎样的影响（或是正面的，或是负面的），它都会造成效率的损失。关于这一点，我们可以在图15-1中看得很清楚。既然如此，那么怎样减轻或消除外部性所造成的经济效率的损失，就颇值得讨论一下。我们已经知道外部性实际上是市场失灵的一种原因，那么要克服这种市场失灵，引入政府的干预是解决思路之一。[①]下面介绍政府的几种常见的干预形式：

**1.税收和补贴**

回顾前面钢厂向河流排放污水的例子，钢厂之所以会排放过量的污水，其原因就在于社会成本和私人成本之间的差异。钢厂做生产决策时不会将污水造成的污染考虑在内，那么事实就是污染是钢厂引发的，但是承担污染损失的主体是另外的人（比如渔民）。总之，该外部性的根源是钢厂不需要对其排放污水造成的后果负责。既然造成外部性的原因已经找到，那么如何解决它也就不会困难了。回到图15-1，钢厂的最优产量是$Q_1$，社会的最优产量应是$Q_2$。为了克服外部性带来的产品过量供给，我们的解决方案是让钢厂承担其污染的成本，具体来讲就是对其课税。钢厂每多生产1个单位的钢，政府就征T元的污染税，这样该厂的边际成本就变为（PMC+T），其供给曲线就会上移，产量也就随之减少。假如政府的征税计划恰好根据曲线MD来制定，这样钢厂所

---

[①] 当然另外一种解决思路就是仍然通过市场机制来解决，有关这一点本章的后面部分将会涉及。

承担的总成本就是（PMC+MD），也就是正好等于社会成本。其结果是，外部性得到了很好的克服，并且产量达到了社会最优。当然，采取这种征税的方式在理论上是不错的，但是在实际操作中，政府很难确定曲线MD的高低，即政府很难把握边际污染成本到底是多少。

政府补贴的思想和征税很类似。税收是要缩小或消除社会成本和私人成本之间的差距，而补贴是要缩小或消除社会收益和私人收益之间的差距。回顾前面种植花草树木的例子，某住户在其院子里种植各种花草树木，他根据等私人边际的原则决定种植面积为$A_1$。这个种植面积从全社会的角度看是偏低的，即供给不足。为克服正的外部性造成的产品供给不足，政府可以为该住户提供一定的补助S，这样他的私人收益就是（D+S），同时需求曲线上移，种植面积也就相应扩大了。如果政府的补贴计划按照图15-2中的曲线MEB来制订，那么花草树木的种植面积正好可以达到社会最优水平$A_2$，即正的外部性带来的供给不足问题得到了解决。当然，政府应用补贴政策纠正外部性在理论上毫无问题，但是由于很难测度边际外在收益MEB（美化环境给邻居带来的边际收益），所以补贴政策在操作上仍有缺陷。

**2. 排放标准和排放收费**

现在来考察政府纠正外部性的其他办法。我们从图15-1中可以看到，社会最优产量$Q_2$对应着一个污染量。为了更好地说清楚排放标准的经济含义，我们有必要将注意力集中在污染水平上，即什么程度的污染量才算是合意的污染量。图15-3中的横轴表示排污量，纵轴仍然表示价格。MEC曲线的含义和图15-1中的MD曲线的含义相同。它向右上方倾斜，表示随着钢厂排污量的增加，它对外部经济造成的损失也越来越大。[1]MC曲线表示钢厂为减少排污量而不得不付出的代价，该曲线向下倾斜。[2]毫无疑问，两条曲线的交点对应的污染量$Q^*$就是合意的污染水平。因为当污染水平超过$Q^*$时，MEC>MC，此时减少污染将会使社会福利增加（其理由是，此时减少1个单位的污染带来的成本是MC，而同时带来的收益是MEC）；当污染水平低于$Q^*$时，MEC<MC，此时增加污染会增加社会的福利；当污染水平达到$Q^*$时，无论怎样改变污染水平也无法增进社会福利。

通过以上考察，我们来看看政府如何确定排放标准。政府为了纠正厂商过度排污所造成的外部不经济，只需要通过法律条文规定任何厂商的排污量不得超过$Q^*$的水平；如果违反，就进行重罚。显然，有了法律和法规后，厂商就会按照法律和法规要求减少排污量，以免受到重罚。下面要谈论到的政府对污水排放的收费，是一种纠正市场失灵的方法。

图15-4实际上就是从图15-3直接复制得来。排放收费具体地讲就是对每单位的污水排放量按固定的费率收费。如图15-4所示，如果政府对每单位的废水排放量收费$P_0$元，那么厂商一定会将废水的排放量降低到$Q^*$的水平，因为只有如此厂商才能最小化其

---

① 这条假设是符合现实情况的。比如将少量的污水排入一条干净的河流，河流中的鱼类不会受到明显的负面影响。但是随着排污量的逐步增加，河里的鱼肯定会大量死亡，渔民遭受的损失就会越来越大。
② 这个假设也是符合现实情况的。当排污量很大时，只要采取很平常的措施（如用活性炭过滤污水），付出少量成本就可减少一定的污染，但是在继续减少污染的过程中，其技术就需要越来越复杂，成本自然也就越来越高。

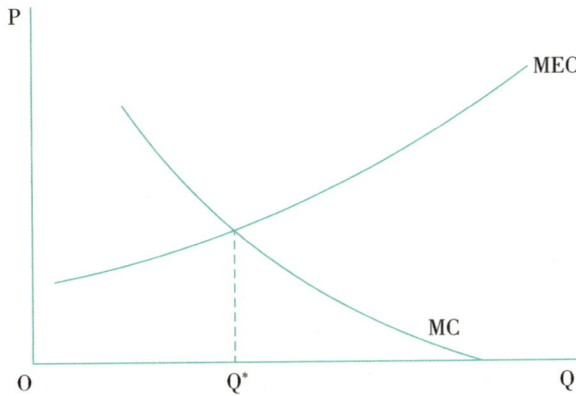

图 15-3　排放标准的确定

减污成本与缴费成本之和。具体说明如下：当厂商选择择 $Q_1(Q_1<Q^*)$ 的排污量时，其减污成本就是横轴、垂线 $Q_1'Q_1$ 与 MC 曲线围成的面积；其缴费成本就是矩形 $P_0OQ_1O'$ 的面积。显然这两者之和大于图中的阴影面积，而阴影部分的面积就是厂商选择 $Q^*$ 的排污量时的总成本（减污成本加缴费成本），曲边三角形 $Q_1'O'e$ 就是选择污染量 $Q_1$ 时厂商多付出的成本（相对污染量 $Q^*$）。同理可以分析厂商选择的排污量大于 $Q^*$ 时，其总成本也是偏大的。由此，当采取排放收费时，也可以做到让厂商自动地选择社会合意的排污水平 $Q^*$。

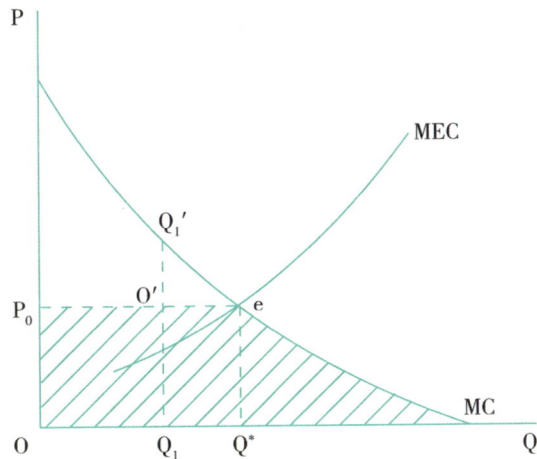

图 15-4　排放标准征收

### 3.颁发排放许可证

前述的一些纠正方法都是基于引入政府干预的思想，那么是否市场机制在克服外部性方面毫无用处呢？不是的。市场机制在特定的条件下也可以纠正外部性，并且可以降低减污成本。

比如有两个钢厂 A 和 B，它们的排污量都是 3 吨。现在政府颁发给每个厂商一张排污许可证，每张许可证允许持证者排放 1 吨的污水，厂商如果超标排污，那么将受到巨额罚款。换言之，政府希望将总的污水排放量控制在 2 吨。假定钢厂 A 清除第 1 吨污水的边际成本是 1 000，清除第 2 吨污水的边际成本是 2 000，清除第 3 吨污水的边际成本是 3 000；钢厂 B 清除第 1 吨污水的边际成本是 4 000，清除第 2 吨污水的边际成本是 5 000，清除第 3 吨污水的边际成本是 6 000。如果许可证是不可交易的，那么钢厂 A 必须清除 2 吨的污水，其总成本是 3 000（1 000+2 000）；钢厂 B 也必须清除 2 吨的污水，其总成本是 9 000（4 000+5 000），那么全社会为了清除这 4 吨污水共花费 12 000（3 000+9 000）。现在我们引入市场机制，即允许两家钢厂互相转让许可证。钢厂 B 相比于钢厂 A 来说，其减污边际成本太高，故它希望与钢厂 A 协商以一定的价格购买钢厂 A 的许可证，这样一来钢厂 B 就可以排放 2 吨的污水。钢厂 A 则因为无许可证，所以它必须清理 3 吨的污水。现在的问题是许可证将以怎样的价格成交。我们知道钢厂 B 清理第 2 吨污水的边际成本是 5 000（这实际是其购买到另一张许可证后可以得到的收益），钢厂 A 清理第 3 吨污水的边际成本是 3 000（这实际是其出卖许可证不得不承担的减污成本），如果双方关于许可证的转让价格是 4 000，其结果就是双方各将取得收益 1 000。让我们再来看看各自的减污成本：钢厂 A 是 2 000（1 000+2 000+3 000−4 000）；钢厂 B 是 8 000（4 000+4 000）；[1]总成本是 10 000（2 000+8 000），这比许可证不能交易的情况节约了 2 000。事实上，许可证的价格只要在 3 000~5 000 之间都可以节约成本，具体的成交价格要视双方的谈判能力而定。

这个例子说明在克服外部性的过程中，通过适当的方式引入市场机制可以使得资源配置更加有效率。

**4.外部性内部化**

所谓外部性内部化就是将与外部性有关联的各当事方合并成一个企业。这种思路也是希望通过引入市场机制来纠正外部性。为简单起见，我们仍然采用钢厂和渔民的例子，再假定这些渔民属于某一个渔场。回顾图 15−1，我们知道当钢厂将产量从 $Q_1$ 减少到 $Q_2$ 时，社会整体的福利改善了，改善的程度可由阴影部分 A 的面积来衡量。假定现在该钢厂通过市场交易兼并了那个受害的渔场，那么合并后的新企业作为理性的经济人知道减少钢产量带来的损失完全可以由渔场的鱼产量的提高予以弥补。因此，其结果是钢的产量减少，污染减少，外部性得到了纠正。外部性内部化的思想是直接针对外部性的根源（钢厂无须对其造成的污染负责）采取的措施，即两个企业一体化之后，钢厂造成的污染成本也就内部化了。其含义就是钢厂再做生产决策时就不得不考虑污染对渔场造成的损失了（事实上，兼并行为也可由渔场来完成，甚至由第三方完成）。

## 15.1.3　外部性、产权与科斯定理

为什么钢厂会肆无忌惮地向河流排放污水呢？前面已经说过了，这是因为钢厂不需要对其造成的污染负责。换言之，河流不属于任何人所有，所以渔场不能因为钢厂使用该河流排放污水而要求其支付一定的费用。既然将导致外部性的原因归结为产权不清，那么也许根治外部性的直接办法就是将河流的产权界定清楚。

---

[1]　钢厂 A 因为卖掉了许可证，它将不得不清理 3 吨污水，故清理污水的成本是 6 000（1 000+2 000+3 000），但是卖掉许可证带来 4 000 的收益，故成本应是 2 000（1 000+2 000+3 000−4 000）。钢厂 B 因为买到了许可证，这样它就拥有两张许可证，那么它就可以排放 2 吨污水，只需要清理 1 吨就可以了，其清理污水的成本是 4 000；同时，它为许可证花费了 4 000，故总成本是 8 000（4 000+4 000）。

在讨论产权界定之前，有必要了解产权的含义是什么。狭义地讲，产权是指个人或厂商使用资源的一组权利（包括使用权、收益权和转让权），这实际上是所有权的范畴。在经济学里讨论的产权的含义更加广泛，它还包括其他一些法定的权利，如按照某种规定使用河流的权利、禁止他人向河流倾倒废物的权利、河流遭受污染索赔的权利等。事实上，明晰产权的思想非常重要。

我们已经知道外部性总是会带来资源配置无效率的问题。前面已经讲了一些纠正外部性、提高资源配置效率的思路，现在仍然是针对纠正外部性问题，提出另外一条思路，即通过清楚地界定产权来提高资源配置的效率。这个思路最早是由经济学家科斯提出的，他在这方面也做出了很大的贡献。为了纪念科斯做出的重大贡献，人们将下面的定理称为科斯定理：当产权可以自由交换，且交易成本为零时，无论最初将产权分配给谁，资源最终的配置都是有效率的。

让我们来体会科斯定理所蕴含的意义。科斯定理的前提条件是产权可以自由交换，且交易成本为零。前一句的含义就是产权必须是清晰的，或通俗地讲就是资源都有明确的所有者。后一句的含义很清楚，即产权的交易无摩擦，交易本身对交易的双方都不会增加成本。有了这两个前提条件后，科斯定理的结论就是产权的初始配置状态不会对资源的优化配置造成影响。经过体会其含义后，细心的读者可能已经发现了该定理的结论直接就给外部性开了一道"处方"：将资源的产权明确地予以界定。下面通过一个熟悉的例子看看明确界定的产权将怎样克服外部性。

回到前面钢厂向河流排放污水损害渔场产量的例子，我们发现钢厂在其生产过程之中除了投入各种原料、资金和劳动力之外，还在免费地使用一种资源——污染权。显然可以将这种"污染权"也视作钢厂的生产要素，因为如果没有这种生产要素，钢厂同样无法开工。而从渔场的角度出发，它需要的是"免遭污染权"。如果钢厂使用"污染权"，那么渔场的"免遭污染权"就受到侵害，外部性的问题也就出在这一对矛盾的权利上面。现在假设我们明确地将"污染权"赋予钢厂，钢厂就不会考虑污染问题。此时假设钢厂的利润是 1 000，而渔场由于受害，利润只有 400。如果双方都发现（或只有一方发现），钢厂减轻一定的污染量，其产量减少，利润变为 800，但是渔场由于水质变好，其利润增加到 700，那么双方一定会通过协商和交易使各自的利润比原来的更高。比如，渔场可能会提议钢厂将污染减轻，并愿意提供给钢厂 250 的补偿，钢厂肯定乐意接受（不考虑谈判能力），因为现在的盈利是 1 050（800+250），利润增加了 50，而渔场的利润变化为 450（700−250），利润也增加了 50。[①]其实，只要钢厂的污染还有减轻的可能（钢厂减轻污染导致利润下降的数额可以由渔场利润增加的部分补偿），双方就会坐到谈判桌上讨论改进的方案，最终的结果必然是污染将降低到社会最优水平。

---

① 当然也有可能是钢厂主动提议自身减少污水排放，并向渔场索要 250 的补偿。不管怎样，只要"污染权"可以自由交易，资源的配置总会好于污染的产权不清晰下的状态。

## 15.2  公共产品

科斯定理已经很清楚地表达了只要产权的界定是明确的，且交易成本为零，资源配置就会是有效率的。我们还详细地考察了钢厂排放污水的例子，验证了清晰的产权界定的确纠正了外部性带来的低效率。但是，在整个讨论的过程中有一个重要的假设条件被抽象掉了，即我们假定交易成本为零。很明显，在现实的经济生活里，交易成本不仅不为零，有时还十分高昂。就拿钢厂和渔场的例子来说，即使"污染权"明确地属于钢厂，它和渔场协商和买卖该产权也是需要费用的。协商过程中对利益的分配总会进行旷日持久的谈判，这些都将耗费不少资源。甚至有可能双方总是无法达成协议，结果还是维持现状。总而言之，在现实经济中，很多情况光靠清晰地界定产权是无法解决外部性带来的无效率的。下面将要涉及的公共产品就属于这种情况。

### 15.2.1  公共产品的概念

我们知道外部性可能导致产品供给不足。比如，一个人想在楼道里安装几盏照明灯，显然受益者是经过楼道的所有人。如果该人住在低层，那么他可能将灯装到他住的那一层为止，更高的楼层过道依然没有灯，甚至有可能他最后打消装灯的念头，因为他不愿意单独承担装灯的成本。当然，如果产权清晰，他可以向行人收照明费，问题可以得到解决，可是大家都知道这实际上很难做到。由此可以看出，有些产品有一些特别的性质，以至于私人提供缺乏效率。经济学上就称这样的产品是公共产品。

现在来详细地考察怎样的产品是公共产品。所谓公共产品，它应该具备两个特性，即非竞争性和非排他性。如果一种商品在给定的生产水平下，再向额外的一个消费者提供该商品的边际成本为零，则这种商品是非竞争性的。比如公众演讲这种产品就是非竞争性的，多几个人前去聆听演讲不会引起任何费用。再比如说广播电视台发射的信号，任意增加一台电视机来接收节目并不会增加发射台的成本。一般来说，我们平常购买的各种商品都是竞争性的。比如你多买一本书，印刷厂就必须多耗用一些纸张，因此其边际成本是正的（像这样的例子多得不胜枚举）。非排他性是指一部分人在对一种产品的消费过程中不可能将其他人排除在消费之外。国防是一个经常被用来表示非排他性的例子。一国所有的公民都可以享受国防这种安全服务。通常人们购买的商品都是具有排斥性的。你如果买了一个苹果，其他人就不可能吃到该苹果了，即你将该苹果吃掉后，别人无法享用它。

有很多产品并不是同时具备这两个特性。有的具备非竞争性，却是排斥性的。比如电视信号一旦发射出去后，其成本就不会因为多几个收看者而增加，是非竞争性的。但是，这种电视信号能通过加密技术而变为排他性的，因为只有带解码器的接收终端才可以看到高清的节目。也有些产品是非排他性的，却是竞争性的。比如任何人都可以在公海里捕鱼，这说明其是非排他性的，但是增加一个捕鱼者就会使得别人可捕的鱼变少，这无疑会增加别人的捕鱼成本，从而是竞争性的。

只有同时具备非排他性和非竞争性的产品或服务才被叫作公共产品。如果一种产品不同时具备这两种特性，那就是所谓的私人产品；如果仅具备非竞争性，或者仅具备非排他性，或者仅具备局部的非排他性和局部的非竞争性，就称准（半）公共产品（quasi-public goods）。准公共产品的一个例子是各种俱乐部，属于该俱乐部的成员在享受俱乐部的服务时既无竞争性也无排他性，而对俱乐部以外的人，俱乐部的服务就是非公共产品了。

### 15.2.2 公共产品的有效供给与免费搭车者

微观经济学的一个基本结论是：资源配置是有效率的，但是必须满足等边际的条件，即边际收益等于边际成本。这个结论对私人产品如此，对公共产品也如此。对私人产品来讲，增加 1 单位产品的边际收益完全由某个消费者决定。而对公共产品，必须加总所有享用到该产品的个人对增加 1 单位的该产品的评价，这样才得到其边际收益。

如图 15-5 所示，横轴表示产量，纵轴表示价格。假定只有两个消费者，需求曲线 $D_1$ 代表消费者 1 对公共产品的需求，实际上也就是消费者 1 在每单位公共产品的消费上获得的边际收益。$D_2$ 表示消费者 2 对公共产品的需求。图中的需求曲线 D 是这样得出的，即在每单位公共产品的消费水平上获得的边际收益等于两个消费者在同一消费水平上的边际收益的加总。从图 15-5 中可以看到，当公共产品的数量是 $Q_1$ 时，消费者 1 的边际收益是 $P_1$，消费者 2 的边际收益是 $P_2$，全社会的边际收益是 $P_3$，并且有等式 $P_3=P_1+P_2$ 成立。我们还假定提供公共产品的边际成本是图 15-5 中的水平线 MC。不用赘述，可以马上得到公共产品有效率的供给量应是曲线 MC 和 D 的交点所对应的产量 $Q_1$。

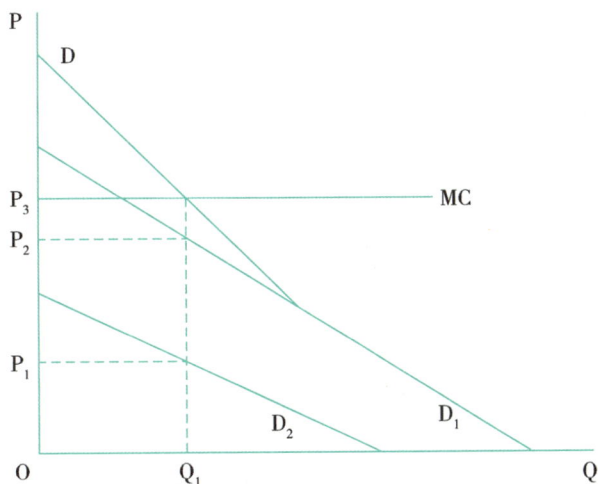

**图 15-5 公共产品的有效供给**

当然，公共产品的有效供应只在理论上可行，在实际中存在很多困难。因为想要弄清楚每个消费者对公共产品的真实评价几乎是不可能的，每个消费者都有隐瞒自己真实评价的动机。考虑这样一个例子：一个村庄要修一条柏油马路，修建费将从每个村民手里征收。如果征收的方式是根据每个人对马路的评价（也就是马路对每个人的效用）来收费，即评价高的人将交纳更多的钱，那么每个人都会有动机低报自己的真实评价，期望既能享用马路又少花钱，结果是征收的钱不够修路。事实上，每个人都想成为"免费搭车者"（free rider），既享受到利益，又不愿负担成本。现实经济中的免费搭车者比比皆是，股份公司的小股东就是一例。他们不用费太多精力来关注公司的经营，因为他们知道大股东会替他们管理公司。喜欢读文学名著的读者也是免费搭车者。世界上有很多文学书籍，其中不乏无名气但是很精彩的作品。读名著读者的心理就是不愿意花很多精力去浩如烟海的书籍中选择好书（事实上这的确耗费精力），名著是前人经过千挑万选发掘出来的，读名著既可以满足自身需要，自己又不用花费太多精力去甄别。

在修路的例子中，因为每个村民都希望成为免费搭车者，故修路计划很可能搁浅，所有人都无法受益。那么有没有一种机制可以用来逼迫消费者说出自己的真实评价水平呢？下面我们将试图找到这样一种机制。

### 15.2.3　需求显示机制

回到修路的例子上来，考虑政府要求每个村民说出自己对马路的真实评价，然后根据每个村民上报的评价之和与建路成本相比，如果前者大于后者，则修建；反之，则作罢。显然这种方案行不通，理由在前面已经讲过了。考虑另外一种方案，政府还是要求每个村民报出自己的真实评价，但是最终每人分担的建路成本与各人的评价无关，而是按人头平均负担。这样也有一个问题，希望修路的村民总是倾向高报评价，确保公路的修建；但是，对另外一些村民来说，有可能他们的真实评价确实小于他们必须平均分摊的成本，故这样的方案也不足以选取（因为还是有人有动机说谎）。那么怎样来设计一个更好的机制呢？显然如果找到一种办法能适当地惩罚说谎者，那么问题就可以解决了。

假定修路所需要的总成本是 $C$，政府规定村民 $k$ 负担的成本是 $C_k$，并且满足所有村民负担的成本总和等于修路成本 $C$，即 $\sum_k C_k = C$。$W_k$ 是村民 $k$ 对马路的真实评价（该马路给自己带来的真实效用），马路带来的净收益是 $W_k - C_k = V_k$。若 $V_k > 0$，该村民就会希望建路；反之，则会抵制修路。现在，我们收集村民对马路的评价，要求村民报出马路对自己的净收益（已经减去成本的报价）。假设村民 $k$ 的报价是 $h_k$，那么全村的报价就是 $\sum_k h_k$。政府的方案是：如果 $\sum_k h_k \geq 0$，则修马路；反之，则不修。问题的关键现在就变成如何使得村民的报价 $h_k$ 与其真实的净收益 $V_k$ 相同。换言之，对任一个村民 $k$，激发他说出的 $h_k$ 和 $V_k$ 相等。

进一步我们在村民中找出关键人物。先来看一下非关键人物。如果某个村民的歪曲报价并没有改变社会决定，则该人就是非关键的人物。关键人物就是指其报价可以改变社会的决定的某个村民。比如，所有其他的村民的报价总和加起来小于零，社会的决定应该是不修马路，但是再加入某一个村民的报价后，其总和大于零，社会的决定就会变为修马路。机制设计的核心就是防止关键人物说谎。我们具体的设计方案如下：

（1）决定每个村民必须负担的成本，并使得村民负担的总成本正好够修路。

（2）每个村民报告自己的净收益 $h_k$。

（3）政府根据报价的总和大于（或小于）零来肯定（或否定）修路计划。

（4）关键人物 $j$ 必须交纳罚金，罚金的数量依情况而定。如果关键人物使得决定由修马路变为不修马路，则罚金 $F_j=\sum\limits_{k\neq j}h_k$；如果关键人物使得社会决定由不修马路变为修马路，则罚金 $F_j=-\sum\limits_{k\neq j}h_k$。

现在我们来说明这种机制确实能使村民都说实话。任取一个村民 $j$ 都对应 4 种可能性：

（1）村民 $j$ 没有改变其他人的集体决策，同时集体决策是修马路。形式化地表达这句话的含义是：$\sum\limits_{k}h_k\geq 0$，且 $\sum\limits_{k\neq j}h_k\geq 0$。此时该村民的净收益应该是 $V_j=W_j-C_j$①。

（2）村民 $j$ 没有改变其他人的集体决策，同时集体决策是不修马路。形式化地表达这句话的含义是：$\sum\limits_{k}h_k<0$，且 $\sum\limits_{k\neq j}h_k<0$。此时该村民的净收益是 0。

（3）村民 $j$ 改变了其他人的集体决策，并且集体决策变为修马路。形式化地表达这句话的含义是：$\sum\limits_{k}h_k\geq 0$，且 $\sum\limits_{k\neq j}h_k<0$。此时该村民的净收益是 $V_j+\sum\limits_{k\neq j}h_k$。

（4）村民 $j$ 改变了其他人的集体决策，并且集体决策变为不修马路。形式化地表达这句话的含义是：$\sum\limits_{k}h_k<0$，且 $\sum\limits_{k\neq j}h_k\geq 0$。此时该村民的净收益是 $-\sum\limits_{k\neq j}h_k$。

第 1 种和第 2 种情况是村民 $j$ 不是关键人物的情况，第 3 种和第 4 种情况是村民 $j$ 是关键人物的情况。下面来分析村民 $j$ 的策略，请读者仔细体会该机制的作用。以第 2 种情况和第 3 种情况为例，其他人的净评价之和都小于零，即 $\sum\limits_{k\neq j}h_k<0$。现在村民 $j$ 有两种策略可以采用：说谎话或说实话。假设 $V_j+\sum\limits_{k\neq j}h_k\geq 0$，该不等式的左边第 1 项是村民 $j$ 的真实评价，第 2 项是其他人的总体评价。在这个假设条件下，村民说实话的净收益是 $V_j+\sum\limits_{k\neq j}h_k$；如果他说谎话，那么就不会修马路，其净收益是 0。由假设条件可知，说实话是占优策略。如果 $V_j+\sum\limits_{k\neq j}h_k<0$，村民说实话的净收益是 0（决定不修）；说谎话将决定改为修马路的净收益是 $V_j+\sum\limits_{k\neq j}h_k$。由假设条件仍然可知说实话是占优策略。因此我们得到，无论别人的报价如何，自己说实话的策略将是首选。我们可以同样的逻辑来分析第 1 种和第 4 种情况，这里不再赘述。

## 本章小结

本章主要讨论了外部性和公共产品导致的市场失灵。由于这两者的原因，完全竞争

---

① 等式右边的第 1 项是村民对修马路的真实评价，减去成本 $C_j$ 后得到的是其真实收益。

市场的运行将不再是有效的。正的外部性将导致产品的短缺，而负的外部性会造成过量的生产。市场机制作用的缺陷引发人们的思考，有人主张引入政府干预来提高效率，也有人主张主要靠市场机制自身来克服；但是，实际上没有一种万能的办法来解决所有的外部性和公共产品问题。科斯定理的思想是主张通过产权交易市场来解决，但是其假设条件在现实经济中很难满足，因为没有一个交易是无成本的。

本章内容主要的任务是告诉我们，市场并不是万能的。本章通过仔细地分析外部性和公共产品带来的经济后果，丰富了读者对微观经济学的知识。

## 本章基本概念

外部性　　外部性内部化　　产权　　科斯定理　　公共产品　　私人产品　　准公共产品　　免费搭车者

## 复习思考题

### 一、简答题

1. 公海海域某鱼种由于过度捕捞而濒临灭绝，请结合外部性的知识给出简要的解释。

2. 参见图 15-2，考虑当种植面积由 $A_1$ 扩大为 $A_2$ 时，社会福利是增加还是减少了？请说明福利变化的大小。

3. 请用现实生活中的情况解释一种公共产品（如桥梁）在什么时候是非竞争性的，在什么时候又具有竞争性。

4. 一般说来，商家总是希望能够独占一方市场形成垄断，避免竞争。但是，我们现在常常看到的一种情况是，新开的餐饮店总是选址在"美食一条街"。请解释，为什么这些新开的餐饮店不回避竞争？（提示：用正的外部性知识）

5. 如果你是一家公共电影院的管理人员，不愿意来回在电影院里巡视，并且逐个提醒抽烟者"No Smoking"，那么你能根据科斯定理的启发，制定一个规章制度，达到既省事又能有效地控制吸烟的人数吗？

6. 举一个免费搭车者的例子，并简单谈谈你对免费搭车者和正的外部性之间的联系的理解。

### 二、计算题

1. 某个湖泊盛产淡水鱼，设周围的渔民用渔船打鱼，每条渔船每月打鱼的成本是 2 000 元。如果共有 x 条渔船工作，那么每月这些渔船总的收入是 $R(x)=12x-x^2$。要求：

（1）如果该湖泊无人管理，那么会有多少条渔船在湖上作业？

（2）如果当地政府为了防止过度捕捞，决定颁发许可证，那么应该颁发多少张许可证才能使总收益最大？

2. 一个果园和一个养蜂场在地域上比邻，经济上互相独立。我们用 x 表示水果的产量，用 y 表示蜂蜜的产量。设果园和养蜂场的成本函数分别为 $C(x)=x^2/100-y$，$C(y)=y^2/100$。已知水果的单位价格是 3 元，蜂蜜的单位价格是 2 元。要求：

（1）水果和蜂蜜的产量各应该是多少？

（2）如果两个企业合并，那么各自的产量又应该是多少？

（3）从社会的角度看，蜂蜜的最优产量是多少？

（4）两个企业互相独立，如何让蜂场的产量达到社会最优？

## 三、论述题

1. 克服外部性的方法是否只有政府干预？如果不是，还有其他什么解决思路？请比较不同方法的利弊。

2. 简述需求显示机制的原理，并阐述该方法是否可行。

# 主要参考文献

[1] 高鸿业. 西方经济学：微观部分 [M]. 7版. 北京：中国人民大学出版社，2019.

[2] 尹伯成. 西方经济学简明教程 [M]. 5版. 上海：上海人民出版社，2015.

[3] 黄亚钧. 微观经济学 [M]. 4版. 北京：高等教育出版社，2015.

[4] 范里安. 微观经济学：现代观点 [M]. 费方域，朱保华，等译. 9版. 上海：格致出版社，上海三联书店，上海人民出版社，2015.

[5] 曼昆. 经济学原理：微观经济学分册 [M]. 梁小民，梁砾，译. 7版. 北京：北京大学出版社，2015.

[6] 斯奈德，尼科尔森. 微观经济理论：基本原理与扩展 [M]. 杨筠，李锐，译. 北京：北京大学出版社，2015.

[7] 吉本斯. 博弈论基础 [M]. 高峰，译. 北京：中国社会科学出版社，2015.

[8] 尹伯成. 现代西方经济学习题指南 [M]. 8版. 上海：复旦大学出版社，2014.

[9] 平狄克，鲁宾费尔德. 微观经济学 [M]. 李彬，高远，等译. 8版. 北京：中国人民大学出版社，2013.

[10] 萨缪尔森，诺德豪斯. 经济学 [M]. 于健，译. 19版. 北京：人民邮电出版社，2013.

[11] 曼斯费尔德，约埃. 微观经济学 [M]. 黄险峰，赵颖，隋振焯，译. 11版. 北京：中国人民大学出版社，2012.

[12] 张维迎. 博弈论与信息经济学 [M]. 上海：上海人民出版社，2012.

[13] 周惠中. 微观经济学 [M]. 3版. 上海：格致出版社，上海三联书店，上海人民出版社，2012.

[14] 斯蒂格利茨，沃尔什. 经济学：上册 [M]. 黄险峰，张帆，译. 4版. 北京：中国人民大学出版社，2010.

[15] 卡茨，罗森. 微观经济学 [M]. 李宝伟，武立东，译. 3版. 北京：机械工业出版社，2010.

[16] 朱善利. 微观经济学 [M]. 3版. 北京：北京大学出版社，2007.

[17] 梁小民. 微观经济学纵横谈 [M]. 北京：生活·读书·新知三联书店，2005.

[18] 布鲁伊，麦克康耐尔. 经济学 [M]. 陈晓，等译. 14版. 北京：北京大学出版社，2004.

［19］宋承先. 现代西方经济学 ［M］. 3 版. 上海：复旦大学出版社，2004.

［20］海. 微观经济学前沿问题 ［M］. 王询，卢昌崇，译. 北京：中国税务出版社，北京腾图电子出版社，2000.

［21］杨小凯. 经济学原理 ［M］. 北京：中国社会科学出版社，1998.

［22］胡代光. 西方经济学说的演变及其影响 ［M］. 北京：北京大学出版社，1998.

［23］斯蒂格利茨.《经济学》小品和案例 ［M］. 王尔山，肖倩，等译. 北京：中国人民大学出版社，1998.

［24］格里菲思，沃尔. 应用经济学 ［M］. 许光建，等译. 7 版. 北京：中国经济出版社，1998.

［25］张培刚. 微观经济学的产生和发展 ［M］. 长沙：湖南人民出版社，1997.

［26］杨小凯. 当代经济学与中国经济 ［M］. 北京：中国社会科学出版社，1997.

［27］梁小民. 微观经济学 ［M］. 北京：中国社会科学出版社，1996.

［28］高鸿业. 20 世纪西方微观和宏观经济学的发展 ［J］. 中国人民大学学报，2000（1）：4-11.

［29］张培刚，张建华，方齐云. 简论现代微观经济学的新进展 ［J］. 当代财经，1998（1）：18-24.

［30］俞品根. 西方经济学研究与中国经济学的发展 ［J］. 经济研究，1998（11）：74-80.

［31］高鸿业. 一本推翻萨缪尔森理论体系的西方经济学教科书——评斯蒂格利茨的《经济学》［J］. 经济研究，1997（3）：74-78.

# 重要术语汉英对照表

## A

| | |
|---|---|
| 阿莱斯悖论 | Allais Paradox |
| 埃尔斯伯格悖论 | Ellsberg Paradox |
| 艾奇沃斯盒状图 | Edgeworth Box |

## B

| | |
|---|---|
| 报酬率 | rate of return |
| 贝恩指数 | Bain Index |
| 贝叶斯纳什均衡 | Bayesian Nash Equilibrium |
| 比较静态分析 | comparative static analysis |
| 比例需求曲线 | proportional demand curve |
| 必需品 | necessary goods |
| 边际产量递减规律 | diminishing law of marginal product |
| 边际产品价值 | value of marginal product |
| 边际成本 | marginal cost |
| 边际成本加成定价 | markup pricing on marginal cost |
| 边际技术替代率递减规律 | diminishing law of marginal rate of technical substitution |
| 边际报酬 | marginal return |
| 边际产量 | marginal product |
| 边际收益产品 | marginal revenue product |
| 边际替代率 | marginal rate of substitution |
| 边际效用 | marginal utility |
| 边际效用递减规律 | diminishing law of marginal utility |
| 边际要素成本 | marginal factor cost |
| 标准式表述 | normal form representation |
| 伯特兰悖论 | Betrand Paradox |
| 伯特兰模型 | Betrand Model |
| 博弈论 | game theory |
| 不可分散风险 | non-diversifiable risk |
| 不确定性 | uncertainty |

| | |
|---|---|
| 不完美信息博弈 | imperfect information game |
| 不完全信息动态博弈 | dynamic game of incomplete information |
| 不完全信息静态博弈 | static game of incomplete information |

## C

| | |
|---|---|
| 参与人 | player |
| 参与约束 | participation constraint |
| 策略 | strategics |
| 策略集合 | strategics set |
| 策略组合 | strategics profile |
| 差别寡头 | differentiated oligopoly |
| 产量领导 | quantity leadership |
| 产品耗尽定理 | product-exhaustion theorem |
| 产品集团 | product group |
| 产权 | property right |
| 产业集中指数 | index of industrial concentration |
| 长期边际成本函数 | function of long-term marginal cost |
| 长期成本函数 | function of long-term cost |
| 长期供给曲线 | long-term supply curve |
| 长期平均成本函数 | function of long-term average cost |
| 长期总成本函数 | function of long-term total cost |
| 常和博弈 | constant sum game |
| 超额供给 | excess supply |
| 超额需求 | excess demand |
| 沉没成本 | sunk cost |
| 成本加成定价 | markup pricing on cost |
| 成本最小化弱公理 | Weak Axiom of Cost Minimization |
| 重复剔除的占优策略均衡 | iterated dominance equilibrium |
| 串谋，勾结 | collusion |
| 纯策略 | pure strategics |
| 纯粹寡头 | pure oligopoly |
| 从价税 | value tax |
| 从量税 | quantity tax |

## D

| | |
|---|---|
| 代理人 | agent |
| 道德风险 | moral hazard |
| 等产量曲线 | isoquant curve |

| | |
|---|---|
| 等成本曲线 | isocost curve |
| 点弹性 | point elasticity |
| 动态博弈 | dynamic game |
| 动态分析 | dynamic analysis |
| 短期成本函数 | function of short-term cost |
| 短期供给曲线 | short-term supply curve |

## E

| | |
|---|---|
| 恩格尔曲线 | Engel Curve |
| 二级价格歧视 | the second-degree price discrimination |

## F

| | |
|---|---|
| 方差 | variance |
| 非常和博弈 | nonconstant sum game |
| 非合作博弈 | noncooperative game |
| 非均衡路径 | out-of-equilibrium path |
| 非系统风险 | nonsystematic risk |
| 非线性定价 | nonlinear pricing |
| 风险 | risk |
| 风险爱好者 | risk-loving investor |
| 风险规避者 | risk-averse investor |
| 风险贴水 | risk premium |
| 风险中立者 | risk-neutral investor |
| 福利经济学 | welfare economics |
| 福利经济学第二定理 | The Second Fundamental Theorem of Welfare Economics |
| 福利经济学第一定理 | The First Fundamental Theorem of Welfare Economics |

## G

| | |
|---|---|
| 概率 | probability |
| 高峰负荷定价 | peak-load pricing |
| 个人理性约束 | individual rationality constraint |
| 公地的悲剧 | tragedy of commons |
| 公共产品 | public goods |
| 功利主义 | utilitarian |
| 供给表 | supply schedule |
| 供给的价格弹性 | price elasticity of supply |

| | |
|---|---|
| 供给法则 | Law of Supply |
| 供给函数 | supply function |
| 供给曲线 | supply curve |
| 共同知识 | common knowledge |
| 古诺模型 | Cournot Model |
| 寡头垄断市场 | oligopoly market |
| 规范分析 | normative analysis |
| 规范经济学 | normative economics |
| 规模报酬不变 | constant returns to scale |
| 规模报酬递减 | decreasing returns to scale |
| 规模报酬递增 | increasing returns to scale |
| 规模不经济 | diseconomy of scale |
| 过剩的生产能力 | excess capacity |

## H

| | |
|---|---|
| 海萨尼转换 | Harsanyi Transformation |
| 合作博弈 | cooperative game |
| 宏观经济学 | macroeconomics |
| 后续博弈 | continuation game |
| 后验概率 | posterior probability |
| 弧弹性 | arc elasticity |
| 混合策略 | mixed strategics |

## J

| | |
|---|---|
| 基尼系数 | Gini Coefficient |
| 基数效用 | cardinal utility |
| 激励相容 | incentive compatibility |
| 吉芬商品 | Giffen Goods |
| 技术有效性 | technological efficiency |
| 加成定价 | markup pricing |
| 价格领导 | price leadership |
| 价格歧视 | price discrimination |
| 价格搜寻者 | price searcher |
| 价格–消费曲线 | price-consumption curve |
| 价格制定者 | price maker |
| 交易成本 | transaction cost |
| 进入障碍 | barriers to entry |
| 经济理论 | economic theory |

| | |
|---|---|
| 经济利润 | economic profit |
| 经济模型 | economic model |
| 经济学 | economics |
| 经济有效性 | economic efficiency |
| 经济租金 | economic rent |
| 精炼贝叶斯均衡 | Perfect Bayesian Equilibrium |
| 净现值 | net present value |
| 静态贝叶斯博弈 | Static Bayesian Game |
| 静态博弈 | static game |
| 静态分析 | static analysis |
| 局部均衡 | partial equilibrium |
| 决策结 | decision node |
| 均衡 | equilibrium |
| 均衡价格 | equilibrium price |
| 均衡路径 | equilibrium path |
| 均衡产量 | equilibrium quantity |

## K

| | |
|---|---|
| 卡特尔 | Cartel |
| 科斯定理 | Coase Theorem |
| 可分散风险 | diversifiable risk |
| 扩展式表述 | extensive form representation |

## L

| | |
|---|---|
| 勒纳指数 | Lerner Index |
| 类型依存 | type-contingent |
| 利润最大化弱公理 | Weak Axiom of Profit Maximization |
| 劣策略 | dominated strategy |
| 劣等商品 | inferior goods |
| 零和博弈 | zero-sum game |
| 垄断竞争市场 | monopolistic competition market |
| 垄断市场 | monopoly market |
| 洛伦茨曲线 | Lorenz Curve |

## M

| | |
|---|---|
| 免费搭车者 | free rider |

## N

| | |
|---|---|
| 内在的规模经济 | internal economics of scale |
| 纳什均衡 | Nash Equilibrium |
| 逆向选择 | adverse selection |

## O

| | |
|---|---|
| 欧拉定理 | Euler's Theorem |

## P

| | |
|---|---|
| 平均不变成本 | average fixed cost |
| 平均产量 | average product |
| 平均产品收益 | average product revenue |
| 平均可变成本 | average variable cost |
| 平均收益 | average revenue |
| 平均要素成本 | average factor cost |
| 平均主义者 | egalitarian |
| 平均总成本 | average total cost |

## Q

| | |
|---|---|
| 期望效用函数 | expected utility function |
| 期望值 | expected value |
| 契约曲线 | contract curve |
| 囚徒困境 | Prisoner's Dilemma |

## R

| | |
|---|---|
| 弱劣策略 | weakly dominated strategy |

## S

| | |
|---|---|
| 三级价格歧视 | the third-degree price discrimination |
| 奢侈品 | superior goods |
| 社会福利函数 | social welfare function |
| 生产函数 | production function |
| 生产可能性曲线 | production possibility curve |
| 生产者剩余 | producer's surplus |
| 圣彼得堡悖论 | St. Petersburg Paradox |
| 时间价格歧视 | intertemporal price discrimination |
| 实证分析 | positive analysis |

| | |
|---|---|
| 系统风险 | systematic risk |
| 先验概率 | prior probability |
| 显性成本 | explicit cost |
| 现值 | present value |
| 相机行动方案 | contingent action plan |
| 相继行动的博弈 | sequential-move game |
| 效率工资 | efficient wage |
| 效用可能性曲线 | utility possibility curve |
| 信息 | information |
| 信息不对称 | information asymmetry |
| 信息集 | information set |
| 信息经济学 | information economics |
| 行动 | action |
| 行动集合 | action set |
| 行动顺序 | action order |
| 行动组合 | action profile |
| 虚拟参与人 | pseudo-player |
| 需求表 | demand schedule |
| 需求的价格弹性 | price elasticity of demand |
| 需求的交叉弹性 | cross-price elasticity of demand |
| 需求的收入弹性 | income elasticity of demand |
| 需求法则 | Law of Demand |
| 需求函数 | demand function |
| 需求曲线 | demand curve |
| 序数效用 | ordinal utility |
| 学习效应 | effect of learning |
| 寻租 | rent seeking |

## Y

| | |
|---|---|
| 严格劣策略 | strictly dominated strategy |
| 一般均衡 | general equilibrium |
| 一级价格歧视 | the first-degree price discrimination |
| 引致需求 | derived demand |
| 隐性成本 | implicit cost |
| 预算约束线 | budget constraint line |

## Z

| | |
|---|---|
| 占优策略 | dominant strategy |